Die Zeiten der Zeit

Luigi Boscolo/Paolo Bertrando

Eine neue Perspektive in systemischer Therapie und Konsultation

1994

Aus dem Amerikanischen übersetzt von Sally und Bernd Hofmeister
Über alle Rechte der deutschen Ausgabe verfügt Carl-Auer-Systeme Verlag und Verlagsbuchhandlung GmbH; Heidelberg
Fotomechanische Wiedergabe nur mit Genehmigung des Verlages
DTP-Management: Peter W. Gester
Satz: Beate Ch. Ulrich
Printed in Germany 1994
Gesamtherstellung: Druckerei Zimmermann, Balve

Reihe Systemische und hypnotherapeutische Praxis
Herausgeber: Gunthard Weber
Erste Auflage, 1994

Die Deutsche Bibliothek - CIP-Einheitsaufnahme

Boscolo, Luigi:
Die Zeiten der Zeit : Eine neue Perspektive in systemischer Therapie und Konsultation / Luigi Boscolo; Paolo Bertrando. -
1. Aufl.- Heidelberg : Carl-Auer-Systeme, Verl. und Verl.-Buchh., 1994
(Reihe Systemische und hypnotherapeutische Praxis)
ISBN 3-927809-21-7
NE: Bertrando, Paolo:

Inhalt

Vorwort

Es gab eine Zeit, da waren die Vereinigten Staaten eine Art heiliger Gral für Familien- und systemische Therapeuten in aller Welt: Was es für sie an Neuem und Aufregendem gab, schien nur von dort zu kommen. Aber diese Zeit ist vorbei, wie gerade dieses Buch zeigt. Nicht weniger als in den wegweisenden Arbeiten der bekannten amerikanischen Pioniere bezeugt sich darin Ideenreichtum, Freude am Experiment und Praxisbezug. Aber zusätzlich bekunden sich darin eine beeindruckende humanistische Bildung und die Fähigkeit der Autoren, komplexe historische und philosophische Tatbestände zu erarbeiten und zu vermitteln. Es sind dies Qualitäten, die noch oder wieder auf europäischem und insbesondere Mailänder Boden gedeihen. Ich kenne wenige Bücher im Psychobereich, in dem sie sich so überzeugend zum Ausdruck bringen, wie in dem vorliegenden Band.

Die Autoren laden uns ein, Psychotherapie und psychologische Beratung durch eine neue Linse zu betrachten: die Zeitlinse. Diese Linse reihen sie an die Seite anderer postmoderner Linsen, wie die des radikalen und sozialen Konstruktivismus und des sogenannten Narrativismus (der uns anhält, unsere Vorstellungen von Wirklichkeit als Ausdruck und Folge der Konstruktion und Erzählung von Geschichten zu verstehen). Das ist wahr und bleibt doch ein Understatement. Es wäre angemessener, von einer Einladung zu einer Entdeckungsfahrt zu sprechen, die uns immer wieder in neue Territorien führt, neue Verbindungen aufdeckt und herstellt, neue Perspektiven eröffnet und dabei deren Relevanz für die klinische Praxis immer im Auge behält.

Gleichzeitig dokumentiert das Buch Entwicklungen und Differenzierungsprozesse, denen das sogenannte Mailänder Modell bis heute ausgesetzt war. Wir müssen uns erinnern: Das ursprüngliche um Mara Selvini Palazzoli gebildete Team, das uns Paradox und Gegenparadox bescherte, besteht schon seit geraumer Zeit nicht mehr. Daraus hat sich gleichsam eine Reihe von Nachfolgermodellen entwickelt, von denen nun eines auf den folgenden Seiten von Boscolo und Bertrando dargestellt wird. Es trägt den Stempel neuerer Entwicklungen, insbesondere der Kybernetik zweiter Ordnung und des radikalen Konstruktivismus, aber läßt auch den unverwechselbaren persönlichen Stil der Autoren erkennen. Die Leichtigkeit und die anscheinende Mühelosigkeit ihrer Darstellung bei Verzicht auf alle Polemik bekunden ihre Meisterschaft. Es gelang ihnen ein Buch, das sowohl theoretische Komplexität auslotet, als auch dem Praktiker immer wieder Anregungen und Hilfestellungen liefert, und das, dessen bin ich sicher, viele Bewunderer finden wird.

Helm Stierlin

Einführung

Die Idee, dieses Buch zu schreiben, kam uns im Jahr 1988, als wir erkannten, wie wichtig die Beziehung zwischen Zeit und Wandel in den Erwartungen der Klienten und der Therapeuten ist. Unsere Neugier hinsichtlich der Zeit wurde geweckt, nachdem wir gesehen hatten, wieviel Einfluß Zeit auf Therapie und Alltagsleben hat. Die gängige Literatur aus dem Konsultations- und Therapiebereich erwies sich als nicht sehr hilfreich. Schließlich suchten wir bei anderen Disziplinen nach Literatur zu diesem Thema und lasen zum Beispiel Bücher von Philosophen und Physikern. Die Suche nach diesem mysteriösen Objekt, der Zeit, die uns ständig entgleitet, führte uns ganz allmählich auf eine phantastische Reise. Eine Überlegung von St. Augustinus – einer der Autoren, die wir mit größtem Interesse lasen – erklärt vielleicht den Sinn einer solchen Reise: „Was ist nun die Zeit? Ich weiß es nur zu gut, vorausgesetzt niemand fragt mich; wenn ich jedoch gefragt werde, sie zu erklären, bin ich verwirrt." Das forderte unsere Hybris heraus, weckte den Wunsch zu verstehen, zu erklären – erst für uns selbst, dann für andere –, was die Zeit ist. Also begaben wir uns auf eine immer interessanter werdende Reise, voll wunderbarer Überraschungen, aber auch Enttäuschungen. So wie man sich bei einem Besuch Venedigs im Labyrinth der schmalen Gäßchen verirrt und den Weg nicht mehr findet, aber dennoch weiß, daß man schließlich doch aus der Dunkelheit der gewundenen Gäßchen herausfindet zur grandiosen Piazza San Marco – dem eigentlichen Bestimmungsort.

Im Nachhinein glauben wir, daß unsere Reise erfolgreich verlaufen ist. Weil es uns in der heutigen Zeit dazu gebracht hat, menschliche Beziehungen, insbesondere therapeutische und beratende Beziehungen, durch ein neues Objektiv zu betrachten, nämlich durch das Objektiv der Zeit. Wir meinen, daß die Art und Weise, wie wir nun unsere Klienten und uns selbst im Prozeß des Sehens und Handelns „sehen", so sehr bereichert wurde, daß wir eine neue Perspektive der systemischen Therapie und Konsultation vorschlagen.

Das Objektiv der Zeit, das wir in diesem Buch befürworten, ist mit anderen Objektiven gekoppelt, die in jüngster Zeit im Feld der Familientherapie und -beratung aufgetaucht sind: dem Objektiv der Prämissen, der Sprache[1], der Erzählung, des post-modernen Denkens. Viele dieser Ansätze entstanden als Alternative zu dem auf der kybernetischen Metapher basierenden systemischen Paradigma (ein gutes Beispiel ist die von Harry Goolishian und Lynn Hoffman vorgelegte Kritik an der Kybernetik). Wir fühlen uns innerhalb des auf der Kybernetik erster und zweiter Ordnung basierenden systemischen Paradigma immer noch recht wohl. Das Zeitobjektiv ist ein komplementäres und nicht ein alternatives Element zum systemischen. Im zweiten Teil des Buches, der sich mit klinischen Fällen befaßt, kann der Leser sehen, wie unsere Therapiepraxis, die innerhalb des Mailänder Ansatzes verbleibt, reichhaltiger und komplexer wurde.

Der Leser wird in diesem Buch Hinweise auf verschiedene Phasen des Mailänder Ansatzes finden; er wird auch beobachten können, wie wir die Methode verändert haben, indem wir zunehmend bewußter die Zeit einbezogen haben. Er wird auch Techniken finden, die nicht Teil unserer Methode sind, sondern von anderen Konzeptionen stammen. Nun, diese nicht orthodoxen Momente sind gewollt und beabsichtigt: Wir finden, daß der Therapeut die Freiheit haben sollte, aus der Orthodoxie herauszutreten und Elemente aus anderen Theorien zu benutzen – vorausgesetzt, er ist sich dessen bewußt –, um dann, wenn er es für richtig hält, wieder in seine Theorie zurückzukehren. Auf diese Art wird seine Arbeit geschmeidiger und vielseitiger.

Um wieder auf unseren Forschungsgegenstand zurückzukommen, folgten wir zuerst einem gewundenen Pfad: Wir fragten uns, was Philosophen, Physiker, Historiker, Anthropologen und Soziologen unter Zeit verstanden. Und die Antworten, die wir erhielten, waren völlig unterschiedlich. Wir sahen uns einer Pluralität von Zeiten gegenüber: objektiver Zeit und subjektiver Zeiten, familiärer

1 Worüber wir kürzlich in einer Forschungsarbeit nachgedacht haben, beschrieben in dem Artikel *Sprache und Veränderung* (Boscolo et al. 1991).

Zeit, institutioneller Zeit, kultureller Zeit. Unsere Antwort auf diese Multizeitlichkeit war die Idee, daß es wichtig wäre, die verschiedenen Zeiten zu koordinieren; und daß die mangelnde Koordination der Ursprung von Problemen, Leiden und Pathologien sein könnte.

Überdies präsentieren unsere Klienten Probleme, die wir als zeitliche Koordinierungsprobleme ansehen können: Die Zeit, die bei einem depressiven Menschen stillsteht, verrinnt nicht, die zersplitterte Zeit des Schizophrenen oder die chaotische Zeit der Organisation, die in Schwierigkeiten steckt. Die Analyse gewinnt noch an Komplexität durch die verschiedenen zeitlichen Horizonte und Perspektiven, die man bei Personen, Kulturen, Organisationen und sozialen Einheiten sehen kann.

Therapien haben ebenfalls ihre zeitlichen Perspektiven. Manche Therapieansätze setzen sich vor allem mit der Gegenwart, andere mit der Vergangenheit und wieder andere hauptsächlich oder ausschließlich mit der Zukunft auseinander. Aus unserer Sicht versuchen wir Gegenwart, Vergangenheit und Zukunft zu verbinden: Wir sind interessiert an der Beziehung zwischen den drei „Dimensionen" der Zeit, wobei wir die unterschiedlichen zeitlichen Horizonte des Klienten und ihre möglichen Entwicklungen berücksichtigen. Wir bemühen uns, unsere Zeit mit der des Klienten zu koordinieren. Klienten sehen Zeit oft auf eine linear-kausale Weise: Die Vergangenheit erlegt der Gegenwart und die Gegenwart der Zukunft eine deterministische Bindung auf. Die Aufgabe des Therapeuten ist es, zwischen den drei Dimensionen der Zeit eine reflexive Beziehung herzustellen. Wir definieren so einen reflexiven Kreislauf von Vergangenheit, Gegenwart und Zukunft, der in der Gegenwart eine hypothetische Vergangenheit und Zukunft gestaltet.

Dies sind nur einige der für menschliche Beziehungen wichtigen Zeitaspekte. Unsere Untersuchung war die Reise zweier Kliniker in ihnen fremde Bereiche, wie etwa die Philosophie, Physik, Geologie oder Soziologie, und wir entschuldigen uns im Voraus bei unseren Lesern, wenn unsere Ansichten manchmal naiv klingen. Wir möchten jedoch unterstreichen, daß wir von unserer Reise in ein fremdes Land Metaphern mitgebracht haben (insbesondere aus Physik und Philosophie), die für uns außerordentlich wichtig sind, um den therapeutischen Prozeß mit neuen Augen zu betrachten. Natürlich dürfen solche Metaphern nicht für bare Münze genommen werden.

Das Buch ist in zehn Kapitel aufgeteilt, die zuerst die Theorie und dann die klinische Praxis behandeln. Das erste Kapitel basiert auf den Metaphern der Zeit, wie wir sie in Philosophie, Geschichte, Geologie und Physik finden. Das zweite Kapitel nähert sich den drei Hauptbereichen der Zeit, nämlich individueller, kultureller und sozialer Zeit und ihrer Interaktion. Im dritten Kapitel beschäftigt sich die Untersuchung mit den unterschiedlichen Ansätzen der Familieninteraktion, gesehen durch das Objektiv der Zeit. Das vierte Kapitel behandelt ganz spezifisch unseren systemischen Therapieansatz und seine Entfaltung, nachdem wir unsere Ideen über die Zeit entwickelt hatten, und im fünften werden Therapie- und Beratungstechniken sowie ihre Modifizierung entsprechend der neuen Ideen dargestellt.

Das fünfte Kapitel hat eine klinische Dimension in Form einer Aufzeichnung von Tonbandprotokollen von Therapiesitzungen und deren Analyse. Das sechste und siebte Kapitel handeln jeweils von der Gestaltung einer Vergangenheit und einer Zukunft in der Therapie, durch die Erzählung und Transkription von klinischen Fällen. Das achte Kapitel dreht sich um den zeitlichen Aspekt therapeutischer Rituale, wobei einige Fälle kurz vorgestellt werden, während das neunte Kapitel drei Fälle in ihrer gesamten Entwicklung in den Mittelpunkt stellt. Das zehnte und letzte Kapitel analysiert eine Sitzung, die durch einen Dialog der beiden Autoren kommentiert wird.

Wir wissen, daß die ersten Kapitel des Buches recht theoretisch, abstrakt und manchmal auch langweilig erscheinen mögen. Wir schlagen dem Leser deshalb zwei mögliche Zugänge vor: einen direkten, vom Anfang bis zum Ende (in unserer Sprache: von der Vergangenheit über die Gegenwart zur Zukunft); oder man beginnt mit dem fünften Kapitel, das sich um einen klinischen Fall dreht, und liest bis zum Schluß die fünf Kapitel über die klinische Praxis und geht dann zu den ersten vier theoretischen Kapiteln, um sich dann möglicherweise wieder den klinischen Kapiteln zuzuwenden. Der Leser kann also einen zirkulären Weg einschlagen: Er geht von der Gegenwart zur Zukunft, dann zurück zur Vergangenheit und wieder zur neuen Gegenwart.

Wir fragten uns, welchen Gewinn ein Kollege aus dem Buch ziehen könnte, und meinen, daß ihm – wie es uns ergangen ist – das Interesse an der Dimension der Zeit neue Perspektiven eröffnen kann, um seine theoretische oder klinische Sicht zu erweitern und um seine Arbeit vielseitiger zu gestalten.

Andererseits wissen wir nur zu gut, daß unser auf der Zeit basierender Ansatz noch unfertig ist und weiterer Entwicklungsarbeit bedarf. Wir hoffen jedoch, daß er im Leser die gleiche Neugier weckt, die er in uns geweckt hat, und ihm folglich zu Entwicklungen Anlaß gibt, die dieses für uns so nützliche Objektiv zur Feinabstimmung bringen.

Luigi Boscolo / Paolo Bertrando
November 1992

1. Zeitmetaphern

> Zu Beginn reicht es aus, der Realität eine Bedeutung zuzuschreiben, worauf sich immer das Verb „wissen" bezieht. Wenn wir das tun, sind wir rasch dabei, Metaphern zu verwenden, von denen sich jede bald als „Agent provocateur" von Begriffen zeigen wird, die statisch oder dynamisch, projektiv oder introjektiv, realistisch oder relativistisch, veristisch oder konventionell sind. [...] Manchmal scheint Wissen eine Art Spiegelung zu sein, dann wieder eine Art Assimilation oder eine Forschungsreise. Jedes Bild impliziert ein Gerüst von Überzeugungen und ein System von Werten, und jede Zeit zieht unvermeidlich bestimmte Metaphern den anderen vor ...
>
> (Piattelli Palmarini 1984, S. 15)

1.1 Einige Paradoxa

Das Problem der Zeit hat über die Jahrhunderte das Denken der Schriftsteller beschäftigt. Obwohl ihre umfangreiche Literatur voller Paradoxa ist, wollen wir uns hier nur mit einigen der wichtigeren befassen. Beginnen wir mit den berühmten Paradoxa der Zeit und der Bewegung von Zenon von Elea, die aus dem sechsten Jahrhundert v. Chr. stammen. In Zenons Fabel kann Achilles die Schildkröte niemals einholen, denn jedesmal, wenn er die Stelle erreicht, wo die Schildkröte zu Beginn des Rennens stand, hat sich die Schildkröte ein wenig weiter bewegt, und wenn Achilles dann die Strecke dazwischen zurückgelegt hat, ist die Schildkröte schon wieder weitergegangen, und so weiter ad infinitum. In einem anderen Beispiel sagt Zenon, daß ein Pfeil niemals sein Ziel erreichen könne, da er zuerst die Hälfte der Strecke zum Ziel zurücklegen müsse, aber vorher hätte er die Hälfte dieser ersten Hälfte zurückzulegen, und so weiter ad infinitum.

Tausend Jahre später sprach Augustinus von Hippo die Frage der Zeit in seinen *Konfessionen* wie folgt an:

> Was also ist die Zeit? Wenn niemand mich es fragt, so weiß ich es; will ich dem Fragenden es auseinandersetzen, weiß ich es nicht: gleichwohl sagt' ich zuversichtlich, ich wisse, es gäbe keine Vergangenheit, wenn nichts vorüberginge, und wenn nichts käme, gäbe es keine Zukunft, und wenn nichts wäre, gäbe es keine Gegenwart. Jene beiden Zeiten aber, Vergangenheit und Zukunft, wie bestehen sie, wenn das Vergangene schon nicht mehr und das Künftige noch nicht ist? Das Gegenwärtige aber, wenn es immer gegenwärtig wäre und in Vergangenes nicht überginge, so wäre es schon nicht mehr Zeit, sondern Ewigkeit. Wenn also die Gegenwart, damit sie Zeit sei, darin besteht, weil in Vergangenheit sie übergeht, wie können wir dann sagen, daß das sei, was seinen Seinsgrund dadurch empfängt, weil es nicht sein wird, so daß wir in Wahrheit es Zeit nur nennen können, weil es bestrebt ist, nicht mehr zu sein?
>
> (Des heiligen Augustinus *Bekenntnisse*, Elftes Buch, Kap. 14)

In unserem Jahrhundert hat McTaggert (1927) postuliert, daß es zwei völlig unterschiedliche Zeitreihen gibt. In der Reihe *A* befinden sich Ereignisse erst in der Zukunft, bewegen sich dann durch die Gegenwart, um in der Vergangenheit zum Stillstand zu kommen, während sich die Ereignisse in der Reihe *B* in einer festen Sequenz hintereinander befinden.

Es ist offensichtlich, daß die Bedeutung der Ereignisse in den zwei Reihen sehr unterschiedlich ist. In der Reihe *A* befinden sie sich in ständiger Bewegung. Bevor Caesar geboren war, befand sich beispielsweise das Ereignis seiner Geburt in der Zukunft. Im Augenblick seiner Geburt bewegte es sich von der Gegenwart hin zu seinem definitiven Ort in der Vergangenheit, wo wir es auch jetzt noch wahrnehmen. In der Reihe *B* hat Caesars Geburt immer denselben festen „Platz" in der Zeit, beispielsweise vor Newtons Geburt. Angesichts dieser Diskrepanzen entschied sich McTaggart dafür, daß keine der beiden Reihen funktioniere, und kam zu dem Schluß, daß Zeit, wie wir sie normalerweise begreifen, nicht existiert.

In seinem Essay „Neue Widerlegung der Zeit" bringt Jorge Luis Borges (1947) die Argumente des Britischen Idealismus zu ihrem logischen Schluß. Wenn, wie Berkeley meint, Realität nur dann existiert, wenn sie von den Sinnen wahrgenommen wird, und wenn, wie Hume meint, ein Mensch nur eine Ansammlung oder ein Bündel seiner Wahrnehmungen ist, schlußfolgert Borges, dann kann die Vorstellung von der Zeit als einer Abfolge unterschiedlicher Augenblicke leicht zurückgewiesen werden. In Abwesenheit eines objektiven äußeren Bezugspunktes – etwa einer astronomischen Zeit – ist es nicht möglich, zwei Augenblicke mit identischen Charakteristiken zu unterscheiden: Vielleicht überschneiden sie sich, verschmelzen zu einem einzigen Augenblick. Deshalb, so Borges Schlußfolgerung, existiert die Zeit nicht so, wie wir sie uns normalerweise vorstellen.

Auf unterschiedliche Weise kommen unser griechischer Philosoph, unser afrikanischer Bischoff, unser schottischer Logiker und unser argentinischer Schriftsteller zu dem Schluß, die allgemeine Vorstellung von der Zeit zu verwerfen. Wir haben hier die Aufmerksamkeit auf ihre Paradoxa gelenkt, weil sie sehr gut illustrieren, was mit allgemeinen Zeitbegriffen geschieht, wenn wir sie näher untersuchen; wie sie sofort zu etwas nicht zu Fassendem und schwer Bestimmbaren werden und sich verwirrenderweise weigern, den Gesetzen des gesunden Menschenverstandes zu gehorchen. Es gibt viele Gründe, weshalb die Zeit ein wirklich schwieriges Thema ist. Was uns hier jedoch am meisten interessiert, ist die Tatsache, daß es mehr als eine Art von Zeit gibt. Die Zeit, von der wir in unserem täglichen Leben nie genug haben, ist nicht die Zeit, die wir mit Atomuhren messen können. So hat auch der unaufhörliche Impuls unseres persönlichen Lebens nichts mit der Bürozeit zu tun, die unser Arbeitsleben mißt. Der Zeitbegriff von Augustinus unterscheidet sich von dem Zeitbegriff Newtons.

Zu sagen, es gäbe mehr als eine Art von Zeit, bedeutet jedoch nicht, daß wir eine einzige Wirklichkeit teilen, die viele verschiedene Zeitarten enthält. Jede Gruppe von Menschen konstruiert ihre eigene Wirklichkeit, indem sie von allen getragene kognitive Schemata verwendet, um aus der Außenwelt Informationen zu erhalten und sie in einen verständlichen Zusammenhang zu bringen. In anderen Worten, jede Gruppe konstruiert ihre eigene Wirklichkeit, und zwar mit ihrem eigenen Zeitbegriff. Die Zeit der äußeren Wirklichkeit (objektive Zeit) unterscheidet sich von der Zeit – oder vielmehr: den Zeiten – der vielfältigen inneren Wirklichkeiten.

Die Paradoxa der Zeit werden durch Sprache erzeugt und erhalten. Zenons Paradoxon kommt zustande, weil nicht unterschieden wird zwischen Dauer, in der ein Augenblick nicht von einem anderen getrennt werden kann, und der willkürlichen Fragmentierung der Zeit in getrennte Augenblicke. Augustinus' Paradoxon ergibt sich durch die Verschiebung von dem, wie wir Zeit erleben (was völlig verständlich ist, wenn auch nicht mitteilbar), zu dem, wie wir sie beschreiben (was immer schwierig ist, da wir nicht aus der Zeit heraustreten können, um zu beschreiben, was Zeit ist). McTaggarts

Paradoxon entsteht, wenn seine Reihen zu zwei Versionen der Realität werden, zwischen denen wir zu wählen haben, anstatt zu alternativen, sich nicht ausschließenden Methoden, um die Zeit zu beschreiben.[1] Wie Bateson (1972) sagte, sind es Worte, nicht Dinge, die durcheinander geraten. Zeit wird mißverstanden, wenn sie in Sprache eintritt; ganz ähnlich können nur Dinge, die gesagt wurden, mißverstanden werden.

Wir betrachten nun einige Phasen in der Entwicklung des Zeitbegriffs im abendländischen Denken, allerdings nur kurz, weil sie nur dazu dienen, den Hauptgegenstand unserer Studie vorzustellen. Dieser kurze Überblick wird uns zumindest in Teilen verständlich machen, weshalb die Terminologie der Zeit so komplex geworden ist.

Wenn wir vermeiden wollen, in einige der schon beschriebenen Fallen zu gehen, dann sollten wir am besten daran erinnern, daß das Folgende keine direkte Beziehung zur Therapie hat. Die von uns untersuchten Ideen sind für Therapeuten alle nur als Metaphern der Zeit nützlich. Sie können unserem Denken eine Richtung geben, lassen sich jedoch nicht ohne entsprechende Modifizierung direkt auf die Therapie übertragen. Das vermindert jedoch keineswegs ihre Wichtigkeit. Wie Borges einmal schrieb: „Vielleicht ist die Universalgeschichte die Geschichte einer Reihe von Metaphern." (1951, S. 911).

1.2 Zeit und die Philosophen

Natürlich beginnt unser Überblick bei den Griechen, da sie es waren, die das Fundament des abendländischen Denkens gelegt haben. Neben den vielen grundlegenden Begriffen, die sie uns überliefert haben, entwickelten sie auch ein ungewöhnlich umfangreiches Vokabular der Zeit, in dem der grundlegende Zeitbegriff, den wir heute so verwirrend finden, in drei verschiedene Begriffe aufgegliedert wird, nämlich in *aion*, *chronos* und *kairos*.

Für die Griechen bedeutete *aion* „das Immer", grenzenlose Dauer ohne Vergangenheit oder Zukunft (Curi 1987). *Chronos* dagegen bedeutete meß- und zählbare Zeit in konstanter Bewegung von der Zukunft zur Vergangenheit. Daß das schon die bekannte abendlän-

1 McTaggarts Reihen und die durch sie implizierten wiedersprüchlichen Ansichten von der Gegenwart werden in Kapitel vier diskutiert.

dische Dichotomie zwischen „sein" und „werden" nahelegt, schmälert keineswegs die Einsicht der ursprünglichen Unterscheidung. Schließlich bedeutet *chronos* die Zeit, die gemessen werden kann, während *kairos* Zeit mit Bedeutung belegt: Zeit als eine Reihe von Episoden mit einem Anfang und einem Ende, die Zeit, die einen Rahmen bietet für das menschliche Handeln (Kermode 1967). Diese zweite Dichotomie unterscheidet also objektive, meßbare Zeit von subjektiver Zeit, von Zeit, wie wir sie tatsächlich erleben.[2]

Aion, chronos und *kairos* implizieren die Existenz dreier deutlich unterscheidbarer Zeitgefilde. *Aion*, obwohl im Abendland weit weniger einflußreich als früher, war über die Jahrhunderte vor allem im religiösen Denken wichtig, während die Unterscheidung zwischen *chronos* und *kairos* für unser Denken immer noch grundlegend ist. *Chronos* ist objektivierte, identifizierbare, teilbare Zeit, die handhabbar ist und reguliert werden kann, die Zeit der Wissenschaft und Technologie, die die Verwendung der Uhr möglich gemacht hat und die kollektive Synchronisierung menschlichen Handelns, die Zeit eines Aristoteles, Newton, Kant, Whitehead und Popper. *Kairos* ist die Zeit einzigartiger, innerer, nicht reduzierbarer menschlicher Erfahrung, die Zeit der Existenzphilosophie, die Zeit von Augustinus, Kierkegaard, Bergson, Husserl, Heidegger und Sartre. Die Subjekt-Objekt-Dualität ist das Herzstück unseres Denkens über die Zeit. Wir verwenden sie in unserem täglichen Leben ganz selbstverständlich und sind uns der philosophischen Debatte, die vor zweieinhalbtausend Jahren um sie tobte, überhaupt nicht bewußt.

1.2.1 Aion und chronos

Von Anfang an befaßte sich die griechische Philosophie mit der Unterscheidung zwischen *sein* und *werden* – Anaximander stellte beispielsweise seine Kosmologie in die „Ordnung der Zeit" oder, in anderen Worten, in das Reich von Chronos (Heinemann 1987) – es waren aber zwei Philosophen des sechsten Jahrhunderts v. Chr., die in der großen Zeitdebatte die Begriffe bestimmten.

2 Die klassische Vorstellung von der „Zeit, die wir tatsächlich erfahren" (temps vécu) wurde zuerst von Minkowski (1933) näher ausgeführt, obwohl Marshs Unterscheidung (1952) zwischen „chronologischer Zeit" und „realistischer Zeit" mehr oder weniger denselben Gedanken ausdrückt.

Für Parmenides war das Sein eine ewige, unwandelbare Substanz, die sich durch die ihr eigene Natur außerhalb vom Ablauf der Zeit und den Verschiebungen des Raumes befand, die er als nichts anderes als Formen der Täuschung (doxa) ansah. Indem er Parmenides' Metaphysik erweiterte, vermochte Zenon seine gefeierten Paradoxa zu konstruieren, die Zeit und Raum auf etwas Absurdes reduzieren.[3]

Dagegen gründete Heraklit seine Philosophie auf die Idee des Werdens, des Wandels, und er gab uns die berühmte Maxime, daß man niemals zweimal im selben Fluß baden kann.[4] Die Dinge wandeln sich mit der Zeit ständig, jede Eigenschaft verwandelt sich in einem Prozeß ständiger Bewegung in ihr Gegenteil.

Inspiriert von Parmenides' Metaphysik des Seins, hatte Platon bis zu einem gewissen Grad damit Erfolg, Sein und Werden miteinander zu versöhnen, obwohl er, um es tun zu können, *aion* in die Ewigkeit verlegen mußte, in das Reich letzter Wirklichkeiten. *Chronos* hingegen, die Zeit der für Vernichtung und Tod bestimmten Dinge, verbannte er in das Reich der Natur, in dem die physische Existenz nur ein Schatten oder eine Fälschung des wahren letzten Seins ist:

> Denn wir sagen doch: Es war, ist und wird sein; der richtigen Ausdrucksweise zufolge kommt aber jenem nur das ‚ist' zu, das ‚war' und ‚wird sein' ziemt sich dagegen nur von dem in der Zeit [*chronos*] fortschreitenden Werden zu sagen, sind es doch Bewegungen; dem stets sich selbst gleich und unbeweglich Verharrenden aber kommt es nicht zu, durch die Zeit jünger oder älter zu werden ..."
> (Platon, *Timaios*, 37 d-38 a)[5]

Aristoteles, der Philosoph des Immanenten, war wohl der erste, der die Verbindung zwischen Zeit und Bewegung postulierte, was ihm ermöglichte, Zeit mit Raum gleichzusetzen. Wenn er sagt, daß Zeit

3 Parmenides ist empfänglich für Paradoxa dieser Art, weil er das Werden und die Abfolge leugnet. Bateson weist darauf hin, daß Paradoxa nur in den zeitlosen Gefilden der Logik und der Mathematik existieren können, nicht jedoch im wirklichen Leben.

4 Heraklits geflügelter Spruch ist in der Tat äußerst subtil. Wie Russell (1948) deutlich zeigte, ist es nicht nur das Wasser des Flusses, das sich mit der Zeit verändert, sondern auch der *Badende*. Siehe Niels und Kranz (1966) für einen allgemeinen Überblick der fragmentarischen Vorsokratischen Texte.

5 Siehe Curi (1987) und Sini (1987).

„das Maß für Bewegung in bezug auf vorher und nachher" ist *(Physik,* 229 b 1), dann meint er, daß Zeit ein Aspekt der Bewegung ist, wenn auch nicht mit ihr identisch. Zeit und geometrischer Raum haben andere Merkmale gemeinsam. Da Zeit in dem Sinne kontinuierlich ist, daß sie ein Kontinuum individueller Augenblicke ist, ähnelt ein Augenblick in der Zeit sehr einem Punkt im Raum, der, obwohl er eine abstrakte, für sich allein stehende Entität bleibt, sich mit anderen Punkten verbindet, um das Kontinuum einer geometrischen Linie zu bilden. Am wichtigsten ist jedoch die Aussage von Aristoteles, daß Zeit quantifiziert und gemessen werden kann.

Plotinus akzeptierte in seinen *Enneaden* die Unterscheidung zwischen *aion* und *chronos*, sein Glaube an das gnostische Denken ließ ihn jedoch auch die Gültigkeit der zyklischen Zeit und die Theorie ewiger Rückkehr akzeptieren. Wie Borges nicht ohne Verwunderung feststellte (1936), führt Plotinus im fünften Buch der *Enneaden* recht konfus aus, daß man erst eine Idee von der Ewigkeit haben muß, da sie der Archetypus der Zeit ist, bevor man die Natur der Zeit untersuchen kann:

> Denn Neues und immer wieder Neues webt um die Seele: Bald ein Sokrates, bald ein Pferd, immer ein Einzelding der Körperwelt; der Urgeist aber umfaßt alles. Er hat also in sich selbst alles an derselben Stelle ruhend, er ist allein und ist immer gegenwärtig, niemals zukünftig oder vergangen; denn in seinem Reiche gibt es nichts Vergangenes, sondern nur ewig Gegenwärtiges.
>
> (Plotinus, *Enneaden,* V 1 [10], S. 22)

Dieser frühe Begriff von *aion* ging später verloren, jedenfalls wurde er nie wieder mit solcher Klarheit und Überzeugung formuliert.

1.2.2 Chronos und kairos

Indem es die vom Judentum vererbten Begriffe erweiterte und entwickelte, stellte das Christentum den Menschen unzweideutig in den großen Fluß der Geschichte. Ein für allemal wurde die Zeit linear und unumkehrbar. Und dennoch war es Augustinus, einer der Kirchenväter, der die erste wahrhaftig *introspektive* Theorie der Zeit aufstellte. Tatsächlich stellte er seine Diskussion der inneren Zeiterfahrung noch vor die Zeit der Objekte und der Bewegung.

Quispel (1957) warnt davor, Augustinus als einen zu früh gekommenen modernen Philosophen zu sehen, einen Erfinder von Begriffen, die erst Jahrhunderte nach seinem Tod vollständig akzeptiert wurden. Sicherlich sollte Augustinus' Interesse am Wesen der Zeit im Kontext der rein theologischen Debatte über die Natur der Schöpfung und der Geschichte, in die er verwickelt war, verstanden werden; dennoch besteht kein Zweifel, daß einige seiner Einsichten grundlegend waren für spätere philosophische Versuche, das Wesen der Zeit zu definieren. Tatsächlich läuft seine Lösung des berühmten Paradoxons, das wir an früherer Stelle betrachtet haben, auf eine psychologische Theorie der Zeit hinaus.[6]

> Was also nun klar ersichtlich ist, das ist, es gibt nicht Zukunft noch Vergangenheit [...] es ließe sich vielleicht im eigentlichen Sinne sagen: es gibt drei Zeiten, die Gegenwart des Vergangenen, die Gegenwart des Gegenwärtigen und die Gegenwart des Künftigen. Denn es sind diese dreie in der Seele, und anderswo seh' ich sie nicht, gegenwärtig ist das Erinnern des Vergangenen, gegenwärtig die Anschauung des Gegenwärtigen, gegenwärtig die Erwartung des Künftigen. Wenn ich so sagen darf, dann sehe ich drei Zeiten und bekenne, es sind drei.
>
> (Des heiligen Augustinus *Bekenntnisse*, Elftes Buch, Kap. 20)

> Aber wie kann das Künftige gemindert und verzehrt werden, das noch nicht da ist, oder wie wächst das Vergangene, das schon nicht mehr ist, es sei denn, weil im Geist, der dies ausübt, ein Dreifaches ist? Denn er *erwartet*, seine *Aufmerksamkeit* ist auf etwas gerichtet, und er *erinnert* sich, so daß, was er erwartet, durch das, worauf seine Aufmerksamkeit gerichtet ist, in das übergeht, dessen er sich erinnert.
>
> (Des heiligen Augustinus *Bekenntnisse*, Elftes Buch, Kap. 28)

Indem er die Zeit unzweideutig im Geist (in der Psyche) ansiedelte, war Augustinus näher als jeder andere christliche Philosoph daran, den griechischen Begriff der *kairos* zu reproduzieren. Selbst seine Diskussion über die Dimension der Zeit basiert auf der unterschiedlichen Länge der Wörter und Silben, statt auf der Bewegung der von ihm völlig ignorierten Himmelskörper. Er scheint zwischen Zeit und der Bewegung von Objekten keine Beziehung gesehen zu haben. Zeit wird zu einer *distentio animi*, von der sich sagen läßt, daß sie nur dann existiert, wenn sie *erlebt* wird.

6 Siehe Jacques (1982, Kap. 1) über Augustinus' Modernität. Toraldo di Francia (1990, S. 98) räumt ebenfalls ein, daß jeder Versuch, die wahre Natur der Zeit zu erfassen, ein hoffnungsloses Unterfangen sei und daß es seit der Zeit von Augustinus recht wenig Fortschritte gegeben habe.

Trotz der fundamentalen Ansichten von Augustinus war es schließlich *chronos*, der im abendländischen Denken triumphierte. Zuerst in der Scholastik des Mittelalters, die Arostoteles' *Physik* ohne Einschränkung akzeptierte, und dann mit dem Aufkommen der modernen Physik.[7] Wie Elias bemerkt (1987), maß Galileo der Zeit in seinen wissenschaftlichen Untersuchungen eine beispiellose Wichtigkeit bei, und seine neue Lehre wurde von Newton selbst abgesegnet, dessen Zeitbegriff von der Wissenschaft in den nächsten beiden Jahrhunderten nicht in Frage gestellt wurde und im täglichen Denken sogar noch länger fortlebte:

> Reale, absolute, mathematische Zeit fließt ununterbrochen kraft ihrer eigenen Natur und hat zu nichts außerhalb ihrer selbst eine Beziehung. Man nennt sie auch Dauer.
>
> (Newton 1987, S. 101)

Demnach sah Newton Zeit als ein uniformes, universales Kontinuum, das unabhängig von Bewegung und selbst unabhängig von der Existenz der Objekte existierte. Mit seinem Hang zur Verkürzung schaffte er für die nächsten Jahrzehnte die Vorstellung einer subjektiven Zeit ab. Erst sehr viel später, in der breiteren Debatte über Berkeleys und Humes Idealismus, sollte es Kant gelingen, die Gültigkeit eines ziemlich anderen Zeitbegriffs zu etablieren.

Wie der große Widerleger der Zeit, Borges (1947) mit einiger Enttäuschung festhielt, wagten es weder Berkeley (der sagte, daß Realität nicht unabhängig von einem beobachtenden Subjekt existieren kann) noch Hume (der das Thema auf die einfache Summe von Wahrnehmungen und Gefühlen reduzierte), die Existenz der Zeit tatsächlich zu verneinen. Für Berkeley war die Zeit „die Aufeinanderfolge von Vorstellungen, die gleichförmig dahinfließt und an der alle Wesen teilhaben" (*Principles of Human Knowledge*, 98), während sie für Hume „eine Aufeinanderfolge unteilbarer Momente" ist (*Treatise of Human Nature*, I, 2, 2).

Kant (1781) akzeptierte die absolute Autonomie der Newtonschen Zeit, aber entfernte sie, zusammen mit dem Raum, vom Universum eines *Ding an sich* und machte sie statt dessen zu etwas Fundamenta-

7 Wir werden uns Zeitbegriffe der Physik später genauer ansehen. Allerdings ist Newtons Zeitbegriff zu wichtig, um hier vernachlässigt zu werden.

lem für das Bewußtsein. Für Kant sind Zeit und Raum die zwei grundlegenden Voraussetzungen der Erfahrung: Sie sind nicht das Ergebnis von Erfahrung, aber es bedarf der Erfahrung, um sie wirken zu lassen.

Obwohl an dieser Stelle keine vollständige Analyse der Auffassungen von Zeit in der gesamten Philosophie des 19. Jahrhunderts geleistet werden kann, sollten wir im Vorbeigehen Hegels Ambiguität der Zeit, Schopenhauers Ablehnung der Zeit, Marxens Erhöhung der Zeit (als Geschichte) und Nietzsches Begriff der ewigen Wiederkehr erwähnen. Ein später Denker des 19. Jahrhunderts – Henri Bergson – stellte allerdings die Zeit ins Zentrum seines philosophischen Systems.

Obwohl der Positivismus die Prinzipien der Newtonschen Physik ohne Einschränkungen akzeptiert hatte, war Bergson kritisch gegenüber der „räumlichen" Art der Physiker, die Zeit zu betrachten, denn das reduzierte sie zu wenig mehr als einer analytischen Sequenz identischer Augenblicke – Vergangenheit, Gegenwart und Zukunft – die in einer geraden Linie nacheinander angeordnet sind. Für Bergson (1889) war die Zeit „Dauer" (*durée*), ein ununterbrochener Fluß, in dem sukzessive Augenblicke sich gegenseitig durchdringen und untrennbar werden. Wenn wir von Dauer sprechen, beschränken wir uns nicht auf die Idee der Augenblicke oder Zeitpunkte, die einfach „das äußerste Ende eines Intervalls" sind:

> Das ergibt sich für uns ganz natürlich aus der Idee der Augenblicke und gleichzeitiger Augenblicke, weil es uns zur Gewohnheit geworden ist, Zeit in Raum umzuwandeln. [...] ein Augenblick ist das, was eine Dauer beenden kann, wenn sie anhält; aber eine Dauer hält nicht an.
>
> (Bergson 1922)

Objektive wissenschaftliche Zeit ist künstlich und kann gemessen werden, während Dauer *qualitativ* sowohl vielgestaltig (das Ganze der Vergangenheit durchdringt die Gegenwart, die Gegenwart „färbt" die Vergangenheit) als auch unteilbar ist. Sie kann nicht analysiert werden.

Geistige Ereignisse – Bewußtsein – können nicht „wiederholt" werden, da der Fluß der Zeit eine entsprechende Modifizierung des Bewußtseins selbst hervorbringt. Das Bewußtsein kann sich niemals wiederholen, kann nie wieder das sein, was es in der Vergangenheit einmal war. Bergson sagt in *Materie und Gedächtnis* (1896), daß das Gedächtnis die gesamte Vergangenheit umfaßt, also wird das Bewußtsein, das vom Gedächtnis gespeist wird, ständig durch die Vergangenheit informiert und bereichert. Er behauptet, daß das, was wir seit frühester Kindheit gefühlt, gedacht und gewollt haben, in der Gegenwart eingeschlossen ist und darauf drängt, ins Bewußtsein zu dringen.

Demnach ist Bergsons Meinungsverschiedenheit mit den Positivisten eine andere Version des uralten Gegensatzes zwischen *chronos* und *kairos*, in dem die Zeit der Objekte mit der intuitiven Zeit kontrastiert, mit der Zeit, wie wir sie wahrnehmen und erleben. Whitehead gab anfangs dieses Jahrhunderts eine knappere und dennoch durchdachtere Darstellung der objektiven Zeit:

> Indem ich sage, daß Raum und Zeit Abstraktionen sind, meine ich nicht, daß sie uns nicht reale Tatsachen über die Natur zum Ausdruck bringen. Was ich meine, ist, daß es unabhängig von der physischen Natur keine räumlichen oder zeitlichen Fakten gibt, daß also Raum und Zeit lediglich Wege sind, gewisse Wahrheiten über die Relationen zwischen Ereignissen auszudrücken.
>
> (Whitehead 1920, S. 128)

1.2.3 Gibt es nur eine Zeit?

Die moderne Philosophie wirft mehr Fragen auf, als sie beantwortet, und dies gilt auch für die Zeit. Die Gewißheiten der Newtonschen – und auch der Kantschen – Zeit sind sowohl von Physik als auch von Philosophie und Psychologie in Frage gestellt und schließlich verworfen worden. Später werfen wir einen kurzen Blick auf Einsteins Relativitätstheorie, die einen einheitlichen Zeitbegriff in der Physik völlig in Frage stellt.

Von allen modernen geistigen Disziplinen befaßten sich vor allem Phänomenologie, Soziologie und Anthropologie damit, das Wesen der Zeit zu definieren. Die Existenzphilosophie hat dem Wesen der menschlichen Existenz *in der Zeit* einen vorzüglichen Platz eingeräumt, weil ihr Hauptinteresse immer der konkreten, realen Existenz des Menschen und seiner Lebensbestimmung als Person galt. Husserl (1966) befaßte sich ausführlich mit der Phänomenologie der Zeit – oder unserem Bewußtsein einer inneren Zeit – und der Bedeutung, die wir ihr geben, wenn wir sie erst einmal aus unserem

„wissenschaftlichen" Bewußtsein entfernen und uns erlauben, uns in introspektive Analysen zu stürzen. Zeit existiert vielleicht nur in der Gegenwart, sagt Husserl, aber es ist gleichermaßen wahr, daß Vergangenheit und Zukunft für unser Zeitbewußtsein wesentlich sind, selbst wenn wir uns ihrer nur in der Gegenwart bewußt sind. Damit ist Husserls Idee in einem gewissen Sinn nur eine weitere Version von Augustinus' Triade von *retentio, praesentatio* und *protentio*.

Heidegger (1962) unterscheidet vier zeitliche Dimensionen – Vergangenheit, Gegenwart, Zukunft und eine vierte Dimension, die wir verwenden, wenn wir von einer der früheren drei Dimensionen zu einer anderen wechseln. Da sie, per definitionem, mobil und unbeständig ist, ist seine vierte Dimension in einem gewissen Sinn die wichtigste, die „erste" sozusagen, weil es die Dimension ist, in der wir die Zeit tatsächlich *erleben*. In seinem Hauptwerk *Sein und Zeit* (1927) geht Heidegger über eine einfache Analyse darüber, wie wir Zeit erleben, hinaus, um die Bedeutung zu diskutieren, die wir im nachhinein dieser Erfahrung geben. Wie uns George Steiner erinnert:

> Der Titel ist ein Manifest. *Sein* ist traditionell zeitlos. In der Metaphysik seit Platon ist die Untersuchung des Seins, der Essenz innerhalb oder hinter der Erscheinung, gerade eine Suche nach dem, was konstant ist, was zeitlos im Fluß von Zeit und Wandel steht. Heideggers Titel geht in andere Richtung: *Sein und Zeit*. Sein ist selbst zeitlich. [...] Wir leben nicht „in Zeit", so als wäre diese ein unabhängiges, abstraktes, unserem Sein äußerliches Fließen. Wir „leben Zeit"; die beiden Begriffe sind untrennbar.
>
> (Steiner 1978, S. 132)

Was Heidegger in jeglichem metaphysischen Denken für fehlerhaft hält, ist dessen Tendenz, das Sein als eine Art von ewiger Gegenwart zu betrachten, als etwas, das wir „sehen" können und das der *concupiscentia oculorum* ähnelt, welches Augustinus schon als Fehler verworfen hat. Diese Sicht hält das Sein für etwas Abstraktes, weil es ein Bild oder eine Metapher wird, wogegen Heidegger das Sein wieder im Reich der Erfahrung, der „Dinglichkeit" und ereigniszentrierten Historizität der menschlichen Erfahrung einsetzen will.

Wenn dies getan wird, erfahren wir das Sein in der Zeit (Dasein) entweder als ständige Verweisung von einem Ding auf das nächste – ein im wesentlichen anonymer, unpersönlicher Prozeß –, oder wir finden, daß wir in der Lage sind, aus der Erfahrung der Gegenwart herauszutreten. Wenn wir dies tun, oder wie Heidegger sagt, wenn wir unsere Begegnung mit dem Nichts akzeptieren, können wir die Möglichkeiten unseres Lebens meistern und organisieren oder, in anderen Worten, uns in die Zukunft projizieren. Demnach hat Zeit für Heidegger einen *ethischen* Wert – sie ist weder eine Offenbarung der objektiven Welt noch eine psychologische Funktion, sondern eine Dimension der menschlichen Existenz.

Im Gegensatz dazu hat die Soziologie einen interaktiven Zeitansatz entwickelt. Sie sieht Zeit als eine Abstraktion, die den sozialen Institutionen Gestalt gibt. Kant hatte schon die Universalität der Zeit in seinen Formulierungen eines *A- priori*-Begriffes in Frage gestellt, obwohl Norbert Elias (1989) in ihnen lieber *A- posteriori* -Begriffe sieht, die sich aus der sozialen und kulturellen Erfahrung des Subjekts ableiten. Kant sah Zeit als angeborene geistige Funktion, die der Erfahrung „vorausgeht", während Elias sie als Ergebnis eines Lernprozesses ansieht – wir lernen, in der Zeit zu leben, genauso wie wir lernen, im Raum zu leben. Nach Elias Ansicht ist die Zeit das Ergebnis individuellen Lernens, das innerhalb der kollektiven Beschränkungen vor sich geht, die von der Geschichte einer Gesellschaft auferlegt sind. Die Zeit kommt uns erst dann nichtmenschlich vor – ein Faktum der Natur – wenn sie durch derartige Lernprozesse verinnerlicht wurde und durch ihre enorme symbolische Kraft ihre Wirkung auf nachfolgende Erfahrungen entfalten kann (das geschieht auch dann, wenn die drei Dimensionen des physikalischen Raums verinnerlicht worden sind). Elias versucht das Rätsel der Zeit zu lösen, indem er ein fünfdimensionales Modell menschlicher Erfahrung konstruiert, dessen vierte Dimension natürlich die Zeit ist und die fünfte die menschliche Kultur:

> Es gibt Ereignisse, die als im Fluß des Werdens geschehene wahrgenommen werden können, das heißt in Zeit und Raum, ohne daß die Wahrnehmenden die symbolische Natur von Zeit und Raum berücksichtigen. [...] Es ist jedoch möglich, auf eine höhere Bewußtseinsstufe aufzusteigen. Demnach erscheint die fünfte Dimension im visuellen Feld des Beobachters in dem Augenblick als vierdimensionales Werden, das heißt bei denjenigen, die das Werden in Raum und Zeit wahrnehmen und erleben. Wenn dies geschieht, sehen sich diese Beobachter selbst als Beobachter des vierdimensionalen Werdens auf der unmittelbar unter ihnen liegenden Ebene. Sie sehen also nicht nur das vierdimensionale Werden als solches, sondern auch gleichzeitig , daß die vier Dimensionen symbolisch sind, da sie die Weise des Menschen darstellen, sich zu orientieren.
>
> (Elias 1984, S 44–45)

Die konstruktivistischen Ansätze von von Foerster (1981), von Glasersfeld (1987), Watzlawick (1984) und Ceruti (1985) basieren auf ähnlichen Annahmen. Wenn Wirklichkeit durch einen Beobachter „erfunden" wird (oder vielmehr durch eine Gemeinschaft von Beobachtern) und keine objektive, unstreitige Erfahrungstatsache ist, muß Zeit selbst als eine von Menschen geteilte Konstruktion angesehen werden.

Von Foerster (1981) war verantwortlich für die zentrale konstruktivistische Annahme, daß unsere Erfahrung der Zeit mehr die Konstruktion als die Erfassung einer externen Wirklichkeit ist. Während ein Beobachter seine Vorstellungen konstruiert, muß er gleichzeitig die Permanenz und den Wandel der Dinge in der Welt miteinander in Einklang bringen. Objekte – oder vielmehr ihre Vorstellungen – werden als dauerhaft und unveränderlich wahrgenommen, während Ereignisse (oder ihre Vorstellungen) als unbeständig, als einem Wandel unterliegend, wahrgenommen werden. Auf dieser Grundlage konstruiert der Beobachter ein rechnerisches Raster mit einer alle gleichzeitig stattfindenden Ereignisse enthaltenden „Simultanitätsachse" und einer „Dauerachse", die alle Ereignisse jeweils in unterschiedlichen Augenblicken der Zeit darstellt. Zeit ist demnach eine Funktion der Art und Weise, wie wir unsere Wirklichkeit konstruieren, und kann deshalb eher als eine Vorstellung von Beziehungen angesehen werden, als eine äußerliche Entität, die wir erlernen und fassen können. „Die Umwelt enthält keine Information. Die Umwelt ist, was ist." (Von Foerster 1981, S.)

Auch andere Disziplinen haben Beweise vorgelegt, die die Auffassung unterstützen, daß logische Kategorien wie die Zeit aus den Interaktionen mit der Umwelt entstehen. Piagets genetische Epistemologie (1937, 1946) lieferte eine komplexere Theorie über die Art und Weise, wie Kinder sich den Zeitbegriff aneignen. In diesem Zeitbegriff hat die erforschende Aktivität Vorrang, die es Kindern ermöglicht, sich auf ihre Umwelt zu beziehen. Allerdings betrachtet Piaget nur die objektive, meßbare Zeit und ignoriert den recht nebulösen Begriff einer subjektiven Zeit, den er für illusorisch und folglich nicht für erklärungswürdig hielt. Paul Fraisse (1957), ein anderer Entwicklungspsychologe, der sich eingehend mit der Zeit befaßt hat, war bis zu einem gewissen Grad anderer Meinung als Piaget, da er darauf bestand, daß sich das abstrakte Zeitverständnis nicht vor dem 15. Lebensjahr entwickle. Fraisse verlagert praktisch die Aufmerksamkeit von objektiver auf subjektive Zeit (was Piaget für falsch hielt). Tatsächlich hält Fraisse die subjektive Zeit für grundlegend für unser Verständnis von objektiver, meßbarer Zeit.

Schließlich hat sich die Anthropologie mit der kulturellen Dimension der Zeit befaßt. Die Beobachtung der interaktiven zeitlichen Schemata und Begriffe der „primitiven" Völker hat gezeigt, daß die Art und Weise, wie in Europa und Amerika gewöhnlich über die Zeit gedacht wird, sehr weit davon entfernt ist, universell zu sein. Historische Untersuchungen haben auch gezeigt, wie sich das Zeitbewußtsein vergangener Zivilisationen von unserem heutigen unterschied.

Selbst eine kurze Übersicht über die Zeit im zeitgenössischen Denken würde jedoch den Rahmen einer solchen Einleitung sprengen. Später werden wir uns mit einigen Aspekten der Psychologie der Zeit etwas genauer befassen.[8]

1.3 Zeit und Geschichte

Geschichte ist für unsere Kultur zentral. Wie wir uns auf die Vergangenheit beziehen und ihren Einfluß auf die Gegenwart wahrnehmen, wird bestimmt durch eine Metapher der Geschichte, in der alle Ereignisse – sei es nun das Leben eines Menschen oder die universelle Geschichte – in einer linearen Sequenz ablaufen, wie in einer Erzählung.

> Die von den mit der Geschichtsschreibung beginnenden Griechen gemachte Entdeckung war merkwürdig suggestiv. Warum haben sie es getan? Was gewesen ist, existiert nicht mehr; weshalb sollte es uns interessieren? Diese Frage wurde über die Jahrhunderte immer wieder gestellt. [...] Vielleicht ist Geschichte eine Rebellion gegen die Vergänglichkeit all dessen, was ist, was wir sind, was wir tun. Es ist der Wunsch, den fliehenden Augenblick festzuhalten und zu verwandeln, wie Thucydides sagt, in eine *ktema eis aiei*, in eine Errungenschaft, die für alle Zeit gültig ist. Eine Folge von Ereignissen ist

8 Dennoch ist viel über die Natur der Zeit geschrieben worden. Für eine generelle interdisziplinäre Übersicht siehe Fraser (1966); Fraser und Lawrence (1975); Whithrow (1980). Zur Psychologie der Zeit siehe Vicario (1973); Giovanelli und Mucciarelli (1979); Reale (1982); Fraser (1989). Zur Zeit in der Psychoanalyse siehe Sabbadini (1979).

> ein Nichts, das aufwallt und verschwindet wie eine Welle des Meeres. Indem wir es in eine verbale Kette verwandeln, machen wir es fest und geben ihm eine Realität: eine Realität für uns. Sobald das Wort niedergeschrieben ist, ist die ideale Bedingung für jemanden erreicht, der an der Realität sehr interessiert ist.
>
> (Toraldo di Francia 1990, S. 32)

Allerdings ist diese historische Metapher komplizierter, weil sie auf mindestens zwei gegensätzliche Weisen interpretiert werden kann. In der Version, die im Abendland die Oberhand gewonnen hat, wird Geschichte als linear und irreversibel angesehen; in der anderen Version, die im Abendland unterdrückt, aber nicht ganz ausgemerzt ist und in anderen Teilen der Welt vorherrscht, wird Geschichte als zyklischer Prozeß angesehen, auf einer ständigen Wiederkehr basierend, nicht auf einem linearen Fortschreiten, sondern, wie Yeats es sich vorstellte, spiralförmig. Die historische Auseinandersetzung zwischen diesen beiden Interpretationen wurde über lange Zeit unentschieden geführt, und Spuren davon sind auch heute noch in unserem Bewußtsein vorhanden.

1.3.1 Heilige und profane Zeit

Völker, die wir gemeinhin als „archaisch" oder „primitiv" bezeichnen, sind sich einig in ihrer Ablehung der Geschichte als einer irreversiblen Sequenz von Veränderungen.

> Diese Gesellschaften befinden sich in der Zeitlichkeit wie alle anderen und im selben Grad wie sie, jedoch mit dem Unterschied, daß sie sich anders als wir der Geschichte verweigern und sich bemühen, innerhalb ihrer Gruppe alles zu vereiteln, was den Entwurf eines historischen Werdens bilden könnte. [...] Unsere westlichen Gesellschaften sind geschaffen, sich zu verändern; dies ist das Prinzip ihrer Struktur und ihrer Organisation.
>
> (Levi-Strauss 1975, S. 361)

In primitiven Gesellschaften wird Werden oder ständiger Wandel mit Instabilität assoziiert und letztendlich für unwirklich gehalten. Wie Eliade (1949) ausführt, wird jegliche profane Zeit in primitiven Gesellschaften für illusorisch gehalten. Die Wirklichkeit liegt nicht in einem Zustand des Werdens, sondern im Reich unwandelbarer Zeit, die ganz einfach keine Entwicklung oder Veränderung erfährt. Demnach muß die profane Zeit aufgehoben werden, wenn die wahre Bedeutung menschlicher Aktionen oder Dinge wahrgenommen werden soll. Das wird erreicht durch Rituale, die die heilige Zeit einführen.

> Daher ist das *Heilige* das eigentlich und zutiefst Wirkliche, denn allein das Heilige *ist* auf eine absolute Weise, handelt wirksam, schafft und gibt den Dingen Dauer. Die zahllosen Weihehandlungen – für Räume, Gegenstände, Menschen usw. – verraten die Besessenheit vom Wirklichen, den Durst des Primitiven nach dem *Sein*.
> (Eliade 1949, S. 23 f.)

Ein Grund, wenn nicht sogar der entscheidende, weshalb wir die Anschauung des Werdens ablehnen, liegt darin, daß wir den Ereignissen in unserem Leben *einen Sinn geben* müssen, insbesondere dem Leiden, das wir alle zu ertragen haben. Offensichtlich kann man selbst dem Leiden einen Sinn geben, wenn es als die Wiederholung dessen angesehen wird, was unser Gott oder unsere Götter schon durchgestanden haben, etwas, dem wir ein göttliches oder transzendentes Ziel und Wollen zuschreiben können.

Ein weiterer Grund für die Ablehnung des Werdens liegt darin, daß Zeit in der Natur nicht in einer geraden Linie zu fließen scheint, sondern in einer Rotationsbewegung, wie im Wechsel von Tag und Nacht, dem Wechsel der Jahreszeiten oder den Mondphasen. Tatsächlich scheint es die Beobachtung des Mondes gewesen zu sein (das monatliche Abnehmen und Sterben, nur um im nächsten Monat wiedergeboren zu werden), das sowohl zur Erstellung der ersten Kalender führte als auch zur Ausarbeitung der zyklischen Lehren von „der ewigen Wiederkehr“ (Eliade 1949).

Ständig wiederholte, statt statischer Zeit, war und ist ein charakteristischer Bestandteil vieler Kulturen. Die Lehre von der ewigen Wiederkehr findet man im frühen griechischen Pythagoreismus, und auch Plato selbst nahm einige ihrer Charakterzüge in den *Timaeus* auf (Eliade 1949), wo er sie mit den griechischen Mythen des Goldenen Zeitalters verknüpft, in denen aufeinanderfolgende Zeitalter zyklische, obgleich minderwertige Wiederholungen des Goldenen Zeitalters sind. Obwohl diese Lehre im fünften Jahrhundert v. Chr. noch elitär und esoterisch war, wurde sie mit dem Aufkommen des römischen Neostoizismus vierhundert Jahre später populär.

Die indische Philosophie hat im Laufe der Jahrhunderte eine überaus detaillierte Version desselben Mythos ausgearbeitet und baut noch heute darauf (Eliade 1957). Ein kompletter Zyklus des Universums heißt *yuga* („Zeitalter"), und jedes darauffolgende *yuga* ist kürzer als das letzte (auch die Länge der griechischen „Zeitalter" nahm ab). Vier immer kürzer werdende *yuga* bilden ein *mahayuga* von 12 000 Jahren, obwohl manche Kommentatoren behaupten, daß *yugas* „göttliche Jahre" sind, von denen jedes 360 unserer Jahre dauert, so daß jedes *mahajuga* tatsächlich 4320000 Jahre dauert. Tausend *mahayuga* bilden ein *halpa*, ein Tag im Leben von Brahma. Hundert Jahre im Leben von Brahma (311 000 Milliarden unserer Jahre) entsprechen dem Leben des Gottes. Wie jedoch Vismu warnt, ist nicht einmal Brahma ewig. Auch sein Leben wiederholt sich!

Die beiden großen indischen Häresien, Buddhismus und Dschainismus, enthalten ähnliche Versionen vom „Rad der Reinkarnation" (samsāra), obwohl die Lehre nicht nur im Osten zu finden ist. Es war beispielsweise zentral für den sich parallel (und eben nicht als ein Ableger) zum Christentum entwickelnden Gnostizismus in den frühen Jahrhunderten n. Chr. Wie die Pythagoräer betrachteten die Gnostiker Zeit als eine Reihe von Metamorphosen oder Reinkarnationen, sie führten jedoch die neuartige Idee ein, daß wiederholte Reinkarnationen Qualen bereiten, da eine jede das ständige Entfernen von der Zeitlosigkeit des Seins markiert (Puech 1957). Dieser Schrecken findet sich in allen indischen Religionen und auch in den beiden großen iranischen Religionen, Mazdaismus und Ismailismus (Corbin 1957).[9]

In diesen Weltanschauungen müssen die Zeit und das in der Zeit existierende Universum transzendiert werden. Die Gnostiker versuchten das mit Wissen und Glauben, die indischen Yogis mit körperlicher Disziplin, aber in beiden Fällen wird die Erlösung mit der Eliminierung der Zeit identifiziert, in der ja schließlich alles menschliche Leiden stattfindet.

1.3.2 Lineare und historische Zeit

Die Vorstellung der historischen Zeit – ein irreversibler, linearer Prozeß des Werdens, der zumindest im Abendland wegen dieser Unveränderlichkeit nicht weniger würdig oder real ist – entwickelte

9 Obwohl im Mazdaismus die Zeit selbst ein Rettungsinstrument ist, weil sie *liturgisch* ist. Monate, Tage und selbst Stunden werden personifiziert und erhalten liturgische Namen (Corbin 1957, S. 124 – 125). Es ist also wiederum die Liturgie, die die Zeit von der Diesseitigkeit erlöst.

sich mit dem Judentum. Wie Eliade ausführt (1949), haben monotheistische Religionen immer die Idee unterstützt, daß historische Ereignisse Manifestationen des göttlichen Willens sind (obwohl Ereignisse nie Darstellungen eines Archetypus sein können. In solchen Religionen liegt die historische Erlösung nicht in der Wiederkehr einer unveränderlichen Vergangenheit sondern im Kommen eines Messias, das heißt in einer Zukunftsprojektion. *In illo tempore* ist nicht mehr eine zeitlose Vergangenheit, sondern eine *Zukunft*, die *jenseits* der Zeit liegt.

Dieser Wandel hatte wichtige Folgen. Eine Zeitenfolge erhielt Bedeutung und Wert, und Geschichte wurde heilige Geschichte und damit vollständig real. Offensichtlich waren jetzt die Zukunft und auch die Vorstellung einer zukünftigen Katastrophe, aus der eine neue Welt entstehen würde, von fundamentaler Wichtigkeit. Die Vorstellung einer letzten, „apokalyptischen" Zeit ist sehr alt – Van der Leeuw (1957) zitiert Beispiele der Ägypter, Babyloner und Maya –, aber es war im Judentum und im sich daraus entwickelnden Christentum, in dem die Schöpfung und die Apokalypse sowie die Geburt Christi einzigartig waren. Tatsächlich wurde die körperliche Geburt Christi – der Augenblick, als er in die menschliche Zeit eintrat – zum Dreh- und Angelpunkt der abendländischen Zeit, und die historische Zeit wurde danach davon ausgehend vor- oder zurückgerechnet. Die Religionen, die später mit dem Christentum in Kontakt kamen, waren deshalb mit der Vorstellung konfrontiert, daß Ereignisse ein für allemal geschehen können. Der Islam betrachtete die Zeit in Funktion der Zukunft (Massignon 1957), während Gnostizismus und Mazdaismus das schwierige Kunststück versuchten, die Erlösung sowohl innerhalb als auch außerhalb der Zeit ausfindig zu machen.

Die christliche Zeit ist seitdem zur Zeit der gesamten abendländischen Welt geworden und ist eng verknüpft mit dem Gedanken des Fortschritts, der unaufhaltsamen zeitlichen Vorwärtsbewegung. Dieser entstand hauptsächlich aus der christlichen Entwicklung der ursprünglich jüdischen Idee, daß die Zeit zur Erlösung, dem neuen Jerusalem, fortschreitet. Wie es Quispel ausdrückt:

> ... das Studium der Kirchenväter verdeutlicht, daß das Fortschrittspathos eine Säkularisierung früher christlicher Geistesschöpfungen

ist. Diese historische Vision der alten Christenheit entstand aus dem *ephapax,* dem „Ein- für- allemal".[10]

(Quispel 1957, S. 88)

In einer vom Heiligen durchdrungenen Welt, in der die profane Zeit „bedeutungslos" ist, ist selbst das Aufschreiben von Geschichte sinnlos. Nachdem die profane Zeit des täglichen Lebens allmählich zur tatsächlich erlebten Zeit wurde, gewannen das Studium der Vergangenheit und das Ordnen der Gegenwart zunehmend an Bedeutung. Sobald eine Zivilisation einen bestimmten Komplexitätsgrad erreicht, beginnt sie Chronologien zu erstellen, wie beispielsweise das alte Ägypten mit seiner Liste der Pharaonen. Die Verfasser dieser Chronologien glaubten, daß die mythische Dimension ihrer Chronologien so wichtig sei, wie das realistische Auflisten von Fakten und Ereignissen. Mit den Griechen begann die Geschichte jedoch ein Eigenleben zu führen. Der erste griechische Historiker, Herodotus, lebte im fünften Jahrhunder v. Chr.; nur vier Jahrhunderte später konnten die Römer behaupten, daß die Geschichte die Herrin des Lebens sei, *historia magistra vitae*. Das Studium der Geschichte erhielt mit dem Aufkommen der Christenheit ein noch größeres Prestige. Geschichte wurde mit dem Heiligen identifiziert, weil das Heilige im Prozeß des linearen Werdens verwirklicht wurde, der mit der Schöpfung begann und durch die Sintflut und den Auszug aus Ägypten bis zu dem Augenblick verlief, als Christus geboren wurde, Puechs *ephapax* (1951).

Es ist interessant, daß Kulturen, in denen ein zyklischer Zeitbegriff vorherrscht, der Geschichte oder der Genauigkeit der Chronologien keine Bedeutung beimessen. Beispielsweise hat sich in Indien die Idee, daß ein genauer historischer Bezug wichtig ist, erst relativ kürzlich entwickelt.

1.3.3 „Tiefe Zeit": Geologie und Geschichte

Selbst die zeitbesessene abendländische Kultur hat die wahre „Tiefe" der Zeit, in der wir gefangen sind, erst kürzlich entdeckt. Zu Beginn des siebzehnten Jahrhunderts dachte man, der Ursprung der Welt fiele mit der biblischen Schöpfung zusammen, entweder 4 000 oder 5 400

10 Siehe Paulus' Bestätigung, daß Christus „ein für allemal" am Kreuz gestorben sei und daß die Erlösung der Gläubigen gesichert sei.

v. Ch., je nachdem, welche Version der Bibel verwendet wurde.[11] In den nächsten beiden Jahrhunderten veränderten sich die Begriffe der Natur- und Menschheitsgeschichte so sehr, daß sich die Menschheit in einen Abgrund von Millionen oder sogar Milliarden von Jahren geworfen fand, abgeschnitten von den tröstenden historischen und menschlichen Gewißheiten der Heiligen Schrift, die in Hunderttausenden von Jahren nirgendwo verzeichneter Vorgeschichte verschwanden. Es erscheint uns heute seltsam, daß solch ein folgenschwerer Wandel durch die scheinbar unwichtige Beobachtung eingeleitet werden konnte, daß versteinerte Muscheln und Fische auf Berggipfeln gefunden wurden; und dennoch stellte diese Tatsache die Idee einer statischen, unwandelbaren Erde in Frage und nährte Spekulationen, die letztendlich zu neuen Theorien über ihren Ursprung führten.

Als Robert Hooke seinen *Discourse on Earthquakes* 1668 veröffentlichte, verstand man unter Naturgeschichte die statische Beschreibung der Natur, so wie sie zu sein schien. Die Tatsache, daß es in der Natur nachweisbar zu Veränderungen kam, hatte man einfach nicht berücksichtigt. Spätere geologische (und chronologische) Studien von Hooke, Agostino Silla, Thomas Burnet, Newton und schließlich gegen Ende des achtzehnten Jahrhunderts George Louis Buffon und Thomas Hutton stellten die Idee, daß es in der Natur keinen Wandel gäbe, immer mehr in Frage. Burnet kam zu dem Schluß, daß die Erde, die man früher als vortreffliches Beispiel einer unwandelbaren Harmonie und Perfektion angesehen hatte, wenig mehr war als ein Haufen geologischen Gerölls, die heruntergekommenen Reste der Welt, wie sie vor der Sintflut war. Die unvollkommene Welt, die wir jetzt kennen, wäre wie die früher unverdorbene Welt bestimmt, in den Tiefen der Zeit zu verschwinden. Die Meere und Berge würden verschwinden und die Welt würde zu einem Reliquienschrein der Vergangenheit, nurmehr eine weitere der vielen geologischen Formationen. Demnach ist Stabilität durch Wandel ersetzt worden.

Das grundlegende Problem, dem die frühen Chronogeologen gegenüberstanden – und das zu endlosen, ihre Arbeit bestimmenden Debatten führte – bestand darin, wie sie das wissenschaftlich berechnete Alter der Erde (und damit auch das des Universums) mit dem in der Genesis angegebenen, viel geringeren Alter in Übereinstimmung

11 In diesem und späteren Abschnitten sind wir P. Rossi (1979) zu Dank verpflichtet.

bringen konnten. Frühe Autoren sahen in der Sintflut die Urkatastrophe, die die geologischen und orographischen Veränderungen verursachte, die wir heute feststellen. Aber Buffon (1749) verwies darauf, daß solche geologischen Charakteristika leicht durch das Wirken so alltäglicher Phänomene wie Ebbe und Flut, Regenerosion usw. erklärt werden könnten. Unabdingbare Voraussetzung war jedoch, daß diese Phänomene sehr viel länger auf die Erdformation einwirkten als die 5 617 Jahre, die traditionelle, sich auf die Bibel stützende Geschichten als Alter der Erde angegeben hatten.

In dieser Hinsicht hatten die Geologen genauso große oder sogar noch größere Schwierigkeiten als die Historiker, ihre Ideen für den gesunden Menschenverstand akzeptabel zu machen, obwohl die Tatsache in einem Zeitalter, das viel weniger spezialisiert war als das unsere, kaum verwunderlich war; als Newton noch die Zeit finden konnte, sich neben Physik und Mathematik, für die er bekannt ist, auch mit Geschichtsschreibung zu befassen (seine *Emended Chronology of the Ancient Kingdoms* wurde 1757 veröffentlicht). Kontroversen über die Beziehung zwischen der heiligen Geschichte der Genesis (die mit den neuen wissenschaftlichen Entdeckungen immer weniger übereinzustimmen schien) und der profanen Geschichte früherer Zivilisationen (der Griechen und Römer, aber insbesondere der Ägypter und Chinesen) tobten jahrhundertelang. Ägyptische und chinesische Chronologien (wenn man sie als akkurat akzeptiert) setzten den Beginn der Menschheitsgeschichte viel früher an als 4 000 v. Chr. Der berühmte Disput im 17. Jahrhundert zwischen Isaac Voss und Georg Horn über genau diesen Punkt war typisch für die Debatten in dieser Zeit.[12]

12 Das Ziel dieser „Schlacht der Traktate" zwischen den beiden Gelehrten bestand darin, festzustellen, ob es annehmbar wäre, dem allgemein akzeptierten Alter der Erde weitere 1 440 Jahre hinzuzufügen. Wenn man vom Tempo ausgeht, in dem ihre rivalisierenden Traktate erschienen, dann muß ihr Disput wahrlich grimmig geführt worden sein. Voss publizierte seine *Dissertatio de vera aetate mundi, qua ostenditus matale mundi tempus annis minimum 1 440 vulgarem eram anticipare* im Jahr 1659. Horn, ein eifriger Anhänger der traditionellen Chronologie, schmetterte Voss' Argumente im selben Jahr sofort ab mit der *Dissertatio de vera aetate mundi qua sententia illorum refellitur qui statuunt natale Mundi tempus annis minimum 1 440 vulgarem eram anticipare.* Wiederum im selben Jahr antwortete Voss mit *Castigationes ad scriptum q. Hornii de aetate mundi,* wurde von Horn zurückgewiesen mit *Defensio dissertationes de vera aetate mundi contra castigationes Vossii,* und antwortete wiederum mit *Auctarium castigationum.* (Siehe Rossi,1979, pp. 174–181)

Wir hätten für all dies heute vielleicht nicht viel mehr als ein gelehrtes Interesse, wenn diese Argumente nicht für den Rest des siebzehnten und im Verlauf des achtzehnten Jahrhunderts immer wieder aufgetaucht wären, genährt von einer immer größer werdenden Zahl biblischer Traktate und Exegesen.

Auch Giovanbattista Vico mischte sich in den Streit ein, obwohl er die „Entmenschlichung" der Menschheit nach der Sintflut auf wenige hundert Jahre verkürzen mußte und das heroische Zeitalter der griechischen Historiker auf bloße zweihundert. Das Problem bestand darin, daß die auf der Bibel beruhenden Berechnungen die Existenz einer prähistorischen Periode, aus der schließlich der Mensch hervorgegangen ist, nicht eingestehen konnten. Sie mußten deshalb direkt nach der Sintflut eine Regression in einen früheren primitiven Zustand postulieren und die für die soziale Evolution benötigte Zeit, die den primitiven Menschen in das differenzierte Geschöpf verwandeln, als das wir ihn heute sehen, radikal komprimieren.

Paolo Rossi hat eine sorgfältige Studie über die Entdeckung einer Tiefenzeit vorgelegt.

> Die Aneignung oder Entdeckung der Tiefenzeit dauerte sehr lange. 1659 hatten der Mensch und die Natur (die gemeinsam aus Gottes Hand hervorgingen) nach Vossius eine Vergangenheit von wenig mehr als 7 000 und nach Horn von beinahe 5 700 Jahren. Der Unterschied zwischen Vossius' und Horns jeweiligem Erdalter beträgt genau 1 353 Jahre. Um diese Chronologie zu rechtfertigen oder ihre Ungültigkeit zu beweisen, wurden all die großen Probleme der Chronologie noch einmal *ab imis fundamentis* behandelt. Es wurden die Charakteristika der großen alten Zivilisationen diskutiert, Quellen wurden untersucht und neubewertet, und man befaßte sich mit den Problemen biblischer Philologie.
>
> (Rossi 1979, S. 180)

Gewöhnlich leisteten religiöse Traditionalisten den meisten Widerstand gegen die neuen Chronologien, obwohl die Dinge oft dadurch kompliziert waren, daß Traditionalisten wissenschaftliche Argumente unterstützten, weil sie unwiderlegbar waren, und Wissenschaftler sich weigerten, ihren religiösen Glauben aufzugeben. Allerdings ging es auch um andere wichtige Fragen. Als Buffon 1778 *Les époques de la nature* publizierte, gab er in einer Chronologie das Alter der Erde mit ungefähr 70 000 Jahren an. Wie jedoch Jacques Roger (1962) gezeigt hat, verlegen Buffons Manuskripte den Ursprung der

Erde viel weiter zurück: auf circa drei Millionen Jahre. Bemerkenswerterweise schien sich Buffon entschlossen zu haben, das nicht bekanntzumachen, obwohl die Epoche großer theologischer Polemiken nun faktisch vorüber war. Seine eigentlichen Bedenken bestanden wohl darin, daß seine Leser eine solch ungeheure Zeitspanne einfach nicht verstehen könnten:

> Ich veröffentlichte nur eine gekürzte Chronologie der verschiedenen Zeitalter, um die Sequenz und Klarheit der geologischen Ideen zu bewahren. Wenn ich plötzlich die von mir nun verwendete Chronologie präsentiert hätte, die tatsächlich vierzig Mal länger ist, wären sie vielleicht in den obskuren Weiten des Raums und der Zeit aus dem Blickfeld geraten.[13]

Die Umwälzungen von Galileo, Kepler und Kopernikus hatten die Menschheit an eine bedeutungslose Stelle im unendlichen Raum verwiesen, und nun hatte ihr die Umwälzung in der geologischen Zeit ein bloßes Fragment der Zeit in der Ewigkeit zugestanden. Ein paar tausend Jahre der Menschheitsgeschichte verblassen zur Bedeutungslosigkeit angesichts des Alters der Erde von vier Milliarden Jahren oder der paar Millionen Jahre, die seit dem Erscheinen der ersten Homoniden vergangen sind. Was die Zeitgenossen Buffons vermutlich am meisten erschreckte, war die Entdeckung, daß sie Teil einer Ewigkeit waren, die nicht nur nicht mehr göttlich war (*außerhalb* der Zeit) sondern statt dessen von *unendlicher Dauer*.

1.3.4 Der Pfeil der Zeit, der Kreislauf der Zeit

Stephen Jay Gould (1988) gibt eine brillante Beschreibung, wie selbst im westlichen wissenschaftlichen Denken der ständige Streit zwischen den gegensätzlichen und doch komplementären Visionen einer zyklischen und linearen Zeit unter einer Schicht offensichtlicher Uniformität und Übereinstimmung verdeckt worden war. Lineare Zeit – „der Pfeil der Zeit" – und wiederkehrende Zeit – „der Kreislauf der Zeit" – sind beide, wie er sagt, in der modernen Wissenschaft überaus präsent; nur daß die lineare Zeit die Metapher ist, die wir gegenwärtig am ehesten verstehen und akzeptieren.

Vom ersten Augenblick der Entdeckung der „Tiefenzeit" spürt Gould die komplexe Entwicklung der Auseinandersetzung mit gro-

13 In Roger (1962), S. LXVI.

ßer Eleganz auf. Seine Beschreibung der drei Gründerväter der britischen Geologie (Thomas Burnet, James Hutton und Charles Lyell) demonstriert sehr überzeugend, daß die Entdeckung der Tiefenzeit die Geologen vor ein ernstes Problem stellte. Wenn sie sich entschlossen, ihre Wissenschaft auf die Gesetze der Physik zu gründen (wie Hutton das tat), und sie ausschließlich im Sinne von regelmäßigen Wiederholungen in einer Natur ansahen, die von den Gesetzen der zyklischen Zeit bestimmt wurde, würden sie faktisch die Existenz eines unwiderruflichen Wandels negieren. Das würde die eigentliche Basis der Geologie als das Studium dessen, wie unsere Umwelt durch die historische Zeit geprägt wurde, unterminieren: „Augenblicke, die sich nicht voneinander unterscheiden, sind auch nicht von Interesse". (Gould 1988, S. 120). Wenn die Geologie nur als Studium der historischen Veränderungen, die die Welt zu dem gemacht haben, was sie heute ist, gültig ist, dann muß Zeit linear sein. Allerdings ergibt nichts von dem Sinn, es sei denn, wir nehmen zugleich das genaue Gegenteil an, daß sich nämlich natürliche Phänomene entsprechend der Naturgesetze regelmäßig wiederholen.

Gould kommt zu dem Schluß, daß diese Dichotomie nur dadurch aufgelöst werden kann, daß man sich darauf einigt, unterschiedliche Methoden, die Zeit zu betrachten, zu übernehmen und sie jeweils auf dieselben Phänomene anzuwenden. Das ist unzweideutig richtig und auch möglich, denn Pfeil und Kreislauf der Zeit sind Metaphern, die menschliche Konstruktionen darstellen, keine objektiven Wirklichkeiten.

> Irgend etwas Tiefes in unserer Tradition erfordert um der Intelligibilität selber willen sowohl den Pfeil historischer Einmaligkeit als auch den Kreis zeitloser Immanenz; und die Natur sagt zu beidem ja. Wir erkennen diese Spannung [...] in bildlicher Gestalt in der Ikonographie jeder mittelalterlichen europäischen Kathedrale, wo der Pfeil der progressiven Geschichte von der Überlieferung des Alten Testaments an der dunklen Nordseite zur Auferstehung und künftigen Seligkeit an der sonnenhellen Südseite reicht. Aber wir erkennen auch den Kreis im Pfeil. Eine Gruppe von Entsprechungen [...] belehrt uns darüber, daß jedes einzelne Ereignis im Leben Jesu Christi eine Begebenheit im vorangegangenen Zyklus der alttestamentlichen Geschichte aufgreift.
>
> (Gould 1990, S. 288 f.)

1.4 Determinismus und Irreversibilität: Die Zeit der Physik

Physik war seit der Zeit von Aristoteles die erste Wissenschaft der abendländischen Welt, was vielleicht erklärt, weshalb sie immer Metaphern für unsere Weise, über die Welt nachzudenken, zur Verfügung gestellt hat. Die Metaphern der Zeit, die sie uns gegeben hat, waren sicherlich keine Ausnahmen, insbesondere jene, die geholfen haben, unsere Beziehung zur Zukunft zu beleuchten.

Unsere auf dem gesunden Menschenverstand basierende Sicht der Zeit schwankt zwischen der Vorstellung einer vorhersagbaren Zukunft, die programmiert werden kann, und einer absolut unsicheren Zukunft, die man nicht kennen kann. Während ihrer langen Geschichte hat die Physik beide Extreme berührt und schwankte zwischen der völlig vorhersagbaren Zukunft der klassischen Mechanik und der nicht vorhersagbaren Zukunft der modernen Quantentheorie. Die moderne Physik hat uns zwei weitere Dichotomien beschert: die Unterscheidung zwischen Newtons absoluter Zeit und Einsteins relativer Zeit auf der einen Seite, und auf der anderen Seite die Unterscheidung zwischen reversibler Zeit (wie in Laplaces Mechanik) und irreversibler Zeit (wie in der Thermodynamik von Boltzmann bis Prigogine).

Unsere Vision der Zeit wäre unvollständig ohne die Begriffe, die uns die Physik gegeben hat, man sollte sich hier jedoch an zwei Punkte erinnern. Erstens sind diese Begriffe sicherlich nützlich als *Analogien* – in diesem Sinne sind sie vermutlich nützlicher als einige der anderen Ideen, die wir bisher betrachtet haben –, aber Begriffe, die in der Physik bedeutungsvoll sind, direkt auf die Psychologie zu übertragen und von dort auf die Psychotherapie, würde die Fragen, die wir klären wollen, nur noch komplizierter machen. Zweitens sind unsere Kenntnisse der Physik recht begrenzt. Folglich werden jene, die über Mathematik und Physik mehr wissen als wir, unsere Beschreibungen der wissenschaftlichen Ideen, die uns interessieren, unbefriedigend finden. Wir bitten sie, bei dem, was folgt, mit uns Geduld zu haben.[14]

14 In der Diskussion, die folgt, sind wir S.W. Hawking (1988) und I. Prigogine und I. Stengers (1981) sehr zu Dank verpflichtet, bei denen man für eine detailliertere Behandlung der hier vorgestellten Argumente nachschlagen sollte.

1.4.1 Wissenschaftliche Kosmologien und Kosmogonien

Per definitionem ist Statik eine nichtzeitliche Wissenschaft, so daß Zeit nur dann in der Physik vorkommen kann, wenn Mechanik dynamisch wird, das heißt wenn die Vorstellung der *Bewegung* eingeführt wird. Das bringt uns zurück zu Aristoteles' berühmter Definition der Zeit als das Maß der Bewegung im Sinne von vorher und nachher. Seit den frühsten Tagen der Physik ist Zeit unlösbar mit dem Raum verknüpft – „vorher und nachher" haben schon immer Sinn in Bezug auf ein „hier und anderswo". In der Aristotelischen Physik ist die Lokalisierung eines Ereignisses in Zeit und Raum absolut, unabhängig vom Beobachter.

In seiner *Principia Mathematica* (1678) verwarf Newton die Vorstellung eines absoluten Raums, indem er argumentierte, daß die Position eines Ereignisses im Raum vom Beobachter abhängt. Nehmen wir als Beispiel eine in einem Zugabteil sitzende Person, die sich für eine andere im Zug befindende Person nicht zu bewegen scheint. Für einen auf dem Boden stehenden Beobachter ist es jedoch offensichtlich, daß sich die Person mit 80 Stundenkilometer bewegt. Allerdings glaubte Newton tatsächlich, daß die Zeit absolut sei: Gleichgültig welche Position der Beobachter einnimmt, läßt sich der Abstand zwischen zwei Ereignissen durch einen im Besitz einer Uhr befindlichen Beobachter genau messen. Das hatte zur Folge, daß die Uhr zu einem Symbol der absoluten, wissenschaftlichen Zeit wurde und die Metapher der genau eingestellten Uhr in der Regel verwendet wird, um den Newtonschen Begriff vom Universum darzustellen.

Einsteins Publikation *Über die spezielle Relativitätstheorie* im Jahre 1905 zog die Absolutheit der Zeit der Uhr grundsätzlich in Zweifel. Die allgemeine Konstante in der Relativitätstheorie ist die Geschwindigkeit des Lichts. Damit sehen Beobachter, die einen Lichtstrahl verfolgen, der von einem Punkt zu einem anderen wandert, die Dinge doch etwas anders als Newtons früherer Beobachter. Im Universum Newtons würde ein Beobachter argumentieren, daß – da der Raum nicht, die Zeit jedoch absolut sei – das Licht in derselben Zeitperiode unterschiedliche Entfernungen zurückgelegt habe, und zu dem Schluß kommen, die Lichtgeschwindigkeit sei nicht konstant. Wenn jedoch, wie in der Relativitätstheorie, die Lichtgeschwindigkeit konstant ist, muß es die Zeit selbst sein, die sich ändert. Wenn das Licht unterschiedliche Entfernungen bei konstanter Geschwindigkeit zu unterschiedlichen Zeiten zurücklegt, dann stellen unterschiedliche Beobachter fest, daß ihre Uhren *für dasselbe Ereignis* unterschiedliche Zeiten festgehalten haben. Prigogine und Stengers argumentieren (1979), daß Einsteins Zeit in Wirklichkeit eine Ortszeit ist, assoziiert mit einem spezifischen Beobachter. Es ist, als ob Newtons genau eingestellte kosmische Uhr in zahllose kleinere Uhren zerlegt worden sei, von denen jede ihre eigene Zeit besitzt, die in ihrer unmittelbaren Umgebung gültig ist.

Das bedeutet, daß die Reihenfolge der Ereignisse jetzt weder festgelegt noch absolut ist. Wenn wir eine Gruppe von drei nicht in Beziehung stehenden Ereignissen nehmen – *A*, *B* und *C* –, die nacheinander geschehen, können wir jetzt völlig ernsthaft sagen, daß *B* vor *A* geschieht oder nach *C*, je nach den Raum-Zeit-Koordinaten, für die wir uns entscheiden. Von unserem Blickwinkel aus liegt das Besondere an Einsteins *spezieller* Theorie darin, daß kein absolutes Bezugssystem existiert (die einzige Konstante bleibt die Lichtgeschwindigkeit), sondern nur unterschiedliche Blickwinkel.

> Beobachter, die sich aufeinander zu bewegen, aber jeweils meinen, sie befänden sich in Ruhe (wozu sie nach Einstein gleichermaßen berechtigt sind), werden unterschiedliche Dinge meinen, wenn sie beim Vorübergehen die Worte „Zukunft" oder „Vergangenheit" äußern. Denn sie kreuzen das Raum-Zeit-Kontinuum in unterschiedlichen Winkeln. Was für den einen Beobachter Vergangenheit ist, ist vielleicht für den anderen Zukunft und umgekehrt.
>
> (Flood a. Lockwood 1986, S. 4)[15]

Da Raum und Zeit nicht mehr absolut sind, sind sie jetzt in einem Raum-Zeit-*Kontinuum* miteinander verbunden:

> Anstelle von Newtons dreidimensionalem absoluten Raum und eindimensionaler absoluten Zeit hat sich Einstein zur Verwunderung seiner Kollegen, die immer noch die klassische Physik vertraten, ein vierdimensionales relativistisches Raum-Zeit-Kontinuum vorgestellt, in dem Raum- und Zeitkoordinaten ständig korrigiert werden müssen, um jeden einzelnen Blickwinkel zu berücksichtigen.
>
> (Zohar 1982)

15 Man könnte sagen, daß, wann immer sich zwei Menschen kennenlernen und eine Beziehung eingehen, die Vergangenheit des einen zur Zukunft des anderen wird und umgekehrt.

Im Gegensatz zur *speziellen Relativitätstheorie*, die sich nur mit Körpern befaßt hat, die sich mit konstanter Geschwindigkeit in geraden Linien bewegen, untersucht die *allgemeine Relativitätstheorie* (1916), wie die Erdanziehungskraft bewirkt, daß Körper entlang von Kurvenbahnen beschleunigen. Ihre wichtigste Entdeckung war, daß der Raum gekrümmt ist. Jede Masse ist in der Lage, den Raum in ihrer unmittelbaren Umgebung zu „krümmen", und zwar proportional zu ihrem Gravitätsfeld. Weil Lichtstrahlen beim Passieren von großen Massen wie der Sonne abgelenkt, von kleineren Massen wie der Erde jedoch weniger beeinflußt werden, ist die Krümmung des Raumes in unmittelbarer Nachbarschaft einer Masse proportional zu der Größe dieser Masse.

> Eine Konsequenz dieser Theorie besteht darin, daß das Maß, in dem die Zeit vergeht, gemessen von einer perfekt eingestellten Uhr, vor allem von der Geschwindigkeit der Uhr und der Stärke des örtlichen Gravitationsfeldes abhängt.
>
> (Flood a. Lockwood 1986, S. 3)

Die allgemeine Relativitätstheorie besagt auch, daß die Zeit „gekrümmt" ist, insofern sie in Gegenwart großer Massen langsamer vergeht. Man hat das „Zwillingsparadoxon" verwendet, um dieses außerordentliche Phänomen zu beschreiben: Wenn von einem Zwillingspaar einer in einem Luftschiff nahezu mit Lichtgeschwindigkeit eine Reise durch den Raum unternimmt, während der andere auf der Erde bleibt, wird der erste Zwilling bei seiner Rückkehr jünger sein als der zweite.[16] In einem gewissen Sinn ist die Relativitätstheorie demnach ein hervorragendes Beispiel, das den räumlichen Charakter der Zeit an seine logischen Grenzen führt. Zeit ist zur vierten Dimension des Raums geworden.

Der Mathematiker Kurt Gödel formulierte 1949 ein ungemein interessantes Modell des Kosmos, das die Relativität an ihre logischen Grenzen führt. Nach Gödel ist die Masse des Universums so groß, daß der sie umgebende Raum *völlig* gekrümmt ist, was bedeutet, daß wir in einem sphärischen Universum leben, das um seine eigene Achse rotiert, wobei Raum und Zeit zirkulär sind. In dieser

16 Es ist bemerkenswert, daß genau das gleiche geschieht, wenn einer der Zwillinge sich entscheidet, auf einer Bergspitze zu leben. Der einzige Unterschied besteht darin, daß die Diskrepanz im Altern so minimal wäre, daß man sie nicht bemerken würde.

Erweiterung der Relativitätstheorie ergibt es keinen Sinn, von „vorher oder nachher" oder „Vergangenheit und Zukunft" zu sprechen, auch wenn das dem gesunden Menschenverstand offen widerspricht.

> Nach der allgemeinen Relativitätstheorie geschehen Ereignisse, oder vielmehr, *existieren* sie außerhalb der Zeit in einem vierdimensionalen Raum-Zeit-Kontinuum, das sich in einer nahtlosen, unbeweglichen Kurve um ein sphärisches Universum legt. Davon läßt sich ableiten, daß jedes zukünftige Ereignis auch gegenwärtig ist, das heißt, die Zukunft ist schon geschrieben und ebenso unwandelbar wie die Vergangenheit.
>
> (Zohar 1982, S. 141)

Einsteins Relativitätstheorie machte beim „Zwillingsparadoxon" halt, aber Gödel glaubte, daß „eine Vorwärts- und Rückwärtsbewegung in einer kosmologischen Vergangenheit, Gegenwart und Zukunft" möglich sei, vorausgesetzt, es ließe sich eine Geschwindigkeit von mindestens 70 Prozent der Lichtgeschwindigkeit erreichen. Obwohl er der Idee einer „Zeitreise" anfangs skeptisch gegenüberstand, räumte Einstein schließlich ein, daß es möglich sein könnte, Zeit umzukehren.

Eine logische Konsequenz daraus – daß das Universum räumlich und zeitlich endlich sein muß, das heißt einen Anfang und ein Ende haben muß – ist heute eine Grundlage für die Theorien des zwanzigsten Jahrhunderts über den Ursprung des Universums. Newtons statisches, ahistorisches Universum, in dem Bewegung konstant und kontinuierlich blieb, war wie eine perfekt eingestellte Uhr, die von einem göttlichen Uhrmacher in Bewegung gesetzt worden war, um für den Rest der Zeit zu gehen. Dagegen begann das Universum in der Zeit nach Einstein mit einer Explosion – einer „Singularität" wie Hawkings (1988) es bezeichnet , oder volkstümlich dem: „Urknall" – und dehnt sich immer noch aus; es wird sich ab einem bestimmten Zeitpunkt zusammenziehen und in einem „großen Kollaps" implodieren.[17]

Absolute Zeit, die vollständig durch wiederholte Regeln oder Ereignisse gebildet wurde, ist für Newtons Denken zentral, aber

17 Hier wurde nur eine von vielen aufgestellten Theorien umrissen. Für eine ausführlichere Behandlung siehe Hawking (1988).

Physiker wie Einstein betrachteten die Zeit nur als eine weitere Dimension, die nur deshalb irreversibel erscheint, weil unvollkommene Menschen es nicht schaffen, sie korrekt wahrzunehmen. In seinen Worten:

> Die Unterscheidung zwischen Vergangenheit, Gegenwart und Zukunft ist für engagierte Physiker wie mich selbst nur eine Illusion, wenn auch eine recht hartnäckige.
>
> (zitiert in Prigogine a. Stengers 1979, S. 273)

1.4.2 Thermodynamik: Der Zeitpfeil

Ein weiterer wichtiger Schritt in der Entwicklung von Zeitbegriffen in der Physik war der Schritt von der Statik und Dynamik zur Thermodynamik. In der Dynamik ist jedes Ereignis der materiellen Welt reversibel, in der Thermodynamik hingegen irreversibel. Der zweite Lehrsatz der Thermodynamik impliziert einen irreversiblen Prozeß: Die Energie der Welt ist konstant, mit der Zeit zerfällt sie jedoch in Hitze, die zum absoluten Nullpunkt tendiert. Mit diesem irreversiblen Prozeß, der durch zunehmende Entropie gemessen wird, das heißt durch zunehmende Unordnung und Chaos, tritt die irreversible Zeit (der Zeitpfeil) in die Welt der Physik ein.

Die klassische Thermodynamik hat umfangreiche Studien über Systeme, die sich einem Gleichgewichtszustand annähern, erstellt. Sie neigte jedoch dazu, diejenigen zu ignorieren, die weit von einem Gleichgewichtszustand entfernt waren. In isolierten Systemen, die sich einem Gleichgewichtszustand annähern, verringern sich spontane oder künstlich geschaffene Abweichungen allmählich, bis sie vollkommen verschwinden, mit der Folge, daß das System zu seinem ursprünglichen Zustand zurückkehrt. Ilya Prigogine hat sich auf bemerkenswert kreative Weise mit dissipativen Systemen beschäftigt. In diesen offenen Systemen, die sich weit vom Gleichgewichtszustand entfernt befinden, führt von außen zugeführte Energie zu einer Zunahme der Organisation (Negentropie). Lineare Zeit – der Zeitpfeil – ist in diesen Systemen äußerst wichtig: Selbst eine geringfügige Abweichung kann bis zu dem Punkt verstärkt werden, an dem sie die Parameter des Systems übersteigt und eine völlig neue Zusammensetzung erzeugt, die genau so unvorhersagbar ist wie die ursprüngliche Abweichung selbst. In solchen Fällen können wir sagen, daß aus Chaos Ordnung entsteht.

Nach Prigogine existieren makroskopische Systeme wie etwa auch wir selbst in einer Reihe von unterschiedlichen Fließgleichgewichten. In seiner Terminologie muß sich jedes System einer „historischen" Entwicklung unterziehen,

> ... die charakterisiert ist durch eine Folge von stabilen Regionen, in denen deterministische Gesetze vorherrschen, und unstabilen Regionen, in der Nähe von Gabelungspunkten, an denen sich das System für eine mögliche Zukunft „entscheiden" kann. Die deterministische Natur der kinetischen Gleichungen, die verwendet werden, um die Reihe möglicher Zustände und ihrer jeweiligen Stabilität zu kalkulieren, ist untrennbar verknüpft mit den kausalen Fluktuationen, die sich an den Gabelungspunkten für die verschiedenen Zustände „entscheiden". Dieses Mischmasch von Zufall und Notwendigkeit ist die Geschichte des Systems.
>
> (Prigogine a. Stengers 1981, S. 164)

Prigogine gibt eine neue Interpretation des zweiten Lehrsatzes der Thermodynamik, indem er zeigt, daß vermehrte Entropie nicht nur zu Ent-Differenzierung und schließlich zum Tod des Universums führt – eine pessimistische Sicht der Zukunft. In bestimmten Situationen (d.h. in dissipativen Systemen) führt Entropie selbst zu Organisation und Ordnung. Dies führt zu einem der Paradoxa der Zeit: Während das Universum unaufhaltsam seinem Untergang und Tod entgegengeht, steigt ein Teil davon auf höhere Ebenen der Komplexität und Selbstorganisation.

Wie wir sehen werden, ist dieser Zeitbegriff der Sicht Einsteins und dessen Anhängern radikal entgegengesetzt. Prigogine und seine Mitarbeiter sagen, daß Zeit – weit davon entfernt, einfach ein Produkt des menschlichen Geistes zu sein – eine Realität ist, die eigentlich die Existenz des Lebens und der Menschheit selbst erst möglich macht. Der Mensch entsteht aus der Zeit, nicht umgekehrt (Prigogine 1988).

Mit dieser Version der Thermodynamik gewinnt die Physik eine historische Dimension, jedoch nicht im Sinne einer deterministischen Verkettung von Ereignissen, in denen der Zustand eines gegebenen Augenblicks den Zustand des unmittelbar danach kommenden Augenblicks definiert. Die Zukunft ist nur als eine Wahrscheinlichkeit denkbar, bei der der Zufall eine entscheidende Rolle spielt. Dadurch ist die Zukunft von jeder Art deterministischer Voraussage befreit.

In dem Maße, in dem sein Denken sich entwickelte, hat Prigogine ständig seine Perspektiven erweitert bis hin zu der Annahme, daß die

Erdoberfläche ein dissipatives System sei, das seine externe Energie von der Sonne erhält. Im Vorwort zur italienischen Ausgabe von Prigogines *La nouvelle alleance* schreibt Giuliano Toralda di Francia:

> ... weshalb machen wir nicht den großen Schritt und nehmen an, daß das Phänomen des Lebens das Ergebnis einer Ordnung ist, die als Fluktuation in einem offenen System entsteht – was das irdische Leben ja ist –, das seine Energie ständig von der Sonne erhält? [...] Prigogine macht diesen Schritt [...] Das Leben auf der Erde wird zu einem unvorhersehbaren aber notwendigen Phänomen [...] Selbst wenn das Leben auf der Erde notwendig wäre, ist es keineswegs notwendig, daß wir Gartennelken, Katzen, Menschen haben, wie wir sie kennen! Weil Fluktuationen unvorhersehbar sind, kann nicht vorhergesagt werden, welchen der vielen möglichen Wege eine dissipative Struktur nehmen wird, wenn sie erst einmal einen unstabilen Verzweigungspunkt erreicht hat.
>
> (Toraldo di Francia 1979, S. X–XI)

Diese Sicht von der Oberfläche der Erde erinnert an Prigogines eigene Beschreibung des sichtbaren Himmels, in der Zeit und Irreversibilität auf romantische Weise in den Kosmos eintreten:

> ... wo die klassische Naturwissenschaft Permanenz betonte, finden wir jetzt Wandel und Evolution; wir sehen nicht mehr länger die Flugbahnen am Himmel, die Kants Herz mit der gleichen Bewunderung erfüllten, wie das ihm innewohnende Sittengesetz. Wir sehen jetzt seltsame Objekte: explodierende und auseinandergerissene Quasare, Pulsare und Galaxien, Sterne, die, wie man uns sagt, in „schwarzen Löchern" verschwinden, und dabei unwiderruflich alles verschlingen, was sie erfassen können. [...] Zeit ist nicht nur in die Biologie, Geologie und die Naturwissenschaften eingedrungen, sondern auch in die beiden Ebenen, aus denen sie traditionellerweise verbannt war, das Mikroskopische und Kosmische.
>
> (Prigogine a. Stengers 1984, S. 214-215)

1.4.3 Quanten und Wahrscheinlichkeit

Gerade als die Relativitätstheorie anfing, die Absolutheit der Zeit in Frage zu stellen, begann auch eine andere mechanistische Gewißheit – die Voraussagbarkeit – zu wanken. Die Welt der klassischen Mechanik war vollkommen deterministisch – wenn jedes Ereignis eine feststellbare Ursache hat, könnte jeder, der das vollständige Wissen über das Universum besitzt, in einem gegebenen Augenblick die Zukunft mit absoluter Sicherheit voraussagen.[18]

Heisenberg zeigte jedoch, daß es unmöglich ist, die genaue Position und Geschwindigkeit subatomarer Teilchen zu bestimmen, denn um das zu tun, müßte man sie zuerst durch das Bombardement mit Photonen beleuchten, was den Zustand ihrer Energie, Geschwindigkeit und Flugbahn verändert.[19] Messungen können demnach auf dieser Ebene nur Annäherungen sein. Die Gesetze der Wahrscheinlichkeit ermöglichen es uns, statistische Trends der möglichen Bewegungen eines Teilchens aufzustellen, wir können jedoch niemals eine exakte Beschreibung von ihnen haben.

Heisenbergs Unschärferelation ersetzt tatsächlich Determinismus durch Wahrscheinlichkeit, weil es auf einer subatomaren Ebene unmöglich ist, das Ergebnis bestimmter Messungen genau vorauszusagen. Das beste was, wir erreichen können, ist eine Verteilung von Wahrscheinlichkeiten – ohne jedoch jemals mit Sicherheit zu wissen, welchen Weg ein bestimmtes Teilchen einschlagen wird (Jauch 1973). Während Einstein Relativität in die Gegenwart einführte, führte Heisenberg die Wahrscheinlichkeit in die Zukunft ein. Der Kern der Unschärferelation besagt, daß es auf einer mikrokosmischen Stufe, jenseits einer gewissen Realitätsebene, nicht möglich ist, genaue Messungen zu erhalten und dadurch zu wissen, wie sich subatomare Teilchen verhalten, weil *der Akt des Messens das Ding, das man zu messen versucht, verändert*. Das heißt natürlich nicht, daß die Gesetze der makroskopischen Welt nicht mehr gelten. Sie bleiben (mehr oder

18 Eine solche Allwissenheit war tatsächlich zu Anfang des 19. Jahrhunderts von Laplace in seiner berühmten Beschreibung des allwissenden „Dämons" postuliert worden: „Ein Intellekt, der zu einem gegebenen Zeitpunkt alle in der Natur wirkenden Kräfte kennt und die Lage aller Dinge, aus denen die Welt besteht – angenommen, der erwähnte Intellekt wäre groß genug, diese Daten zu analysieren –, würde in derselben Formel die Bewegungen der größten Körper im Universum und die der kleinsten Atome erfassen; ihm wäre nichts ungewiß, und die Zukunft wie die Vergangenheit wären seinen Augen gegenwärtig." (Laplace 1967, S. 243, zitiert in Capra 1983, S. 55)

19 Heisenberg war einer der ersten Wissenschaftler, die betonten, daß der Beobachter und seine Instrumente unweigerlich das verändern, was beobachtet wird. Dies steht allgemein in Beziehung zu Von Foersters Kybernetik zweiter Ordnung, in der Beschreibungen der Welt durch die Vorurteile, Theorien und Erfahrungen („Instrumente") der Beobachter, die sie aufstellen, gefiltert werden.

weniger) gültig, denn es ergäbe wenig Sinn, Quantengleichungen, die für eine mikroskopische Welt angemessen sind, auf dieser höheren Stufe anzuwenden.

Eine weitere Entdeckung der Quantentheorie bestand darin, daß Elementarteilchen sich wie Teilchen *oder* Wellen verhalten können. Da man unmöglich wissen kann, ob sich ein Teilchen wie ein Teilchen oder wie eine Welle verhalten wird, ziehen es Physiker vor, einfach von „Materiewellen" oder „Wahrscheinlichkeitswellen" zu sprechen.

Einer der interessantesten Aspekte der Quantentheorie – der den gesunden Menschenverstand an seine Grenzen führt – besteht darin, daß sie die Irreversibilität der Zeit und das Kausalitätsprinzip in Frage stellt. Wenn ein Atom gestört wird, verändern seine Elektronen ihre Position, indem sie sich willkürlich von einer Kreisbahn zu einer anderen bewegen. Wir können dann bei einer Ereigniskette nicht in einem strikten Sinn von Ursache und Wirkung sprechen, sondern nur von *Wechselbeziehungen* von Ereignissen. Der Grund dafür besteht darin, daß Elektronen, die von Photonen getroffen werden, *gleichzeitig und zeitweilig* alle möglichen Kreisläufe eingehen, bevor sie sich schließlich für einen Kreislauf entscheiden. Anders ausgedrückt verhält sich ein angeregtes Elektron, als ob es einen extrem ausgedehnten und nicht einen extrem begrenzten Raum einnimmt. In der Quantentheorie heißen diese zeitweiligen Kreisläufe „virtuelle Übergänge", während endgültige Kreisläufe „reale Übergänge" genannt werden. Virtuelle Übergänge sind jedoch „real":

> Wenn Heisenbergs Unschärferelation an seine logischen Grenzen geführt wird, ist es möglich zu sagen, daß in der Quantentheorie die Realität letztendlich nicht aus festgestellten Fakten besteht (die wir wissen *können*), sondern aus all den Wahrscheinlichkeiten, die den zahlreich festgestellten Realitäten, die wir zu kennen *vermögen*, immanent sind.[20]
>
> (Zohar 1982)

20 Dies ist eine überraschend nützliche Beschreibung des von Therapeuten oder Therapeutenteams verwendeten Hypothetisierens. Wenn eine Reihe von „virtuellen" organisatorischen (und linguistischen) Modi des beobachteten Systems zu den kognitiven Modi des beobachtenden Systems in Beziehung gesetzt wird, entsteht schließlich eine systemische Hypothese, die, wie in der Kybernetik zweiter Ordnung, die entstehende und beiden Systemen angehörende „Realität" repräsentiert

In seinem Buch *Eine kurze Geschichte der Zeit: Die Suche nach der Urkraft des Universums* (1988) hat Stephen Hawking versucht, die Relativitätstheorie mit der Quantentheorie zu versöhnen, eine Aufgabe, die Einstein selbst gegen Ende seines Lebens ohne Erfolg versuchte. Er tut dies, indem er ein Raum-Zeit-Modell konstruiert, das uns von den störenden „Singularitäten" des Urknalls und des großen Kollapses befreit, die außerhalb unseres zeitlichen Bezugsrahmens liegen und deshalb aus dem Modell ausgeschlossen werden können. Die „Geschichte" eines jeden Raum-Zeit-Teilchens, sagt Hawking, ist das Ergebnis all seiner möglichen Geschichten, so daß Raum-Zeit in allen Richtungen zugänglich und erfaßbar ist. Hawkings imaginäre Zeit[21] hat weder Richtung noch Grenzen und leugnet damit, daß Zeit die Eigenschaften der Richtung, Irreversibilität und Dauer besitzt, die ihr der gesunde Menschenverstand gewöhnlich zuschreibt. Er gibt uns jedoch die folgende Warnung:

> So ist möglicherweise das, was wir imaginäre Zeit nennen, von viel grundlegenderer Bedeutung und das, was wir real nennen, lediglich ein Begriff, den wir erfinden, um unsere Vorstellung vom Universum zu beschreiben.[22]
>
> (Hawking 1988, S. 177)

21 Die Berechnung läßt sich mit imaginären Mengen ausführen. In der Mathematik sind jene Zahlen imaginär, die mit sich selbst multipliziert negative Zahlen ergeben.

22 Man könnte Hawkings Theorie sicherlich als eine ausgezeichnete Metapher nehmen für das, was wir in der Therapie tun. Beim Hypothetisieren versuchen wir alle möglichen Geschichten, die mit den Informationen, die wir erhalten haben, vereinbar sind, neu entstehen zu lassen. Nach unserer Sicht ist die Geschichte jedes einzelnen in seinem eigenen getrennten Raum-Zeit-Kontinuum die Summe aller Geschichten, die ihm hätten passieren können. Für den Beobachter kann das Raum-Zeit-Kontinuum in jeder Richtung verfolgt werden, da die imaginäre Zeit des Beobachters keine Grenzen und keine feste Richtung hat. In einem gewissen Sinn ist diese imaginäre Zeit sogar grundlegender als die „reale" Zeit, die wir erschaffen, um uns zu helfen, das Universum nach unserer Sicht zu beschreiben. Hawkings Schlußfolgerung ist eine heilsame Warnung für narzistische Therapeuten oder Therapeutenteams, die von der Brillanz ihrer Terminologie so geblendet sind, daß sie glauben, das Wort „Realität" ließe sich wörtlich verwenden.

1.5 Vielfältige Zeit

Die verschiedenen Zeitbegriffe in der Physik lassen sich in einem gewissen Sinn vergleichen mit den unterschiedlichen Zeiten, die wir in unserem täglichen Leben erleben. Die klassische, deterministische Zeit entspricht unserer vom gesunden Menschenverstand abgeleiteten Vorstellung von der Zeit: Ereignisse sind in einem einzigen zeitlichen Fluß, an dem wir alle teilhaben, kausal geordnet. Die Vergangenheit bestimmt die Gegenwart, und die Gegenwart bestimmt die Zukunft, und unser Leben wird durch die Notwendigkeit bestimmt. Die Zeit der Relativität entspricht der subjektiven Zeit: Ich habe meine Zeit, die für mich real ist; jeder hat seine eigene Zeit, die durchaus von meiner Zeit verschieden sein kann. Quantenzeit ist willkürlich und unsicher: das „Reale" existiert in einer nichtdeterministischen Beziehung zum „Virtuellen". Schließlich ist die Zeit der Thermodynamik dissipativer Systeme irreversibel auf die Zukunft ausgerichtet.

Auch wenn Physik für Therapeuten nützliche Metaphern zur Verfügung stellt, sollten wir uns vergegenwärtigen, daß es doch nur Metaphern sind. Poincaré (1913) unterscheidet sehr deutlich zwischen Relativität in subjektiver Zeit und Relativität in der Physik – dasselbe Wort wird für grundverschiedene Konzepte verwendet–, und das trifft auch zu auf „Wahrscheinlichkeit", wie es in Heisenbergs Unschärferelation und in Prigogines dissipativen Strukturen verwendet wird. Es ist sicherlich aufregend, wenn man feststellt, daß die Physik Begriffe wie Irreversibilität oder die zentrale Stellung des Beobachters verwendet, die auch ein Bestandteil der systemischen Theorie sind. Wir sollten uns jedoch niemals der Selbsttäuschung hingeben, daß die Ungewißheit eines Therapeuten, der mit einem Patienten spricht, *dasselbe* sei, wie die eines Physikers, der versucht, Position und Geschwindigkeit eines Teilchens festzustellen.

Für uns in unserer täglichen Arbeit ist die Fähigkeit am nützlichsten, unterschiedliche, oder in manchen Fällen sogar widersprüchliche Standpunkte einzunehmen. Es ist interessant, daß die allgemeine Relativitätstheorie, die von großen Massen handelt, und die Quantenmechanik, die von subatomaren Teilchen handelt, völlig widersprüchliche Beschreibungen der Welt anbieten. Aber, wie Toraldo di Francia (1990) sagt, „Physiker sind zurecht nicht willens, einen der beiden Standpunkte aufzugeben, und verwenden beide je nach Situation recht zufrieden". Ähnlich meint auch Elkana (1984), daß wir innerhalb der Grenzen einer einzigen Theorie Realisten sein sollten, jedoch Relativisten, wenn wir unterschiedliche Theorien miteinander vergleichen.

Wir meinen, daß es für Therapeuten wichtig ist, Kenntnisse über die verschiedenen von uns bisher betrachteten Metaphern der Zeit zu haben. Dadurch wird nicht nur unser Arbeitshorizont erweitert, wir entwickeln auch die Fähigkeit, uns leichter zwischen verschiedenen Diskurswelten zu bewegen. Das ist völlig in Übereinstimmung mit dem, was man „die Epistemologie der Komplexität" genannt hat (siehe Bocchi und Ceruti 1985), die das Wissen als eine Reihe von Beziehungen ansieht, die Verbindungen zwischen unterschiedlichen Diskurswelten herstellen. Die Logik eines jeden Universums ist nicht vereinbar mit der der anderen, und kein Universum erweist sich jemals als wichtiger oder fundamentaler als ein anderes. „Perfektes Wissen" ist unmöglich (Morin 1985). Das Wissen der Zeit ist multipel. Jede Diskurswelt hat ihre eigene Zeit.

Eine Passage aus dem Schluß von Robert Ornsteins Studie darüber, wie wir die Zeit erleben, zeigt, wie komplex das faszinierende Thema der Zeit wirklich ist:

> Wenn wir zur Ausgangsfrage, „Was ist Zeit?", zurückkehren, dann stellen wir nach alledem fest, daß wir sie nicht beantworten können. Zeit ist ein zu mannigfaltiger Begriff, um durch eine Antwort erfaßt zu werden. Zeit ist viele Dinge, viele Prozesse, viele Erfahrungsarten [...] Die verschiedenen Zeiten der Erfahrung benötigen unterschiedliche Erklärungsarten ..."
>
> (Ornstein 1969, S. 109)

2. Zeit und Beziehungen

Unsere Versuche, Beziehungen durch die Linse der Zeit zu beobachten, führen uns häufig in einen Sumpf voller Widersprüche, Unvereinbarkeiten und manchmal sogar Paradoxa. Ein Grund dafür ist das Problem der Selbstreflexivität – wenn wir von der Zeit sprechen, bleiben wir immer noch *in* der Zeit –, aber ein anderer Grund besteht wohl darin, daß es viele Arten von Zeit gibt und jede mit einer anderen Realitätssicht assoziiert ist. Wenn es in der Vergangenheit nicht möglich zu sein schien, subjektive Zeit mit objektiver Zeit zu versöhnen, Messung mit Dauer, *kann* das Problem für unsere Zwecke gelöst werden, wenn wir uns an Elias' Warnung erinnern (1984), daß Zeit kein Objekt ist, sondern eine Abstraktion, die sowohl aus unserem Erleben von Folge und Wandel entsteht, als auch von der Erkenntnis, daß einem Wandel unterworfene Objekte dennoch konstant bleiben.

Zeit wird von verschiedenen Menschen, verschiedenen Gruppen und selbst von ein und derselben Person zu unterschiedlichen Zeitpunkten unterschiedlich wahrgenommen. Es ist also falsch, eine Zeit für „realer" zu halten als eine andere. Phänomenologen glauben, daß subjektive Zeit real sei, weil es die von uns erlebte Zeit ist; Physiker dagegen glauben, daß die Uhrzeit real sei, weil sie objektiv gemessen werden kann. Die Kluft zwischen den beiden läßt sich jedoch leicht überbrücken, wenn wir uns daran erinnern, daß unterschiedliche Beobachter unterschiedliche Beschreibungen von der Zeit geben, von denen eine jede in ihrer eigenen – aber nur der eigenen – beschriebenen Welt real ist. Wenn eine Beschreibung der Realität die Zustimmung einer breiten Öffentlichkeit erfährt, gewinnt sie den Status der „Realität". Gleichermaßen werden unterschiedliche Beschreibungen der Zeit als „real" angesehen, wenn sie eine breite Zustimmung erfahren. Im Abendland hat die Zeit der Physik eine breite Zustimmung gefunden, die innere, individuelle Zeit nur eine sehr geringe. Die Exaktheit der Relativitätstheorie war nötig, um Newtons Anschauungen zu korrigieren. Die Zeitwahrnehmung eines depressiven Menschen zu „korrigieren" bleibt allerdings schwierig, da die Zeit für ihn nicht zu vergehen scheint.

Befassen wir uns nunmehr mit den drei Bereichen der Zeit, die enger mit unserer Arbeit als Therapeuten verbunden sind. Wir beginnen mit dem Individuum, obwohl diese Entscheidung natürlich in dem Sinne willkürlich ist, daß es auch jede andere Situation sein könnte.

Die Zeit, die ein Individuum wahrnimmt, wenn es sich zur Selbstbeobachtung entschließt, wird individuelle Zeit oder *phänomenologische Zeit* genannt, weil es Phänomenologen waren, die besonders daran interessiert waren, Zeit auf diese Weise zu definieren. Das andere Extrem stellt die *anthropologische Zeit* dar, die auf der allgemeinen Zustimmung der Individuen und Gruppen basiert, die eine Gesellschaft ausmachen. Sie wird so genannt, weil Anthropologen für diese Art von Zeitdefinition verantwortlich waren. In der Mitte zwischen den beiden befindet sich die Zeit interaktiver Systeme (Ministerien, Betriebe, Schulen etc.), in denen Individuen miteinander interagieren, die soziale oder *soziologische Zeit*, mit der sich vor allem Soziologen befassen.

Es wird hier jedoch daran erinnert, daß diese drei Bereiche der Zeit sich innerhalb ihrer eigenen Kontexte begreifen lassen und daß jeder von ihnen den Kontext für den anderen bildet. Ihre Beziehungen werden später genauer untersucht.

2.1 Individuelle Zeit

Wir beginnen nicht mit abstrakten Individuen, sondern mit wirklichen Menschen, die in der uns allen bekannten westlichen Kultur leben. Unser Ausgangspunkt ist die Wahrnehmung der Zeit – eines der für das Individuum direktesten, aber auch verwirrendsten Erlebnisse.

2.1.1 Das Erleben der Zeit

Wie wir die Zeit erleben, hängt vor allem davon ab, wie wir die unmittelbare Gegenwart erleben. Viele Autoren haben zu definieren versucht, wie lange der gegenwärtige Augenblick eigentlich dauert.[1]

Bergson (1989) weist jedoch darauf hin, daß ein Augenblick niemals richtig isoliert werden kann, denn wenn er isoliert ist, hat er sich von der Gegenwart schon in die Vergangenheit bewegt. In vieler Hinsicht ist unser Erleben des gegenwärtigen Augenblicks etwas, was niemals angemessen erfaßt oder beschrieben werden kann. Jaques (1982) ist sogar soweit gegangen zu behaupten, daß wir den gegenwärtigen Augenblick nur unbewußt erleben.

Die Wahrnehmung der gegenwärtigen Zeit ist eng verknüpft mit der Wahrnehmung der Dauer, oder mit dem, was gewöhnlich als „Zeitgefühl" bezeichnet wird. Chronobiologen (Luce 1971; Fraisse 1974) haben in Lebewesen die Existenz einer Pluralität innerer Rhythmen von unterschiedlicher Dauer nachgewiesen, die das Zeitgefühl dadurch beeinflussen, daß sie uns in die Lage versetzen, Zeit auf unterschiedliche Weise zu erleben.[2]

In seiner Aufstellung der Faktoren, die das Zeitgefühl beeinflussen, hat Dossey (1982) Persönlichkeit, soziale Kompetenz, Motivation, Drogen, psychische Störungen und sogar Licht- und Temperaturveränderungen aufgenommen. Man weiß beispielsweise sehr genau, daß halluzinogene Drogen unser Zeitgefühl radikal verändern können. Viele Versuchspersonen haben unter dem Einfluß von Meskalin das Gefühl, Jahrhunderte oder selbst Jahrtausende zu durchleben, ohne das Bewußtsein der eigenen Integrität zu verlieren. Sie haben nicht das Gefühl, daß die Zeit, wie in einem beschleunigten Film, schneller vergangen sei. Die erlebte Zeit scheint ganz natürlich zu vergehen, mit dem Unterschied, daß sie, nachdem die Wirkung der Droge nachgelassen hat, bemerken, daß der Uhrzeiger gerade drei Minuten vorgerückt ist (Sonneman 1987).

Edlund (1987) beschreibt ein faszinierendes Experiment, das zeigt, wie das Zeitgefühl durch die Wahrnehmung des Raums beeinflußt wird. Versuchspersonen wurden in Zimmer gesetzt, die auf ein Sechstel, ein Zwölftel und ein Vierundzwanzigstel ihrer normalen

1 Es hat viele Versuche gegeben, festzustellen, *was* die unmittelbare Gegenwart ist. Reale (1982) gibt eine lange Liste interessanter, wenngleich nicht überzeugender Versuche, ihre Dauer festzustellen. Fraisse gibt sie mit vier Sekunden an, Michon (1979) mit 250 ms bis wenige Sekunden und Stroud (1956) mit 60 bis 200 ms, während Miller (1956) davon spricht, daß die gleichzeitige Wahrnehmung 7 ± 2 „Elemente", wie etwa eine zufällige Sequenz von Zahlen oder Buchstaben, enthalten könne.

2 Chronobiologen haben ausführliche Studien über zirkadianische Rhythmen durchgeführt. Siehe Cohen (1967), Orme (1969), Reinberg (1979) und Halberg (1979).

Größe verkleinert worden waren, und gebeten anzugeben, wann ihrer Meinung nach eine halbe Stunde vergangen sei. Die Versuchspersonen im kleinsten Zimmer hielten das schon nach eineinhalb Minuten für gegeben, diejenigen im mittleren Zimmer nach drei Minuten und diejenigen im größten nach fünf Minuten. Zur Kontrolle wurden sie in ein Zimmer von Normalgröße gesetzt und gaben nach ungefähr dreißig Minuten an, daß eine halbe Stunde vergangen sei. Demnach hat das subjektive Zeiterleben anscheinend einen direkten Bezug zu der räumlichen Umgebungsgröße.

Das Zeitgefühl läßt sich jedoch verändern, ohne auf solche künstliche Mittel zurückzugreifen. Wenn wir erschrecken oder einer Gefahr ausgesetzt sind, sind wir sehr auf der Hut und erkennen in einem gegebenen Zeitabschnitt der objektiven Uhrzeit weitaus mehr Details und führen auch mehr Handlungen aus. Es kommt auch zu entsprechenden Veränderungen des physiologischen und neurochemischen Zustands des Körpers selbst, der sich augenblicklich auf die drohende Gefahr einstellt. Adrenalin wird ausgeschüttet, der Blutdruck steigt, der Herzschlag wird beschleunigt, Blut steigt ins Gehirn, und das gesamte Nervensystem ist in einen Alarmzustand versetzt. Als Folge davon scheint die Zeit langsamer zu vergehen. Wer den Schrekken eines Erdbebens erlebt hat, weiß, daß die wenigen Sekunden wie eine Ewigkeit erscheinen können. Dagegen können Menschen, die östliche Meditationstechniken praktizieren, stundenlang meditieren, indem sie ihren Geist völlig entleeren, und dennoch später berichten, daß während der Meditation nur wenige Sekunden vergangen zu sein schienen oder daß die Zeit zum Stillstand gekommen sei.

Das Alter beeinflußt ebenfalls das Zeitgefühl. Kleinkinder unter einem Jahr haben überhaupt kein Zeitgefühl. Das Wort „heute" taucht im Alter von zwei Jahren zum ersten Mal auf, gefolgt von „morgen" nach sechs Monaten. „Gestern" erscheint im Alter von drei Jahren und „Tage" mit fünf. Nach Dossey (1982) ist der Zeitbegriff der Erwachsenen mit sechzehn Jahren voll entwickelt. Beim Älterwerden haben die meisten Menschen das Gefühl, daß die Zeit immer schneller vergeht. Das hängt teilweise damit zusammen, daß wir Zeitzyklen als Prozente unseres schon gelebten Lebens erleben –ein Monat ist für ein 15jähriges Mädchen eine lange Zeit, für einen 70jährigen Erwachsenen zu vernachlässigen.[3]

3 Vielleicht gibt es dafür einen existentielleren Grund: Je mehr wir uns dem letzten Ziel nähern, dem Tod, desto kürzer erscheint uns die noch verbleibende Zeitdauer.

Aus seinen Studien über die Entwicklung eines objektiven Zeitgefühls bei Kindern schloß Piaget, daß das Zeitgefühl mit der Wahrnehmung von Geschwindigkeit verknüpft ist: „Zeit ist eine Koordination von Geschwindigkeiten, oder vielmehr von Bewegungen, von denen jede ihre eigene Geschwindigkeit besitzt." (Piaget 1970). Bis zum Alter von sechs Jahren haben Kinder das, was Piaget eine „Intuition der Geschwindigkeit" nennt, sie können jedoch Abfolgen nicht verstehen. In diesem Entwicklungsstadium (Stadium 1) können sie „hinter" nicht mit „davor" assoziieren, Begriffe, die Piaget für die Vorläufer von „vorher" und „nachher" hält. Folglich können sie die unterschiedlichen Stadien eines Prozesses, so wie er abläuft, aufzeichnen, aber die Reihenfolge ihrer Zeichnungen später nicht mehr genau angeben.

Zwischen sechs und acht Jahren (Stadium 2) lernen Kinder, daß Objekte im selben Zeitraum unterschiedliche Entfernungen zurücklegen können, und können sich dadurch einen Begriff machen von „vorher und nachher", Gleichzeitigkeit, Folge und Dauer. Das für das Verständnis und das Messen der Zeit kritische Stadium 3 wird ungefähr mit acht Jahren erreicht. Indem es Dauer mit Folge assoziiert, entwickelt das Kind die konzeptionelle Fähigkeit, die Zeit in der Rückschau zu verstehen, etwa wenn zwei Kinder unterschiedlichen Alters lernen, welches zuerst geboren wurde („sie haben etwas über die Reversibilität gelernt").

> Die Reversibilität der Zeit ist für Piaget so wichtig, weil sich mit der Fähigkeit, Zeit zu rekonstruieren, sowohl vorwärts als auch rückwärts, die Erinnerung und ihr Derivat, die Identität entwickelt. Die Fähigkeit, Ereignisse in der Zeit zu sehen, sich mit ihnen vorwärts und rückwärts zu bewegen, ist ein notwendiges Konstrukt des logisch-rationalen Denkens, eine der wichtigsten Errungenschaften der menschlichen Rasse.
>
> (Edlund 1987, S. 48)

Der Experimentalpsychologe Robert Ornstein (1969) hat zu unserem Verständnis des Zeiterlebens und insbesondere der Dauer hervorragende Beiträge geleistet. Nach Ornstein impliziert der Ausdruck „Zeitgefühl", wie er gewöhnlich verwendet wird, die Existenz eines Objektes in der äußeren Realität, das „Zeit" genannt wird, und auch, daß wir ein „Sinnesorgan" haben, das in der Lage ist, es mit einem unterschiedlichen Genauigkeitsgrad wahrzunehmen. Er behauptet, daß unser Zeiterleben nicht von einem „Zeitgefühl" als solchem abhängt, sondern von der Informationsmenge, die wir in einer bestimmten Zeitspanne speichern können. Wenn wir versuchen, die in einer bestimmten Zeitspanne gespeicherte Informationsmenge zu steigern,[4] erleben und erinnern wir mehr und nehmen also Zeit anders wahr (Ornstein 1969, S. 103).

Ornsteins Experimente demonstrieren, daß das Erleben der Dauer (die „Ausdehnung" der Zeit) nicht nur bezogen ist auf vermehrte Stimulierung, sondern auch auf die *Komplexität* der Stimulierung und darauf, wie wir die empfangenen Stimuli organisieren. Wenn Reihen von Stimuli in großen Einheiten verschlüsselt werden können (wenn wir etwa eine Abfolge von scheinbar nicht miteinander in Beziehung stehenden Bewegungen in einen einzigen Tanzschritt verschlüsseln), verkürzt sich die wahrgenommene Dauer. Sie läßt sich auch im nachhinein verkürzen, wenn die Versuchsperson lernt, Stimuli zu organisieren, *nachdem* sie ihre Reihenfolge wahrgenommen hat. Folglich wird Dauer in der Erinnerung kürzer.

> Die wichtige Variable ist demnach der Input, der registriert und gespeichert wurde, nicht nur das, was sich im Schema der Stimuli befindet. Ein Anstieg des registrierten und gespeicherten Inputs vermehrt die Speichergröße dieser Zeitspanne und verlängert das Erleben der Dauer dieser Zeitspanne.
>
> (Ornstein 1969, S. 82)

Ornsteins Theorie erklärt recht gut, weshalb die Zeit nur langsam zu vergehen scheint und die Zeitdauer endlos zu sein scheint, wenn wir uns langweilen – die Zeitdauer scheint länger zu sein, weil wir gezwungen sind, uns einer Sequenz von Ereignissen zu widmen, die wir für unwichtig halten. Seine Experimente erklären auch, weshalb angenehme Ereignisse, wenn sie geschehen, kurz zu sein scheinen, in der Erinnerung jedoch lang erscheinen – wir erinnern uns eher an angenehme Dinge, weil wir uns an sie detaillierter erinnern können, so daß in der Rückschau ihre Dauer länger zu sein scheint.

Verglichen damit verarbeiten wir in Notsituationen mehr Informationen, allerdings in längeren Zeiträumen, so daß in demselben Zeitraum weniger Information gespeichert (codiert) wird und die Zeit langsamer zu vergehen scheint. Wenn demnach die Dauer *länger*

4 Wie Ornstein selbst warnt, sind „Registrierung" und „Speicherung" Metaphern und beabsichtigen keineswegs die Beschreibung geistiger oder zerebraler Realitäten. Das ist auch unsere Ansicht.

wird, scheint sich die Zeit zu *verlangsamen*, und wenn sie *kürzer* wird, scheint sich die Zeit zu beschleunigen. Das ist ein überaus wichtiger Punkt, auf den wir später zurückkommen.

Noch etwas sollte angemerkt werden. Wir haben schon gesehen, daß Variationen in der individuellen subjektiven Zeit von einer Vielzahl von Faktoren abhängen wie etwa der genetischen Zusammensetzung, der Herkunft, der kulturellen und sozialen Erfahrung etc. Wir glauben, daß Ormes Begriff der „inneren Zeiteinheiten" – die Art und Weise, wie die Zeitdaten von einem einzelnen codiert werden – diese Variationen sehr gut erklären (Orme 1969, S. 166). Jeder Einzelne verschlüsselt, wie wir gesehen haben, Zeit anders, je nach den äußeren Faktoren. Als Therapeuten müssen wir uns ständig bewußt sein, daß die Dauer der inneren Zeiteinheiten während der Interaktion variieren kann. Wenn zwei Menschen anerkennen, daß sie ein unterschiedliches Bewußtsein von der Zeit haben, ist ein Dialog möglich. Wenn sie das nicht tun und glauben, daß es nur eine richtige Methode gibt, nämlich die eigene, um Zeit zu erleben, dann ist ein Dialog unmöglich. Die möglichen klinischen Konsequenzen werden in den abschließenden Kapiteln des Buches untersucht.

2.1.2 Gegenwart, Vergangenheit und Zukunft

In der Physik (einschließlich der Relativität) ist eine Abfolge leicht zu untersuchen und zu messen, in der Phänomenologie ist die Untersuchung jedoch komplexer und entgleitet einer präzisen Definition. Dennoch könnte keiner von uns leben ohne Begriffe von Gegenwart, Vergangenheit und Zukunft, die bestimmen, wie wir Folgen wahrnehmen, trotz Augustinus' fundamentaler Einsicht, daß Vergangenheit und Zukunft außer in der Gegenwart nicht existieren.[5] Dieses Paradox hat über die Jahrhunderte das Denken zahlloser Gelehrter und Intellektueller beschäftigt, niemanden jedoch mehr als die Phänomenologen.

Merleau-Ponty (1945) entwickelte Husserls Idee weiter, daß das Bewußtsein Zeit als Dauer innerhalb eines klar wahrgenommenen, wenngleich ständig sich verändernden zeitlichen „Horizonts" erfährt, der es uns ermöglicht, ein bestimmtes „Jetzt" mit korrespon-

5 Das trifft auf den einzelnen genauso zu wie auf „andere". Die Vergangenheiten und Zukünfte, die von einem Menschen geschaffen werden, stimmen mit denen der anderen nicht unbedingt überein. Unsere persönliche Vorstellung von der Zeit ändert sich vielleicht, nachdem wir andere Vorstellungen kennengelernt haben. Das trifft auch, wie wir in späteren Kapiteln sehen werden, auf unsere Vergangenheiten zu, wenn auch eher indirekt.

dierenden Augenblicken in der Zukunft oder Vergangenheit in Beziehung zu setzen.

Nach dieser Ansicht erzeugt jeder Augenblick in der Gegenwart seine eigene Zukunft und Vergangenheit, der Augenblick selbst ist jedoch ein abstraktes Schema, und der gesamte Prozeß ist kontinuierlich und fließend.

> Was in Wirklichkeit gegeben ist, ist nicht eine Vergangenheit, eine Gegenwart, eine Zukunft, sind nicht diskrete Augenblicke *A*, *B*, *C*, reell unterschiedene Abschattungen *A'*, *A''*, *B'*. [...] Das Entspringen einer neuen Gegenwart *veranlaßt* nicht den Niederschlag einer Vergangenheit und ein Näherrücken der Zukunft, vielmehr *ist* die neue Gegenwart selbst nichts anderes als der Übergang eines Künftigen ins Gegenwärtige und des vormals Gegenwärtigen ins Vergangene: In einer einzigen Bewegung rückt die Zeit in ihrer ganzen Erstrekkung vor.
>
> (Merleau-Ponty 1966, S. 476)

Augenblick folgt Augenblick im Fluß der Erfahrung, jeder Augenblick läßt sich jedoch isolieren und in den Brennpunkt rücken. Daß wir überhaupt in der Lage sind, Zeit zu erleben, hängt genau von dieser Fähigkeit ab, die Gegenwart im Gegensatz zur Vergangenheit und Zukunft gleichzeitig sowohl als Fluß als auch als diskreten Augenblick zu erleben.

Um zwischen zwei zeitlichen Dimensionen zu unterscheiden, ist es vielleicht nützlich, wenn nicht notwendig, im Sinne von Raum anstelle von Zeit zu denken, also die Metapher des Raums zu verwenden. So ermöglicht es uns beispielsweise der Gestaltsbegriff von Figur und Hintergrund, Dauer und Abfolge als sich abwechselnde visuelle Vorder- und Hintergründe zu sehen. Wir haben schon gesehen, daß unser Bewußtsein von der Vergangenheit und Gegenwart eine Dualität bildet, weil die Gegenwart, die wir in einem bestimmten Augenblick beschreiben wollen, schon zur Vergangenheit geworden ist. Das deckt sich sehr gut mit der Auswechselbarkeit von Figur und Hintergrund in der Gestalttheorie der Wahrnehmung. Sowohl Figur als auch Wahrnehmung sind gemeinsam gegenwärtig, aber sie können nicht gleichzeitig, sondern nur nacheinander gesehen werden, genau wie ein Beobachter, der versucht, sich auf die gegenwärtige Zeit zu konzentrieren (Figur), unvermeidlich in die Vergangenheit gezogen wird (Hintergrund) und wieder zurück. Demnach können wir Zeit gleichzeitig als Fluß und Abfolge erleben, wir können sie jedoch nur abwechselnd als Fluß oder Abfolge *analysieren*.

Jaques (1982) spricht von einer „Intentionsachse", die die „Abfolgeachse" der Uhrzeit vervollständigt. In einem gegebenen Augenblick, meint er, sei ein Beobachter sich der Vergangenheit (Erinnerung) und der Zukunft (Intentionalität) bewußt, die sein Handeln in der Gegenwart leiten. Heidegger drückte ein ähnliches Konzept etwas profunder aus: „Die Zeitigung der Zeit bringt die Zeit zur Reife." Durch größere Bewußtheit sind wir vielleicht in der Lage, die „banale Triade" von Vergangenheit, Gegenwart und Zukunft, den Zeitrahmen, in dem wir unser Leben leben, zu transzendieren und neu zu bewerten.

Der Selbstentwurf des Daseins auf Erfüllung hin, diese „Bewegung zu", die in „Sorgen für" enthalten ist, verlangt Zukünftigkeit. *„Der primäre Sinn der Existenzialität ist die Zukunft"* ... In seinem Bestreben zu sein ist das Dasein ständig sich selbst voraus und nimmt sich vorweg. Es gibt daher einen buchstäblichen Sinn, in dem Zukünftigkeit von den Dimensionen der Zeitlichkeit die unmittelbarste, die gegenwärtigste ist. ... Gegenwart schreibt Heidegger als *Gegen-wart*, was er als ein „Warten zu ..." oder „Warten gegen ..." interpretiert. ... Diese Vergangenheit des Seins ist keine träge, verbrauchte, abgeschlossene Dimension, wie uns der vulgäre Sprachgebrauch glauben machen möchte. Gewesenheit ist die eigentliche Urheberin der Zukünftigkeit, jenes Entwurfs auf eigentliches Sein hin, welches das existentielle Ziel des Daseins ist. ... Die Vorwegnahme der höchsten und eigentlichsten Möglichkeit ist ein verstehendes Zurückkehren zum eigensten „Gewesen". Nur soweit das Dasein zukünftig ist, kann es eigentlich, als Gewesenes, *sein*. Der Charakter des Gewesenseins entspringt in gewisser Weise aus der Zukunft. „Werde, der du bist", forderte Nietzsche.

> Auf der naiven Ebene entwickelt Heidegger die psychologische Binsenweisheit, daß vergangene Ereignisse durch das, was jetzt geschieht und morgen geschehen wird, verwandelt werden und Bedeutung erhalten; daß die Vergangenheit durch das, was erst sein soll, entweder Bedeutsamkeit erhält oder entleert wird; daß es erst ein Zur-Reife-Kommen ist, welches dem, was vorher kam, eine Logik und einen Antrieb verleiht.[...] Heidegger erinnert uns an die wechselseitig erzeugenden und neuinterpretierenden zirkelhaften Beziehungen von Vergangenheit–Gegenwart–Zukunft. Das latente

Paradoxon, versinnbildlicht durch die Schlange, die ihren eigenen Schwanz frißt, oder durch eine Möbiussche Schleife, ist schon den Vorsokratikern vertraut. Es ist ein Hauptthema der Meditation unter Mystikern. Der Dichter sagt uns, daß „in unsrem Ende unser Anfang war".

(Steiner 1978, S. 167–168)

Ohne uns für das Zeiterleben verbürgen zu wollen oder dem säkularen Mystizismus Heideggers das Wort zu reden, meinen wir, daß diese „banale Triade" in Wirklichkeit alles andere als banal ist, daß die Abfolge von Vergangenheit, Gegenwart und Zukunft sich als kybernetische, selbstreflexive Schleife ansehen läßt. Was wir darunter verstehen, werden wir später genauer erklären.

Es läßt sich kaum bezweifeln, daß die Situation, in der wir uns in einem bestimmten Augenblick befinden, bestimmt, ob wir uns mehr mit der Vergangenheit (erinnern) oder der Zukunft (planen) befassen. Vergangenheit und Zukunft verleihen dem gegenwärtigen Augenblick seinen besonderen Charakter, indem sie ihm die Koordinaten geben, die wir benötigen, um ihn „aktiv" werden zu lassen. Wie Jaques (1982) sagt, definiert die aktive Gegenwart den zeitlichen Horizont der Aktivitäten einer Einzelperson, und diese Gegenwart kann variieren von Handlungen, die nur wenige Minuten dauern, bis zu langfristigen Strategien, die zu ihrer Beendigung Tage, Monate oder Jahre benötigen. Da sie mobil und variabel ist (je nach dem „Fokus", in den wir sie rücken), enthält die Gegenwart vielleicht Handlungen, die nur für den Augenblick relevant sind, wie etwa das Entzünden eines Streichholzes, oder aber weitsichtigere Handlungen, die nötig sind, um ein langfristiges Projekt abzuschließen.

2.1.3 Der zeitliche Horizont und der einzelne

Wir gehen nunmehr von der einfachen *Wahrnehmung* der Zeit zu der etwas komplexeren *Ansicht* von der individuellen Zeit. Eine Einzelperson entwickelt nur einen Teil ihres gesamten Potentials als Mensch. In körperlichen Begriffen ausgedrückt, entwickelt man beispielsweise ein persönliches Bewegungsrepertoire, das die Interaktionen des einzelnen mit seiner Umgebung grundlegend einschränkt.[6] Ganz ähnlich entwickeln wir auch unseren eigenen kognitiven und expressiven Stil: Die Vorliebe für einen visuellen, auditiven oder kinästethischen Stil ist von Individuum zu Individuum ver-

6 Das ist eine kinästhetische Analogie der „Prämissen" des Denkens.

schieden (Bandler u. Grinder 1975). Jedes Individuum hat eine persönliche Vorstellung von der Zeit, die bestimmt wird davon, inwieweit es ihm seine Beziehung zur Umwelt ermöglicht, seine biologischen Möglichkeiten zu nutzen. Auf ähnliche Weise formen seine biologischen Möglichkeiten seine Beziehung zu seiner Umwelt. Diese Anschauungen von der Zeit gehen in den verhaltensmäßigen und linguistischen Stil eines jeden Einzelnen ein.

Fraisses Begriff „zeitlicher Horizont" (1957) verweist auf die einzigartigen kognitiven und emotionalen Züge der Wahrnehmung und Erfahrung der Zeit durch ein Individuum. Wie wir sehen werden, verweist dieser Begriff auf mehr als die bloß statischen Züge der individuellen Bewußtheit. Zeitliche Horizonte sind dynamisch, weil sich die Ansichten von der Zeit mit dem Kontext wandeln. Später, wenn wir die zeitlichen Horizonte von Klienten, Therapeuten und Therapeutenteams diskutieren, werden wir Beispiele anführen.

Zeitliche Horizonte können extrem variieren. Das Alter ist wichtig (Kinder sind eher zukunftsorientiert, Ältere vergangenheitsorientiert), und auch kulturelle Faktoren. Wien scheint beispielsweise von seinen Erinnerungen an die Vergangenheit zu leben, als sei es in die Betrachtung früherer imperialer Größe versunken. Es läßt sich leicht die Hypothese aufstellen, daß der zeitliche Horizont des Durchschnittswieners von einer solchen Atmosphäre beeinflußt wird. Sie wird wohl selbst auf diejenigen Wiener eine Wirkung haben, die nicht vollständig auf das kulturelle Ambiente ihrer Stadt eingestimmt sind.

Das andere Extrem ist Los Angeles, eine sich wandelnde, unstabile Stadt, in der rastlose städtische Neuentwicklung die kulturellen und sozialen Horizonte ständig umformt und neu definiert. Es ist eine in die Zukunft projizierte Stadt, in der Amerikas berühmtes Sprichwort, „Morgen ist der erste Tag vom Rest deines Lebens", zur Realität wurde. Anders als Wien mit seiner Obsession für das Bewahren, hat sich Los Angeles in einem solchen Ausmaß der ständigen Neuentwicklung verschrieben, daß es schwerfällt, erinnerungswerte Orte zu identifizieren (die wenigen noch vorhandenen scheinen in naher Zukunft dem Untergang gewidmet). Es gibt offensichtlich in beiden Haltungen Vor- und Nachteile. Wenn die Vorherrschaft der Vergangenheit zukünftige Planungen und Veränderungen behindert, behindert die Fixierung auf die Zukunft das Lernen aus Erfahrung und fördert die Wiederholung von Fehlern.

Therapie ist besonders an einer starken inneren Verbundenheit der Individuen oder Familien mit der Vergangenheit, Gegenwart oder Zukunft interessiert. Klienten sind häufig entweder zukunftsorientiert („Tun Sie etwas!") oder vergangenheitsorientiert („Es ist alles hoffnungslos"), und es ist auch wichtig, sich zu erinnern, daß individuelle zeitliche Horizonte von denselben Faktoren gebildet werden (Alter, Kultur, sozialer Status, davon abhängige Faktoren), die zeitliche Variablen insgesamt beeinflussen. Diese Faktoren können sogar zu klinischen Symptomen führen, wie etwa Depressionen, bei denen zeitliche Horizonte auf die Vergangenheit beschränkt sind, manische Syndrome, bei denen sie auf die Gegenwart beschränkt sind, und Schizophrenie, bei der zeitliche Horizonte fragmentiert sind.

2.1.4 Dyadische Interaktionszeit

Wir haben uns früher damit befaßt, wie der Zeitbegriff sich bei Kindern entwickelt. Der Zeitbegriff des Kindes bezieht sich sowohl auf die Ausbildung des sensorisch-motorischen Apparates als auch auf die soziale Interaktion mit anderen Menschen. Die Vorstellungen der Erwachsenen über die Zeit entwickeln sich zwischen acht (Piaget) und sechzehn Jahren (Fraisse).

Wir befaßten uns auch mit den Unterschieden zwischen objektiver und subjektiver Zeit. Die zwei Aspekte der subjektiven Zeit, die uns besonders interessieren, sind der Begriff des zeitlichen Horizonts und der „Sektor" des zeitlichen Horizonts (Gegenwart, Vergangenheit, Zukunft), an dem sich ein Individuum primär orientiert. All diese Faktoren können von einem externen Beobachter wahrgenommen und beschrieben werden und können von Nutzen sein, um die Erfahrung eines Therapeuten zu erweitern und seine Arbeit wirkungsvoller zu machen.

Die subjektive Zeit einer Einzelperson läßt sich beschreiben, indem man die durch den Rhythmus und die Modulationen ihres Diskurses aufgezeigten „inneren Zeiteinheiten" analysiert (insbesondere des analogen oder nichtverbalen Diskurses).[7] Ein Therapeut kann die Weite des zeitlichen Horizonts auch daran ablesen, inwieweit ein Individuum beim Sprechen die Bereiche von der Zukunft bis zur Vergangenheit abdeckt (wir sind wiederum gezwungen, Meta-

7 „Analog" und „nichtverbal" benutzen wir hier synonym. „Paralinguistisch" wird verwendet für nichtverbale Handlungen, die verbale Äußerungen modifizieren, und „kinästhetisch" (Birdwhistell 1970) für rein nichtverbale Äußerungen.

phern des Raumes zu verwenden, um über die Zeit zu reden). Eine Vorliebe für die Vergangenheit, Gegenwart oder Zukunft läßt sich durch die Form und auch den Inhalt des Diskurses einschätzen – das ständige Verwenden von Zeiten der Vergangenheit oder Zukunft, die Verwendung des Indikativs anstelle des Konditionals, etc. Natürlich wird die Beobachtung der subjektiven Zeit sowohl vom Kontext als auch von der Beziehung zwischen Beobachter und der beobachteten Person beeinflußt. Ein objektives Wissen über die Rhythmen und zeitlichen Horizonte ist nicht möglich, da sie aus der Interaktion zwischen Beobachter und Beobachtetem geformt werden und damit auch durch die Zeit des Beobachters. Wir betrachten jetzt, wie die Zeit in der Interaktion zwischen zwei Individuen funktioniert, um zu sehen, wie dieses Zusammenspiel der subjektiven Zeiten in der Praxis funktioniert.

Wenn sich zwei Menschen treffen, durchdringen sich ihre individuellen Zeiten gegenseitig und erzeugen den Bereich einer „gemeinsamen Zeit". Aus Gründen der Einfachheit wollen wir im Moment soziale und kulturelle Kontexte ignorieren.

Wenn zwei Individuen, *A* und *B*, sich treffen, können sie im wesentlichen auf zwei Arten interagieren.[8] Sie sind sich vielleicht völlig gleichgültig, wie bei den täglichen Kontakten, die man außerhalb des Hauses eingeht: Man zwängt beispielsweise die Person, die uns ein Kleidungsstück verkauft, in das Klischee eines „Kleiderverkäufers", und für unsere unmittelbaren Zwecke müssen wir außer diesem Klischee nicht mehr wissen. Was uns betrifft, wissen wir „alles" über diese Person. Ähnlich ist der Fahrer des Autos zu meiner Rechten in der Stadt mit der Bezeichnung „Fahrer des Autos zu meiner Rechten" ausreichend charakterisiert, und ich muß nicht mehr über ihn wissen. In komplexen städtischen Gesellschaften ist das Aufstellen solcher Klischees gang und gäbe, und natürlich hat die damit verbundene Interaktion kaum Auswirkungen auf unser Zeitbewußtsein, weil keine gemeinsame Zeit erzeugt wird.

Wenn man sich „von Angesicht zu Angesicht" gegenübersteht, ist das jedoch völlig anders. Reiss (1981) beschreibt diese Interaktionsweise folgendermaßen:

8 Wir sind hier Berger und Lukmann (1966) und Reiss (1981) zu Dank verpflichtet, wenngleich wir ihre Ideen an unser Modell angepaßt haben.

> Unter „von Angesicht zu Angesicht" verstehen wir solche Begegnungen zwischen zwei oder mehreren Individuen, bei denen es eine relative Freiheit gibt in der Art und Weise, wie sich die verschiedenen Personen jeweils erleben: frei von Konventionen, frei von Klischees, frei von vereinfachten Vorstellungen. Bei Begegnungen, in denen man sich „von Angesicht zu Angesicht" gegenübersteht, hat jedes Individuum einen unmittelbaren, emotionsgeladenen Sinn von der Einmaligkeit des anderen. Der wichtigste Bestandteil einer Begegnung, bei der man sich von Angesicht zu Angesicht gegenübersteht, besteht darin, daß jeder einzelne dem anderen die Macht der unabhängigen Beachtung gewährt. Jeder einzelne (Ego) spürt im anderen (Alter) die Macht, unabhängig zu beobachten und das Ego zu verstehen. Ego erkennt, daß er nicht vollständig voraussagen oder kontrollieren kann, wie Alter ihn wahrnimmt oder versteht, und daß Alter ego wahrnimmt und versteht entsprechend seiner Organisations- und Verständnissysteme über die wahrgenommene Welt, einer Welt, in der Ego im Augenblick ein wichtiges Stimulanzobjekt darstellt.
>
> (Reiss 1981, S. 161)

In dieser Art von Interaktion einigen sich *A* und *B* vielleicht über ihre individuelle Zeit – oder aber auch nicht. Wenn sie sich einigen, werden die zeitlichen Annahmen beider gegenseitig verstärkt. Einigen sie sich nicht, fühlt jeder seine Annahmen in Frage gestellt. An diesem Punkt versuchen sie, eine Übereinkunft auszuhandeln. Begegnungen, bei denen man sich von Angesicht zu Angesicht gegenübersteht, erzeugen auch Emotionen, die sich nur schwer vermeiden lassen. Man kann sie nur dann vermeiden, wenn man sich von der Interaktion völlig zurückzieht. Bei solchen Begegnungen kann es zu den folgenden Situation kommen:

1. *A* und *B* versuchen, sich ihre jeweiligen individuellen Zeiten aufzudrängen. *A*s Beharren auf der Richtigkeit seiner eigenen Zeit verstärkt *B*s Überzeugung, daß *seine* Zeit richtig ist, so daß *B* dann auf der Richtigkeit *seiner* Zeit beharrt, etc.
2. *A* und *B* einigen sich, eine neue Zeit auszuhandeln, indem sie (mehr oder weniger bewußt) ihre jeweilige individuelle Zeit vermitteln.
3. *A* und *B* schwanken symmetrisch zwischen Nichtakzeptanz und Akzeptanz der Zeiten des anderen hin und her.

Eine genauere Analyse von Begegnungen, bei denen man sich von Angesicht zu Angesicht gegenübersteht, deckt vor allem eine Nichtübereinstimmung im Rhythmus auf. Wenn *A* beispielsweise schneller als *B* ist, wenn seine Zeiteinheiten kürzer und sein Rhythmus schneller sind, läßt sich das leicht in der Kommunikation zwischen *A* und *B* beobachten (insbesondere der nichtverbalen). In extremen Fällen stellt die Nichtübereinstimmung vielleicht die Fortsetzung des Kontaktes in Frage und führt unmittelbar zur Distanzierung.

Ein gesunder *A* fühlt sich durch die extrem langsame oder schnelle Zeit eines ganz und gar deprimierten oder manischen *B unbehaglich*. Dadurch ist eine Fortsetzung der Beziehung in Frage gestellt, denn *A* wird einen schwierigen Anpassungsprozeß durchlaufen müssen. Wenn *B* die zusammenhanglose, fragmentierte Zeit eines Schizophrenen hat, wird die Anpassung noch problematischer, wenn nicht unmöglich sein.

Bisher haben wir duale Beziehungen in Betracht gezogen, die künstlich aus ihren kulturellen und sozialen Kontexten herausgelöst sind. Das hat natürlich eine deutliche Wirkung auf die Art von individueller Zeit, die wir bisher beschreiben konnten.

Jedes Individuum kann in vielen, völlig unterschiedlichen zeitlichen Kontexten leben – wir sind in unserem täglichen Leben ständig gezwungen, uns an Situationen und Beziehungen anzupassen, die unterschiedliche Zeitarten erfordern –, und dennoch können wir bei fast jedem einzelnen eine bestimmte Zeit beobachten, die den anderen Zeiten zugrunde zu liegen scheint. Entwicklungspsychologen haben gezeigt, daß die grundlegenden Rhythmen der wichtigsten Persönlichkeitstypen – hypoaktiv, phlegmatisch, hyperaktiv – in den ersten Lebensjahren gebildet werden. Eine soziale Gruppe, wie etwa eine Familie, hat auch ihre charakteristische Zeit, die sich bildet und verstärkt, während sich ihre Geschichte durch die Interaktion der Zeiten ihrer individuellen Mitglieder entwickelt.

2.2 Kulturelle Zeit

Das Studium der kulturellen Zeit umfaßt die Identifikation von allgemein geteilten Annahmen über die Zeit, wobei „Annahme", um Bateson zu paraphrasieren, eine erkennbare Erwartung bezüglich bestimmter Aspekte des kulturellen Verhaltens bedeutet, oder eine eindeutige Implikation, die daraus entsteht (1958, S. 219).[9] Wenn man diese Annahmen studiert, muß man verstehen, wie die verschiedenen Kulturen die Zeit wahrnehmen, denn die Zeitvorstellung unterscheidet sich grundlegend von Kultur zu Kultur. So schreibt beispielsweise Whorf in seiner Studie über die Hopi-Indianer (1940), daß ihre Sprache keinen Begriff vom Fluß der Zeit hat, wie wir ihn verstehen. Die Verben der Hopi haben keine Zeiten, unterscheiden mithin nicht zwischen Vergangenheit, Gegenwart und Zukunft, und dennoch leben die Hopi harmonisch in ihrem eigenen kulturellen Kontext.

2.2.1 Die Standardisierung der Zeit

> Diejenigen, die fremde Länder besuchen, haben allgemein den Eindruck, daß die Einheimischen in ihren Reaktionen entweder schneller oder langsamer, schlauer oder dümmer sind, als die Mitglieder des Kulturkreises, aus dem der Beobachter stammt. Dieser Eindruck liegt ohne Zweifel an einer wie auch immer gearteten Standardisierung der betroffenen Individualität und sollte untersucht werden.
>
> (Bateson 1958, S. 255)

Individuen werden mit einer Reihe potentieller Fähigkeiten geboren. Die jeweilige Kultur selektiert und fördert dann einzelne Fähigkeiten, während sie andere unterdrückt bzw. auslöscht. So ist jedermann in der Lage, Zeit als irreversibel und zyklisch zu erleben, Europäer und Amerikaner neigen jedoch dazu, Zeit als linear zu erleben, während ein (traditioneller) Inder sie für zirkulär hält. Das stimmt mit Gregory Batesons Ansicht überein (1958), daß Kulturen die Art und Weise, wie Zeit wahrgenommen wird, standardisieren, und daß sich diese Standardisierung von Kultur zu Kultur unterscheidet.[10] Dies hat bedeutende Auswirkungen auf des Leben eines einzelnen, gleichgültig welche Kultur wir auch untersuchen.

9 Mit „Kultur" oder „kulturell" beziehen wir uns auf die gesamte kognitive, affektive und soziale Organisation einer bestimmten Gruppe.

10 Womit wir nicht behaupten wollen, die Zeitwahrnehmung sei in verschiedenen Kulturen unterschiedlich. Das mag sein, bedarf aber noch genauerer experimenteller Belege. Dies um so mehr, als Whorfs ursprüngliche Hypothese (1940) experimentell noch immer nicht verifiziert wurde. So wurde beispielsweise die Theorie, daß Farbwahrnehmung sich von Kultur zu Kultur unterscheidet, immer noch nicht bewiesen. Experimente (siehe Gardner 1985) haben gezeigt, daß Farbwahrnehmung von der Kultur unabhängig ist; es ist die *soziale Verwendung* von Farbe, die überaus stark variiert.

Kulturelle Unterschiede – und damit auch Zeitunterschiede – können zu ernsthaften Beziehungsschwierigkeiten führen. So haben etwa zukunftsorientierte Nordamerikaner und Europäer Schwierigkeiten, mit viel stärker in der Vergangenheit eingebundenen Asiaten zu kommunizieren. Bei kulturübergreifenden Kontakten ist es immer angebracht, wenn sich Besucher an die Zeit ihrer Gastgeber anpassen, anstatt zu erwarten, daß diese sich ihrer Zeit anpassen. Emigranten versuchen solche Schwierigkeiten anfangs zu überwinden, indem sie in ihrem Gastland kleine Gemeinschaften bilden (Klein-Italien, Chinatown), die es ihnen ermöglichen, sich dem Rhythmus ihrer neuen Umgebung allmählich anzupassen. Es ist auch allgemein bekannt, daß kulturübergreifende Ehen sehr gefährdet sind; einer der Gründe dafür könnte in den unterschiedlichen Zeitvorstellungen liegen, die dann aufeinandertreffen.

Die Annahmen und Erwartungen, die Einzelpersonen innerhalb einer Kultur haben, sind das Ergebnis eines von dieser Kultur ausgelösten Lernprozesses, das Gegenteil aber – daß eine Kultur die Summe der Annahmen und Erwartungen all ihrer Mitglieder ist – ist gleichermaßen wahr. Ihrer Natur nach ist die Beziehung zwischen einer Kultur und den Annahmen und Erwartungen der in ihr lebenden Individuen selbstreflexiv.

Darüber hinaus läßt sich die Zeit innerhalb einer Kultur nur annähernd standardisieren. In seiner Untersuchung über die Wahrnehmung der Zeit in primitiven Gesellschaften kommt Lévi-Strauss (1958) zu dem Schluß, daß es in jeder Kultur vier unterschiedliche Zeitarten gibt:

a) eine progressive, irreversible Zeit, die sich, wie die lineare Zeit, aus geordneten Reihenfolgen zusammensetzt;
b) eine statische, reversible Zeit, in der identische Begriffe von Generation zu Generation wiederholt werden; diese Wiederholung neutralisiert die Zeit, indem sie sie „entleert";
c) die fluktuierende, zyklische, reversible Zeit, in der sich zwei Begriffe (z.B. Tag und Nacht) ständig abwechseln;
d) die geschlossene, zirkuläre Zeit eines Kreislaufes, die eine Folge von mehr als zwei Begriffen umfaßt (z.B. die Jahreszeiten).

Eliade (1949) sagt, daß selbst heute religiöse Menschen (insbesondere Mystiker) in einer heiligen Zeit leben, außerhalb des Flusses linearer historischer Zeit; aber auch aus unserem gewöhnlichen Leben ist das Ritual keineswegs verschwunden. Das läßt sich an durch und durch säkularen Ereignissen ablesen, wie zum Beispiel den kleinen Ritualen, die wir durchführen, wenn wir in ein neues Haus ziehen oder ein Haus gebaut haben. Neujahrsfestlichkeiten und Geburtstage implizieren immer, wenn auch nur indirekt, daß Zeit wiederbelebt wird. Examensfeiern oder militärische Entlassungsfeierlichkeiten sind Überbleibsel weitaus älterer Übergangsriten. In anderen Bereichen hat Groupe Mu (1977) zyklische Zeitstrukturen in Gedichten gefunden, und Dossey (1982) hat gezeigt, wie stark sich die Newtonsche lineare Zeit von der Raum-Zeit der modernen Physik unterscheidet.[11] Im Gegensatz zu komplexeren Gesellschaften besteht der Unterschied bei primitiven Gesellschaften darin, daß ihre vorherrschende Sicht der Zeit andere ihr widersprechende Sichten ablehnt oder zumindest verdeckt.

In seiner Studie über die amerikanische Gesellschaft hat Klukholn gezeigt, daß, obwohl sich die herrschende amerikanische Kultur sicherlich recht genau beschreiben läßt,

> ... dies nicht bedeutet, daß alle Amerikaner in unterschiedlichen Situationen bereit sind, sich ihr anzupassen. Es war ein Fehler, eine eindimensionale Repräsentation der kulturellen Integration anzustreben.
>
> (Klukholn 1949-50, S. 383)

Die meisten würden die Ansicht teilen, daß die amerikanische Kultur insgesamt „zukunftsorientiert" ist, aber es gibt soziale Gruppen – etwa bestimmte Südstaatenfamilien – deren Verhaftetsein in der Vergangenheit jegliches Interesse an der Zukunft und sogar an der Gegenwart negiert (Davis und Kollegen, 1941). Mit Bezug auf die Vereinigten Staaten haben Coser und Coser (1963) sogar eine Tabelle erstellt, die die zeitlichen Perspektiven zeigt, die von den Zukunftsorientierungen der amerikanischen Gesellschaft insgesamt abweichen.

Überdies können Überreste von Begriffen, die seit undenklichen Zeiten in den stratifizierten historischen Annahmen unserer Kultur verschüttet waren, plötzlich wieder belebt werden. Wenn demnach jemand, der in einer Bauernkultur aufwuchs, in eine Stadt zieht, wird er leicht Mittel und Wege finden, um die „Inseln" der zyklischen Zeit,

11 Diese Themen werden in unserem Kapitel über Rituale detaillierter behandelt.

die er am besten versteht und vorzieht, zu bewahren, gleichgültig wie „modern" seine Umgebung auch ist. In seiner Diskussion der zyklischen Zeit, vielleicht der faszinierendsten aller seiner Studien, ist Eliade auch der Meinung, daß jemand, der in einer ländlichen Umgebung lebt, sich niemals ganz auf die irreversible, historische, lineare Zeit einstellen kann.

Es lassen sich eine Vielzahl weiterer Beispiele anführen, entscheidend ist, daß die kulturellen Annahmen und Erwartungen eines einzelnen über die Zeit zumindest sowohl zyklisch *als auch* linear sein können. Das Wiederaufleben „primitiver" Begriffe über die Zeit in der Kultur kann leicht zu Chaos und Mißverständnissen führen. Das ist wohl unvermeidlich, wenn Veränderungen, die früher ausführlich und detailliert sanktioniert werden mußten (wie z.B. in Übergangsriten), jetzt frei verhandelt werden können. Wer wäre heute noch in der Lage zu sagen, wann ein junger Mensch nicht mehr Kind , sondern erwachsen ist?[12] Diese „Inseln" kulturell abweichender Annahmen können in der Interaktion von einzelnen oder Gruppen zutage treten und zu Unvereinbarkeiten im Erleben und Wahrnehmen der Zeit führen.[13]

2.2.2 Die statische Zeit Balis

Es war Gregory Bateson (1949), der den Begriff „Fließgleichgewicht" zuerst verwendete, um die Kultur Balis zu beschreiben. Clifford Geertz hat seitdem in *Dichte Beschreibung. Beiträge zum Verstehen kultureller Systeme* (1983) auf Batesons ursprünglichen (manchmal recht seltsamen) Ideen aufgebaut. Seine Studie der traditionellen balinesischen Gesellschaft zeigt ausgezeichnet, wie die Wahrnehmung der Zeit in einer Kultur immer ein elementarer Bezugspunkt ist und immer eng verknüpft ist mit anderen kulturellen Standardisierungen, insbesondere mit Begriffen von Persönlichkeit und interpersonellen Verhaltensweisen.

Wir erleben andere Menschen auf völlig unterschiedliche Art und Weise. Wir können sie, um die Terminologie von Geertz zu

12 Es gibt in unserer eigenen Gesellschaft Beispiele von sozialen Ritualen, die den Übergang von der Kindheit zum Erwachsenenalter beglaubigen: Zumindest bei praktizierenden jüdischen Familien ist Bar Mizwa ein solches Beispiel (Davis 1988).

13 Die Interpretation der Zeit ist nur eine von vielen kulturellen Variablen, die durch diesen Prozeß beeinflußt werden.

verwenden, als „Verbündete" oder „Partner" ansehen, mit denen wir bedeutsame Beziehungen haben, bei denen wir uns „von Angesicht zu Angesicht gegenüberstehen", als „Zeitgenossen", mit denen wir künstliche, konventionelle Beziehungen haben, oder als „Vorgänger" oder „Nachfolger", mit denen wir indirekte Beziehungen pflegen, weil sie der Vergangenheit oder der Zukunft angehören. Ein traditioneller Balinese sieht alle anderen Menschen als „Zeitgenossen" an, mit denen er aufgrund von körperlicher Nähe Beziehungen hat, niemals aber intime Beziehungen. Er hat keinen Begriff von entfernten Vorfahren oder Nachkommen, weil seine Wahrnehmung anderer nicht weiter in die Vergangenheit oder Zukunft reicht als drei Generationen, das heißt bis zu den „Großeltern" oder „Enkeln", mit denen er in der Gegenwart einen persönlichen körperlichen Kontakt haben kann. Das wird durch die balinesische Sprache selbst bestätigt, die keine Worte hat, die unseren „Ururgroßeltern" oder „Urur-enkeln" entsprechen. Das soziale Leben der Balinesen ist entsprechend hoch ritualisiert. Anderen Menschen werden soziale anstatt persönliche Charakterzüge zugeschrieben. Es ist, als ob ihnen das Persönliche genommen worden sei.

Ebenso ist dem balinesischen Zeitbegriff bis zu einem gewissen Grad das Zeitliche genommen worden. Die Balinesen erleben die Zeit nicht als dauerhaft. Ihr überaus komplizierter Kalender besteht aus einer Folge eindeutiger Ereignisse (in der Regel Riten), die ohne die kleinste Veränderung ständig wiederholt werden, ohne daß ein Verständnis für Irreversibilität oder echte Zirkularität entwickelt wird. Folglich besteht ihr Kalender nur aus einer einfachen Liste völlig beziehungsloser Ereignisse.

> Die Zyklen und Makrozyklen sind ohne Ende und Bezug, sie sind unzählbar und kennen – da ihre innere Ordnung ohne Bedeutung ist – keinen Höhepunkt. Sie summieren sich nicht, fügen sich zu nichts zusammen und verbrauchen sich nicht. Sie geben nicht die Zeit an, sie geben an, welche Art Zeit es ist.
>
> (Geertz 1973, S. 177)

Auf Bali sind soziale Ereignisse, ob es sich um tägliche soziale Interaktionen oder um überaus wichtige Rituale handelt, nicht nur anonym und episodisch, es fehlt ihnen auch ganz und gar an Entwicklung und Wendepunkten. Nichts erreicht jemals einen Höhepunkt oder eine Lösung. Kunstformen wie Tanz oder Musik können stundenlang dauern und wechselndes Interesse erwecken, um dann einfach aufzuhören, ohne zu einem richtigen Abschluß gebracht worden zu sein, wie die Menschen unseres Kulturkreises dies erwarten. Das scheint auch generell für das individuelle und soziale Leben zu gelten.

Dies entspricht insgesamt Eliades Definition eines Rituals. Jegliches Gefühl für Vollendung und Tod ist auf Bali aufgehoben, weil die Menschen in einer ewigen Welt leben, in der sich nichts verändert, weil es keine Dauer gibt.

> Das Leben ist ebenso punktuell wie die Zeit. Es ist nicht ohne Ordnung, sondern folgt wie die Tage einer qualitativen Ordnung, die aus einer begrenzten Zahl festgesetzter Ereignisse besteht. Dem sozialen Leben auf Bali fehlen die Höhepunkte, weil es in einer bewegungslosen Gegenwart, in einem vektorlosen Jetzt stattfindet. Oder anders und nicht weniger zutreffend gesagt: Der balinesischen Zeit fehlt die Bewegung, weil das soziale Leben auf Bali keine Höhepunkte hat. Beides gehört zusammen, und beides zusammen schließt den Vorgang der Verwandlung von Personen in Zeitgenossen ein und ist darin eingeschlossen. Die Wahrnehmung der anderen Menschen, die Erfahrung von Geschichte und der Charakter des kollektiven Lebens – das, was bisweilen Ethos genannt wurde –, sind durch eine erkennbare Logik miteinander verknüpft. Die Logik ist jedoch keine syllogistische, sondern eine gesellschaftliche.
>
> (Geertz 1973, S. 191)

Anders gesagt, zeigt Geertz, daß die Kultur sowohl die Zeitvorstellung standardisiert, als auch, daß die Zeitvorstellung dazu beiträgt, kulturelle Standards festzulegen. Aber nicht einmal auf Bali ist die Summe der individuellen Kulturen vollständig identisch mit der vorherrschenden sozialen Kultur. In allen Kulturen koexistiert ein vorherrschender Aspekt mit dem, wenn auch noch so embryonalen oder verdeckten, Bewußtsein, daß es gegensätzliche Subkulturen gibt. Solche Inseln des Andersseins sind wichtig, wenn komplexe individuelle oder soziale Systeme sich *als Ganzes* an einen Wandel anpassen sollen,[14] und das Ergebnis können durchaus Abweichun-

14 Der Begriff der „Insel des Andersseins" stammt von Ashby (1960). In jüngster Zeit haben Gregory und Mary Catherine Bateson (1987) eine ähnlich Idee vorgetragen. Wenn komplexe Systeme wichtige Unterschiede aufnehmen und dennoch überleben sollen, benötigen sie nach ihrer Ansicht Variablen, die nicht von einem Teil des Systems auf ein anderes übertragen werden.

gen sein – oder Pathologien, um den Fachausdruck zu verwenden –, die mit der vorherrschenden Kulturrichtung unvereinbar sind. Beachtenswert ist beispielsweise, wie sehr die Zeitwahrnehmung der traditionellen Balinesen der Zeit ähnelt, die Minkowskis (1933) Schizophrene und Wahnsinnige erleben. Der Unterschied besteht darin, daß die Balinesen vollkommen auf ihre Umwelt eingestellt sind. Therapeuten können in der zeitlichen Interaktion gelegentlich „Inseln" des Andersseins einsetzen, um in der Therapie eine Art von kreativer Konfusion zu erzeugen, die neue Auswege oder Lösungen aufzeigt. Wir werden später zu diesen Ideen zurückkehren.

2.3 Soziale Zeit

> Sie waren besorgt, daß sie nicht für alles Zeit hätten, und erkannten nicht, daß „Zeit haben" eben bedeutet, daß man nicht für alles Zeit hat.
>
> (Robert Musil)

Die Idee der sozialen oder „soziologischen" Zeit impliziert, die Zeit als ein Mittel der sozialen Koordination anzusehen, das heißt daß sie einen *instrumentellen* Wert hat. Wir leben in einer komplexen Gesellschaft, die regelmäßig und hierarchisch strukturiert ist, und Zerubavel hat gezeigt, daß die zeitliche Ordnung, die wir der Welt geben, gleichermaßen regelmäßig ist. Wenn unsere soziale Zeit nicht regelmäßig und hinreichend voraussagbar wäre, würde unser soziales Leben rasch zerfallen.[15]

Garfinkel (1967), der die Idee Merleau-Pontys weiterentwickelt, daß der Mensch die Gegenstände nur als Figuren vor einem Hintergrund sieht, führt aus, daß unsere sozialen Erwartungen und Gewohnheiten tatsächlich Hintergründe dieser Art sind. Zeit und die *Regelmäßigkeit* der Zeit sind wichtige Hintergründe, vor denen unser tägliches soziales Leben aufgeführt wird. Die Koordination, Regelmäßigkeit und Flexibilität der sozialen Zeiten sind jedoch in jedem

15 Regelmäßigkeit hängt von Wiederholung ab. Es entbehrt nicht einer gewissen Ironie, daß die „leere" zyklische Zeit uralter Rituale in unseren allergewöhnlichsten Gewohnheiten weiterlebt, wie etwa den Kaffeepausen oder dem Ende des Arbeitstages.

Land ganz und gar verschieden, selbst in westlichen Ländern, die dasselbe Produktionssystem haben. So werden etwa Pünktlichkeit, Organisation und Koordination in der Schweiz oder Skandinavien viel mehr geschätzt als in Italien oder Spanien. In Deutschland kann man seine Uhr nach der Ankunft des Zuges stellen, während sich die Italiener wundern, wenn der Zug pünktlich kommt. In manchen Ländern ist die perfekte zeitliche Koordination ein Charakterzug bestimmter Sektoren wie Armee (man denke beispielsweise nur an die beeindruckende Zeiteinteilung der USA im Golfkrieg) oder Firmen (insbesondere Privatfirmen), die ihre internen und externen Zeiten präzise und dennoch flexibel organisieren müssen, um gegen eine starke Konkurrenz bestehen zu können. In manchen Ländern, wie Japan, scheint die Einteilung der sozialen Zeiten beim spektakulären wirtschaftlichen Wachstum ein wesentlicher Faktor gewesen zu sein, wenngleich nicht behauptet werden kann, daß dies immer zu entsprechenden Verbesserungen in der Lebensqualität geführt hat.

Wir können in jeder Kultur eine Vielzahl von sozialen Zeiten unterscheiden. Da alle Arbeiten ihren charakteristischen Rhyhtmus haben, ist einer der wichtigsten davon die Arbeitszeit. Die Zeit eines Bauern hat beispielsweise einen viel langsameren Rhythmus als die Zeit eines Industriearbeiters, und das kann zu ernsthaften Schwierigkeiten führen, wenn Menschen vom Land in die Städte ziehen.

2.3.1 Regelmäßigkeit und das Horarium

Zerubavel gibt uns vier „Parameter" der Regelmäßigkeit und der Vorhersagbarkeit in der Zeit:

> Ein fundamentaler Parameter von Situationen und Ereignissen ist ihre Strukturierung als eine Sukzession, was uns etwas über die Reihenfolge sagt, in der sie stattfinden. Ein zweiter wichtiger Parameter, die Dauer, sagt uns, wie lange sie dauern. Ein dritter, der zeitliche Ort, sagt uns, wann sie geschehen. Schließlich sagt uns ein vierter Parameter, die Häufigkeit des Auftretens, wie oft sie geschehen.
>
> (Zerubavel 1981, S. 21)

Damit eine solche Regelmäßigkeit möglich ist – damit Ereignisse eine bestimmte Dauer, feste Abfolge und regelmäßige Anordnung und Häufigkeit haben –, muß die soziale Zeit nicht nur linear und irreversibel sein, sondern auch in festen Einheiten *meßbar* und *teilbar*. Damit menschliche Aktivitäten *synchronisiert* und koordiniert werden können, muß die Zeit, die wir ihnen widmen, *in Abschnitte aufgeteilt* werden. Wir betrachten jetzt, wie und weshalb unsere soziale Zeit so geworden ist und welche Konsequenzen daraus entstehen.

Primitive Gesellschaften haben keine systematische Zeitmessung (Sorokin 1934). Zeit wird nicht als ein regelmäßiges, gleichförmiges Kontinuum angesehen, sondern als eine zusammenhanglose Dimension, in der bedeutsame Ereignisse wie Rituale durch ein „zeitliches Vakuum" getrennt sind – wenn das Zeitintervall zwischen Ritualen keine Bedeutung besitzt, „ist es nicht da" (Nilsson 1920).

Die Art und Weise, wie Menschen sich auf die Zeit beziehen, stammt aus dem Vokabular des täglichen Lebens. Wie Nilsson anführt, bedeutet in Madagaskar „ein Reiskochen" – die in der Regel benötigte Zeit, um Reis zu kochen – „ungefähr eine halbe Stunde". In solchen Gesellschaften reichen natürliche Ereignisse wie das Vergehen der Tage und der Zyklus der Jahreszeiten völlig aus, um die Zeit einzuteilen und die Tätigkeiten einer Bevölkerung aufeinander abzustimmen. In diesem Sinne sind ihre Bezüge auf die Zeit im wesentlichen *operativ*. Bei Landwirtschaft treibenden Völkern ist das Jahr beispielsweise entsprechend der Ernten aufgeteilt, während jagende Völker und Nomaden keine Ruhetage kennen (Sorokin a. Merton 1937).

Für relativ einfache Gesellschaften ist diese Art und Weise, sich auf die Zeit zu beziehen und mit ihr zu operieren, ausreichend, wenn eine Gesellschaft jedoch eine komplexere Organisation entwickelt, die eine Differenzierung in Untergruppen und neue Aktivitäten nach sich zieht,

> ... hört das konkrete örtliche System der soziokulturellen Zeit auf, die Aktivitäten zufriedenstellend zu koordinieren und aufeinander abzustimmen. Das erzeugt das dringende Bedürfnis, ein standardisiertes System einzurichten, das die Zeit als gemeinsamen zeitlichen Bezugspunkt für die Koordination und Synchronisation der Aktivitäten aller beteiligten Gruppen gleichermaßen verständlich und nützlich mißt.
>
> (Sorokin 1934, S. 57)

Historisch gesehen waren die ersten Zeitmesser die regelmäßigen Bewegungen der Himmelskörper. Das Interesse an der Astronomie führte schließlich zur Erfindung des ersten gänzlich künstlichen Zeitsystems, des Kalenders, der, obwohl er auf „objektiven" Ereignissen wie dem Wechsel der Jahreszeiten basierte, recht willkürlich in Monate aufgeteilt war. Und zwar derart, daß viele revolutionäre Bewegungen, ob religiös oder säkulär, unweigerlich versuchten, den Kalender zu verändern. Die frühen Christen legten den Sabbat von Samstag auf Sonntag, um sich von den Juden zu unterscheiden (Pattaro 1976), und die Moslems ihrerseits legten ihn auf den Freitag (Burnaby 1901). Es gab sowohl während der Französischen Revolution als auch während des italienischen Faschismus Versuche, den Kalender zu reorganisieren (der Beginn der „faschistischen Ära" wurde auf 1922 gelegt, dem Jahr von Mussolinis Marsch auf Rom).

Während Tage, Monate und Jahre sich in den natürlichen Ereignissen widerspiegeln, im Wechsel von Tag und Nacht, den Phasen des Mondes und dem Kreislauf der Jahreszeiten, ist die Woche eine ganz und gar menschliche Erfindung. Die peruanischen Muyscas hatten eine Dreitagewoche, manche westafrikanischen Stämme haben Viertagewochen, und die Assyrier hatten eine Fünftagewoche. Die römische Woche dauerte acht Tage und die Woche der Maya zehn (Sorokin a. Merton 1937). Die Siebentagewoche entstand in der jüdischen Kultur und gewann an Bedeutung, als sie vom Christentum übernommen wurde und nach der industriellen Revolution auch vom Rest der Welt.[16]

In seinem Buch *Hidden Rhythms* (1981) analysiert Zerubavel die soziale Zeit ausführlich und kommt zu dem Schluß, daß die wahre Grundlage für die zeitliche Regelmäßigkeit nicht der Kalender, sondern der Stundenplan oder Arbeitsplan sei. Der Stundenplan ist es – die Tabelle, die unsere unterschiedlichen Tätigkeiten regelt und integriert, – der es uns ermöglicht, unsere täglichen Arbeiten zu synchronisieren.

Das Einhalten der Zeit ist eine grundlegende Form der Disziplin, wie die Regel der Benediktiner, *omnia horis competentibus compleantur* (alles soll zu der ihm bestimmten Zeit getan werden), belegt (Landes1983). In *Überwachen und Strafen* (1975) beschreibt Foucault Disziplin als „die Kunst des Ordnens von Körpern" und führt beredte Beispiele dafür an, wie Kasernen, Spitäler, psychiatrische Kliniken, Gefängnisse und Internatsschulen menschliche Körper im Raum ordnen. Es ist dann nicht überraschend, wenn man erfährt, daß die

16 Und zwar in einem solchen Ausmaß, daß sogar Versuche unternommen wurden, basierend auf den Zyklen der Zahl sieben, biologische Rhythmen zu identifizieren. Diese Anstrengungen waren natürlich nutzlos (Reinberg 1979).

zwanghafte Einhaltung der Zeit in solchen „totalen Institutionen" bis zum Extrem getrieben wird, wie jeder, der Militärdienst geleistet hat oder eine Zeitlang im Krankenhaus gelegen ist, nur zu gut weiß (Goffman 1961).

Und dennoch wurde das *Horarium* im Kloster des Mittelalters geboren, einer ganz anderen Art von totaler Institution; es war vielleicht die fortschrittlichste soziale Institution ihres Zeitalters. Ein Leben, das bestimmt war von *Den Regeln des St. Benedikt*[17], war nach starren, unerbittlichen Rhythmen organisiert. Nach Landes (1983) war der Übergang von der natürlichen Skandierung der Zeit (Tag und Nacht, circadiane Rhythmen) zur Verinnerlichung der Pünktlichkeit und des starr aufeinanderfolgenden Stundenplans das Ergebnis einer kollektiv auferlegten Pünktlichkeit. Das *Horarium* erreichte dies, indem es den benediktinischen Mönchen zwanghafte und endlose Gewohnheiten auferlegte, so daß Pünktlichkeit, ein bis dahin noch unbekannter Begriff, zu einer der wichtigsten Verpflichtungen wurde. Alle mußten zur gleichen Zeit aufstehen und zu vorher festgelegten Zeiten beten, essen und arbeiten.

Am wichtigsten war jedoch, daß die für jede Tätigkeit reservierte Zeit entsprechend der Tradition festgesetzt wurde und jahreszeitlich bedingte Veränderungen nicht berücksichtigte. Demnach mußten die Mönche *immer* jeden Tag um 1.30 Uhr morgens – so würden wir das heute bezeichnen – aufstehen, eine unnatürliche Zeit, da es noch Nacht ist, und mußten die Aufgaben *immer* in derselben Reihenfolge ausführen, die auch *immer* dieselbe Dauer haben mußten (Zerubavel 1981). Es geschah also im mittelalterlichen Kloster, daß die Parameter der regelmäßigen Zeit – bestimmte Dauer, feste Abfolge, Anordnung und Häufigkeit – zum ersten Mal festgelegt wurden. Bevor jedoch Regelmäßigkeit von den Klostern auf die komplexere Welt jenseits seiner Mauern ausgedehnt werden konnte, mußte das *Horarium* in einer Zeit verankert werden, die regelmäßiger und verläßlicher war als das Aufgehen der Sonne. Ein Zeitmesser, ein *Horologium* (eine Uhr), wurde benötigt.

2.3.2 Uhrzeit

Nach Norbert Elias (1987) ist die Beziehung zwischen Menschen und Uhren „enttäuschend einfach". Beide verändern sich ständig, wäh-

17 Siehe Gregor den Großen, *The Life of St. Benedict and the Rule* (1981).

rend die Zeit vergeht: die Uhr durch die Bewegung ihrer Zeiger und die Menschen durch den unerbittlichen Prozeß des Alterns. Unsere Beziehung zur Uhr ist jedoch weniger oberflächlich als es scheinen mag.

Die mechanische Uhr war die erste *digitale* Maschine der Geschichte, in dem Sinne, daß sie Zeit in Augenblicke oder diskrete Zahlen aufteilte, im Gegensatz zu den früheren Sonnenuhren, Sanduhren und Wasseruhren, die auf einem ständigen Fluß basierten, also *analoge* Maschinen waren. Offensichtlich hat uns die Verwendung der Uhr immer mehr daran gewöhnt, die Zeit auf eine meßbare, digitale Art und Weise zu betrachten, mit dem Ergebnis, daß wir ständig versuchen, einfachere und genauere Methoden zu finden, die Zeit zu messen.

David Landes (1983) zeigt, daß das Messen der sozialen Zeit ohne die Erfindung der mechanischen Uhr unmöglich gewesen wäre. In der Tat ist die Geschichte der Uhr höchst lehrreich. Eigentlich ist es etwas unlogisch, daß sie um 1200 in Europa aufgetaucht ist, wo doch technologisch weitaus fortgeschrittenere Zivilisationen wie China und die islamische Welt durchaus Handwerker hatten, die die technischen Probleme des Uhrenmachens weit vor ihren europäischen Berufsgenossen hätten gelöst haben können.

Dieses Paradox zeigt sehr gut, wie Neuerungen mit Bedürfnissen zusammenhängen. Die Europäer machten Uhren, weil nur sie die Zeit unabhängig von den natürlichen Kreisläufen der Welt, in der sie lebten, messen und aufteilen mußten. Die Chinesen, die in einer im wesentlichen ländlichen Gesellschaft lebten, waren mit den biologischen und den natürlichen Rhythmen zufrieden und hatten Uhren nicht nötig, außer vielleicht für den Kaiser selbst. Aber selbst hier hatte es der Kaiser aufgrund der Natur der autokratischen chinesischen Gesellschaft nicht nötig, andere Personen oder Systeme zu konsultieren, wenn er seine Stundenpläne und Kalender aufstellte. Die Zeit wurde aufgrund von Autorität gemessen und vorgeschrieben und bedurfte nicht der unparteiischen Genauigkeit eines wahren „Chronometers".[18]

18 Siehe den gesamten Teil I von Landes (1983). Islamische Länder dagegen mußten die Zeit bis zu einem gewissen Grad messen. Für ihr heißes trockenes Klima war die im regenreichen Klima Mitteleuropas oft nutzlose Sonnenuhr völlig ausreichend.

Die Notwendigkeit für ein *Horologium* konnte erst dann entstehen, als eine soziale Gruppe das Bedürfnis verspürte, sich von der Tyrannei der natürlichen Zeitmesser zu befeien. Dies geschah in den Klöstern des mittelalterlichen Europas, wo das *Horarium* der Benediktiner, die einen Zeitmesser für die Koordination ihrer Tätigkeiten benötigten, tonangebend war. Die ersten Zeitmesser waren eben die Klosterglocken und die Trompeten der Militärlager. Beide Systeme koordinierten *en masse* ausgeführte kollektive Bewegungen (Wecken, Antreten, Aufgaben, Mahlzeiten, Rast etc.). Selbstredend gründet sich die kollektive Zeitmessung auf zwei Annahmen: erstens, daß die Zeit niemands Privateigentum ist, sondern der Gemeinschaft und der Regierung gehört; und zweitens, daß alle Tätigkeiten simultan und öffentlich sind, ohne „private" Zeit und „privaten" Raum, die die Menschen nach ihren Wünschen nützen könnten.

Die ersten Fabriken wurden nach dem Vorbild der Klöster gebaut (das Kloster war der erste Ort, an dem die Arbeitsorganisation gründlich studiert worden war und wo Glocken als eine Hilfe bei der Zeitmessung für die Arbeiter verwendet wurden), und in den Städten (soziale Organisationen, wie die Klöster, wurden immer unabhängiger von den natürlichen Kreisläufen der Zeit) wurde die mechanische Uhr als Zeitmesser entwickelt, erst auf einer kollektiven, städtischen Grundlage, und dann auch individuell. In den Städten entstand zum ersten Mal das Bedürfnis, die Individuen in unterschiedliche Zeiten „aufzuteilen". Der mittelalterliche Bauer war für 24 Stunden des Tages Bauer, ein Bürger konnte jedoch bis zu einer bestimmten Uhrzeit Handwerker sein, dann Mitglied einer Versammlung, etc. Leon Battista Alberti hatte dies schon 1433 festgestellt: „Wenn ich frühmorgens aufstehe, denke ich bei mir, was ich heute tun muß. Es gibt so vieles, um das ich mich kümmern muß, das ich zu zählen habe, und jedes ist zu der ihm gemäßen Zeit zu tun."[19]

Die Aufteilung und Messung der Zeit, und die Ermahnung, niemals Zeit zu *verschwenden*, wurden bald zu den hervorstechendsten Charakterzügen des protestantischen und calvinistischen Europas, wobei das Genf Calvins sich rasch zum Vaterland der Uhr entwickelte. Die technischen und wissenschaftlichen Fortschritte des protestantischen Europas benötigten immer exaktere Uhren, und diese förderten eine weitere Unterteilung und Fragmentierung der

19 Aus *I Libri della Famiglia,* Buch III, „Economicus", zit. in Brusa 1974.

sozialen Zeit. Wir haben hier also den klassischen Prozeß eines progressiv verstärkten positiven Feedbacks, das schließlich, indem es eine immer komplexere Organisation der Zeit rechtfertigte, zu den ungemein akkuraten Quartzinstrumenten unserer heutigen Zeit führte.

Landes bemerkte zu der gegen Ende des 17. Jahrhunderts mit einer Unruh versehenen Uhr, die Fehler in der Zeitmessung auf eine oder zwei Minuten am Tag reduzierte: „Kurz, die mit einer Unruh versehene Uhr bildete die physikalische Basis dessen, was selbst heute als Pünktlichkeit betrachtet wird." (Landes 1983, S. 135). Jedoch muß Pünktlichkeit auch in ein immer komplexer werdendes Beziehungsnetz passen. Die extreme Differenzierung der sozialen Zeit hat eine große Zahl unterschiedlicher zeitlicher Umgebungen geschaffen, die jedoch von Individuen bewohnt werden müssen, die, was die biologischen Voraussetzungen angeht, sich von den Mitgliedern von Stammesgesellschaften, die unzweideutige zeitliche Umgebungen der einfachsten Art bewohnen, nicht unterscheiden.

2.3.3 Individuelle Zeit, kollektive Zeiten und Lebensqualität

Im sozialen Leben der modernen westlichen Welt ist Zeit ein kostbares, wenn auch leider seltenes, Gut. Eine allgemeine Erfahrung ist die Sorge, daß wir für das, was wir tun wollen, nicht genug Zeit haben. In *Moderne Zeiten* bringt Charlie Chaplin die Beziehung zwischen Mensch und Maschine in einer Welt des Taylorismus auf den Punkt. Die von ihm gespielte Person spürt deutlich die Angst eines Menschen, der sich einem rigiden, entfremdenden Rhythmus anpassen muß. Fehlende Zeit ist das Ergebnis der vielfältigen Zeiten und Rhythmen der modernen Gesellschaft.[20]

Die Situation primitiver Völker ist genau umgekehrt: Sie leben in langsameren natürlichen Rhythmen in klar differenzierten heiligen und säkularen Zeiten, die durch die Tradition vorgeschrieben und überliefert wurden.[21] Aber moderne Menschen haben keine Traditionen, keine Vorfahren, keine Rituale und, in gewisser Hinsicht, keine

20 Siehe auch Thompson (1967) über Arbeitspläne, Jaques (1982) über „zur freien Verfügung stehende Zeiten" in der Bürokratie und Merton (1984) über soziale Erwartungen hinsichtlich der Dauer.

21 Die Rituale, die den jüdischen Sabbat vom Rest der Woche abgrenzen, sind besonders gute Beispiele für die Absonderung der Zeiten. Siehe Zerubavel (1981), Kap. IV.

Herren. Sie leben in einer Welt, die ihre natürlichen Wurzeln abgeschnitten hat, gefangen in einem Netz immer komplexer und fordernder werdender sozialer Beziehungen, einer Welt, deren Rhythmen und Zeiten auch immer komplexer und straffer organisiert werden. Es gibt eine Zeit für die Arbeit, die öffentlich ist, aber auch eine Zeit für soziale Kontakte, die ebenfalls öffentlich ist. Es gibt eine Zeit für die Familie, eine Zeit für das Alleinsein und eine Zeit, die man für sich selbst hat, für Freizeit und zum Nachdenken.

Man liest häufig, daß das moderne Leben wegen der Hektik, die es uns aufzwingt, Anlaß von Angst, Streß und Neurosen sei. In ihrem Buch *The Times of Life: Studies and Proposals for Changing Them*, scheint sich Laura Balbo für unsere moderne Methode, die Zeit zu organisieren, einzusetzen. Sie argumentiert, daß sie es den Stättern erlaubt, ihre Zeit selbst einzuteilen (zumindest zu einem gewissen Grad), und ihnen dadurch eine größere Unabhängigkeit, Selbstorganisation und Wahlmöglichkeit gibt:

> Das war keineswegs so auf dem Höhepunkt der industriellen Revolution, als der vorherrschende zeitliche Modus – die Produktionszeit des „industriellen Modells" – eingeführt und dann immer mehr durchgesetzt wurde. [...] Und es wäre auch nicht richtig, die vorindustrielle Gesellschaft als goldenes Zeitalter natürlicher Rhythmen und kollektiver Riten zu idealisieren, die reich waren an gemeinsamen Werten und den einzelnen keine Zwänge auferlegten. Die große Mehrheit lebte unter Umständen, die ihnen keine Möglichkeiten für Unabhängigkeit, Freiheit oder Planung eröffnete.
> (Balbo 1991, S. 13)

Das scheint dem zu widersprechen, was wir vorher gesagt haben. Es hat den Beigeschmack des bekannten Gegensatzes zwischen „Die Welt war früher ein viel besserer Ort" und „Die Welt ist heute ein viel besserer Ort". Tatsächlich sind wir der Meinung, daß wir unsere Lebensqualität verbessern könnten, wenn die sozialen Zeiten – individuelle, familiäre und institutionelle – besser koordiniert würden.

Es wurde berechnet, daß ungefähr 800 000 Fahrzeuge, davon 600 000 aus Kreisen, die außerhalb Mailands liegen, täglich durch die Stadt fahren. In der Stadt lebende Personen, die sich von einem Ort zu einem anderen bewegen, verbringen von einer halben bis zu einer dreiviertel Stunde in ihren Autos, jedoch eine Stunde, wenn sie von außerhalb kommen. In zehn Jahren verbringen sie fünf Monate ihres Lebens im Fahrzeug – fünf Monate multipliziert mit fast einer Million

Menschen. Es ließen sich noch mehr Beispiele anführen. Balbo zieht den Schluß:

> Ich möchte die Aufmerksamkeit auf diese toten Zeiten in unserem Leben lenken, nicht vorhersehbare Zeiten, Zeiten über die wir keine Kontrolle haben, die dem Zufall unterworfen sind und häufig der Gleichgültigkeit und obendrein der Arroganz anderer.
>
> (Balbo 1991, S. 28–29)

Das Stadtleben bringt heute „Streß, Müdigkeit, Frustration, Langeweile ... Zeitverlust, das Gefühl, daß man niemals Zeit hat; oder ansonsten für manche das Gegenteil: leere Zeit, Zeit, die niemals vergeht" (ebd.).

Das ist die negative Seite des modernen Lebens, allerdings ist vom Standpunkt der Zeit vieles zu seinen Gunsten zu sagen. In der Industriegesellschaft waren die sozialen Zeiten starr institutionalisiert, was die Bürger vor allem passiv machte, weil ihr Leben um eine einzige Arbeitszeit herum organisiert war. In der Nachkriegszeit sind mit dem allmählichen Aufkommen einer postindustriellen Gesellschaft und unglaublichen Dienstleistungsindustrien individuelle und kollektive Zeiten komplizierter geworden und gestatten es den einzelnen häufig, über ihre Zeit selbst zu bestimmen.

Es gibt im Augenblick auch in der Zeit von Mann und Frau einen wichtigen Wandel. In der Vergangenheit waren die Zeiten der Mehrheit der Bevölkerung starr differenziert und durch das Geschlecht festgelegt (Männer lebten, um zu arbeiten, Frauen, um Kinder zu bekommen und sich um das Haus zu kümmern, Jugendliche, um zu lernen). Wir sehen heute in diesen Zeiten eine Revolution. Flexibilität ersetzt Rigidität, und jeder, ungeachtet seines Geschlechts und Alters, kann jetzt eine bestimmte Zeit der Arbeit widmen, dem Lernen, der Pflege Bedürftiger, dem Ausruhen, etc. In dieser Neuaufteilung sozialer Zeiten, Ergebnis neuer Produktions- und Verteilungsmethoden und der Entwicklung neuer Technologien, haben feministische Bewegungen eine wichtige Rolle gespielt bei der Befreiung der Frauen von der Tyrannei der Fortpflanzung und der Befriedigung der grundlegenden Bedürfnisse anderer, was bedeutet, daß Frauen in der Vergangenheit für sich selbst keine Zeit hatten.

In Italien wurde die Wichtigkeit der Koordination sozialer Zeiten kürzlich vom Gesetzgeber anerkannt, der einen Gesetzesvorschlag akzeptiert hat, der versucht, die Organisation der Zeiten in Städten zu reformieren.

In manchen Gemeinden wurden schon Büros, die sich mit Arbeitszeiten befassen, eingerichtet. Ihre Aufgabe ist es, individuelle, betriebliche und institutionelle Zeiten zu untersuchen, ihre komplexe gegenseitige Abhängigkeit zu analysieren und wirtschaftliche und soziale Kosten, die sie verursachen können, einzuschätzen. Außerdem werden Strategien erarbeitet, um die Arbeitszeiten flexibler zu gestalten und besser zu koordinieren. Die Lebensqualität insgesamt könnte von dieser „sozialen Therapie" profitieren.

Zeit ist besonders in Firmen wichtig, die ihre verschiedenen Organisationsebenen exakt aufeinander abstimmen müssen, wenn sie konkurrenzfähig bleiben wollen. In seinem Buch *The Multicellular Firm: Towards A Management of Disorder* (1987), führt Hubert Lander aus:

> Jede Organisationsebene des Systems hat ihren eigenen Rhythmus. Die Koordinierung der Organisationsebenen ist der Hierarchie ihrer unterschiedlichen Rhythmen angepaßt (z.B. kurzfristig, kurz- bis mittelfristig, mittel- bis langfristig, langfristig). Die Harmonie des Ganzen, als ein sich in der Zeit entwickelndes System, hängt von diesen Rhythmen ab. Es ist die Aufgabe der Manager, die an der Schnittstelle von zwei oder mehr Arbeitsgruppen operieren, die verschiedenen Rhythmen zu harmonisieren (z.B. kurz- mit mittelfristig). Folglich müssen Manager gleichzeitig auf zwei Zeitstufen arbeiten, und man kann ihre Aufgabe ansehen als das zusammenhängende Verknüpfen unterschiedlicher Organisationsebenen, sowohl funktionell als auch zeitlich.
>
> (Lander 1987, S. 208)

Bisher reichte unsere Argumentation von individuellen bis zu sozialen und betrieblichen Zeiten. Wir möchten uns jetzt etwas eingehender mit der individuellen Zeit befassen. Eine Einzelperson ist ein soziales Wesen, dessen innere „Realität" sich aus den in der Zeit mit der Außenwelt eingegangenen Beziehungen, der Welt „des anderen", ergibt. Die Harmonisierung, das „Zusamenpassen" (wie Lander sagen würde), und, diachronisch gesprochen, die Koevolution der inneren Zeiten mit den äußeren Zeiten sind notwendig für eine Entwicklung der individuellen Möglichkeiten, die mit den Bedürfnissen eines „normalen" Lebens vereinbar sind.[22] Als Therapeuten

22 Es ist uns klar, daß diese Verwendung des Wortes „normal" viele Leser aus ihren Sesseln hochfahren läßt. Wir möchten bemerken, daß wir es mit vielen anderen Wörtern versucht haben („funktional", „befriedigend", „angenehm",

sehen wir jeden Tag Klienten, die entsetzlich leiden, wenn dieser Prozeß mißlingt (siehe Kapitel 5).

Innerhalb dieses kulturellen und sozialen Kontextes muß ein einzelner seine innere Zeit ständig mit den Zeiten anderer Einzelpersonen und auch mit einer Reihe von institutionellen Zeiten koordinieren. Er muß sich den unvermeidlichen Diskrepanzen in den Zeiten von Transportsystemen, Arbeit, Schule, Familie etc. anpassen. Offensichtlich können Probleme in diesen Bereichen nicht nur zu Problemen für diesen einzelnen führen, sondern auch zu Problemen für diejenigen Individuen, mit denen er zu tun hat. Ein ausgezeichnetes klinisches Beispiel ist die Beziehung zwischen einem zwanghaften Patienten und den ihn umgebenden Menschen. Die rigide individuelle Zeit des zwanghaften Patienten macht es für die anderen schwer, mit ihm eine harmonische Beziehung einzugehen, und umgekehrt.

Wir möchten hier die Wichtigkeit einer dialektischen Beziehung zwischen „individueller Zeit" und „individuellen Zeiten" betonen. Die individuelle Zeit besteht aus einer Reihe von Zeiten, die dem einzelnen zur Verfügung stehen, um zwischen sich und äußeren Zeiten Harmonie herzustellen. Je mehr Zeiten einem einzelnen zur Verfügung stehen, umso anpassungsfähiger wird er.[23]

Je mehr innere Zeiten den Mitgliedern einer Familie oder Institution zur Verfügung stehen, umso eher werden sie eine Koordinierung untereinander und mit anderen Menschen und Dingen zustande bringen. Folglich ist eine große Variationsbreite möglicher zeitlicher Verknüpfungen äußerst wichtig für die Art der Interaktion, die zwischen Einzelpersonen und ihrer Umgebung abläuft. Beispielsweise kann eine Person (unüberwindliche) Schwierigkeiten haben, sich den rigiden externen Zeiten anzupassen, wie man sie etwa in einer Armee findet, oder ihrem Gegenteil, den unbestimmten, flexiblen Zeiten eines Arbeitszusammenhangs, in dem es den einzelnen freisteht, sich ihre Zeit selbst einzuteilen: Beide Situationen können Anlaß für unerträgliche Frustrationen und Ängste geben.

„akzeptabel", „lebenswert" etc.), uns schließlich aber doch für „normal" entschieden haben, wobei wir uns durchaus bewußt sind, daß beim Versuch, genau zu definieren, was es bedeutet, ganze Ströme gelehrter Tinte ausgetrocknet sind.

23 Siehe den Begriff der Beschränkung (restraint) in Gregory Batesons Artikel *Cybernetic Explanation* (1972, S. 405–416).

Jaques (1982) gibt eine interessante Analyse der inneren individuellen Zeiten. Er definiert eine vorsätzliche menschliche Handlung als eine „zielgerichtete Episode", die ihren Platz sowohl in der objektiven als auch subjektiven Zeit gefunden hat. Jede Episode hat ihre eigene zeitliche Perspektive (die für notwendig gehaltene Zeit, um die Episode abzuschließen) mit einem Anfang, einer Mitte und einem Ende. Der Mensch ist offensichtlich ein multiepisodisches Geschöpf, das in einem bestimmten Augenblick unterschiedliche parallele Episoden (er)leben kann.

Man sollte auch beachten, daß *jede Episode ihre eigene separate Zeit hat*. Die Arbeitszeit kommt vielleicht einem bestimmten Individuum langsamer vor als die Freizeit. Überdies kann jede Episode aus einer Reihe diskreter Augenblicke zusammengesetzt sein, die sich, auch wenn sie zeitlich voneinander entfernt sind, zu einer einzigen Episode zusammenfügen, mit einer diskreten Zeitspanne und einer eigenen „inneren" Zeit. Deshalb erlebt ein einzelner die Augenblicke einer bestimmten Episode als kontinuierlich und miteinander verbunden. Das geschieht natürlich nur, wenn die Einzelperson tatsächlich (zeitlich) in der für die Episode reservierten Zeit lebt.

In der Psychotherapie werden beispielsweise Therapiesitzungen in der Regel viel weniger als etwas zeitlich Getrenntes erlebt als sie das tatsächlich sind. Manchmal kommt es den Klienten so vor, als habe die vorhergehende Sitzung erst „gestern" stattgefunden (häufig sagen sie das auch), während sie in Wirklichkeit vor einem Monat war.

Wenn jede Episode separate Zeiten hat, ist die Zeit der Therapie nicht ein Augenblick in einem einzigen Zeit*kontinuum*, sondern eine Zeit, die sich *unterscheidet und gesondert* ist von allen anderen Zeiten. Ein Patient sagt beispielsweise: „Wenn ich hier bin, glaube ich an die Therapie, aber es gibt Augenblicke außerhalb, da glaube ich nicht an sie." In solchen Fällen haben wir eine Zeit, in der der Patient an die Therapie glaubt, und eine andere (völlig separate) Zeit, in der er sich weigert, sie zu akzeptieren. Ähnlich kann eine Person in ihrer Arbeitszeit weder Zeit haben für die Therapie noch für die Ablehnung der Therapie noch für irgendwelche Symptome. Wie wir gesehen haben, wird dadurch unsere gesamte Organisation der sozialen Zeit in Frage gestellt.

Minsky (1985) äußerte die interessante Idee, daß der Verstand eine „Gesellschaft des Geistes" sei, dessen unterschiedliche Sektoren unterschiedliche Operationen ausführen. Ähnlich könnten wir sagen, daß die individuelle Zeit eine „Gesellschaft der Zeiten" sei, mit einer unterschiedlichen Zeit für jeden Tätigkeitsbereich.

Allerdings rechtfertigt die ungeheure Komplexität unserer Interaktion mit der Zeit vermutlich die Ansicht, daß der einzelne in einem bestimmten Augenblick in unterschiedlichen zeitlichen Horizonten existiert, selbst wenn er zu einer gegebenen Zeit nur einem seine bewußte Aufmerksamkeit schenken kann. Wenn man Jaques' (1982) Theorie folgt, leben wir in unterschiedlichen Zeitepisoden, von denen jede ihre eigene subjektive Dauer und Kontinuitätswahrnehmung hat.

Weil Zeitepisoden in der Regel unabhängig sind, neigen Einzelpersonen dazu, Segmente der Dauer, die sich auf eine bestimmte Tätigkeit oder einen bestimmten Geisteszustand beziehen, in einem einzigen Kontinuum zu vereinigen. Folglich bilden die Arbeitszeiten ein Kontinuum, die Familienzeiten ein anderes Kontinuum, etc. Man könnte sagen, daß wir für einen jeden Kontext, in dem wir als Individuen leben, ein Zeitkontinuum haben. Auch kann dieselbe Person je nach Kontext unterschiedliche Charakterzüge an den Tag legen. Um nur ein Beispiel zu geben: Schafer (1983) bemerkt, daß Psychoanalytiker privat eine Persönlichkeit zeigen, die der Art und Qualität ihrer Arbeit doch sehr zu widersprechen scheint. Seiner Ansicht nach weist dies darauf hin, daß Analytiker ein „Dienst-" oder „Pflicht-Ich" haben, das sie ablegen, wenn sie nicht hinter der Couch sitzen.

2.4 Koevolution und Zeit

Wir hoffen, daß wir unseren allgemeinen Ansatz jetzt klar gemacht haben. Die Unterscheidungen zwischen „individueller", „sozialer" und „kultureller" Zeit sind das Ergebnis methodischer Beobachtungen seitens zahlloser Beobachter, die in unterschiedlichen Bereichen des Gesamtsystems arbeiten (individuell, institutionell, kulturell). Es gibt keine „kulturelle" Zeit, die bestimmen würde, welche Form die individuelle Zeit annimmt. Gleichermaßen bestimmt die individuelle Zeit nicht das Wesen des Kulturellen. Es gibt nur eine ständige *Koevolution der Zeit in der Zeit*. Elias (1984) beschreibt diesen Prozeß in seiner Diskussion der Interaktion in der Zeit. Das Bedürfnis der grundlegenden Koordination in den einfachsten Gesellschaften hat in komplexeren Gesellschaften zu immer komplexeren und zwanghafteren Regeln geführt, die wiederum das Bedürfnis für Kalender, Stundenpläne und Uhren geschaffen haben. Auf der einen Seite bedeutet das, daß die abstrakte „Zeit" immer mehr verallgemeinert wurde (etwa in Philosophie oder Physik), und auf der anderen Seite wurden die sich aufdrängenden Beschränkungen der organisatorischen Zeit (sozialer Zeit) mit der Ausdehnung ihrer Anwendungen immer offensichtlicher. All das steht im Gegensatz zur inneren „erlebten" Zeit, die sich von der Uhrzeit unterscheidet.

Bei unserer Beschäftigung mit der Zeit begannen wir mit dem individuellen Zeiterlebnis. Wir haben dann gesehen, wie sich innerhalb einer Kultur individuelle Ähnlichkeiten und Übereinstimmungen vereinigen, um eine anthropologische Zeit hervorzubringen, und wie soziale Systeme ebenfalls ihre eigene Art und Weise entwickeln, um die Zeit zu organisieren. Da das Gegenteil auch zuzutreffen scheint (die individuelle Zeit wird durch die Kultur und die soziale Identität standardisiert), haben wir effektiv einen geschlossenen Kreislauf:

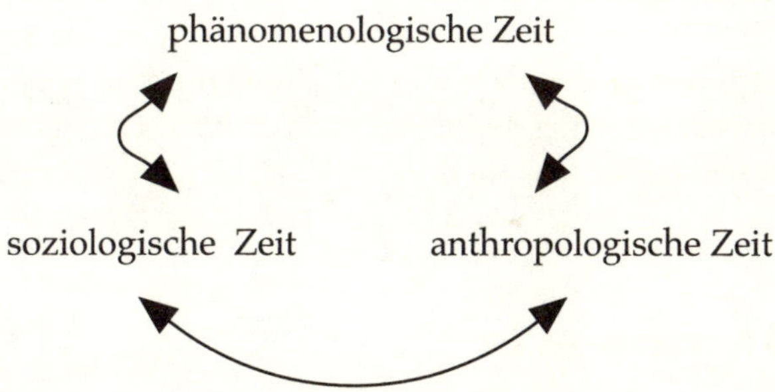

In diesem Kreislauf existiert jeder separate Begriff nur im Kontext der anderen beiden und stellt wiederum einen Teil des Kontextes für die anderen Begriffe zur Verfügung. Dieser rückbezügliche Aspekt ist nicht nur auf die Sphäre der Zeit beschränkt. Pearce (1988) hat ihn in der Sprache gefunden und Bateson (1958) im kulturellen *Ethos*, und wir können wohl den Schluß ziehen, daß er in allen Formen menschlicher Interaktion vorhanden ist. Wir haben auch einen anderen geschlossenen Kreislauf identifiziert, der Vergangenheit, Gegenwart und Zukunft verknüpft. Das bedeutet, daß es zwei unterschiedliche Zeitkreisläufe geben kann, der eine diachronisch (Vergangenheit–

Gegenwart–Zukunft), der andere synchronisch (individuell–sozial-kulkturell).

Die verschiedenen von uns untersuchten Zeitbegriffe sind das Ergebnis eines koevolutionären Prozesses, ein gemeinsames Erzeugnis, das tatsächlich die Zeit generell modifiziert hat. Mit seiner üblichen Eleganz und Originalität vergleicht Bateson (1972) die gemeinsame Erzeugung der Zeit mit der Evolution des Pferdes. Er argumentiert, daß es doch recht willkürlich wäre, die Evolution des Pferdes als die Anpassung des Genus *eohippus* an das Wesen der Weiden, auf denen es grast, anzusehen. In Wirklichkeit hat sich das Ökosystem, das aus Pferden und Weiden besteht, entwickelt – natürlich beeinflußt von allen anderen Elementen des globalen Ökosystems.

3. Modelle interaktiver Zeit

3.1 Familienzeit

Ferdinand de Saussure ist einer der interessantesten Autoren, auf die wir im Verlauf unserer Forschungen gestoßen sind. Er hat sich bei Linguisten einen Namen gemacht; bei Psychotherapeuten ist er praktisch unbekannt, und dennoch verdanken wir ihm einige Schlüsselideen über Zeit und Sprache. In seinem *Cours de Linguistique Générale* schreibt er:

> Es wäre sicherlich allen Wissenschaften förderlich, den Achsen, auf denen sich die Dinge befinden, mit denen sie sich befassen, mehr Aufmerksamkeit zu schenken. Dazu müßte man unterscheiden [...]: die *Achse der Gleichzeitigkeit* hinsichtlich den Beziehungen zwischen bestehenden Dingen, von der jegliche zeitliche Intervention ausgeschlossen ist; 2. *die Achse der Abfolge*, auf der nur ein Ding auf einmal erwogen werden kann, wo sich aber alle Dinge und ihre Veränderungen auf der ersten Achse befinden. [...] Um diesen Gegensatz und den Schnittpunkt zweier Phänomene, die sich auf den gleichen Gegenstand beziehen, besser beleuchten zu können, sprechen wir gerne von *synchronischer* und *diachronischer* Linguistik. Alles, was sich auf statische Aspekte unserer Wissenschaft bezieht, ist synchronisch, was die Evolution angeht, diachronisch.
>
> (de Saussure 1922, S. 99 –100)

Heutzutage würden wir wohl eher sagen, daß es nicht so sehr eine Dichotomie zwischen unterschiedlichen Phänomenen gibt, die sich auf den gleichen Gegenstand beziehen, als vielmehr zwischen unterschiedlichen Beschreibungen, die von unterschiedlichen Beobachtern hervorgebracht werden. Das bedeutet, daß jede mögliche Beschreibung ihre eigene synchronische und diachronische Achse besitzt. Eben jene Dichotomie hat zu einem bedeutenden Richtungswechsel in der Entwicklung unseres Modells geführt.

Wie wir bald sehen werden, mußten Therapeuten, die kybernetische oder systemische Modelle verwendeten, das Problem der Zeit in den Griff bekommen. Unsere Gruppe verwendete beispielsweise in den frühen 70er Jahren ein im wesentlichen synchronisches Modell, das sich mit den gegenwärtigen Beziehungen im System des Klienten befaßte. Später, mit dem Öffnen der „Black box", bei der nur noch die beobachtbare Interaktion der Gegenwart in Betracht gezogen werden mußte, traten Emotionen, Bedeutungen und ein breiterer zeitlicher Horizont in den Vordergrund. Dieser Wandel läßt sich an der neuen zeitbezogenen Terminologie in der veröffentlichten Literatur ablesen: an der Verwendung der Begriffe *Feedforward* und *Feedback, spiralförmige Kausalität* und *zirkuläre Kausalität* und an der Vorliebe für *Geschichte* statt *Muster*.

Betrachten wir jetzt, wie wir die Familie studieren – das System, mit dem wir in unserer klinischen Arbeit am meisten zu tun haben. Eine Familie synchronisch zu beobachten bedeutet, das System der Elemente und Beziehungen zu beschreiben, die es uns ermöglichen zu sagen, daß es sich bei einer bestimmten Gruppe von Leuten um eine Familie handelt. Synchronische Beobachtung bestätigt, daß die Gruppe zur Klasse der „Familie" gehört und ermöglicht uns, eine Familie im Augenblick, in dem sie beobachtet wird, zu beschreiben.

Beobachten wir dieselbe Familie von einem diachronischen Standpunkt aus, beschreiben wir sie in Form von zwei völlig unterschiedlichen Zeitrahmen: entweder als Augenblick der *Stabilität* (Zeitkreis), basierend auf wiederkehrenden generationsbezogenen oder transgenerationsbezogenen Ereignissen, oder als Augenblick des *Wandels* (Zeitpfeil), bei dem die irreversiblen Ereignisse eine Familie von einem Augenblick zu einem folgenden völlig verändern. Diese zwei Standpunkte – der eine statisch, der andere dynamisch – können versöhnt werden, weil Stabilität und Wandel – Zeitpfeil und Zeitkreis – sich in der Familienzeit ergänzen.

Immer wenn wir von einzelnen zu Systemen von mehr als einer Person übergehen, müssen wir uns der Logik bedienen, die für komplexere Einheiten gilt, wie etwa für unterschiedliche Individuen und ihre Interaktionen. In diesem Sinne ist das System mehr als die Summe seiner Teile, deshalb lassen sich Familienbeschreibungen nicht auf die wechselseitige Durchdringung individueller Zeiten beschränken: Sie müssen auch die Zeit berücksichtigen, die die

Familie *als System* besitzt. Dasselbe trifft auf die Beziehung zwischen Familien- und kultureller Zeit zu.

Demnach verändern sich Familien, je nachdem, wie wir sie betrachten. Jede Einzelperson zeigt eine Reihe fester Charakterzüge und scheint sich gleichzeitig entsprechend der Menschen und der Kontexte, mit denen sie in Kontakt kommt, zu verändern. Die Familie ist vermutlich das soziale System, in dem der individuelle Charakterzug, mit dem wir uns hier vordringlich befassen – nämlich Zeitbewußtsein – in seiner subtilsten und komplexesten Form beobachtet werden kann. Um die Terminologie von Elias (1984) zu verwenden: die Koordination der Ereignisse in Familien ist fein abgestimmt. Familien funktionieren oft als völlig harmonische Einheiten, so daß es wirklich nicht gleichgültig ist, ob wir uns für holistische oder für analytische Beschreibungen entscheiden.

In *Actual Minds, Possible Worlds* beschreibt Jerome Bruner (1986) zwei Denkweisen, die er als „paradigmatisches" und „narratives Denken" bezeichnet. Im paradigmatischen Denken verwenden wir Kategorie und Begriff, um den höchstmöglichen Grad an logischer Konsistenz zu erreichen. Ein hervorragendes Beispiel ist der wissenschaftliche Diskurs. Narratives Denken befaßt sich dagegen weniger mit Konsistenz als vielmehr mit „der Unbeständigkeit menschlicher Intentionen" (Bruner 1986). Die Bedeutung wird offen gehalten, um nicht den Entwurf einer Wirklichkeit herzustellen, der reproduziert werden kann, wenn streng definierte Parameter beachtet werden, sondern um eine Geschichte zu erzählen, die sich mit der Zeit entfaltet, ein diachronisches Bild der Wirklichkeit, das ins Leben gerufen werden kann.

Obwohl der paradigmatische Modus seit langem als einzig angemessenes Medium für den „wissenschaftlichen" Diskurs angesehen wurde, haben die meisten Geisteswissenschaften (etwa Geschichte) zumindest teilweise den narrativen Modus übernommen. Überdies bestätigen alle Wissenschaftler – auch die untadeligen theoretischen Physiker – bereitwillig, daß der narrative Modus für das anfängliche Formulieren einer Theorie unumgänglich ist (im Unterschied zur mathematischen Ausarbeitung, wenn sie erst einmal formuliert ist). Paradigmatisches und narratives Denken, individuelle und kollektive Zeiten und synchronische und diachronische Standpunkte sind die Parameter, die unserer Arbeit mit Familien zugrunde liegen.

3.2 Wie wir Familien beschreiben

Die Zeit einer Familie oder eine Familie in der Zeit zu beschreiben, scheint eine einfache Aufgabe zu sein. Kehren wir zurück zu unseren zwei Einzelpersonen, *A* und *B*, und nehmen wir an, daß es sich um Mann und Frau handelt, die sich entschlossen haben, als festes Paar zusammenzuleben. Die Grundlage für die Koordination ihrer individuellen Zeiten ist schon gelegt worden, aber es ist wahrscheinlich – oder vielleicht sogar unvermeidlich – daß noch einige recht wichtige Unterschiede vorhanden sind.

A ist vielleicht eine Frau, die ihre Zukunft plant, während es sich bei B um einen Mann handelt, der von einem Tag auf den anderen lebt und nur wenige Monate vorausplant. Oder *A* ist eine Frau mit schnellen und *B* ein Mann mit langsame Rhythmen. Wie wir in Kapitel zwei gesehen haben, können solche Unterschiede Probleme erzeugen, wenn auch nicht immer gleich. Probleme können selbst dann entstehen, wenn zwei Einzelpersonen eng koordinierte identische Zeiten haben, was man an symbiotischen Paaren sehen kann, die auf unvermeidliche Schwankungen in der Zeit eines Partners dramatisch reagieren.

Damit sich individuelle Zeiten gleichmäßig entwickeln können, ist es wichtig, daß dem Paar vielfältige Zeitformen zur Verfügung stehen. Die Bedeutung der Vielfältigkeit der Möglichkeiten gilt auch für Körperbewegungen: Je weniger verschiedene Bewegungsformen zur Verfügung stehen, umso größer ist der Verlust an Anpassungsfähigkeit. Ein junger Mann hat ein breiteres Bewegungsrepertoire als ein alter und ist körperlich anpassungsfähiger. Wir könnten diese Gedanken auf die Mitglieder einer Familie, einer Institution oder jeder anderen sozialen Organisation ausdehnen.

A und *B* beginnen, ihre jeweiligen Zeiten diachronisch zu beeinflussen, indem sie eine Reihe von von beiden Partnern geteilten Annahmen und Konstrukten entwickeln, einen Ethos, und natürlich eine von beiden geteilte Zeit. Genau wie *A* und *B* ihre eigenen Zeiten haben, hat auch die „A-B"-Familie ihre eigenen Rhythmen, zeitlichen Horizonte und Perspektiven. In den Anpassungskrisen neuer Familien erkennen die Partner rasch, daß sie die Rhythmen, die sie in ihren jeweiligen Ursprungsfamilien gelernt haben, harmonisieren müssen, um zu versuchen, eine gemeinsame Perspektive und einen gemeinsamen Horizont zu entwickeln.

Weitere Krisen im Familienleben werden durch kritische Ereignisse wie etwa Geburt, Adoleszenz, Trennung und Tod verursacht. Wenn ein Kind geboren wird, sieht sich die Familie einer komplexen Reihe von Veränderungen gegenüber. Der Neuankömmling ist keine *Tabula rasa*, sondern eine wirkliche Person mit einem persönlichen (wenn auch noch nicht voll entwickelten) Zeitgefühl. Das neue Baby – das wir aus Gründen der Einfachheit *C* nennen wollen – erfordert Anpassungen, Bateson spricht von „Rekalibrierung", die von der Familie vorgenommen werden müssen. Am Anfang werden die Rhythmen durch die Bedürfnisse des Neuankömmlings durcheinandergebracht, aber die Familie „absorbiert" schließlich seine Neuheit und Individualität, während er sich allmählich ihre Zeitkoordinaten aneignet.[1] Im Laufe der Zeit wird in der Familie ein neuer zeitlicher Bezugsrahmen errichtet.

Entwicklungspsychologen sind sich völlig uneins, inwiefern biologische, genetische und Umweltfaktoren das Verhalten des Kindes in seinen frühen Stadien beeinflussen. Manche Theorien betonen den Einfluß der Umwelt, andere die Wichtigkeit der Biologie. Neugeborene, die man unmittelbar nach der Durchtrennung der Nabelschnur einem taktilen oder elektrischen Reiz aussetzt, reagieren nach einer Gaußschen Kurve unterschiedlich. Ihr Herzschlag, Arteriendruck, der elektrische Hautwiderstand und ihre psychomotorische Reaktion sind völlig unterschiedlich und reichen von Unterfunktion bis Hyperaktivität. Diese Reaktionsvielfalt wird ganz eindeutig festgestellt, bevor Umweltfaktoren ihren Einfluß auf das Neugeborene geltend machen können, was eigentlich nahelegt, daß ein Kind sofort von seiner Geburt an seine Beziehungen zu seinen Eltern aktiv beeinflußt.[2] Auch wenn alle Eltern gleich wären, so besteht doch ein großer Unterschied in der Behandlung eines Kindes, das seit seiner Geburt phlegmatisch und sanftmütig war, und eines anderen Kindes, das übermäßig aktiv war. Ein Kind, das beispielsweise die ganze Nacht durch schreit, kann für die Familie eine große Belastung darstellen

1 Das ist es, was Maturana und Varela (1984) „strukturelles Koppeln" nennen. Individuen werden durch ihre Umwelt (in der andere wichtige Individuen eine führende Rolle spielen) stimuliert. Gleichermaßen stimulieren sie die Umwelt, um Veränderungen zu bewirken.

2 Um genauer zu sein, sollten wir die Umweltfaktoren des Lebens in der Gebärmutter berücksichtigen.

und bei den Eltern gefühlsmäßige Reaktionen hervorrufen, die sich von denen, die der Bruder oder die Schwester des Kindes hervorgerufen haben, unterscheiden. Mögliche Symptome zeigen sich vielleicht erst in ferner Zukunft. Die so veränderte Familie verhält sich auf andere Weise. In diesem Sinn beeinflußt das Baby C durch seine Gegenwart die Zeiten von Menschen und Organisationen, auch solche, mit denen es keinen direkten Kontakt hat.

3.3 Zeit und Familienmodelle

Wir könnten jetzt versuchen, einige der wichtigeren Familienmodelle auf den drei früher identifizierten Achsen zu lokalisieren, nämlich der synchronischen / diachronischen, der individuellen / Familien- und der paradigmatischen / narrativen Achse. Wir beschränken uns darauf, einige Familienmodelle mit der paradigmatischen / narrativen Achse zu verknüpfen. Jede dauerhafte Beziehung, ob therapeutisch oder nicht, muß sowohl das Hier und Jetzt als auch weitere zeitliche Horizonte berücksichtigen. Manche Modelle bevorzugen eine synchronische Sicht und betonen daher Unterscheidungen und Ge-trenntsein, während andere eine diachronische Sicht bevorzugen und daher Kontinuität und Fließen betonen.

Beispielsweise tendiert Minuchins strukturelles Modell (1974) in Richtung des synchronischen Endes der synchronischen / diachronischen Achse: Der Beobachter sucht nach Struktur, nach den entsprechenden Positionen der unterschiedlichen Komponenten und wie sie sich in dem beobachteten System in einem bestimmten Augenblick aufeinander beziehen. Diese Struktur wird auf eine Norm bezogen. Obwohl Minuchin den Wandel und die Entwicklung der Familie gebührend würdigt (wie seine gründlichen Studien über die Entstehung und Entwicklung „problemloser" Familien klar zeigen), neigt er dazu, Familien unter Verwendung von räumlichen Metaphern zu beschreiben (Grenzen, Subsysteme etc.) Individuen verhandeln miteinander in diesem metaphorischen Raum – sie bilden Allianzen, üben Druck aufeinander aus, überschreiten Grenzen, triangulieren andere Mitglieder – wodurch das Konzept einer mikrosoziologischen Theorie zu ähneln beginnt. In anderen Worten, ein struktureller Familientherapeut sucht danach, wie das beobachtete System strukturiert ist, wie Grenzen zwischen Subsystemen und Hierarchien verknüpft sind.

In seiner ursprünglichen Form war das strategische Modell des Mental Research Institutes in Palo Alto auch weitgehend synchronisch. Eine seiner Annahmen war, daß es für den Beobachter ausreicht, die aktuellen Muster zu kennen, um das beobachtete System verstehen zu können. Ferner hatten Symptome im Hier und Jetzt die Funktion, die „Familienhomöostase" aufrechtzuerhalten (Jackson 1959). Der Therapeut zielte darauf, die Beziehungsmuster der Familie zu verändern, wobei dem der Gedanke zugrunde lag, daß dann andere, funktionalere Muster entstehen würden. Andere Therapeuten wie Haley (1963) nahmen ebenfalls eine synchronische Perspektive ein. Ein narrativer Aspekt des ursprünglichen strategischen Modells läßt sich mit der Einführung des mit Familienhomöostase verwandten Begriffs des „Familienmythos" bei Ferreira (1963) erkennen.

Wenn wir jetzt zu diachronischen Modellen weitergehen, sollten wir Murray Bowens generationenübergreifendes Modell (1978) erwähnen, das auf die Komplexität der Beziehungen zwischen Generationen und Individuen und ihrer Entwicklung in der Zeit fokussiert, sowie die Theorie über Familienparadigmen von David Reiss (1981). Schließlich stoßen in jüngster Zeit entwickelte Theorien, die auf Geschichten und linguistischen Bedeutungssystemen basieren, gegenwärtig auf großes Interesse (Anderson a. Goolishian 1990; White a. Epston 1989).

3.4 Zeit und Kybernetik

Die meisten systemischen Familientherapieansätze – unserer ist keine Ausnahme – basieren auf der Kybernetik. Die frühen Therapeuten verwendeten das auf *Selbstregelung* basierende Konzept der Kybernetik erster Ordnung. Norbert Wiener (1948), der Gründer der Kybernetik, entschloß sich, „das ganze Gebiet der Regelung und Nachrichtentheorie, ob in der Maschine oder im Tier, mit dem Namen ‚Kybernetik' zu benennen" (Wiener 1948, S. 39). Die Aufmerksamkeit richtete sich auf die Prozesse, mit denen selbstregelnde Systeme die Wirkungen von Umweltstörungen auf sich selbst verringern. Das klassische Beispiel war der Thermostat, der versucht, durch *negatives Feedback* die Umwelttemperatur auf einen gewünschten Stand zu bringen. Dieses Konzept war zentral für das, was in Zukunft *Kybernetik erster Ordnung* genannt wurde.

Die Theorie der Kybernetik entwickelte sich während des Zweiten Weltkriegs vor allem infolge militärischer Bedürfnisse: Die während dieser Zeit produzierten sich selbstregelnden Maschinen entstanden aus Zielsystemen der Luftabwehr, die Zielfehler durch negatives Feedback auf ein absolutes Minimum reduzieren mußten. Die frühen Kybernetiker waren sehr daran interessiert, Methoden zu finden, mit denen sie die Zukunft so genau wie möglich voraussagen konnten: Um wirksam zu sein, mußten Zielsysteme der Luftabwehr mit hinreichender Genauigkeit voraussagen, wo sich ein Ziel in der Luft befinden würde. Überdies hatte dieses Ziel zwei wichtige Eigenschaften: es bewegte sich sehr schnell und wurde von einem intelligenten Wesen gesteuert, das in der Lage war, Ausweichbewegungen durchzuführen (Wiener 1948). Theoretiker in anderen Feldern richteten ihre Aufmerksamkeit automatisch auf Methoden, die Unterschiede zu verringern. So wurde beispielsweise Cannons Konzept der Homöostase (1932) verwendet, um die komplexen Abläufe zu beschreiben, denen Organismen folgen, um innere Abweichungen dadurch zu verringern, so daß sie wichtige Variablen wie ph-Wert, Temperatur etc. innerhalb akzeptabler Grenzen hielten.

Beim negativen Feedback ist die Zeit im wesentlichen zyklisch. Der Thermostat arbeitet, indem er die Wirkung der Zeit verringert: Wann immer er eine vorher eingestellte Temperatur wiederherstellt, besteht das Ergebnis darin, daß sich nichts verändert hat, daß keine Neuigkeit eingetreten ist. Demnach sah die Kybernetik erster Ordnung Zeit als einen geschlossenen Kreis an, in dem jede Veränderung rückgängig gemacht werden und ein Gleichgewicht wiederhergestellt werden kann. Und dennoch kannten die Kybernetiker die Thermodynamik und deren Annahme, daß Zeit irreversibel ist, sie wußten, daß perfekte Kreise eine Illusion sind (Wiener 1948). Das führte zu einem außergewöhnlichen Konzept realer, irreversibler Zeit, in dem man sich sehr bemühte vorauszusagen, wie ein System sich einem Wandel widersetzen würde und welche Möglichkeiten es gäbe, um Veränderungen zunichte zu machen. Folglich ist die Zeit der Kybernetik erster Ordnung stochastisch, probabilistisch, im wesentlichen voraussagbar.

In diesem Kontext wurde die Familie als ein System angesehen, das im Falle einer Störung ein komplexes negatives Feedback verwendet, um die Bedingungen möglichst genau so wiederherzustellen, wie sie vor der Veränderung waren. Neue Bedingungen wurden als Signale eines potentiellen Wandels angesehen, den die Familie bagatellisierte. Das Auftauchen eines Symptoms bei einem Familienmitglied ermöglichte der Familie, drastischere Veränderungen im System als Ganzen zu vermeiden.

Die auf dem Konzept der „Homöostase" (Jackson 1937) basierenden Theorien über die Familie nehmen sich der Gegenwart an. Wenn die Familie dazu neigt, Veränderungen bei Null zu halten, ist es sinnvoll, eine synchronische Therapie durchzuführen und sich nicht um Geschichte, Perspektiven oder diachronische Geschehnisse zu kümmern. Das war zumindest die Theorie, die in *Menschliche Kommunikation* (Watzlawick et al. 1967) aufgestellt wurde, einem jahrelang führenden Grundlagentext der systemischen Theorie und Therapie.

Die frühen Therapeuten mußten sich der Wichtigkeit der Zeit bewußt gewesen sein, die Kybernetik erschwerte es jedoch, Veränderungen als ein Kontinuum anzusehen, als einen Prozeß des Werdens: Sie waren eher wie ein Filmrolle, wie eine Sequenz diskreter Bilder oder wie eine Folge statischer Muster als ein Fluß. Die beiden Hauptgründe dafür waren die zentrale Bedeutung des negativen Feedbacks in der Kybernetik und das Beispiel von Wieners Rechenmaschinen, deren Schaltkreise in der Lage waren, auf Null zurückzukehren, oder in anderen Worten, die abgelaufene Zeit auszulöschen und dadurch wieder zu einer *Tabula rasa* zu werden.

Nebenbei sei erwähnt, daß ein bedeutender Unterschied zwischen der Art, in der wir das Gehirn und die Maschine benutzen, der ist, daß die Maschine für viele aufeinanderfolgende Operationen geplant ist, die entweder ohne Beziehung zueinander sind oder mit einer minimalen begrenzten Beziehung, und daß ihre Aufzeichnungen gelöscht werden können, während das Gehirn im natürlichen Ablauf nicht einmal annäherungsweise seine vergangenen Aufzeichnungen löscht (Wiener 1961, S. 178).

Es ist offensichtlich, daß ein menschliches System wie beispielsweise eine Familie sich niemals genau wie eine Maschine verhalten kann, deren Aufzeichnungen gelöscht werden können und die wieder von vorne anfangen kann: Familien müssen Erinnerungen über sich selbst und auch ihre Lernfähigkeit bewahren. Es war diese Unterscheidung zwischen mechanischen und lebenden Systemen, die sich schließlich durchsetzte.

In ihrem Artikel *Deviation-Amplifying Processes in Normal Groups* führte Lynn Hoffman (1971) die Kybernetik zweiter Ordnung von

Magoroh Maruyama – und damit eine diachronische Perspektive – in die systemische Familientherapie ein. Magoroh Maruyama (1958) betonte, daß in der Kybernetik der Unterschied zwischen lebenden und nichtlebenden Systemen darin besteht, daß lebende Systeme vor allem morphogen sind (positives Feedback dominiert gegenüber negativem Feedback), während nichtlebende Systeme vor allem morphostatisch sind (negatives Feedback dominiert). Ferner beschrieb er zwei kybernetische Prozesse, von denen der eine (bestimmt durch negatives Feedback) Unterschiede reduziert und der andere (bestimmt durch positives Feedback) Abweichungen verstärkt. Der letztere kann nur in diachronischen, entwicklungsmäßigen Begriffen beschrieben werden. Während der Beobachter vorher hauptsächlich an negativem Feedback interessiert war, versucht er jetzt, die *Interaktion* zwischen negativem und positivem Feedback sowie die Neigung des Systems zur Morphostase oder zur Morphogenese zu erfassen. Das gleiche Ereignis hat im gleichen System völlig unterschiedliche Folgen, je nachdem, ob das negative Feedback (maximale Stabilität) oder das positive Feedback (maximale Instabilität) überwiegt.

Unter Verwendung einer anderen Terminologie konzentrierte sich Prigogine, rastloser Vertreter der Irreversibilität der Zeit in biologischen Systemen, auf den Veränderungsprozeß, der davon abhängt, wie weit ein System vom Gleichgewichtszustand entfernt ist. Therapeuten haben in der Regel ein feines Gespür für die Bedingungen der Stabilität oder Instabilität in den Systemen ihrer Klienten. Wenn das System beginnt sich zu destabilisieren, wenn es also aus dem Gleichgewicht gerät, ist die Möglichkeit eines Wandels wahrscheinlicher. Genauso können wir sagen, daß Einzelpersonen oder Familien, die sich in einer Krise befinden, rascher größere Veränderungen zeigen.

In den von Maruyama beschriebenen Prozessen können die Wirkungen eines unbedeutenden Ereignisses entweder reduziert oder sogar ausgelöscht werden, oder aber durch das dominierende positive Feedback verstärkt werden, was zu einer immer größer werdenden Abweichung vom ursprünglichen Zustand des Systems führt. Ein kleiner, unwichtiger Unterschied zwischen zwei Mitgliedern einer Familie – etwa zwei Kindern – kann einen großen Zeitunterschied hervorrufen, der schließlich zwei völlig unterschiedliche Geschichten und Schicksale hervorbringt. In unserer klinischen Arbeit sehen wir häufig die Auswirkungen dieses Prozesses, wenn bei einem Familienmitglied psychiatrische Symptome erzeugt werden. Die „Sündenbock"-Theorie und zahlreiche soziologische Beziehungen, die von der Norm abweichen, lassen sich ebenfalls auf diese Weise interpretieren.

Heinz von Foersters Ideen wurden in den frühen 80er Jahren von der Familientherapie aufgegriffen, insbesondere der Gedanke über die Rolle, die der Beobachter im Prozeß der Informationsaneignung spielt. Von Foerster entwickelte eine „Kybernetik zweiter Ordnung" (eine „Kybernetik der Kybernetik"), das heißt eine Kybernetik des beobachtenden Systems, wobei jede vom Beobachter gegebene Beschreibung die Vorurteile, Theorien und Charakteristika des Beobachters selbst beinhaltet. Das war völlig verschieden von der „Kybernetik erster Ordnung", in der der Beobachter von dem Beobachteten getrennt ist.

Die Betonung des Beobachters führte zu einem konstruktivistischen Ansatz, in dem die Informationsaneigungsprozesse in bezug auf den bekannten Gegenstand eine zentrale Rolle einnehmen. Auf diesem Gebiet hatten und haben drei Autoren immer noch einen großen Einfluß auf die systemische Theorie und Praxis, nämlich Ernst von Glaserfeld, Humberto Maturana und Francisco Varela. Die Begriffe der „gemeinsamen Konstruktion der Wirklichkeit" und der „Koevolution" mitmenschlicher Beziehungen stehen im Zentrum ihres Denkens, da sie auf dem Fluß der Zeit basieren und eine historische Perspektive erzeugen. Von ihren Ideen ist es nur ein kleiner Schritt zu den narrativen Ideen der jüngsten Zeit.

3.3.1 Zeit und Paradoxon

Wir möchten jetzt auf eine Phase in der Geschichte der Mailänder Gruppe zurückblicken, die die Auseinandersetzungen illustriert, die wir mit dem Problem der Zeit hatten. In den frühen 70er Jahren war das Paradoxon grundlegend für Theorie und Praxis der Mailänder Gruppe und gab sogar den Anstoß für den 1975 veröffentlichten Titel eine Buches, *Paradoxon und Gegenparadoxon*. Zu der Zeit wurde unser Interesse an Paradoxa durch die Lektüre von *Menschliche Kommunikation* und vor allem durch den klassischen Artikel *Schizophrenie und Familie* von Bateson, Jackson, Haley und Weakland geweckt, in dem der Begriff der Doppelbindung ausgearbeitet wurde. Doppelbindung wurde definiert als pragmatisches Paradoxon, bei der auf zwei unterschiedlichen logischen Ebenen ein Verbot ausgesprochen und verneint wird, ohne daß es möglich wäre, es zu lösen oder den Bezugsrahmen zu verändern. Wurde sie in wichtigen emotionalen Beziehungen wiederholt, sah man die Doppelbindung als Ursache von Pathologie an.[3]

In späteren Jahren wurde die Idee der Doppelbindung und der Paradoxa insbesondere von Dell (1981) und Cronen, Lannaman und Johnston (1982) in Frage gestellt. Ihre Kritik zielte vor allem auf Russells Begriff der logischen Ebenen, auf dem Bateson seine Theorie der Paradoxa aufgebaut hatte. Cronen und seine Kollegen wiesen darauf hin, daß Doppelbindung auf der Vorstellung basiere, Sprache sei eine Widerspiegelung der äußeren Realität und schließe damit per definitionem die Möglichkeit der Selbstreferenz aus. Diese Philosophie wurde in Whiteheads und Russells Theorie der logischen Typen (1911–13), die besagt, daß eine Klasse kein Teil ihrer selbst sein kann, an ihre logischen Grenzen geführt. Spencer Brown lieferte einen Haupteinwand gegen Bertrand Russell und die Theorie der logischen Typen, als er bemerkte, daß die Theorie zu den logischen Systemen der *Principia Mathematica* paßte – einer geordneten, zeitlosen Welt, aus der Paradoxa ausgeschlossen werden müssen, um eine logische Konsistenz zu bewahren – nicht aber zur natürlichen Sprache, die nicht so geordnet und folgerichtig ist und unvermeidlich die Paradoxa *beinhaltet*, die der Sprache zu Reichtum und Kreativität verhelfen.

Russell akzeptierte schließlich Spencer Browns Kritik, und Bateson wiederum erklärte sich in seinen späteren Werken einverstanden, daß die Rolle der Theorie der logischen Ebenen in menschlichen Interaktionssystemen überprüft werden müsse. Er beschrieb seinen Sinneswandel in *Geist und Natur*:

> Ich nehme an, daß gerade der Versuch, das Leben mit den Mitteln der Logik zu bewältigen, und die Zwanghaftigkeit dieses Versuchs in uns die Neigung zum Schrecken hervorbringt, wenn auch nur andeutungsweise die Gefahr besteht, daß ein solcher logischer Zugang zusammenbrechen könnte.
>
> (Bateson 1979, S. 159)

3 Obwohl Bateson sagt: „Es gibt nichts in meinem Leben, das ich mehr bereue als dieses ‚Rezept' am Anfang meiner frühen Arbeit über Doppelbindung." (1978b, S. 221)

Wir könnten sagen, daß Paradoxa in der Logik, die zeitlos ist, existieren, nicht aber im wirklichen Leben, das sich mit der Zeit entwickelt. In der Logik erzeugen Widersprüche zwischen den Ebenen Paradoxa; im Leben, wo es Sequenzen und Folgen gibt, tauchen Paradoxa auf, wenn Zeitsequenzen in der Sprache annuliert werden[4] (obwohl wir uns erinnern sollten, daß die Lösung der Paradoxa unter Verwendung der Zeit von Norbert Wiener schon 1948 beschrieben wurde[5]).

Neben anderen zitieren Watzlawick und Kollegen (1967) das berühmte Paradox von Epimenides: „Ich, Epimenides von Kreta sage, daß alle Kreter Lügner sind." In der Logik ist diese Aussage paradox: Die Wahrheit der Aussage von Epimenides läßt sich nicht festlegen. Bateson selbst, der dieses Paradox als Beispiel einer unlösbaren Situation zitiert hatte, sagt, wie es durch die Einführung der Zeit gelöst werden kann:

> Die Wahrheit liegt darin, daß Logik nicht alle Stufen des in der Zeit wirkenden kausalen Systems simulieren kann.
> Die Logik bricht zusammen, wenn sie mit den Paradoxa der Abstraktion konfrontiert wird – der Lügner aus Kreta oder Russells differenzierte Version davon, die Frage, ob die Klasse der Klassen, die nicht Teil ihrer selbst sind, ein Teil von sich selbst sei. Logiker haben seit 5 000 Jahren unschlüssig vor diesen Paradoxa gestanden, wenn man jedoch einen Computer mit einem solchen Paradox konfrontiert, antwortet er: „Ja, nein, ja, nein, ja, nein ...", bis er ausfällt oder ihm die Tinte ausgeht.
> Der Computer arbeitet nach Ursache und Wirkung; daraus folgt, daß, wenn Ereignisse im Innern des Computers verwendet werden, um das „Wenn – dann" der Logik zu simulieren, das „Dann" zu

4 Bateson, der in den ersten Jahrzehnten des Jahrhunderts Logik studierte, war es nicht bekannt, daß die jüngere Logik die traditionell ignorierte Dimension der Zeit assimiliert hatte. Von 1950 an wurde die zeitliche Logik zu einem wichtigen Zweig der sogenannten „speziellen Logik" (Dalla Chiara Scabia 1979).

5 „Bertrand Russels Lösung seines eigenen Paradoxons war, jeder Feststellung eine Größe zuzuordnen, die sogenannte Type, die dazu dient, zwischen den formal gleichen Aussagen zu unterscheiden, und zwar entsprechend dem Charakter der Objekte, mit denen sie sich befassen – ob dies Dinge im einfachsten Sinne, Klassen von Dingen, Klassen von Klassen von Dingen usw. sind. Die Methode, mit der wir die Paradoxa lösen, ist ebenfalls die, jeder Feststellung einen Parameter anzuhängen, und dieser Parameter ist die Zeit, zu der sie gemacht wird. In beiden Fällen führen wir etwas ein, was wir einen Uniformisierungsparameter nennen können, um nämlich eine Mehrdeutigkeit aufzulösen, die einfach auf sein Nichtvorhandensein zurückzuführen ist." (Wiener 1948, S. 184)

etwas Zeitlichem wird. „Wenn ich diesen Schalter einschalte, dann (fast unmittelbar) geht das Licht an."

Aber das „Wenn- dann-" der Logik beinhaltet keine Zeit. „Wenn drei Seiten dieses Dreieckes den drei Seiten des anderen Dreieckes gleich sind, *dann* sind die Dreiecke gleich". In diesem „dann" ist keine Zeit enthalten.

Wenn sie demnach in der Welt der Kausalität simuliert werden, funktionieren die Russellschen Paradoxa so:

„Wenn die Aussage des Kreters in der $Zeit_1$ wahr ist, ist sie in der $Zeit_2$ nicht wahr; wenn sie in der $Zeit_2$ nicht wahr ist, ist sie in der $Zeit_3$ wahr; etc. ..." Es gibt also keinen Widerspruch, und das alte „Wenn-dann" der Logik ist obsolet.

(Bateson 1978b, S. 155)

Also entstehen Paradoxa, wenn die Zeit eliminiert wird, indem man zwei oder mehr Ereignisse oder Verhaltensweisen, die in einer zeitlichen Sequenz vorkommen, simultan geschehen läßt. Situationen sind dann paradox, wenn verbale oder nichtverbale Bedeutungen in der menschlichen Welt zu Situationen führen, in denen widersprüchliche Verhaltensweisen gleichzeitig vorhanden sind. In anderen Worten, Paradoxa werden durch Sprache erzeugt und leben in der Sprache. Durch die Sprache (verbal und nichtverbal) können wir uns der Illusion hingeben, unser Leben werde von zeitloser Logik bestimmt. Und in der Sprache finden wir häufig, um Bateson (1972) noch einmal zu zitieren, daß „die Dinge durcheinandergeraten".[6]

Die Versuche dieser Autoren, den Begriff des Paradoxons zu revidieren, waren für uns natürlich äußerst wichtig, um die komplexen Beziehungen zwischen Zeit und Sprache zu verstehen. Wie wir gesehen haben, ließ unser Interesse an Paradoxa in den späten 70er Jahren nach, als sich der Begriff selbst entwickelte und wir unsere Aufmerksamkeit auf Zeit und Sprache richteten.

Die Annahme, daß es Paradoxa im wirklichen Leben nicht gibt, weil sie von der Zeit eliminiert werden, und daß sie nur in zeitloser Logik und zeitloser Mathematik vorkommen, war von grundlegender Bedeutung. Wie wir gesagt haben, kann es im wirklichen Leben zu Paradoxa kommen, wenn die Zeitsequenzen ausgeschaltet werden, etwa wenn Eltern einem Kind gleichzeitig die verwirrende Mitteilung machen „Werde erwachsen / werde nicht erwachsen" oder

6 Cronen und Kollegen lehnen sogar die Begriffe „Doppelbindung" und „Paradox" ab und verwenden statt dessen „selbstreflexiver Kreislauf" (Cronen et al. 1982, S. 97).

„Ziehe aus / ziehe nicht aus". Als *Paradoxon und Gegenparadoxon* veröffentlicht wurde, glaubten wir, daß Symptome mit Doppelbindungen zusammenhingen, das heißt mit Paradoxa, und daß diese durch *Ad hoc* Interventionen (Gegenparadoxa) gelöst werden könnten. Die therapeutische Beziehung selbst nahm einen paradoxen Beigeschmack an, da der Therapeut, als ein Verfechter des Wandels, durch positive Konnotation und das Verschreiben aller Verhaltensweisen der Klienten die therapeutische Bindung „Es ist gut, wenn Sie sich verändern, es ist gut, wenn Sie sich nicht verändern" einführte.

So wie Bateson das Paradoxon von Epimenides analysierte, schließt die Einführung von Zeitsequenzen Paradoxa aus. Eine positive Konnotation gegenwärtigen Verhaltens im *Hier und Jetzt*, kann *dann* eine Veränderung erfahren. Das „Jetzt und Dann", das der Therapeut im Sinn hat, wird – im Hier und Jetzt des therapeutischen Kontexts – mehrdeutig übertragen, so daß die Klienten in eine therapeutische Bindung geraten: „Es ist gut, wenn Sie sich verändern, es ist gut, wenn Sie sich nicht verändern." An anderer Stelle des Buches beschreiben wir Fälle, in denen zirkuläre Fragen und Rituale Zeitsequenzen erzeugen, deren Eliminierung Leiden, Konfusion und Wahnsinn hervorgerufen hatte.

Man sollte sich jedoch auch erinnern, daß die Eliminierung der Zeit auch (man könnte sogar sagen paradoxerweise) eine Quelle menschlicher Kreativität, Kunst und Poesie sein kann.

3.5 Zeit und Paradigma

John Mince (persönliche Mitteilung) hat den interessanten und originellen Versuch unternommen, kognitive und linguistische Prozesse durch eine Reihe linguistischer Transformationen, die von einem Beobachter ausgeführt wurden, zu verknüpfen, von G. Spencer-Browns erstem Gestaltgesetz (1972) bis zu T. Kuhns Begriff des Paradigmas (1971). Hier sind die ersten sieben seiner zehn Transformationen:

Erste Operation:	das *erste Gestaltgesetz*: „Es soll eine *Unterscheidung* geben."
1. Transformation:	Die erzeugte Einheit erhält einen *Namen* (Wort). (Genau an dieser Stelle beginnt die Bio-Linguistik.)

2. Transformation:	Die Einheit wird *belebt* durch eine aktive/passive Aussage.
3. Transformation	Es wird eine *Beschreibung* erzeugt.
4. Transformation:	Es wird eine Beschreibung der Beschreibung erzeugt, d.h. eine *Erklärung*. (Wir beziehen Stellung zu der Beschreibung, indem wir kausale oder appositionelle Verknüpfungen und Modifizierungen verwenden).
5. Transformation:	Die Erklärung wird vom Sprecher und einem Zuhörer akzeptiert, d.h. eine *Überzeugung* wird erzeugt.
6. Transformation:	Im Laufe der Zeit verschmilzt eine Reihe von Überzeugungen durch die Interaktion mit anderen zu einem *Mythos*.
7. Transformation:	Im Laufe der Zeit verschmilzt eine Reihe von Mythen durch die Interaktion mit anderen zu einem *Paradigma*.

(Mince, persönliche Mitteilung, 1991)

Die Idee, Minces sieben Vorschläge aufzunehmen, kam uns durch denen Zusammenhang der Begriffe wie beispielsweise Beschreibungen, Erklärung, Überzeugung, Mythos und Paradigma, Begriffe, mit denen wir uns bald befassen werden.

Von den vielen Autoren, die versucht haben, Familieninteraktion mit Zeit zu verknüpfen, möchten wir gerne David Reiss erwähnen (1981), der als Forscher auf dem Gebiet der Familientherapie eine führende Rolle innehat. Seine Arbeit ist ein interessantes Beispiel, wie ein statisches Modell in eine dynamische Ansicht darüber, wie Familien tatsächlich funktionieren, verwandelt werden kann. In seinen frühen Schriften hatte sich Reiss mit dem befaßt, was er die von den Familien „geteilten Konstrukte" nannte. Diese waren notwendigerweise statisch – mehr oder weniger wie Schnappschüsse einer Familie in einem bestimmten Augenblick –, als er jedoch seine Theorie entwickelte, begann er diese „geteilten Konstrukte" zeitlich zu verknüpfen, um zum Begriff des „Familienparadigmas" zu gelangen, das ursprünglich von Kuhn entwickelt wurde (1962). Folglich ging er in seiner Arbeit von einem synchronischen zu einem diachronischen Standpunkt über: das Familienparadigma ist auf einer höheren Ebene wirksam (Metaebene) als die Annahmen (geteilten Konstrukte), die eine Familie aufstellt, um mit bestimmten Ereignissen fertig zu werden.

Was Reiss ein „Paradigma" nennt, ist die Summe dieser Regeln und Annahmen. Der Prozeß beginnt als eine Methode zur Bewältigung irgendwelcher zufälliger Ereignisse, wird allmählich jedoch immer abstrakter und verliert alle direkten Bezüge zu spezifischen Ereignissen, um zu einer Reihe von Annahmen zu werden, die allgemein genug sind, um es der Familie zu ermöglichen, sich in einer Vielfalt von verschiedenen Situationen zu orientieren. Es ist interessant, daß das Familienparadigma nicht in der Erinnerung der Familie bewahrt wird, sondern in der einzigartigen Art und Weise ihrer Selbstorganisation.

> Wir behaupten, daß Erinnerung, wie sie von der Individualpsychologie gemeinhin verstanden wird, nicht Medium oder Speicher für die Aufbewahrung des Familienparadigmas ist. Vielmehr ist die Struktur des Interaktionsverhaltens der Familie selbst der Hauptspeicher und Konservierungsfaktor.
>
> (Reiss 1981, S. 203)

Das Bedeutungssystem einer Familie, oder, wenn Sie wollen, ihr „Denken und ihre Prämissen", verändert sich im Laufe der Zeit ständig. Das Paradigma existiert im und durch das Netz der inneren und äußeren Beziehungen der Familie. Mary Catherine Bateson bezieht dies auf

> ... die leitmotivische Beharrlichkeit, die mein Vater mit *Ethos* bezeichnete – der alles durchdringende Stil eines Systems, der eine Kultur zu mehr als einer bloßen Liste von Eigenheiten und Institutionen machen.
>
> (M. C. Bateson 1984, S. 84)

3.4.1 Zeit und Familienrituale

Wie gelingt es dem Paradigma, über die Jahre relativ beständig zu bleiben? Die Antwort ist: durch Rituale – distinkte, förmliche Ereignisse – und die kleinen, gewohnheitsmäßigen Ereignisse, die unser tägliches Leben strukturieren.

David Reiss (1981) definiert „Zeremonien" als eine Art von rituellen, ungemein emotional befrachteten Ereignissen mit starken symbolischen Konnotationen. Sie sind in dem Sinne episodisch, als sie nur bei wenigen wichtigen Gelegenheiten vorkommen und die Anwesenheit aller Familienmitglieder erfordern. Unsere Definition der Rituale ist breiter. Sie umfaßt gewöhnliche Ereignisse (Reiss nennt sie Regulatoren), die den Verlauf unseres täglichen Lebens bestimmen.

Rituale sind die wichtigsten Mittel und Wege der Familie, um ihre zeitliche Kontinuität aufrechtzuerhalten. Ein Beispiel von Reiss, das wir anführen möchten, handelt von einer Familie, die sich durch die Aggressivität und Unabhängigkeit ihrer männlichen Mitglieder organisiert hat. Das Ritual, das dieses Wertesystem verewigte, wurde jedesmal aufgeführt, wenn der Vater von einer seiner langen Geschäftsreisen zurückkehrte. Der Vater engagierte sich in einer kurzen Rauferei – Armdrücken – mit jedem seiner Söhne, während die Mutter dabeistand und die Kämpfer anfeuerte. Selbst ein so einfaches Ritual enthält ein überraschend komplexes Bedeutungsnetz. Erstens wird das Familienparadigma – behutsam gelenkte und kontrollierte Aggression – auf eine sehr emotional geladene Weise verwendet; zweitens wird die Stabilität der Vater-Kinder-Beziehung bestätigt und gestärkt. Dabei hielt sich der Vater während der Kindheit und Adoleszenz seiner Söhne zurück, um sie körperlich nicht zu verletzen, während sich die erwachsenen Kinder später ihrerseits zurückhielten, um ihren 70jährigen Vater nicht zu verletzen.

In der durch dieses Ritual ausgedrückten Kontinuität skizziert es die irreversible biologische Evolution der Familie, indem der Vergangenheit (der Tradition männlicher Stärke und Unabhängigkeit) erlaubt wird, das gegenwärtige Leben aller Mitglieder zu prägen.

> Durch jede Wiederholung erfährt die Familie einen überaus wichtigen Aspekt ihrer Vergangenheit aufs Neue, als ob diese Vergangenheit Gegenwart wäre: die Ausdauer und die Durchsetzungsfähigkeit der Familie in der fernen und in der jüngeren Vergangenheit, als die erwachsenen Söhne noch Kinder waren. Tatsächlich kristallisiert sich die Verschmelzung von Vergangenheit und Gegenwart in der Erfahrung der Väter: Die Söhne, einer davon selbst Vater, erleben sich selbst als Väter ihres Vaters durch ein Ritual, dessen besondere Bedeutung aus ihren Erinnerungen von sich selbst als kleine Söhne ihres Vaters kommt. Das Erlebnis der zeitlichen Verschmelzung, die in den wenigen und vergänglichen Augenblicken dieses Rituals gefühlt wird, ist in der Gegenwart lebendig und gibt ihr Form und Richtung.
>
> (Reiss 1981, S. 238)

Diese Rituale des „Zelebrierens" sichern die Kontinuität der Familie. Es gibt aber auch andere Rituale, die die Vergangenheit verbergen oder ausschließen. Goffman (1961) definiert sie als „Rituale der Degradierung". Ein typisches Beispiel ist die Wahl eines Sündenbocks, ein Akt, den viele Familien zyklisch wiederholen und verstärken, bis er die Regelmäßigkeit und Unerbittlichkeit eines Rituals angenommen hat. Allerdings ist seine Wirkung auf das Familienleben das Gegenteil von einem zeremoniellen Ritual, weil es, statt die Vergangenheit mit der Gegenwart zu verschmelzen, die Zeit in der Gegenwart blockiert und *erstarren* läßt. Positive Werte (die anderen zugeschrieben werden) und negative Werte (die dem Sündenbock zugeschrieben werden) polarisieren sich in der Gegenwart und schaffen eine neue Situation, die mit einer früheren, völlig verschiedenen und heute vergessenen, in Konflikt gerät. Wo jedes Familienmitglied früher seinen Anteil an Gut und Böse hatte, ist jetzt eine Person schwarz und die anderen weiß, und ein kollektives Vergessen isoliert diese Wirklichkeit völlig von der Vergangenheit.[7] Es scheint, als seien sich die Familienmitglieder in der Gegenwart einer Vergangenheit nicht bewußt. Die Familie erstarrt in einem sich wiederholenden Muster, das sie daran hindert, sich auf der Zeitspirale fortzubewegen.

Unwichtige, „regelnde" Ereignisse wirken zeitlich auf eine beständige und subtile Art und Weise. Da sie sich wiederholende Handlungen sind, die Regelmäßigkeit in das tägliche Leben der Familie bringen, *orientieren* sie die Familie dadurch zeitlich, daß sie jedem ihrer Mitglieder erlauben, einen persönlichen zeitlichen Horizont zu konstruieren und ihn dann mit denen der anderen Mitglieder zu synchronisieren. Inwieweit diese individuellen Zeiten synchronisiert wurden, läßt sich daran erkennen, ob Starrheit oder Flexibilität, Harmonie oder Disharmonie, Konflikt oder Frieden in der Familie vorherrschen. Wir alle wissen, daß es „langsame" und „schnelle" Familien gibt, gut synchronisierte Familien und Familien, in denen die Einzelnen starr an ihren eigenen Gewohnheiten und persönlichen Zeitplänen festhalten. Eine fehlende Synchronisation kann ein Regler sein, wie jeder andere Bestandteil des Familienlebens, denn es ist –

7 In einer seiner bildhaften Metaphern beschreibt Carl Whitaker Familientherapie als ein Ereignis, bei dem der Therapeut in eine Familie eintritt, bei der der designierte Patient der „schwarze Ritter" ist, während es sich bei den anderen Familienmitgliedern um „weiße Ritter" handelt. Seine Aufgabe besteht darin, sie alle grau zu machen.

wie in jedem anderen zeitlichen menschlichen System – die Art und Weise der Familie, Zusammenhänge herzustellen und aufrechtzuerhalten. Nicht synchronisierte Familien dieser Art wurden von Minuchin und seinen Kollegen in *Families of the Slums* (1969) studiert. Es ließe sich fast eine Synchronisierungsskala für Familien erstellen, die von „synchron" bis „nichtsynchron" reicht. Das würde unter anderem recht gut zu Minuchins bekannter Typologie „verbundener" und „losgelöster" Familien passen.

Eine Synchronisierung ist in jedem Fall für viele Aspekte der Familienentwicklung von grundlegender Bedeutung. Wenn eine ausreichende linguistische, verhaltensmäßige, affektive und kognitive Synchronisierung (Intimität) nicht erreicht wird, steigt das Risiko einer zukünftigen Dysfunktion.

Ein besonders elegantes Beispiel, wie Familiengewohnheiten etabliert werden, gibt Mary Catherine Bateson in ihrem Buch *Mit den Augen einer Tochter* (1984). Sie erzählt, wie ihre Mutter Margaret Mead, die sich von unterschiedlichen Bedürfnissen hin und hergerissen fühlte – Mutterschaft und Karriere, dem Wunsch zu experimentieren und ihrer Liebe zur Tradition – , versuchte, eine Umgebung um ihre Tochter zu schaffen, die ihr sowohl ein Gefühl der Kontinuität vermittelte als auch Möglichkeiten bot, ein anpassungsfähiger, flexibler Mensch werden zu können. Um das zu erreichen, gab sie ihr ein stabiles Zuhause und ein umsichtiges Kindermädchen – „Niemand, der ein englisches Kindermädchen hatte, kann aufwachsen, ohne einen Sinn für Kontinuität zu haben" (M.C. Bateson 1984, S. 29) –, ließ sie aber auch, zusammen mit dem Kindermädchen, in einem Haus wohnen, das sie mit einer großen Familie von Freunden und vielen Kindern unterschiedlichen Alters teilte. Als Ergebnis wuchs Catherine in einer stabilen Umgebung auf, konnte aber auch allein sein, wenn sie das wollte.

Emotionale Kontinuität, grundlegendes Vertrauen (Bowlby 1982) und die Gewißheit, daß andere da sind, wenn sie gebraucht werden, sind die für den Aufbau einer Familie wesentlichen Aspekte. Emotionale Kontinuität gibt die Sicherheit, die wir brauchen, um uns von anderen in uns selbst zurückziehen zu können. Nach Eliot Chapple (1970) haben wir einen inneren Rhythmus, der diktiert, ob wir mit anderen und uns selbst interagieren können, und der uns befähigt, in „öffentlicher Zeit" und „privater Zeit" zu leben. Da die Familie die primäre soziale Institution ist, stellt sie den Lernkontext für die

Anpassung unserer Interaktionsfähigkeiten zur Verfügung, um von Distanz zu Intimität zu wechseln und umgekehrt. Das Bedürfnis nach Intimität ist universell und für das Familienleben zentral.[8] Dort erleben und entwickeln wir viele Arten von Intimität: mit Eltern, mit Brüdern und Schwestern, mit einem Partner, mit Kindern und schließlich mit uns selbst. Lynn Hoffman (1981) glaubt, daß diese Intimitäten einer der Gründe für die fortgesetzte Existenz der Institution Familie sind, trotz aller auftretenden kulturellen Veränderungen. Vedichtete, harmonische Intimitätserlebnisse in der Familie erzeugen Eigenidentität, ermöglichen Individuation und erlauben es den Mitgliedern, sowohl in kollektiver Familienzeit als auch in privater individueller Zeit zu leben.

In ihrem Buch gibt Mary Catherine Bateson ein anschauliches Beispiel der Weitergabe von Mutter-Tochter-Intimität von einer Generation auf die andere. Sie beschreibt, wie ihre Mutter, Margaret Mead, versuchte, ihre Arbeitsrhythmen mit den Rhythmen ihrer Tochter in Übereinstimmung zu bringen, um ein Mutter-Kind-System mit seinem eigenen einzigartigen Zusammenhang zu schaffen.

> Als Margaret Pläne für meine Pflege und Ernährung machte, beschloß sie, die Großzügigkeit der meisten primitiven Mütter, die ihre Babies stillen, wenn sie weinen, und immer bei ihnen sind, mit dem Hilfsmittel der Zivilisation, der Uhr zu kombinieren, und auch das bedeutete: Aufzeichnungen. Sie schrieb die Zeiten auf, zu denen ich gefüttert werden wollte, und erstellte dann, nachdem sie die Zeiten analysiert hatte, nach meinem Körperrhythmus einen Plan. Dies sollte den Prozeß vorhersehbar genug machen, so daß sie ihre Seminare und Besprechungen danach einrichten und wissen konnte, wann sie zu Hause sein und mich stillen mußte. Ich habe das Notizbuch, in dem diese Stillzeiten und andere Beobachtungen vermerkt sind; ich besitze auch das Notizbuch, in dem meine Großmutter ihre Beobachtungen über Baby Margaret aufgeschrieben hat, sowie das, in dem ich Notizen über meine Tochter Vanni gemacht habe, während ich zwischen den Stillzeiten fortging, um ein Seminar abzuhalten und Filme zu analysieren, in denen gezeigt wurde, wie andere Mütter und Kinder miteinander umgehen.
>
> (M.C. Bateson 1984, S. 30f.)

8 Man sollte sich jedoch vergegenwärtigen, daß die emotionale Nähe und Intimität der entwickelten abendländischen Familie nicht in jedem Familientyp zu finden ist. In vergangenen Jahrhunderten (und selbst jetzt in nichtwestlichen Gesellschaften wie den traditionellen indischen Gesellschaften) kam es in den Familien selten zu Intimität zwischen Partnern oder zwischen Eltern und Kindern.

Dieses Beispiel zeigt, wie eine Mutter-Tochter-Beziehung von einer Generation zur nächsten weitergegeben werden kann. Vor einiger Zeit war einer der Autoren mit Mary Bateson und ihrer Tochter Vanni in Tel Aviv essen. Mary erklärte, daß sie in Israel sei, um ihrer 16jährigen Tochter den Nahen Osten zu zeigen, was auch ihre Mutter Margaret Mead mit ihr gemacht hatte, als sie sechzehn war. Das mindeste, was man sagen kann, ist, daß es in ihrer Familie niemals einen Mangel an Kontinuität und Intimität gegeben hat!

3.6 Zeit und Erzählung

Die Verwendung des Narrativen als einer Metapher zur Beschreibung der Strukturierung und zeitlichen Entfaltung der Familienbeziehungen ist eine relativ junge Entwicklung, obwohl Ferreiras Schriften über den „Familienmythos" (1963) frühe Beispiele enthalten.

Die Annahme, unsere Erzählungen konstruierten unsere Realität und würden damit zu einer eigenständigen Realität, ist für narrative Theorien der Familie, die die Familie als von ihren Mitgliedern erzählte Geschichte ansehen, überaus wichtig. Jede Person, die im Laufe der Zeit für eine Familie wichtig wird – reale Menschen, imaginäre Menschen (ein ungeborenes Kind, beispielsweise), Menschen der Vergangenheit, Menschen der Gegenwart – trägt zu der Geschichte bei. Wie in alten mündlichen Traditionen erzählt jede Person ihre Version der Geschichte, die dadurch sowohl wiederholt als auch neu geschaffen wird. Die wechselseitige Verknüpfung all dieser Geschichten bildet einen wichtigen Teil des Lebens der Familie. Übereinstimmung oder Nichtübereinstimmung zwischen den Geschichten erzeugt Übereinstimmung oder Nichtübereinstimmung zwischen den Mitgliedern der Familie.

Carlos Sluzki sagt:

> Unsere soziale Realität besteht aus und funktioniert durch Erzählungen, die die Kontexte und Rahmen bilden, in denen wir uns selbst und anderer [...] durch das zeitliche Ordnen der Ereignisse bewußt werden. [...] Was wir Realität nennen, besteht aus Beschreibungen und wird reflexiv ausgedrückt durch Beschreibungen, die Menschen von Ereignissen, anderen Menschen, Ideen, Gefühlen, Geschichten und Erfahrungen geben. [...] Diese Beschreibungen entwickeln sich wiederum durch die sozialen Interaktionen, die sie zu definieren helfen.
>
> (Sluzki 1991, S 5–6)

Die Popularität des narrativen Ansatzes läßt sich auf unterschiedliche Weise erklären. Am plausibelsten ist wohl, daß Familienparadigmen als solche begrenzt sind und früher oder später nicht zu leugnende Mängel aufzeigen.[9] Bruner (1986) weist darauf hin, daß Ökonomen, deren Theorien scheitern, häufig auf Anekdoten über japanische Manager oder andere zufällige Aspekte der ökonomischen Welt zurückgreifen, um Erklärungen für Ereignisse zu finden.

> Wenn sie Gestalt angenommen haben, „machen" diese Erzählungen Ereignisse und „machen" die Geschichte. Sie gehören zur Realität der Subjekte der Geschichte. Sie zu ignorieren, selbst durch Argumente wie das, daß es die „allgemeinen Wirtschaftskräfte" seien, die die Welt der Wirtschaft gestalten würden, hieße für einen Ökonomen (oder einen Wirtschaftshistoriker), Scheuklappen aufzusetzen.
>
> (Bruner 1986, S. 54–55)

Wie wir gesehen haben, war Ferreiras Begriff des „Familienmythos" eine der frühesten narrativen Metaphern der Familieninteraktion. „Mythos" bedeutet hier Überzeugungen, die von allen Mitgliedern einer bestimmten Familie geteilt werden, aus denen sie ihre persönliche Identität beziehen. Demnach ist es auch eine „Geschichte", die beschreibt, wie sie innerhalb und außerhalb der Familie leben und sich anpassen. Der eigentliche Mythos ist ein statisches, überindividuelles Konstrukt, das außerhalb des Flusses der Zeit liegt. Den Familienmythos betrachtete man als eine Geschichte, die die Interaktionen der Familie gestaltet: Gemäß dem damals bestehenden homöostatischen Paradigma wurde er als Art und Weise der Familie angesehen, ihre Interaktionen zu stabilisieren.

Wie klassische griechische Mythen haben auch Familienmythen ihre eigene innerne zeitliche Entwicklung, ohne jedoch mit der äußeren verbunden zu sein. Folglich sieht eine Familie, die in einem Mythos lebt, ihr eigenes Leben als einen Prozeß des Werdens, während sie sich für einen externen Beobachter um sich selbst zu drehen und sich nicht in einem wirklichen Sinne zu entwickeln scheint: Von außen gesehen erscheint eine in die kulkturelle Zeit eingebettete Familie statisch. Wenn der Unterschied zwischen innerer und äuße-

9 Es ist bemerkenswert, daß Paul Ricoeur (1985) philosophische Theorien der Zeit für ebenso beschränkt hält, wie das Familientherapeuten tun. Am Ende läßt sich der „Skeptizismus der Zeitlichkeit" nur durch das Geschichtenerzählen und narrative Denkmethoden vertreiben.

rer Realität zu groß wird, kann es zu ernsten Problemen kommen. Die in *Paradoxon und Gegenparadoxon* beschriebene Familie Casanti wurde durch einen Zeitrahmen gelähmt, der nicht zu der Kultur paßte, in der sie lebte; dadurch wurde ein Konflikt verursacht, der sich in der schweren Anorexie eines der Familienmitglieder ausdrückte. In Kapitel acht werden wir Mythen gründlicher behandeln.

In den 80er Jahren wurde das Interesse an der Verwendung der narrativen Metapher wiederbelebt. Von den vielen Autoren, die in dieser Zeit über das Thema schrieben, sind White und Epston (1989) vielleicht die interessantesten. Die persönliche Geschichte steht im Mittelpunkt ihres auffallend diachronischen Modells: Hat eine Person nur eine Geschichte zu erzählen, sind ihre zukünftigen Möglichkeiten drastisch eingeschränkt. Michael White (1984) entwickelte seine Theorie, als er mit einkotenden Kindern arbeitete. Die einzigen Geschichten, die in der Familie dieser Kinder immer wieder erzählt wurden, handelten von Scham, Schmutz und Elend, ein ständiges Herumreiten auf den körperlichen Mängeln des Kindes und der Enttäuschung der Eltern, die nicht in der Lage waren, dem Kind beizubringen, sich zu beherrschen. Die Isolierung der seltenen Augenblicke in diesen Geschichten, in denen die Kinder die düsteren Erwartungen ihrer Eltern nicht erfüllten, diente dem Formulieren neuer Geschichten, die es möglich machten, das Symptom abzuschütteln. Die Krankheit bestimmte die Sicht der Kinder und Eltern von sich selbst, so daß das Leben zu einer langen Reihe von Mißerfolgen wurde. Um dieses Muster zu unterbrechen, war es notwendig, in ihren Geschichten eine zusammenhanglose Stelle zu finden, einen „einzigen Erfolg", als Ausgangspunkt für eine neue Erfolgsgeschichte. Milton Erickson hat vor Jahren einen ähnlichen Ansatz verwendet, als er Therapeuten anhielt, immer zu versuchen, die positiven Aspekte in den Geschichten, die ihnen ihre Patienten erzählten, zu sehen (diese Idee ist auch seit mehreren Jahrzehnten Bestandteil der Theorien der Sozialarbeit).

White und Epston (1989) geben ein Beispiel dafür, wie das „Injizieren" von Vergangenheit in die eine und nicht eine andere Geschichte das Bewußtsein für Gegenwart und Zukunft verändern und weitreichende praktische Folgen haben kann. Bis in die 40er Jahre war die Geschichte der nordamerikanischen Indianer von Anthropologen und den Indianern selbst als die Geschichte einer glorreichen Vergangenheit angesehen worden, die in dem riesigen Schmelztigel der amerikanischen Kultur dem Vergessen geweiht war. Folglich sah man das tägliche Leben der Indianer als ein Beispiel für Niedergang und Verzweiflung an. In den 50er Jahren entwickelte sich eine neue Interpretation, nach der die jüngste Vergangenheit zu einer Phase der Ausbeutung und die Zukunft zu einer Phase der Wiedergeburt wurde. Obwohl sich also am täglichen Leben der Indianer nicht viel geändert hatte, war das sicherlich der Fall in der Art und Weise, wie Indianer und andere ihr Leben sahen: Ihr Leben in Armut und Entfremdung wurde nicht mehr länger als Rassentrennung und Minderwertigkeit interpretiert, sondern als Würde eines ausgebeuteten Volkes, dessen einzige Möglichkeit im passiven Widerstand lag.

Allgemeiner gesprochen impliziert die narrative Theorie, die dem Werk von Michael Foucault viel verdankt, daß eine Familie aus einer Reihe miteinander verwobener Geschichten besteht, die sich auf Ereignisse der fernen Vergangenheit beziehen. Diese Geschichten gestalten nicht nur die Vergangenheit und die Gegenwart, sie legen dem, wie die Mitglieder der Familie ihre Zukunft konstruieren oder ins Auge fassen, echte Beschränkungen auf.

Je flexibler Familien sind – je mehr sie in der Lage sind, eine große Vielfalt von Geschichten zu hören, auch wenn sie sich widersprechen –, um so größer wird ihre intellektuelle und emotionale Bereicherung sein. Ihre Mitglieder werden in der Lage sein, ein unabhängiges Leben zu entwickeln und sich im Laufe der Zeit zu individualisieren. Wenn eine Familie nur wenige Geschichten akzeptieren kann oder an einem dominierenden Mythos hängt, wird sie bald starken Belastungen ausgesetzt sein, wenn sie mit Geschichten konfrontiert wird, die nicht mit den ihren übereinstimmen. Bestimmte Phasen des Familienlebens, insbesondere die Adoleszenz, erfordern ein hohes Maß an Flexibilität und Toleranz, wenn sich neue Geschichten entwickeln sollen. Wenn das nicht geschieht, können Ängste, Leiden und Frustrationen zu klinischen Symptomen führen. Die schon erwähnte Familie Casanti fällt in diese Kategorie.

Individuen und ihre Familien sind natürlich in einer Kultur gefangen, die augenblicklich, zumindest im Westen, einem raschen Wandel unterworfen ist. Unsere Kultur ist eine Fundgrube für narrative Themen oder Modelle, die von Generation zu Generation weitergegebene Mythen oder Geschichten in Frage stellen können. In diesem Sinne ist eine „normale" Familie – mit all den Bedenken, die die Verwendung dieses Wortes mit sich bringt – eine Familie, die flexibel genug ist, um mit den Konflikten umzugehen, die sowohl innerhalb als auch mit der sie umgebenden Kultur unvermeidlich entstehen. Geschichten aus der Vergangenheit, die mit denen der Gegenwartskultur verwoben werden, können entweder kreativ sein und die Lebensqualität verbessern, oder aber eine Quelle für Symptome und Ängste. In der Fachliteratur werden Familien des ersten Typus häufig als flexibel bezeichnet und die des zweiten Typus als rigide.

Manchmal suchen Menschen eine Therapie, die ihre Qualen und Leiden lindert, und versöhnen sich mit persönlichen und kulturellen Geschichten. In der therapeutischen Begegnung findet ...

> „eine Transformation der narrativen Geschichte [statt], die Raum läßt für neue Erfahrungen, Bedeutungen und (Wechsel-)Beziehungen, die nicht mehr länger an symptomatische Definitionen und pathologische Erfahrungen gebunden sind. [...] Die zirkuläre Frage ist möglicherweise das effektivste Instrument, das in einer transformativen Konversation verwendet werden kann."
>
> (Sluzki 1991, S. 6–7)

In der Therapie werden von Familienmitgliedern, die in der Gegenwart enge Kontakte pflegen, manchmal völlig verschiedene und divergierende Geschichten aus der fernen Vergangenheit erzählt. Ein Beispiel dafür war ein 18jähriges anorektisches Mädchen, die zweite von drei Töchtern, die zu uns zur Behandlung kam. In der dritten Sitzung sagte sie uns, ihre Mutter hätte sie seit ihrer Kindheit ignoriert und daß sie sich so einsam und isoliert gefühlt hätte, daß sie sich der Mutter einer ihrer Freundinnen anschloß. Völlig überrascht, dies zu hören, erzählte uns ihre Mutter, daß ihre Tochter immer als das Stärkste und Selbstständigste all ihrer Kinder erschienen wäre, so daß ihr die Mutter immer all die Freiheit gegeben hätte, die sie wollte. Sie hätte es jedoch nie verstanden, weshalb es ihr ihre Tochter mit kaum verhohlener Feindschaft heimzahlte. Jahrelang hatten Mutter und Tochter sich selbst völlig unterschiedliche Geschichten über ihre Beziehung erzählt, was sie immer mehr voneinander entfernte. Jede interpretierte das Verhalten der anderen anhand ihrer eigenen Geschichte, was die offensichtliche „Wahrheit" ihrer jeweiligen Geschichten nur bestätigte. Ein anderes Beispiel ist Jim, ein junger Erwachsener, dessen Lebensgeschichte sich völlig von der Version seiner Mutter unterscheidet („Er erzählt die Geschichte eines Jungen, den ich nie gekannt habe."). Wir betrachten uns Jim detaillierter in Kapitel fünf.

Familien mit psychotischen Mitgliedern erzählen die unterschiedlichsten Geschichten: die seltsamen, unverständlichen Geschichten der Psychotiker tendieren dazu, Unvereinbarkeiten zu erzeugen und behindern die Kommunikation mit anderen Mitgliedern der Familie. Eine der Aufgaben des Therapeuten besteht darin, mit dem Psychotiker Verbindung aufzunehmen, indem er seine privaten Kommunikationscodes und seine Logik akzeptiert, und dadurch die Entwicklung eines Dialogs ermöglicht, bei dem sich eine Brücke zwischen seinen Geschichten und den Geschichten anderer schlagen läßt.

An diesem Punkt lohnt es sich, die Unterschiede zwischen Mythos und Geschichte detaillierter zu betrachten. Ein wesentlicher Unterschied besteht in ihrer Verwendung der Zeit. Mythen stehen außerhalb des Flusses der gewöhnlichen Zeit. Sie sind „fertige" Geschichten mit einem Anfang und einem Ende. Geschichten, die in der Gegenwart spielen, haben immer eine Zukunft, während Mythen keine Zukunft besitzen: Mythische Zeit ist eingefroren, eingesperrt, während die Zeit der Geschichten wie ein Fluß in der gewöhnlichen, tagtäglichen Zeit dahinfließt: Geschichten haben ein offenes Ende.

Eine weitere Unterscheidung kommt aus der Literaturkritik, die in Erzählungen zwischen Charakter und Figur differenziert. Nach Amelie Rortys Theorie der Erzählung sind in einer Geschichte

> die Charaktere in grundlegenden Zügen gezeichnet, ihre Aspekte sind skizziert ohne die Erwartung einer strikten Einheit. Sie erscheinen zum Beispiel in den Romanen von Dickens, nicht aber bei Kafka. Figuren hingegen finden wir in den moralisierenden Erzählungen, in erbaulichen Romanen und in Hagiographien, das heißt in jenen Schriften, die imitationswürdige Lebensstile beschreiben" (1976b, S. 302).

Einen weiteren Punkt, den wir hier erwähnen möchten, ist die Unterscheidung zwischen System und Erzählung. Per definitionem bezieht sich „System" auf eine Gruppe von wechselseitig verknüpften Elementen innerhalb einer gegebenen Grenze: Es erfordert notwendigerweise eine räumliche Dimension. Wir haben an anderer Stelle dieses Buches ausgeführt, daß wir in den frühen 70er Jahren den auf einer synchronischen Sicht von Beziehungen basierenden systemischen Ansatz der Kybernetik aus Palo Alto verwendeten, dann allerdings zu einer diachronischen Sicht übergingen, indem wir Zeit in die Therapie einführten. Da Erzählungen sich mehr mit Zeit als mit

Raum befassen – menschliche Angelegenheiten werden als Geschichten präsentiert, die sich in der Zeit entfalten – hatten wir offensichtlich keine Schwierigkeiten, narrative Paradigmen zu akzeptieren. Wir verwenden nunmehr sowohl synchronische als auch diachronische Ansätze in einer „binokularen Perspektive", die es uns ermöglicht, uns in Raum und Zeit zu orientieren.[10] Wie Bateson sagt, sind zwei Standpunkte besser als einer.

10 Die Unterscheidung zwischen System und Erzählung ähnelt in gewisser Weise der Unterscheidung zwischen Struktur und System aus den 70er Jahren. Damals wählten Minuchin und Haley einen strukturellen, unsere Mailänder Gruppe hingegen einen systemischen Ansatz.

4. Der Beobachter und die Zeit

Wie schon in der Einleitung erwähnt, beschreibt der erste Teil dieses Buches Ausflüge in die unterschiedlichen natur- und geisteswissenschaftlichen Disziplinen, um etwas über die Vorurteile, Mythen, philosophischen Spekulationen und wissenschaftlichen Theorien über die Zeit zu erfahren. Als Ergebnis unserer Forschungen haben wir die Zeit als Schlüssel gewählt, als besondere Methode, um menschliche Beziehungen zu betrachten. Weshalb Zeit und nicht Raum? Schließlich scheinen Zeit und Raum unentwirrbar miteinander verwoben zu sein, worauf Kant in der Philosophie, Piaget in der Psychologie und Einstein in der Physik verwiesen haben: Die Begriffe dieser Diade beleben sich gegenseitig. Wir diskutieren Raum in diesem Buch selten explizit, wenngleich er überall in unseren theoretischen Abhandlungen gegenwärtig ist. Begriffe wie *innere Welt, äußere Welt, Horizont, Perspektive, Zeitdimension, System, Struktur, Nähe* und *Distanz* in Beziehungen etc. setzen eine *Darstellung* voraus, einen räumlichen Rahmen, der für das Bewußtsein notwendig ist.[1]

Andere Autoren haben Zeit als einen wichtigen Aspekt der Psychotherapie angesehen, wir aber haben sie zum Brennpunkt unserer Untersuchung auserkoren, zur bevorzugten Linse, durch die wir Interaktionen beobachten. In Batesonschen Begriffen könnten wir sagen, daß diese Linse jetzt unsere epistemologische Prämisse darstellt, das Vorurteil eines Beobachters.

1 Bateson definiert Information als einen Unterschied, der einen Unterschied macht, als eine Beziehung. Visuelle, auditive, taktile und körpereigene Wahrnehmungen, die räumliche bzw. zeitliche Unterschiede darstellen, erreichen das Zentralnervensystem durch binäre Impulse, die in Gefühle, Bilder und Gedanken verarbeitet, integriert und assoziiert werden. Diese werden dann in räumlichen und zeitlichen Rahmen kontextualisiert.

Für uns ist Zeit nicht nur ein Mittel, eine Methode, um Sitzungen zu strukturieren und den Rhythmus zu definieren, mit dem wir die Beziehung zu den Kunden aufbauen, sondern das eigentliche Ziel, eines der Ziele unserer Interventionen, um Harmonie und Entwicklung zu fördern. Wie kann ein zeitlicher Rahmen verändert werden? Wie die zähe Zeit eines Depressiven beschleunigt? Wie können die diachronischen Verknüpfungen, die in der fragmentierten Geschichte eines Schizophrenen verlorengingen, wieder hergestellt werden? Wie können Menschen, denen jeglicher Sinn für die Zukunft abhanden gekommen ist, ihre Entwicklungsmöglichkeiten wieder zurückgegeben werden? Wie kann schließlich die Linse der Zeit verwendet werden, um Synchronisierung und Dissynchronisierung zwischen Individuen, Familien und sozialen Systemen zu beobachten und zu verstehen, und wie kann man zwischen unterschiedlichen individuellen und sozialen Zeiten Harmonie fördern?

Als systemische Therapeuten ist es unsere Aufgabe herauszufinden, wie Beziehungen funktionieren. Wenn man Beziehungen durch die Linse der Zeit betrachtet, können sonst häufig übersehene Aspekte der Therapie beleuchtet werden. Befassen wir uns jetzt mit einigen Aspekten des systemischen Beratungs- und Psychotherapieansatzes.

4.1 Systemische Beratung und Therapie

Zuerst möchten wir eine kurze Geschichte des systemischen Therapieansatzes geben und zeigen, wie sich die Ideen der Mailänder Gruppe (Mara Selvini Palazzoli, Luigi Boscolo, Gianfranco Cecchin, Giuliana Prata) in den letzten zwanzig Jahren entwickelt haben. Wir wissen, daß das bedeutet, eine Beschreibung zu geben, die wir in unserer Gegenwart erstellen und die für unsere Leser zu einem Ereignis der Vergangenheit wird, dem sie dann die Bedeutung ihrer Gegenwart beimessen. Das Erzählen dieser Geschichte ist sowohl die Wiederaufführung vergangener Handlungen als auch die Konstruktion einer Brücke in die Zukunft. Während wir unsere Geschichte erzählen, begeben wir uns in den selbstreflexiven Kreislauf von Vergangenheit, Gegenwart und Zukunft.[2]

2 Für einen detaillierteren Bericht über die systemische Therapie der Mailänder Gruppe siehe Hoffman (1981), Tomm (1984, 1985), Campbell a. Draper (1985) und Boscolo et al. (1987).

Nach einer psychoanalytischen Periode (1967-71) griff die Mailänder Gruppe in den frühen 70er Jahren die Methode von Palo Alto auf, bei der es sich um einen systemischen Ansatz handelt, der auf den Ideen Gregory Batesons, Jay Haleys, Don Jacksons und Milton Ericksons (Watzlawick et al. 1967; Haley 1963) basierte. In dieser Anfangsphase bis gegen 1975 wurde Therapie immer der ganzen Familie des „designierten Patienten“ angeboten.

Der Therapieraum und das Beobachtungszimmer waren durch einen Einwegspiegel miteinander verbunden. Das Therapieteam traf sich in der Regel vor jeder Sitzung, um, ausgehend von der schon vorhandenen Information, eine Arbeitshypothese zu formulieren. Danach begann der Therapeut, oder meistens ein Therapeutenpaar, die Sitzung, während der Rest des Teams von der anderen Seite des Spiegels aus beobachtete. Die Sitzung konnte dann entweder von den Therapeuten oder dem Beobachtungsteam hinter dem Spiegel unterbrochen werden, aber in jedem Fall hielten die Therapeuten und das Team im Beobachtungszimmer eine kurze Beratung ab, um Ideen auszutauschen. In einer abschließenden Diskussion am Ende der Sitzung trafen sich die Therapeuten und das Team etwas länger, manchmal bis zu einer Stunde, um eine Reihe von Hypothesen aufzustellen, aus denen am Ende eine systemische Hypothese gebildet wurde, die dem im Zusammenhang mit dem Symptom beobachteten Verhalten einen Sinn geben konnte. Diese systemische Hypothese bildete dann die Grundlage für eine „Schlußintervention“, die entweder eine Neuformulierung, eine Verschreibung mit Aufgaben, die die Familie zu Hause ausführen mußte, oder ein Ritual sein konnte. Die Therapeuten präsentierten der Familie dann die Schlußintervention.

Die Palo-Alto-Methode basiert auf systemischem Denken und auf der Kybernetik erster Ordnung, das heißt der Kybernetik beobachteter Systeme, die davon ausgeht, daß der Beobachter von der Einheit, die er beobachtet, getrennt ist. Das Team versuchte, basierend auf der Selbstorganisation der Familie bezüglich des Symptoms oder der Symptome, die sich ergeben hatten, eine systemische Hypothese aufzustellen, so daß die Hypothese mehr oder weniger das repräsentierte, was damals das „Familienspiel“ genannt wurde. Um von Nutzen zu sein, mußte die Hypothese eine Ad-hoc-Darstellung des Familienspiels sein, oder zumindest so „passen“, wie ein Schlüssel ins Schloß paßt.

In den meisten Fällen ist es dem Team leicht gefallen, sich auf eine Hypothese zu einigen und nützliche Interventionen vorzuschlagen. Viele Familien ohne psychotische Mitglieder beendeten ihre Therapie nach ein paar Sitzungen, und es wurden auch bei mehreren Fällen mit akuten Psychosen bemerkenswerte Erfolge erzielt. Fälle mit chronischer Psychose erwiesen sich allerdings als schwieriger: Die Therapie kam häufig zu einem Stillstand und überschritt in der Regel das ursprünglich in dem Vertrag mit der Familie festgelegte Maximum von zehn Sitzungen.

In dem Buch *Paradoxon und Gegenparadoxon* (Selvini Palazzoli et al. 1975), das die Arbeit der Gruppe mit fünfzehn Familien mit klinisch diagnostizierten schizophrenen Mitgliedern beschreibt, wird berichtet, daß die Arbeit mit diesen Familien dem Eintritt in ein Labyrinth gleichkam. Es war schwierig, sich auf eine Hypothese zu einigen, die dem ganzen Team sinnvoll zu sein schien, und das führte zu Konfusion und Frustration. Wie Bowen (1978) betrachtete die Gruppe Symptome als Aspekte eines drei Generationen umfassenden Spiels, bei dem der designierte Patient eine besondere Position einnahm, mit der ein Höchstmaß an Entwertung verbunden war, die zu Unsicherheiten bezüglich der Selbstwahrnehmung und der Wahrnehmung anderer und zu Gefühlen der Konfusion und Sinnlosigkeit führte. Die von uns in Kapitel drei diskutierte Doppelbindungstheorie (Bateson und Kollegen, 1956), basiert auf den Paradoxa, die aus einer Vermischung unterschiedlicher logischer Ebenen entstehen, und war zentral für das Verständnis psychotischer Symptome.

Das Ziel der Therapien war, die rigiden Muster dysfunktionaler Verhaltensweisen aufzulösen, um für funktionalere Muster Platz zu schaffen. Dies wurde dadurch erreicht, daß alle Verhaltensweisen, gleichgültig ob symptomatisch oder nicht (paradoxe Neuformulierung), positiv konnotiert und daß Familienrituale eingeführt wurden.[3]

Nach der Veröffentlichung von *Ökologie des Geistes* (1972), einer Sammlung von Batesons relevantesten Arbeiten, öffneten sich der Gruppe bedeutende neue Horizonte, und bis zum Jahre 1975 änderte

3 In diesem kurzen Bericht von unserer „Palo-Alto"-Phase verwenden wir Begriffe wie „paradoxe Neuformulierung", „dysfunktionales Verhalten", „effektive Interventionen", „Ad-hoc-Hypothesen", „Doppelbindung" und andere, die nur in diese Phase gehören. Wir haben sie seitdem nicht mehr verwendet.

sie ihre Arbeits- und Denkmethoden radikal. Es wurde der Versuch unternommen, Batesons kybernetische Epistemologie auf die klinische Praxis zu übertragen, systemisch zu denken, um systemisch zu handeln.

Verglichen mit den damals von uns verwendeten Palo-Alto-Ansätzen, schien die systemische Sicht von Batesons ursprünglichen Schriften sowohl klarer als auch komplexer zu sein. Die Unterscheidung zwischen Landkarte und Landschaft, die logischen Kategorien des Lernens, der Begriff des Geistes als eines Systems und eines Systems als Geist, die Vorstellung einer kybernetischen Epistemologie und die Einführung der Semantik wurden überaus wichtig. Die klinische Anwendung dieser Ideen führte zu neuen Methoden der Informationssammlung und -verarbeitung und zu neuen Interventionsarten in menschlichen Systemen. *Hypothetisieren, Zirkularität* und *Neutralität* wurden die drei Grundprinzipien zur Durchführung von Familientherapien, die später das Mailänder Modell kennzeichneten (Selvini Palazzoli et al. 1980b).

Das Aufstellen von Hypothesen ist eine Methode, alle aus Beobachtung gewonnenen Daten miteinander zu verknüpfen. Eine Hypothese wird als systemisch angesehen, wenn sie alle Komponenten des beobachteten Systems berücksichtigt und eine Erklärung dafür bietet, wie sie sich aufeinander beziehen. Diese Erklärung ist weder falsch noch richtig, sondern einfach ein Arbeitsinstrument. Therapeuten verwenden verbale und nichtverbale Rückmeldungen der Klienten, um die Gültigkeit ihrer Hypothesen zu bewerten.

Zirkularität ist der Prozeß, mit dem Therapeuten Feedback verwenden, um Hypothesen zu bewerten und neue zu formulieren. Es ist wichtig, Hypothesen ständig zu verändern, um die Falle der „richtigen Hypothese" zu vermeiden, die die Interaktion einfriert und das Gespräch blockiert. Hypothesen entstehen aus der wiederholten Interaktion zwischen Therapeut und Familie. In diesem Sinne schreibt ein „wahrer Batesonianer" Hypothesen weder dem Therapeuten noch den Klienten, sondern beiden zu. Als Bateson selbst (1979) einmal fragte, wo oder was Geist sei, wenn ein Mann einen Baum fällt, zog er den Schluß, daß der den Mann, die Axt und den Baum verbindende Kreislauf Geist sei. In anderen Worten sind Geist und System synonym. Wo oder was ist dann die Hypothese? Im Geist des Therapeuten oder sonstwo? In den 70er Jahren war man der Meinung, sie sei im Geist des Therapeuten, aber heute würden wir sie im Kontext der Interaktion ansiedeln. Der Perspektivwechsel geschah beim Schreiben dieses Buches und kann dafür als Illustration dienen, daß das Geschichtenerzählen sich auf die Geschichte verändernd auswirkt. Das ist übrigens das grundlegende Konzept des narrativen Modells in der Therapie.

Zirkuläre Fragen – die nicht mit dem gerade erwähnten Begriff der Zirkularität verwechselt werden dürfen – entwickelten sich, als Therapeuten verschiedene Familienmitglieder baten, ihrerseits das Verhalten von zwei oder mehreren Mitgliedern der Familie zu kommentieren. Die Fragen waren eher angelegt, Informationen zu erhalten als Daten (Bateson sagte zu der Zeit, daß eine Information „ein Unterschied [ist], der einen Unterschied macht", das heißt ein Unterschied, der eine Beziehung ermöglicht; das unterscheidet sich von Daten).

Zirkuläre Fragen sind wichtig, weil sie jedes Familienmitglied zum Beobachter der Gedanken, Emotionen und des Verhaltens der anderen Mitglieder machen, und dies schafft während der Therapie eine Gemeinschaft der Beobachter. Solche Fragen stellen die Ichbezogenheit in Frage. Anstatt zu *sprechen*, wird *über* jedes Mitglied der Familie *gesprochen*, erfährt jeder die Meinung der anderen über sich selbst und lernt sie dadurch vielleicht besser kennen.

Wir könnten noch weiter gehen und sagen, daß die durch zirkuläre Fragen gewonnene Information in dem Sinne selbstreflexiv ist, daß sich die Wahrnehmung des Therapeuten und der Familie als Ergebnis der Informationen, die sie voneinander erhalten, ständig verändert. Zirkuläre Fragen richten die Aufmerksamkeit auf Unterschiede, auf neue Verknüpfungen zwischen Ideen, Bedeutungen und Verhaltensweisen, die die Epistemologie (persönliche Prämissen, unbewußte Annahmen [Bateson, 1972]) der verschiedenen Familienmitglieder verändern können. Demnach sind zirkuläre Fragen in sich selbst eine Form der Intervention, womöglich die wichtigste, die dem systemischen Therapeuten zur Verfügung steht.

Zuerst beschrieben in dem Artikel *Hypothetisieren, Zirkularität, Neutralität*, wurden zirkuläre Fragen dann von verschiedenen Autoren genauer studiert und klassifiziert, etwa von Hoffman (1981), Penn (1982, 1985), Tomm (1985a, b, c, 1986, 1988), Deissler (1986), Fleuridas und Kollegen (1986) und Borwick (1990). Schauen wir uns zwei dieser Klassifizierungen kurz an.

Karl Tomm, einer der ersten, der zirkuläre Fragen studiert hat, kategorisiert Fragen nach Zweck und Typus. Indem er die Absicht des Interviewers in Betracht zieht, unterscheidet Tomm zwischen *informativen* zirkulären Fragen und *reflexiven* zirkulären Fragen. Die erstere zielt darauf, Informationen zu gewinnen, die letztere, einen Wandel zu bewirken (die Ziele schließen sich nicht gegenseitig aus; die Fragen sind häufig vermischt). Die Unterscheidung zwischen informativen und reflexiven Fragen liegt nicht so sehr in ihrer Formulierung als vielmehr in ihrem Timing: Je nachdem, wann sie gestellt wird, kann eine Frage informativ oder reflexiv sein (Tomm 1985, 1988).[4]

Beide Fragearten haben eine ähnliche Funktion: Unterschiede, das heißt Beziehungen, zu untersuchen und hervorzuheben. Tomms Unterschiede können auf den Typ oder die Zeit bezogen werden:

> Zeitbezogene Unterschieds-Fragen sind etwas komplexer. Sie fokussieren auf einen Unterschied zwischen zwei Kategorien zu verschiedenen Zeitpunkten, in anderen Worten, sie fokussieren auf eine Veränderung. Es werden die Beziehungen bestimmter Kategorien zu zwei unterschiedlichen Zeitpunkten miteinander verglichen.
> (Tomm 1985, S. 41)

Klaus Deissler (1986) hat auch die Wichtigkeit von Zeitunterschieden betont. Sein systemisches PST-Modell (Person, [Space =] Raum und [Time =] Zeit) arbeitet mit drei Fragentypen: „erläuternde" Fragen über die Vergangenheit, um die Prämissen der Klienten zu bestätigen, „Instandhaltungs"-Fragen über die Gegenwart, um Dinge, die neu sind, sowohl zu bestätigen als auch zu erschaffen, und „Lösungs"-Fragen, die sich auf zukünftige Perspektiven konzentrieren. Dieser letzte Fragetyp soll den größten Neuerungseffekt haben.

Das Konzept der Neutralität ist jenseits einer diachronischen Sicht schwer zu verstehen. So wie es per definitionem „unmöglich [ist], nicht zu kommunizieren", ist es auch unmöglich, neutral zu sein, wenn wir handeln. Wenn der Therapeut beispielsweise ein Familienmitglied bittet, die Emotionen und das Verhalten der anderen Familienmitglieder zu beschreiben, erhält dieses Familienmitglied durch seine aktive Haltung einen Vorteil gegenüber den anderen. Nach der

4 In seiner Übersicht der Fragen, die Interviewer verwenden können, listet Tomm auch Fragen auf, die im Gegensatz zu zirkulären Fragen auf linearer Epistemologie basieren, nämlich *lineare Fragen*, die darauf zielen, Daten zu sammeln, und *strategische Fragen*, die darauf zielen, einen Wandel auf lineare Weise zu bewirken.

ursprünglichen Definition der Mailänder Gruppe ist Neutralität ein Prozeß in der Zeit: Der Therapeut geht weder Allianzen oder Koalitionen mit Familienmitgliedern ein, noch schließt er sich den von ihnen vorgebrachten Ideen an. Natürlich sollte man diesen Prozeß diachronisch sehen. Beispielsweise tendiert der Therapeut während einer Sitzung mehr in die eine als die andere Richtung, um seine Spontaneität nicht zu verlieren und um zu vermeiden, daß das Gespräch versiegt. Später aber – möglicherweise mit Hilfe von Kollegen hinter dem Spiegel, oder, wenn er allein arbeitet, durch eine Neubewertung der Situation in der Zeitspanne vor der nächsten Sitzung – wird es ihm möglich sein, seine Neutralität wieder herzustellen. Die Neutralität des Therapeuten wird durch eine zirkuläre Sicht der Realität gefördert und ermutigt die Neugier des Therapeuten (Cecchin 1988), so daß neue Ideen und Standpunkte entstehen.

Mit der Entwicklung systemischer Theorien wurde es notwendig, die eigentliche Vorstellung der Neutralität zu überprüfen. Wie es in den 70er Jahren durch die Kybernetik erster Ordnung formuliert wurde, nahm das Konzept an, daß Beobachter und Beobachtete voneinander getrennt sind. Es war dann für den Therapeuten möglich, sich „über" seine Klienten zu stellen. Die Kybernetik zweiter Ordnung änderte das alles: Eine Trennung war nun unmöglich, das System mußte den Beobachter und die Beobachteten einschließen, so daß der Therapeut nicht wirklich „neutral" sein konnte, da man gegenüber sich selbst, den eigenen Vorurteilen und den eigenen Ideen niemals neutral sein kann. Das galt auch für das Team hinter dem Spiegel mit seiner abstrakteren (zum Teil wegen seiner Vielfalt) Sicht: Auch das Team konnte es nicht vermeiden, von den eigenen Prämissen und Annahmen beeinflußt zu werden.

Es wurden viele Versuche unternommen, das Konzept der Neutralität zu erweitern oder zu korrigieren, unter anderem durch „Neugierde" (Cecchin 1988) und „Allparteilichkeit" (Hoffman 1988). Wir ziehen es nunmehr vor, von *Tendenz zur Neutralität* zu sprechen, dem Ideal eines Therapeuten und eines Teams, das per definitionem niemals vollständig erreicht werden kann.

Die Mailänder Gruppe trennte sich 1979, als Selvini Palazzoli und Prata das Zentrum verließen und ihre Forschungen über Familientherapie an anderer Stelle fortsetzten. Die auf Kybernetik erster Ordnung basierende Forschung zielte darauf, mögliche spezifische Familienorganisationen („Familienspiele") zu „entdecken", die in

Beziehung standen zu spezifischen Syndromen wie etwa Anorexie und Psychosen. 1983 schlossen sich Mara Selvini Palazzoli, Stefano Cirillo, Matteo Selvini und Anna Maria Sorrentino zusammen, um Familientypologien zu erforschen. Die Ergebnisse ihrer Forschungen publizierten sie schließlich 1988 in *I Giochi Psicotici nella Famiglia* (Psychotische Spiele in der Familie).

In der Zwischenzeit hatten Boscolo und Cecchin einen Ansatz entwickelt, der eine radikal neue Richtung einschlug: Im Jahre 1977 hatten sie für Gruppen von 10–15 Trainees aus völlig verschiedenen Kontexten (vor allem aus psychosozialen Diensten) einen Ausbildungskurs in systemischer Familientherapie begonnen. Familien wurden von einem oder zwei Therapeuten, häufig von Trainees, behandelt, während andere Trainees und zwei Ausbilder hinter dem Spiegel beobachteten. Es hatte also ein Wandel stattgefunden: von Therapieforschung zu Forschung über Ausbildung *und* Therapie. Die Rollen wurden komplexer: Ein Ausbilder hielt es vielleicht für notwendig, in einem bestimmten Augenblick als Therapeut, Ausbilder oder Supervisor zu fungieren.

In den frühen 80er Jahren reisten Boscolo und Cecchin in die Welt hinaus und präsentierten ihre Methode auf Konferenzen und Seminaren. Durch diese Reisen knüpften sie Kontakte mit neuen Kollegen und auch mit einer Reihe verschiedener Organisationen, die von psychologischen Beratungsstellen bis zu Kliniken, Krankenhäusern, Universitäten und anderen Institutionen reichten. Andere Teams in Europa und Amerika begannen, mit dem, was als die „Mailänder Methode" bekannt wurde, zu experimentieren.

Besonders wichtig waren die persönlichen und häufig ausgedehnten Gespräche mit Humberto Maturana, Heinz von Foerster und später mit Ernst von Glasersfeld. Maturanas Schlüsselideen waren die zentrale Rolle des Beobachters – „alles, was gesagt wird, wird von einem Beobachter gesagt" - und die autonome Organisation lebender Systeme. Er zog daraus den Schluß, daß eine „instruktive Interaktion" – eine Interaktion, die in lebenden Systemen direkt einen Wandel erzeugt – unmöglich sei: Das System reagiert immer entsprechend seiner Organisation und Geschichte. Nach Maturana und Varela (1980) entsteht die Wirklichkeit aus einem durch die Sprache erzeugten Konsens, also gibt es so viele Wirklichkeiten, wie es Gespräche gibt. Von Foerster (1981) entwickelte seinerseits das Konzept der Kybernetik zweiter Ordnung – die Kybernetik beobachtender

Systeme –, in der der Beobachter in der Beschreibung des Beobachteten enthalten ist, mit dem Ergebnis, daß Beobachter und Beobachtete niemals getrennt werden können. Schließlich war von Glasersfeld (1987) bahnbrechend für die Konzepte des radikalen Konstruktivismus.

Als Ergebnis dieser neuen Ideen erweiterten Boscolo und Cecchin den Begriff der Familie, um eine größere Anzahl von interagierenden menschlichen Systemen aufzunehmen. Auch richtete sich die Aufmerksamkeit von den beobachteten zu den beobachtenden Systemen: Beide wurden jetzt in dem Sinne als organisierende „Geiste" angesehen, daß Klienten Therapeuten genauso beobachten wie Therapeuten Klienten beobachten. Folglich verlagerte sich die Betonung in der Therapie, in Übereinstimmung mit konstruktivistischen Ansätzen und den Prinzipien der Kybernetik zweiter Ordnung, vom Verhalten des beobachteten Systems auf das Verhalten, die Ideen, Theorien und persönlichen Annahmen des beobachtenden Systems. Die Familie wurde nicht mehr länger als „homöostatische Maschine" angesehen, die der Therapeut erst kennen muß, bevor er sie in Ordnung bringen kann. Es wurde mehr Aufmerksamkeit dem gewidmet, was tatsächlich in der Sitzung geschieht, dem Informations-, Gefühls- und Bedeutungsaustausch zwischen Therapeut und Klient. Kurz, die Aufmerksamkeit war jetzt auf den Therapieprozeß selbst gerichtet anstatt auf die Schlußintervention. Davor hatte man die Schlußintervention als springenden Punkt in der Begegnung von Team und Familie angesehen, als einzigen Weg, um einen Wandel hervorzubringen. Wenn es nicht zu einem Wandel kam, bedeutete das, daß die systemische Hypothese, auf der die Intervention basierte, nicht wirklich *ad hoc* war, das heißt, sie entsprach nicht der Gesamtorganisation des beobachteten Systems.

Aus diesen neuen Ideen entstanden andere Veränderungen in den Arbeitsprinzipien der Mailänder Gruppe (Boscolo et al. 1987). Therapeut und Team berücksichtigten nicht mehr nur das Familiensystem, das in die Sitzung kam, sondern stellten Hypothesen auf über das „signifikante System", mit dem das Problem, das die Familie hergebracht hatte, verbunden war. Ein signifikantes System – ein Beziehungssystem, das die Menschen vereinigt, die ein Problem mitbringen – umfaßt per definitionem den designierten Patienten, kann aber auch Mitglieder der Kernfamilie einbeziehen, der erweiterten Familie (einschließlich der wichtigsten verstorbenen Verwandten), die Freunde und Kollegen des Patienten, Schule, Arbeit und, was am wichtigsten ist, alle „Helfer" und psychosozialen Dienste, mit denen der Patient im Laufe der Zeit Kontakt hatte. Das signifikante System umfaßt natürlich auch den Therapeuten als einen Beobachter mit all seinen Theorien und Vorurteilen. Therapeuten versuchten nun zu verstehen, wie die in einem komplexen System eingebetteten Ideen- und Bedeutungsmuster im Laufe der Zeit das von ihnen tatsächlich beobachtete klinische Bild hervorbringen können.[5]

Die Notwendigkeit, von Familien auf größere soziale Systeme überzugehen, war das Ergebnis der Interaktion zwischen Trainer und Trainees in den frühen Ausbildungsgruppen. Die meisten Trainees arbeiteten in staatlichen Gesundheitseinrichtungen, also mußten die Hypothesen jetzt mindestens den Patienten, die Familie, die überweisende Stelle, den überweisenden Arzt und die Gesundheitseinrichtung selbst umfassen, die alle ihre eigenen Regeln, Personal aus unterschiedlichen Berufen und verschiedene praktische Vorgehensweisen hatten.

Die Konzepte von Maturana, Varela, von Foerster und von Glasersfeld implizierten, daß die Position jedes Beobachters im Bedeutungssystem in Betracht gezogen werden mußte, wann immer ein System bewertet wurde. Je mehr Beobachtungspunkte es im System gab, um so mehr konnte man über das System wissen. Wenn der Therapeut, anstatt Hypothesen aufzustellen, die sich auf seine eigenen Vorurteile und nur einen, nämlich seinen Standpunkt gründeten, versuchte, sich die Hypothesen und Standpunkte der anderen Mitglieder des Bedeutungssystems vorzustellen und sie dann aufeinander zu beziehen, wäre es möglich, eine komplexere, multizentrische und, in einem gewissen Sinne, kollektive Hypothese aufzustellen. Folglich wird die persönliche Hypothese, die immer der Gefahr ausgesetzt ist, eindimensional wie ein flaches, monoskopisches Bild auszufallen, ersetzt durch eine komplexe, vieldimensionale Hypothese, die durch ihre Tiefe ein stereoskopisches Bild des Systems bietet.

Demnach bestand das Ergebnis der Interaktion zwischen Trainer und Trainees in der Einführung einer makrosystemischen Dimension in die Therapie. Das komplizierte die Arbeit von Therapeuten

5 In ihrem Artikel *Problem-Determined Systems* (1986) beschreiben Anderson, Goolishian und Winderman eine ähnlich geartete Therapie, die nicht auf Kybernetik basiert.

beträchtlich, da sie jetzt nicht nur psychotherapeutisch wirken, sondern auch mit Situationen fertig werden mußten, die soziale Unterstützung, Rehabilitation und Interventionen in Organisationsfragen erforderten. Auch mußten sie nicht nur wie in der Psychotherapie verbal intervenieren, sondern in Kontexten, die Taten erforderten, auch durch ihr Handeln.

Es wurde allmählich deutlich, daß die Trainees am Zentrum nicht so sehr eine neue Technik lernten, als vielmehr eine neue Art des Sehens und Handelns, die sich auf Batesons „kybernetische Epistemologie" gründete. Jeder Trainee mußte lernen zu handeln auf der Grundlage einer systemischen Analyse seines eigenen besonderen Arbeitszusammenhangs, die ihn in die Lage versetzte, das zu erkennen und zu tun, was angemessen war. Folglich wird den Kursanfängern vermittelt, wie Konsultationen und Therapien durchgeführt werden, sie werden aber auch davor gewarnt, die Techniken, die sie erlernen, unangepaßt von unserem Zentrum auf ihre Arbeitsumgebung zu übertragen. Dadurch wird die Familie zu einem Workshop – einem Laboratorium –, in dem man lernen kann, auf eine systemische Art und Weise zu denken und zu handeln.

4.2 Zeit im systemischen Mailänder Ansatz

Der Ansatz der Mailänder Gruppe in bezug auf die Zeit hat sich selbst mit der Zeit entwickelt, hat, wenn Sie so wollen, seine eigene Naturgeschichte. Als die Mailänder Gruppe in den 70er Jahren die Psychoanalyse aufgab und sich statt dessen dem Palo-Alto-Modell widmete (Watzlawick et al. 1967, 1973), war der Fokus der Aufmerksamkeit ausschließlich auf die Gegenwart gerichtet, im Gegensatz zu psychoanalytischen Ansätzen dieser Zeit, die sich vor allem mit der Vergangenheit befaßten. Ein berühmtes, von Watzlawick et al. (1967) zitiertes Beispiel vergleicht die gegenwärtige Situation mit der Position in einem Schachspiel: Wenn ein erfahrener Spieler, der sich in einem bestimmten Spiel eine bestimmte Position anschaut, die Sequenz von Zügen, die das Spiel in seine momentane Position gebracht hat, plausibel rekonstruieren kann, dann genügt das Wissen über die Gegenwart, besonders aus operativer Sicht.

In den frühen Jahren der Mailänder Gruppe (1971 bis 1975) machte die Anwendung dieser Ideen die Gegenwart zum einzigen

Fokus unserer Aufmerksamkeit. Die Vergangenheit wurde nur von dem Punkt an berücksichtigt, an dem das Symptom zuerst auftrat. Die Untersuchung drehte sich um Beziehungen, die das Symptom im gegenwärtigen Augenblick umgaben.

Die Durchführung der Sitzungen wurde komplexer, als zirkuläre Fragen und das Hypothetisieren eingeführt wurden (nach 1975). Hypothetisieren bedeutet, genau zu fragen, wie ein System organisiert ist; wie es, unter allen ihm offenstehenden Möglichkeiten, die Organisation annahm, die sich in der Sitzung tatsächlich beobachten läßt; wie Symptome zu dem wurden, was sie sind; wie sich gegenwärtige Beziehungen entwickelt haben. Das bedeutet auch, die logische Sequenz vergangener Interaktionen (generationenübergreifend) aufzuspüren, wodurch die Aufmerksamkeit von Vergangenheit oder Gegenwart auf die *Kontinuität* zwischen Vergangenheit und Gegenwart gelenkt wird.[6]

Eine zu starke Betonung der Vergangenheit kann zu linearen, kausalen Erklärungen der Symptome führen. Geht man von der Vergangenheit aus anstatt von der Gegenwart, wird alles in einen engen Kanal kausaler Notwendigkeit gelenkt – nur *diese* Realität existiert, folglich ist es die einzig mögliche Realität, folglich wurde eine Sequenz notwendiger Ereignisse benötigt, um die Situation herzustellen, die wir jetzt sehen. Eine solche Sichtweise bedeutet, daß eine systemische Vision (die Gegenwart erzeugt ihre eigene Vergangenheit) durch eine deterministische (die Vergangenheit bestimmt die Gegenwart) ersetzt worden ist.

Die Gruppe erkannte, daß sie manchmal nicht über die „Familienspiel"-Hypothese, die sie in der ersten Sitzung aufgestellt hatte, hinauskam: Wie in einem Schnappschuß war die Anfangssituation eingefroren, so daß nachfolgende Veränderungen als etwas angesehen wurden, was einer Anfangssituation *hinzugefügt* wurde, und die anfängliche synchronische Perspektive dominierte unweigerlich über die diachronische.[7] Im Folgenden mußte die Gruppe erkennen und sich davon überzeugen, daß die Familie die war, die man in diesem

6 Ohne jedoch eine Genealogie zu konstruieren oder sich im Detail in die generationenübergreifende Geschichte zu vertiefen. In dieser Hinsicht unterscheidet es sich von Murray Bowens (1978) generationenübergreifendem Modell.
7 Man könnte „Synchronie" und „Diachronie" mit dem *Sein* von Parmenides und dem *Fluß* von Heraklit vergleichen.

Moment sah, und nicht diejenige der Vergangenheit der ersten Sitzung. Wenn eine Veränderung eintrat, mußte diese in einer neuen Hypothese formuliert werden, und folglich mußte die Familie, ebenso wie das Therapeutenteam, wie ein neues System betrachtet werden.

Folglich wurde die Tendenz aufgegeben, Therapie als zusammenhängende, aufeinanderfolgende „Geschichte" – eine Reihe obligatorischer Schritte – anzusehen. Jede Sitzung hat ihr Eigenleben, und es besteht kein Grund, Sitzungen miteinander zu verknüpfen: *Jede Sitzung ist „die erste"*. Die Erinnerung an frühere Sitzungen dient uns nur als ein loser Rahmen, der einem im Gange befindlichen Gespräch einen Hintergrund und etwas Bedeutung gibt. Die in den Sitzungen erzählten Geschichten haben keine lineare Handlung, es sind keine traditionellen Erzählungen. Jede Sitzung kann eine andere Geschichte hervorbringen.[8] Es gibt in der Entfaltung der Geschichten ein hohes Maß an Unvorhergesehenem, insbesondere was ihren Inhalt angeht. Gleichzeitig ist jedoch das therapeutische System, das diese Geschichten erlebt, durch die vergangenen Sitzungen mitdefiniert; es enthält einen Großteil der zur Veränderung nötigen Informationen, wenn auch nicht vorhersehbar ist, wann, wie und in welchem Ausmaß es sich verändern wird.[9]

Die Situation des Therapeuten ist verblüffend ähnlich der von Ornstein (1975) erwähnten Kultur der Trobriander-Indianer, die sich gänzlich um die Gegenwart dreht:

> Wenn wir gewöhnlich den Prozeß des Reifwerdens einer Pflanze (beispielsweise einer Yamswurzel) betrachten, sehen wir eine Sequenz. Wir erleben, wie *dieselbe* Yamswurzel in einer zeitlichen Sequenz von Reife zu Überreife übergeht. Der Zen-Mönch teilt unsere Sicht nicht, und auch nicht der Trobriander. Die reife Yamswurzel (die in der Sprache der Trobriander „Taytu" genannt wird) *bleibt* eine reife Yamswurzel. Wenn eine überreife Yamswurzel auftaucht, ist sie eine unterschiedliche Einheit, nicht kausal oder in einer Sequenz mit der reifen Yamswurzel verbunden. Es ist eine völlig andere Einheit und erhält sogar einen anderen Namen: „Yowana".
>
> (Ornstein 1975, S. 107)

8 Deshalb sind Trainees manchmal verwundert, wenn sie Sitzungen beobachten, die von Mailänder Therapeuten durchgeführt werden: Wenn die Methode nicht völlig verstanden wurde, bleibt ihre Logik unverständlich.
9 Wenn wir eine A-posteriori-Haltung einnehmen und über einen klinischen Fall schreiben oder ihn beschreiben, geben wir ihm einen narrativen Zusammenhang, der einer deterministischen Verkettung von Ereignissen ähnelt.

Demnach wird der Klient (eine Einzelperson, ein Paar oder eine Familie) vom Therapeuten in jeder Sitzung neu gesehen. Der Therapeut fördert die Lockerung der deterministisch-kausalen Beziehungen des Klienten, die ihre Wirklichkeit durch ihre von Leiden und ungelösten Konflikten bestimmte Sicht einengen. Der Klient wird vom Therapeuten als ein lebendes System betrachtet, das bereit ist, sich zu entwickeln und eine neue Zukunft zu konstruieren.

Obwohl sich ein Wandel in der Therapie nicht vorhersagen läßt, gibt es dennoch eine Beziehung zwischen der *Theorie* des Wandels des Therapeuten und dem Wandel selbst. Dem Prozeß des Wandels werden von unterschiedlichen Therapieschulen unterschiedliche Bedeutungen beigemessen. Wir konzentrieren uns hier auf die Beziehung zwischen Zeit und Wandel in der Theorie der Therapeuten. Beginnen wir mit einer Erfahrung eines der Autoren während seiner psychoanalytischen Ausbildung.

In meinem Ausbildungskurs mußte ich unter der Supervision eines Ausbildungsanalytikers drei klinische Fälle analysieren. Dies war mein zweiter Fall, ein 30jähriger Mann, der eine analytische Behandlung mit drei Sitzungen pro Woche Ende Juni begonnen hatte. Zufällig machte mein Supervisor zwei Monate Urlaub, so daß drei Monate Analyse schon vorbei waren, bevor ich die Gelegenheit hatte, über die Entwicklung der Dinge zu berichten. Nach diesen drei Monaten hatte mein Patient seine ursprünglichen Symptome nicht mehr. Im Gegenteil, er sagte, er fühle sich viel besser, und deutete schon an, daß er „geheilt" sei und die Analyse abschließen könne.

Als ich den Fall beschrieb, zeigte sich, daß mein Supervisor meine Begeisterung keineswegs teilte. Er fragte mich abrupt, wie ich das, was mit meinem Patienten geschah, erkläre, und ich wagte zu sagen – mit Zögern –, daß ich mit dem Patienten einer Meinung sei. Mit seinem kühlen Urteil, daß die Besserung des Patienten lediglich bedeutete, daß er mich „verführt" habe, daß es sich um einen klassischen Fall einer „Flucht in die Gesundheit" handle, einem offensichtlichen „Widerstand", hatte ich nicht gerechnet. Natürlich war ich recht enttäuscht, aber ich mußte meine Überzeugung, daß die Analyse beendet war, ändern. Überdies mußte ich als Trainee tun, was mir gesagt wurde. Ich las dieselbe Enttäuschung auf dem Gesicht meines Patienten, als ich ihm in einer allgemeinverständlichen Sprache erklärte, daß seine Besserung ein „Widerstand" und „eine Flucht in die Gesundheit" sei. Ich war neugierig zu erfahren, ob er die Vorstellung von mir so akzeptieren würde, wie ich sie von meinem Supervisor akzeptiert hatte. Nun, er hat es getan, und die Analyse stellte sich als eine langwierige heraus ... Man könnte sagen, daß der Patient mir gehorchte, und ich meinem Supervisor, wem aber gehorchte der Supervisor? Man könnte sagen, seiner Erfahrung, seinen Lehrern und den Textbüchern der Psychoanalyse, die eine ausreichende Zeit vorschreiben, um eine analytische Behandlung zu beenden!

Das war für uns ein ganz spezieller Fall, denn er löste ein besonderes Interesse für die Frage der Zeit aus und förderte Einsichten in die Beziehung zwischen Zeit und Wandel in den Theorien der Therapeuten. Die von einem Therapeuten für eine Therapie vorausgesagte Dauer hängt offensichtlich von der Zeit ab, die die befolgte Theorie vorschreibt. Beispielsweise lag in den 60er Jahren die angesetzte Zeitdauer für die Beendigung einer Freudschen Analyse zwischen drei und fünf Jahren, bei drei oder vier Sitzungen pro Woche; eine Kleinsche Analyse konnte sogar noch länger dauern. Wie unser Beispiel zeigt, verschreibt die Theorie des Therapeuten die Zeitspanne, die in der Regel notwendig ist, um Veränderungen zu erzielen und die Behandlung abzuschließen.

Die Mailänder Gruppe verwendete eine psychoanalytische Methode, als sie 1967 Familien und Paare zu behandeln begann. Sitzungen wurden über lange Zeiträume, manchmal über Jahre, einmal oder zweimal pro Woche abgehalten. Natürlich waren Sitzungsfrequenz und Therapiedauer so, wie sie die psychoanalytische Theorie vorschrieb. In konstruktivistischen Begriffen könnten wir sagen, daß die Therapeuten mit Beginn der Therapie gemeinsam mit ihren Klienten eine Wirklichkeit konstruierten, in der ein signifikanter Wandel erst nach ein oder zwei Jahren der Behandlung erwartet werden konnte.

Als die Gruppe 1971 das strategische Kurzzeittherapiemodell des Mental Research Institutes von Palo Alto übernahm, war vorgesehen, daß die Therapie nicht mehr als zehn Sitzungen dauern sollte, bei einer Sitzung pro Woche. Die Therapie der zehn Sitzungen führte die Idee eines Anfangs und eines Endes ein. Die meisten Familien zeigten innerhalb des verschriebenen Zeitraums einen signifikanten Wandel, und, was noch wichtiger war, in der achten oder neunten Sitzung kam es häufig zu plötzlichen und hochsignifikanten Veränderungen. In anderen Worten, die Erwartung eines Wandels innerhalb von zehn Sitzungen hatte vermutlich den pragmatischen Effekt, Veränderungen zu fördern. Die Gruppe debattierte lange die relativen Vorteile eines Wandels, der durch die psychoanalytische und die Palo-Alto-Methode bewirkt wurde, hielt das jedoch schließlich für eine sterile Diskussion: Das wichtigste war, daß es überhaupt einen Wandel gab.

Die Gruppe begann sich mehr für die Beziehung zwischen der für einen Wandel benötigten Zeit und der durch die Theorie des Therapeuten vorhergesagten Zeit zu interessieren. Ein überaus wichtiges Thema handelte von Rigidität versus Flexibilität des Zeitrahmens in der Theorie des Therapeuten. Es versteht sich von selbst, daß es ihm seine Flexibilität bezüglich der Zeit für einen Wandel gestattet, seine Zeit mit der des Klienten zu koordinieren. Ein Analytiker, der das Auftreten von „normalem Verhalten" nicht vor dem dritten Analysejahr erwartet, oder ein Kurzzeittherapeut, der es in maximal zehn Sitzungen erwartet, stülpen beide ihren Klienten ihre eigenen Zeitrahmen über. Man kann sie mit Eltern vergleichen, die hinsichtlich der Entwicklungsschritte ihrer Kinder starre Erwartungen haben: Sie erwarten, daß ihre Kinder ab einem bestimmten Alter plötzlich das Verhalten von Erwachsenen an den Tag legen. Diese reagieren vermutlich mit Frustration, weil ein Verhalten, das bisher in Ordnung war, nun nicht mehr akzeptiert wird. Das kann der Beginn eines sich eskalierenden Konfliktes sein.

Hinsichtlich der Dauer der Therapie ergab sich ein weiteres Problem. Aus Entfernungsgründen war es notwendig geworden, die Zeitabstände zwischen den Sitzungen bei einigen wenigen Familien, die eine lange Anreise zum Zentrum in Mailand hatten (beispielsweise aus Sizilien), zu verlängern. Anstatt einmal pro Woche wurden sie gebeten, einmal pro Monat zu kommen. „Seltsamerweise" erzielten diese Familien bessere Ergebnisse als die anderen, selbst wenn sie sich mit ernsthaften Problemen auseinanderzusetzen hatten. Wir beschlossen, daß alle Familien einmal pro Monat kommen sollten, und die Ergebnisse waren mehr als befriedigend. Von diesem Zeitpunkt an war das monatliche Intervall ein permanenter Bestandteil der Mailänder Therapie, die sich nun nicht mehr „Kurzzeittherapie" sondern „Lang-Kurzzeittherapie" nannte – kurz wegen der geringen Zahl von Sitzungen, aber lang wegen der Gesamtdauer der Therapie.

In den meisten Fällen war die Therapie nach der zehnten Sitzung erfolgreich abgeschlossen, manche Fälle, insbesondere Familien mit chronisch psychotischen Patienten, benötigten jedoch mehr Therapie. Ihnen bot man weitere zehn Sitzungen an. Manche dieser Familien waren nicht sehr erfolgreich und brachen die Therapie vor Beendigung des zweiten Zyklus ab. Unsere weiteren Erfahrungen unterstrichen, daß Familien mit einem chronisch psychotischen Mitglied für die Behandlung und für andere Interventionen, wie etwa individuelle Therapie, Rehabilitation, Gruppenerfahrung etc., häufig mehr Zeit benötigen.

Diese Fälle standen in auffallendem Gegensatz zu den unerwartet brillanten Erfolgen, die wir bei manchen Familien hatten. Sie hatten die Therapie selbst unterbrochen, oft in den ersten Sitzungen, ohne uns zu informieren. Die Nachuntersuchung dieser spontanen Abbrüche zeigte, daß es überraschenderweise überaus positive Veränderungen *nach* Abbruch der Therapie gegeben hatte. Das war seltsam und in gewisser Weise verwirrend, da wir zur Zeit der Nachuntersuchung annahmen, daß diese Familien therapeutische Mißerfolge seien.

Eine plausible Erklärung dieser „seltsamen" Ergebnisse könnte darin bestehen, daß diese Familien flohen, weil die Therapie Veränderungen ausgelöst hatte, die ihren inneren Zusammenhalt bedrohte, mit dem ernsten Risiko der Auflösung. Durch den Abbruch der Therapie verlangsamten diese Familien tatsächlich die plötzlich eingetretene Evolution.

Die Gruppe war durch diese unerwarteten Ergebnisse hocherfreut und begab sich auf eine Art von Egotrip. Eine Zeitlang glaubten wir, daß es unser Fehler sei, wenn sich Familien nach der vierten Sitzung noch nicht geändert hatten. In der Sprache jener Tage würden wir sagen, daß es den Therapeuten nicht gelang, die „Knotenpunkte" zu identifizieren oder eine signifikante Wirkung auf sie zu haben. Wir definierten damals die „Knotenpunkte" als die Punkte, an denen die Funktionen des Systems konvergieren und an denen eine Handlung mit dem geringsten Aufwand die größte Veränderung erzielen würde (Selvini Palazzoli et al. 1975). Es waren die Familien selbst, insbesondere jene mit psychotischen Mitgliedern, die die Gruppe schließlich wieder auf den Boden der Tatsachen brachten und sie von ihrer therapeutischen Omnipotenz heilten.

Diese Erfahrungen führte zu der wertvolle Einsicht, daß Wandel sowohl diskontinuierlich (was vielleicht am wichtigsten war) als auch kontinuierlich sein kann. Diese Ideen wurden theoretisch von Prigogines späteren Berichten über dissipative Systeme (Prigogine a. Stengers 1981) und von Thoms (1977) Katastrophentheorie bestätigt.

Wir sollten hier vielleicht hinzufügen, daß alle lebenden Systeme schon das Potential für Wandel und Selbstorganisation in sich tragen. Alles was für ihre spontane Auslösung nötig ist, ist die Schaffung eines geeigneten Kontextes. Ein gestauter Fluß bietet sich als einfache Metapher an: Sobald die Sperre entfernt wird, ist der Fluß durchaus in der Lage, selbst das Meer zu erreichen, ohne darauf warten zu müssen, daß man ihm das Bett bereitet.

4.3 Kontinuierlicher und diskontinuierlicher Wandel

Unterschiedliche Psychotherapietheorien implizieren unterschiedliche Beziehungen zwischen Zeit und Wandel. Alle Theorien, die sich auf Symptomveränderungen beziehen, implizieren einen diskontinuierlichen Wandel. Wenn beispielsweise Phobien mit Verhaltenstherapie behandelt werden, benötigen die Therapeuten einen bestimmten Zeitraum, um die phobische Reaktion zu vermindern und schließlich zum Verschwinden zu bringen. Wenn das geschehen ist, ist die Therapie beendet. Das trifft auch auf Verhaltenstherapien zu, die auf operationalem Konditionieren basieren und darauf zielen, ein angemesseneres Verhalten zu erzeugen. Auch strategische Therapien (Haley 1963; Watzlawick et al. 1971) haben das Ziel, Symptome zum Verschwinden zu bringen. Es ist kein Zufall, daß all diese Therapien zu den Kurztherapien gehören, die die Veränderung in einem definierten Zeitrahmen voraussetzen.

In der Psychoanalyse werden Symptome als Begleiterscheinungen unbewußter Konflikte angesehen. Das bloße Verschwinden von Symptomen ist kein Hinweis auf eine „Heilung", da sie durchaus von anderen ersetzt werden können, so lange der grundlegende Konflikt ungelöst bleibt. Trotz vieler theoretischer und praktischer Veränderungen im Lauf der Jahre mit Annäherungen an Hermeneutik und Dekonstruktivismus (Jervis 1989), dreht sich die Psychoanalyse um den Wachstumsprozeß des Klienten innerhalb der Beziehung zum Analytiker. Aus diesem Grund kann die psychoanalytische Zeit als kontinuierlich angesehen werden: indem sie zwei-, drei- oder viermal pro Woche miteinander interagieren, passen Patient und Analytiker ihre Zeiten und Rhythmen schließlich einander an und entwickeln sich gemeinsam in einem kontinuierlichen Prozeß. Die Zeit des Analysanden wird häufig durch den Rhythmus der Sitzung selbst gemessen. Veränderungen sind graduell und progressiv. Wenn es gelegentlich zu weitreichenden, diskontinuierlichen Veränderungen kommt, werden sie analysiert, interpretiert und in die bewußten Prozesse des Klienten integriert, was eine Reihe von Sitzungen in Anspruch nehmen kann.

Der grundlegende Gedanke der systemischen Therapie besteht darin, daß es zu Symptomen kommt, wenn die Beziehung einer Person zu sich selbst (Selbstreflexivität) oder zu anderen (Familienmitglieder sind besonders wichtig) ihre Bedeutung verliert oder obskure, widersprüchliche Bedeutungen annimmt. In diesem Sinne verweisen Symptome auf Probleme in Beziehungen: „Wie ist meine Position in meiner Familie? Was will meine Familie von mir? Bevorzugt meine Mutter mich oder meinen Bruder? Was ist meine Position in der Welt?" Natürlich kommt es auch in anderen Kontexten wie etwa Schule oder Arbeit oder mit Kollegen oder Freunden zu ähnlichen Problemen. Eine Person kann Symptome entwickeln, wenn sie sich durch Geheimnisse ausgeschlossen fühlt und man ihr innerhalb der Gruppe von Menschen, denen sie sich verbunden fühlt, Allianzen (Koalitionen) verweigert. Ein Beharren des Symptoms – der Ausdruck eines Dilemmas in den Gruppenbeziehungen – läßt die Mitglieder zwischen den Alternativen hin- und herschwanken. Insbesondere der symptomatischen Person kommt es so vor, als sei die Zeit stehengeblieben: Die eigene Entwicklungsfähigkeit ist merklich reduziert.[10]

In solchen Fällen kann eine Therapie die Probleme und Widersprüche der Beziehungen vielleicht lösen, so daß das System nicht mehr länger zwischen den ihm offenstehenden Alternativen hin- und hergerissen ist und nach eigenen Lösungen suchen kann. Aus dieser Sicht funktioniert Therapie durch Diskontinuität.

In *Paradoxon und Gegenparadoxon* (Selvini Palazzoli et al. 1975) hatte die Mailänder Gruppe schon eine Theorie eines diskontinuierlichen Wandels vorgestellt – Wandel durch Sprünge, im Gegensatz zu dem Konzept eines graduellen Wandels, das sie vorher verwendet

10 In seiner Theorie der Neurosen stellte Freud „Wiederholungszwänge" ins Zentrum für die Produktion und Aufrechterhaltung von Symptomen. Als Ergebnis „verliert" die Versuchsperson „ihre Freiheit".

hatte. Aus unserer augenblicklichen Sicht schaffen wir gleich mit Beginn der ersten Sitzung Bedingungen für einen diskontinuierlichen Wandel, ohne einem festgelegten Programm oder einer Sequenz von Stufen zu folgen („jede Sitzung ist die erste"). Natürlich besteht das Risiko, daß solche „Sprünge" Veränderungen verursachen, die der Therapeut nicht vorausgesehen oder gewollt hat. Das ist für den „omnipotenten" Therapeuten eine gute Medizin, denn er lernt so, angesichts der komplexen und oft unvorhersehbaren Ereignisse des Lebens demütig zu sein.

Das heißt nicht, daß wir nicht unsere eigene Ideologie hätten – es wäre unmöglich, keine zu haben –, wir versuchen jedoch, uns dessen immer bewußt zu sein und eine Beeinflussung unserer Klienten weitgehend zu vermeiden. Wir betrachten den Therapeuten als einen Förderer, einen Katalysator, der in der Lage ist, einen Wandel auszulösen. Unser Ziel ist es, mit unseren Klienten einen Kontext zu kreieren, in dem sie ihre eigenen Lösungen finden können. Später werden wir sehen, daß sich dieser Prozeß auch als die gemeinsame Konstruktion möglicher Welten ansehen läßt.

Diese Ideen werfen ein neues Licht auf Selvini Palazzolis Artikel *Why a Long Interval Between Sessions?* (1980), der zu erklären versuchte, weshalb monatliche Sitzungen zu besseren Ergebnissen führen als wöchentliche. Die grundlegende Idee bestand darin, daß die Familie nach der vom Therapeuten in einer Sitzung eingeführten Unruhe Zeit brauchte, um ein neues Gleichgewicht zu finden. Würde die nächste Sitzung abgehalten, bevor man dieses Gleichgewicht erreicht hatte, hätte der Therapeut die in der vorhergehenden Sitzung ausgelöste Veränderung vielleicht verlangsamen oder anhalten können, und er hätte durchaus mit der Familie verstrickt werden können. Jemand nannte das einmal „Hit-and-run"-Therapie, die einer Sequenz des Ungleichgewichts und Gleichgewichts im Familiensystem entspricht.

Derselbe Gedanke gilt für die Frage der Beendigung der Therapie. Der Therapeut beendet die Therapie abrupt, wenn es einen signifikanten und wichtigen Wandel gegeben hat, von dem angenommen wird, daß er sich in Zukunft spontan und ohne Hilfe des Therapeuten fortsetzen wird. Auf eine solche Art und Weise mobilisierte Familien haben die Aufgabe (und die Freiheit), ihre eigenen Veränderungen, ihre eigene Zukunft zu handhaben.

Das verträgt sich sehr gut mit den oben ausgeführten Prinzipien, daß das System – gleichgültig, ob es sich um einzelne oder Familien handelt – schon die Informationen enthält, die es benötigt, um sich aus eigenem Antrieb zu ändern. Natürlich wäre es absurd, dieses Axiom zu wörtlich zu nehmen, denn es würde zu der Schlußfolgerung führen, daß sich jedes Problem in einer Sitzung lösen lasse, wenn nur der richtige Schlüssel gefunden wird. Diese Denkweise läßt sich vielleicht auf Maschinen anwenden (triviale Maschinen, würde von Foerster sagen), nicht auf Menschen. Die Erfahrung hat uns gezeigt, daß es wiederholter Kontakte zwischen Klient und Therapeut bedarf, wenn neue Perspektiven und Lösungen entstehen sollen. Manchmal, etwa in Fällen chronischer Psychose, reicht Therapie allein nicht aus, und andere Interventionen wie Krankenhauseinweisungen und Rehabilitation sind erforderlich.

Das monatliche Intervall – das, wie wir sagten, notwendig ist, damit das System ins Gleichgewicht kommen kann – ist offensichtlich willkürlich. Wir haben tatsächlich versucht, Erklärungen zu finden – manche sind recht seltsam, wie etwa der Menstruationszyklus, Mondphasen, der Kalendermonat etc. –, um es zu rechtfertigen. Eins war jedoch sicher: Den meisten Familien gefiel das monatliche Intervall, und uns gefiel es auch, weil es die Organisation unserer Arbeit so sehr erleichterte. Natürlich ist die Gefahr der Rigidität immer gegenwärtig, gleichgültig, welches zeitliche Intervall man wählt. Manchmal werden die ersten beiden Sitzungen in aufeinanderfolgenden Wochen abgehalten und danach in einem monatlichen oder längeren Intervall. Ein weiterer Faktor, der sich auf die Sitzungsaufteilung auswirkt, ist der Arbeitskontext selbst – ob man allein arbeitet oder in einem Team, im staatlichen Sektor oder privat.

Zwei Punkte sollten an dieser Stelle betont werden: Es ist vielleicht wahr, daß Veränderungen in therapeutischen Systemen diskontinuierlich sind, wahr ist aber auch, daß Veränderungen *in einer kontinuierlichen Beziehung auftreten*. Auch erscheint das monatliche Intervall, so nützlich es auch für die Familientherapie ist, für Einzeltherapie zu lang. Eine Woche oder zwei Wochen sind da eher angebracht. Einzeltherapie scheint deshalb ein kürzeres Intervall zu brauchen, weil sie, um in der dyadischen Beziehung zwischen Klient und Therapeut Kontinuität zu fördern, häufigere Kontakte benötigt. Familien haben schon ihr eigenes Beziehungsnetz, was die Notwendigkeit für häufigere Kontakte reduziert.

4.4 Die gemeinsame Erschaffung der Zeit

Ein System läßt sich auf unterschiedliche Weise definieren. Nach Maturana und Varela (1981) ist es eine Einheit, die ein Beobachter definiert, indem er sie von ihrem Kontext unterscheidet. Es kann auch als eine Reihe von Elementen definiert werden, die innerhalb bestimmter Grenzen interagieren oder, nach Gregory Batesons auf Kybernetik basierender Definition, als jede durch Feedback strukturierte Einheit.

Als Therapeuten und Berater haben wir es mit sozialen Systemen zu tun: mit Individuen, Paaren, Familien, Institutionen, die sich zwangsläufig mit der Frage der Zeit auseinandersetzen müssen. Jedes System muß zeitlich koordiniert werden. Wenn wir die körperlichen (molekularen) und biologischen (zellularen, interzellularen, hormonalen) Systeme eines einzelnen betrachten, sehen wir, daß ihre unterschiedlichen Elemente innerhalb enger, klar definierter Grenzen koordiniert werden. In solchen Systemen ist die Zeit deterministisch, aber in sozialen Systemen wird die Koordination weniger eng kontrolliert und weniger dringend benötigt und ist sicherlich nicht deterministisch. Folglich sind unsere Gehirnzellen streng kontrolliert und koordiniert: Ihre körperlichen und biologischen Zeiten sind durch Notwendigkeit bestimmt. Menschliche Zeiten nicht.

In sozialen Systemen entsteht die Zeit durch den Konsens einer Gemeinschaft von Beobachtern: Menschliche Zeit wird durch Interaktion gemeinsam erzeugt. Jede Person hat ihre eigene individuelle Zeit, die je nach inneren und äußeren Umständen fluktuiert und variiert. Die individuelle Zeit bezieht sich auf die selbstreflexiven Kreisläufe, in denen jeder von uns ein Beobachter von sich selbst ist. In diesem Sinn impliziert die individuelle Zeit auf einer bestimmten Ebene einen sozialen Konsensus von Null und kann also von Person zu Person enorm variieren.

Wie jedoch Varela sagte, gibt es kein von der Umgebung isoliertes „Selbst". Das Selbst ist tatsächlich ein Niederschlag von vergangenen Erlebnissen und Interaktionen (insbesondere mit Menschen, die uns wichtig waren), so daß die individuelle Zeit nur dann eine Bedeutung erhält, wenn wir sie von sich ständig erweiternden Kreisläufen anderer Menschen umgeben denken, mit denen wir gemeinsam unterschiedliche interaktive Zeiten konstruiert haben.

In unserem täglichen Leben leben wir in unseren eigenen individuellen Zeiten, von denen aus wir Verbindungen knüpfen mit den individuellen Zeiten anderer Menschen, mit den Zeiten von Gruppen, Institutionen und schließlich mit unserer Kultur. Die Zeiten anderer Menschen zu verstehen, heißt zu verstehen, wie unsere eigenen Zeiten mit den ihren wechselseitig verknüpft sind.

In unserer täglichen Arbeit als Therapeuten sind wir oft fasziniert – auf welche komplexe, unvorhersehbare Art und Weise, sich Menschen auf die Zeit beziehen: Wir sehen Menschen, die in der Vergangenheit gefangen sind, Menschen, die ständig in die Vergangenheit zurückgehen (wie etwa bei posttraumatischen Streßstörungen), Menschen, die an massiven Verdrängungen oder amnesischen Störungen leiden, wie zum Beispiel bei der Hysterie und der Pseudologia Phantastica, und Menschen, die die Zeit verdinglichen, wie etwa zwanghafte Menschen, usw.

Wie alle anderen versuchen auch Menschen, die an seelischen Störungen leiden, Kontakte und Übereinstimmung mit anderen Systemen herzustellen. Was Wynne (1984) als Intimität bezeichnet, ist eng verknüpft mit einer optimalen Koordination der Zeiten. Bei seelischen Störungen ist eine solche Koordination jedoch recht schwierig zu erreichen. So haben beispielsweise Schizophrene, selbst wenn sie jahrelang zusammenleben, wie das zum Beispiel in den großen psychiatrischen Krankenhäuser der Fall ist, große Schwierigkeiten, ihre gegenseitigen Zeiten zu koordinieren.

Der Therapeut sollte demnach versuchen, die Koordination und Flexibilität der Zeit zu fördern. Das bedeutet auch, daß er sich seiner eigenen zeitlichen Annahmen und Idiosynkrasien und der Beschränkungen, die zeitliche Beziehungen mit Klienten bestimmen, bewußt sein sollte. Beispielsweise sind wir jetzt daran gewöhnt, „Kurztherapie" zu treiben, so daß es für uns schwierig – wenn nicht unmöglich – wäre, zu einer Therapie zurückzukehren, die sich auf zwei bis drei wöchentliche Sitzungen über einen Zeitraum einiger Jahre gründet.

4.5 Der selbstreflexive Kreislauf von Vergangenheit, Gegenwart und Zukunft

Betrachten wir jetzt die Beziehung zwischen Beobachter und den drei Dimensionen Vergangenheit, Gegenwart und Zukunft im Zeitsystem etwas genauer. Jedes menschliche System hat eine Geschichte, eine Vergangenheit, die die Bedeutung seiner gegenwärtigen Ereignisse definiert. Die Vergangenheit ist jedoch auch durch Ereignisse und Beziehungen in der Gegenwart definiert, so daß eine Schleife gebildet wird, in der Vergangenheit und Gegenwart sich gegenseitig definieren. Die Schleife wird noch komplexer, wenn wir die Zukunft hinzufügen, die ihre Bedeutung aus Vergangenheit und Gegenwart bezieht, diese aber wiederum verändert: Projekte, Strategien und Erwartungen können Handlungen der Gegenwart Bedeutung verleihen, und diese wiederum können die Strukturierung der Erinnerung beeinflussen (die Vergangenheit).

Beispielsweise beeinflußt ein in der Vergangenheit verwurzelter Familienmythos Wahrnehmungen und Handlungen in der Gegenwart und legt zukünftigen Ereignissen Beschränkungen auf, die wiederum den Mythos verändern, so daß er womöglich verschwindet. Ein anderes Beispiel ist auf einer ungleich größeren Ebene der Amerikanische Traum, der seine Wurzeln in den Pioniertagen der USA hat. Dieser Mythos hat das amerikanische Leben mehr als zwei Jahrhunderte lang durchdrungen, seine Apotheose erfuhr er im Zweiten Weltkrieg und seinen Niedergang während des Vietnamkrieges. Im kollektiven amerikanischen Bewußtsein (aber auch im nichtamerikanischen) hat dieser Niedergang ein Gefühl des Zweifels und Verlustes erzeugt und zu einer Neubewertung der Voraussetzungen des Mythos selbst geführt.

Vergangenheit, Gegenwart und Zukunft sind in einer einzigen selbstreflexiven Schleife vereint, es sollte jedoch betont werden, daß die Gegenwart in dieser Schleife eine besondere Stellung einnimmt. Wie Augustinus sagen würde, *sind alle Probleme Probleme der Gegenwart*: Vergangene und zukünftige Probleme existieren in der Gegenwart gemeinsam mit gegenwärtigen Problemen über die Gegenwart, aber kein Problem kann außerhalb der Gegenwart existieren, denn dann ist es kein Problem mehr: Es ist nur noch die Erinnerung oder die Möglichkeit eines Problems.

Es kann vorkommen, daß ein bestimmtes Ereignis – ein Treuebruch, ein Fehler, ein Krieg, ein Verlust – völlig dominiert. Obwohl Zeit vergangen ist, färbt es Ereignisse der Gegenwart und legt zukünftige Möglichkeiten starr fest. Es ist, als ob der selbstreflexive Kreislauf zerrissen wäre, um eine lineare, deterministische Kette zu werden: Das Ereignis, „das vergangen ist", hat einen großen Einfluß auf Gegenwart und Zukunft, ohne selbst durch sie verändert zu werden. Beispiele sind etwa nicht abgeschlossenes Trauern, posttraumatische Störungen bei Überlebenden von Kriegen, die von Erinnerungen und Alpträumen heimgesucht werden, oder eheliche Treuebrüche, die durch starke Emotionen das gesamte Leben des Paares infizieren.

In seinem Artikel *From Versailles to Cybernetics* gibt Bateson ein treffendes historisches Beispiel dieses Prozesses. Gegen Ende des Ersten Weltkriegs boten die Alliierten in Präsident Wilsons breit publizierten Vierzehn Punkten den Deutschen günstige Kapitulationsbedingungen an. In diesem wurde versprochen, daß es keine Annexionen, Reparationszahlungen oder Bestrafungen geben werde. Weil die Alliierten diese Versprechungen im Vertrag von Versailles brachen, wurde ein Klima voller Ressentiments, Mißtrauen und Haß erzeugt, das schließlich den Zweiten Weltkrieg auslöste. Diejenigen, die den neuen Krieg begannen, glaubten, sie handelten aus zufälligen, „gegenwärtigen" Motiven, obwohl diese tatsächlich durch Ereignisse der Vergangenheit stark beeinflußt wurden. Bei der Betonung der Rolle der Vergangenheit muß man jedoch vorsichtig sein, denn es besteht das Risiko, ein falsches Handeln in der Gegenwart zu legitimieren (etwa den Holocaust).

Der gemeinsame Nenner all dieser Beispiele ist, daß die mit einem bestimmten Ereignis verknüpften Ideen das individuelle und kollektive Bewußtsein dominieren, und zwar zum Nachteil anderer Ideen zu dem gleichen Ereignis oder zum Nachteil von Ideen, Erinnerungen und Erwartungen zu anderen Ereignissen. In anderen Worten, das System wird rigide. Je offener die Feedbackkreisläufe eines Ökosystems sind, umso flexibler, anpassungsfähiger und „normaler" ist das, was die freie Zirkulation von Information ermöglicht. Durch die Verwendung von Hypothesen und insbesondere zirkulären Fragen schafft die systemische Therapie einen Kontext, der alles „Rigide" auflöst und es erlaubt, daß sich neue Kreisläufe ergeben und neue Ideen, Bedeutungen und Perspektiven entstehen.

Das geschieht im therapeutischen Dialog, im Hier und Jetzt, wenn Probleme der Vergangenheit oder Zukunft in die Gegenwart geholt werden. In der Psychoanalyse geschieht das durch die Bearbeitung der Übertragung und Gegenübertragung, durch die die Vergangenheit noch einmal durchlebt wird. In anderen Therapieansätzen – bei der Verhaltenstherapie und, bis zu einem gewissen Grad, bei der strategischen und strukturellen Therapie – wird das erreicht durch die Verwendung verhaltensmäßiger Verschreibungen oder durch Neustrukturierung in der Gegenwart. In jüngeren psychoanalytischen und systemischen Therapien (Anderson a. Goolishian 1990) mit einer hermeneutischen Grundlage liegt die Betonung auf dem Gespräch in der Gegenwart und den sich daraus ergebenden Bedeutungen.

Der interessante Ansatz einer „zukunftsorientierten" Therapie wurde von Milton Erickson und danach von de Shazer (1988) entwikkelt. In *Pseudo-Orientation in Time as a Hypnotic Procedure* (1954) präsentiert Erickson Hypnose nicht nur als eine Methode, um in die Vergangenheit zurückzukehren, sondern auch als eine Methode, um auf die Zukunft einzuwirken, indem dem Klienten nahegelegt wird, daß er die seinen tiefsten Wünschen entsprechenden Ziele *schon erreicht* hat. De Shazer erreicht ähnliche Ziele, ohne Hypnose anzuwenden:

> In der Therapiesituation scheint das einfache, detaillierte Beschreiben einer Zukunft, in der das Problem schon gelöst ist, die Erwartung zu wecken, daß das Problem gelöst werden wird. Diese einmal geweckte Erwartung kann dem Klienten dabei helfen, sein Denken und Verhalten so zu ändern, daß sich seine Erwartung tatsächlich erfüllt.
>
> (de Shazer 1988, S. 68)

Die „Vergegenwärtigung" von Vergangenheit und Zukunft in der therapeutischen Beziehung zielt darauf, Zirkularität und Flexibilität in das System einzuführen, damit Fluktuation, Schwankungen, Wiederholungen und Blockierungen verschwinden können und die Zeit wieder frei fließen kann. Telfener (1987) gibt eine ausgezeichnete Beschreibung, wie das herbeigeführt werden kann:

> Die erneute Aufmerksamkeit gegenüber der Zeit gestattet es, die Gegenwart von Vergangenheit und Zukunft abzukoppeln; eine andere Interpretation der Gegenwart erlaubt es, sich für eine neue Vergangenheit zu entscheiden und sich verschiedene mögliche Zukünfte vorzustellen. Veränderung ist die Transformationsregel, die es erlaubt, die Zukunft von der Vergangenheit abzukoppeln und eine Sequenz zu unterbrechen, die von Menschen in der Therapie nur zu häufig für gegeben hingenommen wird.
>
> (Telfener 1987, S. 34–35)

4.6 Mögliche Welten

„Pathologische" Systeme werden in der Fachliteratur häufig mit „rigiden" Systemen gleichgesetzt, das heißt mit Systemen von nur geringer oder keiner Flexibilität. Sie basieren auf deterministischen Annahmen der Notwendigkeit, die sie dieselben Muster, Verhaltensweisen und Erklärungen reproduzieren lassen. Unsere Klienten haben in der Regel eine lineare, „historische" Vorstellung von der Zeit, in der die Vergangenheit die Gegenwart bestimmt und die Zukunft einschränkt. Ein Weg, um einen Wandel zu bewirken, besteht nach unseren Erkenntnissen darin, einen Kontext zu schaffen, der auf die deterministischen Prämissen der Klienten einwirkt und dadurch Kreativität fördert.

Die Logik liefert mit der gemeinsamen Erschaffung „möglicher Welten" einen nützlichen und interessanten konzeptionellen Rahmen, um zu „erklären", wie dies geschehen könnte. In der formalen Logik bezieht sich der Begriff „mögliche Welten" auf eine Situation, die eintreten könnte. Der von Leibnitz in seinem *Diskurs über Metaphysik* erstmals verwandte Begriff führte zu dessen vielleicht bekanntestem Aphorismus: „Unsere Welt ist die beste aller möglichen Welten." (Allwood et al. 1977).

Die wirkliche Welt ist einfach– zu einfach, würde ich sagen. Sie ist schematisch, und es fehlt ihr an Substanz ... Wenn die Dinge erst einmal menschlich werden, verändert sich alles, denn zu unserer einzigen schematischen Welt wird eine phantastische Reihe möglicher Welten hinzugefügt. Ich glaube, das ist die eigentliche Bedeutung von Leibnitz' Idee über das, was geschah, als der Mensch im Universum auftauchte. In einem gewissen Sinn wurden unzählige neue Welten geboren. (Toraldo di Francia 1990, S. 26)

Die gewöhnliche Sprache neigt dazu, eine prädikative und propositionale Logik zu erzeugen (Allwood et al. 1977), die zu einer bestimmten Zeit nur eine mögliche Welt sieht und ihre Wahrheiten häufig für absolut hält, als ob unsere Aussagen über die Welt dasselbe wäre wie aus logischen Prämissen gewonnene, unstreitige Wahrheiten. Die Funktion der Therapie besteht dann in der Einführung einer *modalen* Logik, die die Existenz anderer möglicher Welten anerkennt. Nelson Goodman (1978) sagt, daß es für eine Person im Alltagsleben wichtig sei zu glauben, die Welt sei eine flache Scheibe, weil es sonst Probleme geben könnte. Genauso muß ein Astronaut glauben, daß die Welt rund sei, weil er sonst in beträchtlicher Gefahr wäre. Beide Aussagen - „die Welt ist flach", „die Welt ist rund" – sind in zwei unterschiedlichen möglichen Welten, das heißt in zwei unterschiedlichen deskriptiven Gefilden, gleichermaßen gültig.[11]

Giuliano Toraldo di Francia (1990) sagt weitgehend dasselbe, wenn er auf die Diskrepanzen zwischen der allgemeinen Relativitätstheorie, die sich auf die makroskopische Welt bezieht, und der Quantenmechanik verweist, die sich auf die subatomare Welt bezieht. Diese Widersprüche machen die Theorien für Physiker nicht weniger wertvoll, sie beziehen sich nur auf unterschiedliche deskriptive Gefilde.

Kenntnisse von der externen Welt sind nicht einfach nur eine Art von Spiegelung, sondern die dynamische Konstruktion eines Beobachters, der die „reale" Welt durch die Einführung der Zeit mit möglichen Welten vergleicht.

> Eine mögliche Welt ist keine synchronische Struktur, sondern die diachronische Entwicklung einer Struktur: Es ist eine Geschichte. Das synchronische Universum scheint vielleicht zu einfach zu sein. Sobald wir jedoch eine historische Dimension einführen, wird alles bereichert und wird wunderbar kompliziert.
>
> (Toraldo di Francia 1990, S. 29)

Wie Jerome Bruner (1986) bemerkt, können mögliche Welten durch modale Logik beschrieben werden:

> In der neuen und stärkeren modalen Logik fragt man nicht, ob eine Behauptung wahr oder falsch ist, sondern in welcher möglichen Welt sie wahr sein könnte. Wenn die Demonstration möglich wäre, daß sie in *allen* möglichen Welten wahr sei – wie beispielsweise die Aussage „ein Junggeselle ist ein unverheirateter Mann" in allen möglichen Welten wahr ist –, dann würde eine solche Wahrheit sicherlich nicht von der Welt, sondern vom Wesen der Sprache abgeleitet werden.
>
> (Bruner 1986, S. 57)

11 Nach Goodman werden „Welten" durch geistige Aktivität erzeugt, die demnach unendlich viele „mögliche Welten" schaffen kann, jede mit ihrem eigenen Zusammenhang. Jede Welt ist so real wie eine andere, obgleich Goodman, keineswegs ein totaler Relativist, die meiste Zeit dem Definieren der Kriterien widmet, die eine Welt „realer" machen als eine andere.

In bestimmten Grenzen kann jeder Diskurs unter Verwendung einer unterschiedlichen Logik interpretiert werden: Innerhalb der Annahmen, die wir über die dadurch geschaffene Welt machen, ist jede Interpretation gültig (wir verwenden „Welt" im Sinne von Nelson Goodman (1978). Die Art und Weise, wie wir Sprache und Handlungen interpretieren, hat eine bedeutende Wirkung auf unser Leben, demnach ist eine Veränderung der Grundlagen dieser Interpretationen (und Annahmen) selbst eine der Bedingungen für Veränderungen.

Nehmen wir ein Beispiel. Die Aussage „Mein Sohn steht nicht auf eigenen Beinen" ist in allen logisch möglichen Welten wahr. In der Logik wird dies durch den „modalen Operator" *N* ausgedrückt, der besagt, daß „diese Aussage notwendig, das heißt in allen möglichen Welten wahr ist". Dagegen wird die Aussage, „mein Sohn wird vielleicht nicht auf eigenen Beinen stehen", durch den modalen Operator *M* ausgedrückt, der besagt, daß „diese Aussage möglich, das heißt in einer möglichen Welt wahr ist". Therapie versucht, notwendige Aussagen abzuschaffen, um mögliche einzuführen. Wir verwenden häufig das Wort „Idee", um eine mögliche Welt darzustellen: „Wann hatten Sie die Idee, daß Ihr Sohn nicht auf eigenen Beinen steht? Woher kam die Idee? Was müßte geschehen, damit Ihnen eine andere Idee einfällt? Wer könnte Sie von den Menschen, die Sie am meisten respektieren, überreden, diese Idee, daß Ihr Sohn nicht auf eigenen Beinen steht, aufzugeben? Nehmen wir an, daß Sie der Idee, Ihr Sohn stehe nicht auf eigenen Beinen, in einem Jahr nicht mehr anhängen. Was würde sich in Ihrer Familie verändern?" Und so weiter.

Modale Logik kann in einer diachronischen Perspektive verwendet werden, das heißt in einem zeitlichen Kontext, der zuläßt, daß sich eine Aussage auf andere entsprechende Aussagen bezieht, die an anderen „Punkten" des Zeitkontinuums gemacht wurden (Allwood et al. 1977). Wir arbeiten auf eine ähnliche Weise. Aus systemischen, in der Beratung oder Therapie formulierten und getesteten Hypothesen erzeugten mögliche Welten können die „reale" Welt unserer Klienten beeinflussen und ihnen helfen, in Begriffen möglicher Welten zu denken. Wir könnten demnach sagen, daß Beratung und Therapie nicht nur einen Lernkontext schaffen, sondern einen doppelten Lernkontext, einen Kontext, in dem Klienten lernen zu lernen.

5. Zeit in Beratung und Therapie

Jeder Dialog hat eine Zeit und einen Rhythmus, die durch die Interaktion der Beteiligten gemeinsam konstruiert werden. In diesem Kapitel werden wir sehen, weshalb es wichtig ist, eine Analyse über die Interaktion der Zeit in Therapie oder Beratung zu erstellen. Wir befassen uns zuerst mit verschiedenen Aspekten der Klientenzeit, der Therapeutenzeit, der Beratungszeit und der Teamzeit, um dann zu umreißen, wie wir in unserer Arbeit Zeit untersuchen und verwenden.

5.1 Beratung versus Therapie

An erster Stelle wollen wir die Begriffe *Therapie* und *Beratung* klären und ihre Entwicklung verfolgen. „Therapie" ist schon lange der Hauptbegriff oder sogar der einzige Begriff gewesen, um klinische Interventionen in Familien zu beschreiben. Der Begriff „Beratung" ist in der Fachliteratur nur sparsam verwendet worden, doch in den 80er Jahren nahm das Interesse an Beratung und ihrer Beziehung zur Therapie deutlich zu. Manche Autoren haben sogar die Verwendung des Begriffs „Therapie" ganz fallengelassen (siehe Hoffman 1990), obwohl sie mit einzelnen, Paaren oder Familien in einem klinischen Kontext arbeiten.

Ein vor einigen Jahren von Lyman Wynne und Kollegen herausgegebenes Buch – *Systems Consultation: A New Perspective for Family Therapy* (1986) – erläutert die Gründe für die Verschiebung von Therapie zur Beratung im klinischen Bereich. Die Gründe umfassen in erster Linie die Unzulänglichkeit und Ungenauigkeit der Art und Weise, wie wir Familienprobleme beschreiben: Manche würden sogar behaupten, daß es kein Klassifizierungssystem gibt, um sie begrifflich zulänglich zu beschreiben. Die Vorstellung, daß eine Familie „krank“, „pathologisch“ oder „pathogen“ ist und darum einer Therapie bedarf, findet sich immer seltener. Verfechter der Selbsthilfe beispielsweise lehnen das Konzept der Familienpathologie völlig ab.

Ein anderer Grund besteht darin, daß Klienten häufig kommen, um den Rat eines Experten zu einem Problem – einem Zustand des Unbehagens oder Leidens – einzuholen, und nicht, um von einer „Krankheit“ geheilt zu werden. Ist der Experte mit dem Vorschlag einer Therapie zu rasch bei der Hand, wird die Diskussion auf gegenwärtige „pathologische“ Probleme und wie sie in der Zukunft gelöst werden können beschränkt, so daß die Möglichkeit vertan wird, die Ressourcen des Klienten hervorzuheben. Familien oder Einzelpersonen sind nicht immer bereit, sich einer erschöpfenden Befragung zu unterziehen, sich auf eine therapeutische Reise zu begeben, die ihre Probleme zwar durchaus lösen mag, aber zu einem hohen Preis (z.B. dem Auftauchen unlösbarer Konflikte). Das ist ein Hauptgrund für das frühzeitige Abbrechen einer Therapie. Ein Beratungskontext könnte solche Risiken vermeiden und insofern nützlich sein, weil er Ressourcen statt Probleme, Gesundheit statt Krankheit betont. Er ermutigt eine Form der Zusammenarbeit, in der Klienten die volle Verantwortung für getroffene Entscheidungen übernehmen.

Wie wir in Kapitel vier dargelegt haben, unterzogen sich die in den frühen 70er Jahren an das Mailänder Zentrum für Familientherapie überwiesenen Paare und Familien zuerst einer einleitenden Beratungssitzung. Zum Schluß wurden den Klienten zehn Therapiesitzungen angeboten, falls dies angezeigt schien. Zu dieser Zeit hielten wir Familien mit einem „kranken“ Mitglied für „pathologisch“ und einer therapeutischen Intervention bedürftig, um sie zu „kurieren“.

Später erfuhren unsere Sitzungen einen allmählichen Wandel von der Therapie zur Beratung. Im Gespräch mit Klienten vermieden wir zunehmend mit Krankheit assoziierte Worte wie „Symptome“, „Sitzung“, „Diagnose“. So vermieden wir die Sprache der Pathologie entsprechend den jüngsten theoretischen Entwicklungen (Kybernetik zweiter Ordnung, Konstruktivismus, Konstruktionismus, postmodernen Ansichten). Wir haben es aufgegeben, zehn Sitzungen anzubieten, da das die Anwesenheit von zu lösenden Problemen implizierte, und ziehen es inzwischen vor, Termine für die nächste Sitzung von Fall zu Fall zu vereinbaren. Während unser urspüngliches Ziel darin bestand, Symptome mittels einer „Abschlußintervention" auszuschalten, zogen wir es später vor, Ideen, Vorstellungen und Emotionen im Gespräch mit unseren Klienten zu untersuchen, in einem Kontext, der einen Wandel der Voraussetzungen der Klienten sowie die gemeinsame Konstruktion neuer Wirklichkeiten ermöglichte.

In der Vergangenheit wußten Klienten und Therapeuten sehr gut, daß sie in einer als „Therapie" beschriebenen Beziehung standen. Inzwischen ist alles weniger eindeutig: Obwohl Klienten normalerweise wegen einer Therapie zu uns kommen oder überwiesen werden, gleichen die Treffen mit ihnen mehr einer Beratung als einer Therapie. Manchmal wird das Treffen explizit als Beratung definiert: wenn ein Kollege unsere Meinung zu einem klinischen Fall wünscht, oder wenn wir gebeten werden, in einem nichtklinischen Kontext zu arbeiten, zum Beispiel bei Problemen, die bei privaten oder staatlichen psychiatrischen Teams auftreten. Wir werden auch manchmal von staatlichen sozialen Diensten oder privaten Firmen um Beratung gebeten, um organisatorische Fragen zu klären.

Es lohnt sich hier, Edgar H. Scheins (1987) interessante Klassifizierung nichtklinischer Beratungen anzuschauen. Schein, Professor für Management am (Massachusetts Institute of Technology), unterscheidet drei Typen: „Informations-Erfahrungsaneignung", „Arzt–Patient" und „Prozeßberatung". Beim ersten Typ weiß der Klient (Manager oder Managementgruppe einer Firma) schon, worin das Problem besteht, welche Art von Hilfe benötigt wird und an wen er sich wenden muß, also engagiert er einen Berater, um eine Lösung zu finden. Beim zweiten Typ wird der Berater vom Klienten angewiesen, „herauszufinden, was los ist, eine Diagnose zu stellen und zu verschreiben, was getan werden muß". Der Klient wird so vom Berater abhängig und wird nicht ermutigt, selbst herauszufinden, wie Probleme gelöst werden können.

„Prozeßberatung" (in manchem ähnelt dies unserer Arbeitsweise) unterscheidet sich von den anderen Modellen nicht so sehr inhaltlich als darin, wie der Berater die Beratungsbeziehung strukturiert. „Die Grundannahme besteht darin, daß das Problem Sache des Klienten ist und es auch während des gesamten Beratungsprozesses bleibt." (1987, S. 29). Letztendlich kennt nur der Klient den Kontext, in dem er arbeitet, wirklich – seine Eigenheiten, seine Ressourcen, was funktioniert und was nicht funktioniert. In der

Prozeßberatung werden nicht nur Probleme gelöst: „Was noch wichtiger ist, der Klient lernt, Probleme zu lösen, so daß er sie auch dann lösen kann, nachdem der Berater seine Arbeit beendet hat." (1987, S. 30). Mit Bateson könnten wir sagen – wie wir das in unserer Therapie und Beratung ja auch tun –, daß ein Lernkontext der zweiten Ordnung (Deutero-Lernen) kreiert wird, in dem Klienten lernen und lernen, wie man lernt.

5.2 Klientenzeit

Die Wichtigkeit der Koordination menschlicher Interaktion ist ein zentraler Punkt unseres Denkens. Alle Systeme – lebende oder nichtlebende – benötigen ein gewisses Maß an Koordination zwischen ihren Bestandteilen, wenn sie weiterleben sollen. In mechanischen Systemen kann diese Koordination sehr eng sein mit wenig oder gar keinem Raum für Schwankungen. Auch bei den einfachsten lebenden Systemen – etwa in multizellularen Organismen – wird Koordination durch die Notwendigkeit beherrscht: Wir brauchen hier nur an Krebs zu denken, wo sich wenige Zellklonen den Wachstums- und Koordinationsgesetzen des größeren Organismus mit verheerenden Auswirkungen auf den Organismus selbst entziehen.

In komplexeren Systemen, die mehrere Organismen umfassen, wie zum Beispiel eine interagierende menschliche Gruppe, sieht die Sache völlig anders aus. Aber auch hier kann die Koordination, wenn sie auch äußerst variabel ist, bestimmte Parameter nicht überschreiten. Wenn in einer *Reihe* möglicher Koordinationen das eine oder andere Extrem überschritten wird, das heißt wenn die Koordination entweder zu gering oder zu einengend wird, treten Dysfunktionen auf bis hin zur Desintegration des gesamten Systems.

Also muß die Koordination der Zeiten, Rhythmen und zeitlichen Horizonte in dieser Reihe aufrechterhalten werden, denn sonst können Blockierung und Rigidität oder Chaos und ein unannehmbares Maß an Unvorhersehbarkeit die Folge sein. Wie wir in den sozialen Zeiten der Städte (Kapitel zwei) gesehen haben, kann die mangelhafte zeitliche Koordination der Zeiten zu diesen Merkmalen führen. Genauso kann es dadurch in Familien dazu kommen, daß sie schmerzliche Konflikte, Leid und Symptome erleben. Ein gutes Beispiel für die rigide, überbelastende Koordination von Zeitbeziehungen zwischen

Mensch und Maschine ist in dem als „wissenschaftliches Management" bekannt gewordenen Ansatz von Frederick Taylor zu finden. In seinem Buch *Images of Organizations* bietet Morgan eine gute Beschreibung darüber:

> Bei der Anwendung seiner fünf Prinzipien befürwortet Taylor die Verwendung von Zeit- und Bewegungsstudien als Mittel zur Analyse und Standardisierung von Arbeitsaktivitäten. [...] Das „Denken" wird den Managern und Konstrukteuren überlassen, das Tun den Beschäftigten. [...] Die Steigerung der Produktivität wurde oft nur unter großen menschlichen Kosten erreicht und reduzierte viele Arbeiter zu Automaten. [...] Als Henry Ford beispielsweise sein erstes Montageband einrichtete, um das „Modell T" herzustellen, stieg die Fluktuation der Beschäftigten auf etwa 380 Prozent pro Jahr. [...] Als die Firma General Motors in den späten 60er Jahren beschloß, die Effizienz in ihrer Fabrik in Lordstown zu steigern, wurde die Geschwindigkeit des Montagebands erhöht, um den Ausstoß an Autos von 60 auf 100 pro Stunde zu steigern. Bei diesem neuen Tempo hatte jeder Arbeiter 36 Sekunden Zeit, um mindestens 8 verschiedene Handgriffe auszuführen.
>
> (Morgen 1986, S. 30–31)

In dem Film „Moderne Zeiten" übt Charlie Chaplin eine so ironische wie verheerende Kritik rigider, „unmenschlicher" Rhythmen der industriellen Produktion im Zeitalter des Taylorismus, wenn dem Fließbandarbeiter die Koordination mit den Maschinen und den anderen Arbeitern nicht mehr gelingt und er eine Reihe von Ticks entwickelt (eine gute Darstellung dafür, daß Symptome als Metaphern für Beziehungen betrachtet werden können).

Die Koordination von Zeiten in menschlichen Beziehungen hängt von biologischen, kulturellen und sozialen Faktoren ab. Wenn eine Gruppe von Menschen eine Beziehung eingeht, entwickelt sie durch die Koordination ihrer Handlungen und Bedeutungen einen zeitlichen Zusammenhalt. Die Koordination individueller Zeiten ist für diesen Zusammenhalt von grundlegender Bedeutung. In klinischen Fällen versuchen wir, das im Kontext des Bedeutungssystems der Gruppe (Familie, Schule, Arbeitsplatz usw.) zu „sehen". Dieses Bedeutungssystem ist seinerseits Teil eines größeren sozialen und kulturellen Systems. Wenn wir dieses komplexe System durch die Linse der Zeit betrachten, können wir zeitliche Harmonien und Disharmonien bei Einzelpersonen, zwischen einzelnen und ihren

Familien, zwischen einzelnen und sozialen Systemen (Schule, Arbeitsplatz), und zwischen Familien und der vorherrschenden Kultur identifizieren. Zum Beispiel gibt es häufige, schwerwiegende zeitliche Koordinationsprobleme in menschlichen Gruppen bezüglich der Anpassung von Immigranten an das Gastland und bezüglich der Beziehungen in gemischtrassischen Gesellschaften.

Eine Person kann ihre Zeitprobleme auf vielfältige Weise beschreiben. Sie fühlt sich vielleicht nicht in der Lage, ihre verschiedenen inneren Zeiten zu koordinieren. Sie fühlt sich blockiert, nicht entwicklungsfähig, nicht in der Lage, in der Gegenwart zu leben, nimmt Zuflucht in der Vergangenheit oder Zukunft. Sie erlebt die Zeit als einen Tyrannen, der ihr Leben unterdrückt, kontrolliert oder der sich ihr entzieht. Zudem fühlt sie sich unfähig, ihre inneren, subjektiven Zeiten mit externen Zeiten (Arbeitszeit, Freizeit usw.) zu koordinieren.

Wir werden nun über einige Zeitprobleme aus unserer Praxis berichten. Wir beabsichtigen, weder eine systematische Behandlung noch eine Klassifizierung, sondern lediglich eine Übersicht einiger Probleme zu geben, die uns häufig begegnen.

5.2.1 Disharmonie zwischen objektiven und subjektiven Zeiten bei Paaren

Beginnen wir mit einem literarischen Beispiel. Herr Kawai Joji, ein dreißigjähriger Mann von ganz gewöhnlicher Erscheinung und mit gewöhnlichen Zielen, heiratet eine Vierzehnjährige namens Naomi, ein niedliches, gutmütiges, fröhlich veranlagtes Mädchen. Nach einigen Jahren entdeckt er eine komplizierte Reihe von Treuebrüchen und erkennt, daß seine Frau, die er inzwischen kaum wiedererkennt und die ihm sogar völlig unbekannt zu sein scheint, ihre eigenen Bedürfnisse hat:

> ... plötzlich erinnerte ich mich an unsere erste Begegnung, als sie noch als Kellnerin im Café Diamond arbeitete. Wie viel besser sie damals war! Sie war naiv, schüchtern, gut und ein wenig melancholisch. Sie hatte nichts mit dieser vulgären und unhöflichen Frau gemeinsam. Ich hatte mich in die Naomi jener Tage verliebt und wurde dann in den Sog der Trägheit hineingezogen. Von da an, ohne daß es mir bewußt gewesen wäre, hatte sie sich verändert und wurde zu einer unerträglichen, beinah grauenhaften Person ...
>
> (Tanizaki 1988, S. 266).

Herr Joji ist natürlich ein Phantasiegebilde Junichiro Tanizakis, und doch treten ähnliche Probleme in unserem Leben öfter auf, als wir glauben. Solche Fälle kommen immer dann vor, wenn ein Partner an dem Bild des anderen Partners von vor Jahren festhält. Eine zunehmende Enttäuschung macht sich breit: Die andere Person ist nicht mehr so, wie sie sein soll bzw. wie sie in der Vergangenheit gewesen ist. Die unterschiedliche Wahrnehmung wird zum Ausgangspunkt eines Prozesses, in dem die Abweichung immer größer wird. Unterschiede zwischen den Partnern werden übertrieben, und beide nehmen allmählich starre Positionen ein. Was als leichte Spannung beginnt, entwickelt sich bald zu einem gegenseitigen Nichtverstehen, das zum offenen Konflikt führen kann.

Diese Unterschiede zwischen einer gegenwärtigen und einer vergangenen Vorstellung ähneln den in Kapitel vier untersuchten, die von Therapieteams und Klienten handelten. In den frühen 70er Jahren hielt die Mailänder Gruppe an der in der ersten Sitzung formulierten systemischen Hypothese (synchrone Sicht) fest, später bevorzugte sie allerdings einen koevolutionären Ansatz (diachrone Sicht). Das Denken und die Emotionen werden in menschlichen (und therapeutischen) Beziehungen oft polarisiert, so als wären wenige Bilder aus dem Film unseres Lebens ausgewählt worden, und nicht eins der unzähligen anderen, die wir hätten auswählen können.

Der Fall des Paares Valeri illustriert diesen Prozeß recht deutlich. Ihr Leben wurde von ständigen Rückblenden dominiert, die ihnen ständig ein einziges Bild aus dem Film ihrer Vergangenheit präsentierten. Frau Valeri war ihrem Mann vor etwa zehn Jahren untreu gewesen und hatte sich ihm seitdem völlig unterworfen, um seinen ständigen Anschuldigungen aus dem Wege zu gehen. Doch je duldsamer sie war, um so mehr beschuldigte er sie: „Du kannst das, was du getan hast, nicht ungeschehen machen!" So lebte Frau Valeris Schuld in der Familie immer weiter und wurde ohne Hoffnung auf Gnade aufrechterhalten.

Divergierende Wahrnehmungen der Zeit können noch viele andere Formen des Unbehagens hervorbringen. Die Rossis hatten als Paar einen vielversprechenden Anfang, begannen dann jedoch, sich zu streiten, und der eine Partner schien dem anderen gegenüber immer intoleranter zu werden. Die Wurzel des Problems war von Beginn an klar: Frau Rossi war eine lebhafte, aufgeweckte Frau, die plötzlich und unerwartet handelte. Ihr Mann war dagegen ruhig, langsam und trat auf der Stelle. Schon nach einem kurzen Gespräch wurde deutlich, daß Frau Rossi an der Langsamkeit und Langatmigkeit ihres Mannes verzweifelte, und sie reagierte darauf, indem sie sich noch energischer und flinker bewegte. Das reizte wiederum ihren Mann, der daraufhin noch langsamer wurde. Wie bei der von Watzlawick et al. (1967) beschriebenen „nörglerischen" Frau und dem „verschlossenen" Mann, erwiderte Herr Rossi auf die Frage „Warum sind Sie so langsam?" mit der Antwort „Weil meine Frau mich mit ihrer Herumrennerei verrückt macht!", und sie sagte: „Ich renne immer so herum, weil er mich mit seiner Langsamkeit auf die Palme bringt!"

Giorgio und Beatrice suchten unser Zentrum auf, weil sie als Paar Probleme hatten. Nach etwa fünf Jahren eines relativ friedlichen Ehelebens hatte sich Beatrices Lebensstil kurz nach der Geburt ihrer Tochter plötzlich geändert. Mehr oder weniger über Nacht verwandelte sie sich von einer gehorsamen Ehefrau – einer perfekten Hausfrau – in eine gesellschaftlich aktive Frau, die sich einen Job suchte. Kurz gesagt, sie hatte angefangen, von ihrem Mann unabhängig zu sein. Seine Reaktion darauf war katastrophal: Zuerst suchte er sich eine andere Frau, doch als seine Frau es ihm gleichtat und sich einen anderen Mann suchte, drehte er durch und fiel in eine schwere Depression. Das war der Anfang einer stürmischen Beziehung, einer Art *via crucis* für das Paar. Mann und Frau unterzogen sich einer Einzeltherapie. Zwei Jahre später bekam Beatrice eine zweite Tochter und schloß ihre Therapie erfolgreich ab. Giorgio jedoch unterzog sich einer sieben Jahre dauernden Analyse, ohne daß sich Wesentliches geändert hatte. Sein Analytiker hatte schließlich eine Paartherapie vorgeschlagen.

Der Kern des Problems – Beatrices neuentdeckte Freiheit nach Jahren des Gehorsams – war von Anfang an offensichtlich. Der Therapeut definierte dies als „den Ersten Unabhängigkeitskrieg"[1], der das Paar entfremdet hatte, als sich Beatrice der Zukunft zuwandte, während ihr Mann sich quälte, weil er sie nicht so akzeptieren

1 Italien erhielt im 19. Jahrhundert nach drei Unabhängigkeitskriegen den Status einer Nation. Wir haben oft solche Fälle, in denen das Paar Schwierigkeiten hat, sich an neue kulturelle Modelle anzupassen. Viele Männer sind immer noch nicht in der Lage, Veränderungen der Geschlechterrollen, das heißt die Emanzipation der Frauen, zu akzeptieren.

konnte, wie sie nun war, sondern darauf bestand, daß sie so sein müsse, wie sie früher gewesen war. Beide waren in ihren divergierenden zeitlichen Ansichten gefangen: Die Ehefrau konnte die Hartnäckigkeit ihres Mannes nicht verstehen, und er konnte die inzwischen nicht wieder rückgängig zu machende Veränderung, die in seiner Frau vor sich gegangen war, nicht verstehen. Da sie sich weder trennen, noch „wie vorher" zusammenbleiben konnten, teilte das Paar nicht mehr denselben zeitlichen Horizont: Er lebte in der Vergangenheit, sie in der Zukunft. Folglich waren beide seit Jahren taub gegenüber den Ansichten des Partners. Giorgio scheint Tanizakis Herrn Joji sehr zu ähneln.

Das Problem der Amendolas, ein kinderloses Paar der oberen Mittelschicht in den Vierzigern, lag an dem wachsenden Desinteresse des Ehemannes an seiner Frau. Im Verlauf der ersten Sitzung entdeckte der Therapeut, daß Herr Amendola seine Langeweile dem Alter seiner Frau zuschrieb. „Mein Schönheitsideal ist das 20jährige Mädchen, das ich einst kannte. Ich kann meine Frau nicht mehr begehren, weil sie nicht mehr die ist, die sie einmal war."[2]

Hier gibt es Ähnlichkeiten zu dem vorhergehenden Fall, in dem der Ehemann am Bild seiner Frau als einer perfekten Hausfrau festgehalten hatte (viele Psychotherapeuten würden das als Mutterersatz beschreiben). In diesem Fall beschuldigt der Ehemann seine Frau, sich körperlich verändert zu haben. Beide Ehemänner konnten ihre wirklichen Frauen nicht mit den von ihnen so sehr gewünschten (erinnerten) Idealfrauen assoziieren. Mann und Frau leben, verändern sich und altern normalerweise gemeinsam, sie leben gemeinsam in derselben Zeit. Wenn sie gefragt werden, antworten sie möglicherweise, daß keiner im anderen dieselben Zeichen des Alterns sieht, die beide in anderen Menschen sehen. Sie sind wie Züge, die mit derselben Geschwindigkeit nebeneinanderherfahren: zwei Reisende, die sich aus gegenüberliegenden Abteilfenstern anschauen und in deren Sicht sich der andere nicht bewegt. Wenn aber die „Geschwindigkeiten" unterschiedlich sind und die Unterschiede über die Jahre all-

2 Emotionen wie die von Herrn Amendola können einen potentiell gefährlichen Prozeß auslösen, in dem das Paar sich entfremdet und Druck auf die Kinder ausgeübt wird.
3 Ein Paar, das in einer Krise steckt, wird schließlich entweder mit einem Rechtsanwalt eine Trennung aushandeln oder mit einem Therapeuten sprechen, um zu versuchen, die Reise „im selben Abteil" wieder aufzunehmen.

mählich zunehmen, können Konflikte aufbrechen, man kann das Interesse aneinander verlieren, und es kann zu unkontrollierbarer Feindseligkeit kommen[3]. All das geschieht, weil es dem Paar nicht gelingt, sich gemeinsam zu entwickeln. So gesehen ist Herrn Amendolas Behauptung nur oberflächlich gesehen abwegig: „Ich bin gerade vierzig geworden und entdecke, daß ich mit einer Frau verheiratet bin, die schon vierzig ist!“[4]

5.2.2 Disharmonie zwischen objektiven und subjektiven Zeiten in Familien

Der 15jährige Mauro Viale hatte seit über einem Jahr Verhaltens- und Anpassungsprobleme. Seine unkontrollierbare Widerspenstigkeit richtete sich hauptsächlich gegen seinen Vater. Eine Reihe von Fragen klärten die Sache. Wahrscheinlich ohne sich dessen bewußt zu sein, hatte sein Vater beschlossen, daß sein Sohn anfangen sollte, sich wie ein Erwachsener zu benehmen, sobald er vierzehn wurde. Von einem Tag auf den anderen entdeckte Mauro plötzlich, daß sein Verhalten auf eine neue und gänzlich unerklärliche Weise interpretiert wurde: Was in der Vergangenheit immer in Ordnung gewesen war, war jetzt auf einmal „kindisch“. Er reagierte darauf, indem er noch „kindischer“ und auch nachtragend wurde. Er wurde dafür bestraft, und es entwickelte sich eine Situation gegenseitiger Intoleranz.

Der Fall der Familie Pesentis, gutsituierte Geschäftsleute mit vier Kindern, die in Norditalien lebte, wurde von einem an einem Krankenhaus beschäftigten Psychiater einer Supervisionsgruppe vorgestellt. Als die Kinder volljährig geworden waren, hatten die Eltern beschlossen, die Hälfte des Familienvermögens unter ihnen aufzuteilen. Allerdings hatten die Eltern das Gefühl, daß der 20jährige Mario seine Zuverlässigkeit und Selbstkontrolle noch nicht hinreichend bewiesen hatte. Sie hatten beschlossen, seinen Anteil zurückzulegen, bis er genügend Reife und Urteilsvermögen beweisen würde. Als diese Entscheidung den Kindern während einer Familienversammlung mitgeteilt wurde, wurde Mario zornig und weigerte sich, die „Diagnose“ seiner Eltern zu akzeptieren. Er behauptete, daß er ge-

4 Wir haben von zwei Fällen berichtet, in denen der Ehemann eine Veränderung seiner Frau nicht akzeptieren kann; unsere Unterlagen enthalten natürlich genausoviele Beispiele von Ehefrauen, die sich weigern, ihre Männer so zu akzeptieren, wie sie sind, und sie dauernd mit den Männern vergleichen, die sie sein müßten.

nauso wie die anderen Geschwister in der Lage sei, seinen Anteil des Vermögens zu verwalten. Sein Zorn wurde von den Eltern – und auch von den Geschwistern – als Beweis für seine *tatsächliche* Unreife und Unverantwortlichkeit genommen, so daß sie darauf bestanden, daß er noch nicht vertrauenswürdig genug sei, seinen Anteil zu erben. Mario wurde immer gewalttätiger, man rief die Polizei und brachte ihn ins Krankenhaus.

Der untersuchende Psychiater diagnostizierte eine pantoklastische Bewußtseinsstörung und ließ ihn zwangseinweisen. Mario zeigte sich in der Klinik bald als Musterpatient und wurde nach einem kurzen Krankenhausaufenthalt wieder nach Hause entlassen. Die symmetrische Eskalation, die ihn ursprünglich ins Krankenhaus gebracht hatte, trat allerdings bald wieder auf. Die Polizei wurde abermals gerufen, und er wurde ins Krankenhaus zurückgebracht. In den folgenden fünf Jahren kam es zu wiederholten Einweisungen. Schließlich verlor er das Interesse an den Auseinandersetzungen mit seiner Familie und paßte sich seinem Status als chronisch psychiatrischer Patient an, das heißt, er akzeptierte schließlich das Etikett der Verrücktheit.

Wenn man die Entwicklung dieses Falles betrachtet, wird deutlich, daß der eigentliche „Stoß" erfolgte, als die Eltern und Geschwister Mario sagten, er sei unreif und entwickle sich nicht ihren Erwartungen gemäß. Verständlicherweise vertiefte Marios Widerspruch die Kluft zwischen ihm und den anderen Geschwistern, die dank Marios Verhalten noch reifer und verantwortlicher erschienen. Diese Eskalation machte eine Intervention von außen notwendig. Sowohl die Polizei als auch der Psychiater hatten sich offen auf die Seite der Familie gestellt und behauptet, Mario sei eher verrückt als unreif. Mario selbst beruhigte sich außerhalb der Familie schnell und wurde bald aus dem Krankenhaus entlassen.

Man fragt sich, was geschehen wäre, wenn der Psychiater eine andere Haltung eingenommen hätte, wenn er die Sache positiver gesehen hätte als die Familie selbst und, noch wichtiger, wenn er mit seiner Diagnose vorsichtiger gewesen wäre, wenn er daran gedacht hätte, daß die erste Episode eine offene und ehrliche (wenn auch gewalttätige) Familienauseinandersetzung gewesen sein könnte, die anders gelöst worden wäre, hätte er abgewartet und sich neutral verhalten. In den Worten des auf „expressed emotion" basierenden

Ansatzes (Leff a. Vaughn 1985) könnten wir sagen, der Psychiater habe es nicht geschafft, das Niveau der geäußerten Emotionen, das heißt „EE-Scores", und somit den Familienkonflikt zu reduzieren; letztendlich steigerte er diesen sogar.

5.3 Therapeutenzeit

5.3.1 Der Kontext der Sitzung

Eine Beratungs- oder Therapiesitzung kann mit oder ohne Hilfe von Kollegen hinter dem Einwegspiegel abgehalten werden. Viele verschiedene Therapieschulen benutzen die erste Methode, so auch unser Zentrum in Mailand.

Unsere Sitzungen werden gewöhnlich in einem Raum abgehalten, in dem der Therapeut/Berater[5] oder die Therapeuten/Berater mit der Familie zusammen sind. Der Therapieraum ist durch einen Einwegspiegel vom Beobachtungsraum getrennt, in dem das restliche Team arbeitet. Alles, was im Therapieraum geschieht, wird auf Video aufgenommen. Das Therapieteam trifft sich vor der Sitzung, um die Zusammenfassung vorangegangener Sitzungen zu diskutieren, oder, falls es sich um eine erste Sitzung handelt, um die telefonisch aufgezeichneten Vorinformationen über ihre Klienten zu diskutieren. Während der eigentlichen Sitzung kann das Gespräch zwischen dem Therapeuten und der Familie jederzeit vom Therapeuten oder vom Team gestoppt werden. Wenn das passiert, verläßt der Therapeut den Therapieraum, um sich mit dem Team zu beraten.

Es gibt normalerweise ein oder zwei kurze Unterbrechungen während einer Sitzung. Am Schluß gibt es eine längere Pause, während der die Familie wartet und das Team im Beobachtungsraum Bemerkungen, Vorstellungen, Gefühle und Informationen austauscht, die in immer komplexeren Hypothesen zusammengefaßt werden, um eine „systemische Hypothese" über die Bedeutungs-

5 In Übereinstimmung mit dem Inhalt des Anfangs dieses Kapitels sollten wir in den meisten Fällen das Wort „Beratung" mit dem Wort „Therapie" verbinden, aber aus Gründen der Kürze benutzen wir häufiger das Wort „Therapie". Ferner benutzen wir das Wort „Therapeut" oder „Berater" in bezug auf denjenigen, der tatsächlich im Therapiezimmer ist, obwohl alle Mitglieder des Teams eigentlich Therapeuten/Berater sind und nicht nur derjenige, der direkt mit den Klienten interagiert.

systeme, die sowohl das Team als auch die Klienten umfassen, zu entwickeln. Diese Hypothese bildet die Grundlage einer Intervention – der „Abschlußintervention" –, mit der der Therapeut die Sitzung beendet, wenn er in den Therapieraum zurückkehrt. Diese Abschlußintervention kann einfach die Verabredung eines Termins für die nächste Sitzung sein oder eine Bemerkung, ein Ausdruck des Zweifels, eine Umdeutung oder eine Geschichte über das, was während der Sitzung geschah; seltener besteht sie in Verschreibungen und Ritualen.

Die Sitzung wird selbstverständlich im Hier und Jetzt, in der Gegenwart abgehalten, allerdings reicht der zeitliche Horizont des therapeutischen Gesprächs und des Teams viel weiter. Insbesondere die Vorbesprechung liefert den Therapeuten Informationen über die Vergangenheit, und zwar entweder nur über die Vergangenheit der Familie (bei einer ersten Sitzung) oder über die Vergangenheit des Therapiesystems (vorhergehende Sitzungen). Wenn der Therapeut den Therapieraum betritt, kommt es zu einer Interaktion zwischen ihm und den Klienten, in der sie sich „Auge in Auge" gegenübertreten, wie wir das früher nannten, und in der Handlungen, Bedeutungen und Zeiten koordiniert werden.

Normalerweise ist es wichtig, daß sich der Therapeut gegenüber den Klienten einfühlsam verhält und die Mitarbeit und die Entwicklung einer positiven Vertrauensbeziehung fördert. Die Koordination von Emotionen, Bedeutungen und der individuellen Zeiten der am Therapiesystem Beteiligten ist passenderweise mit einem Tanz verglichen worden – wir könnten sagen, mit einem „therapeutischen Tanz", der in jedem Fall einzigartig ist. Manchmal gibt es eine rasche Folge von Ereignissen, ein anderes Mal verläuft es eher träge. Mit der Zeit entwickelt jeder Therapeut seine eigenen Fähigkeiten und seinen eigenen Tanzstil, seine eigene Auswahl möglicher Bewegungen und Reaktionen.

Für den Therapeuten ist es gelegentlich sinnvoll, den „Tanz" zu verlassen und die Klientenbeziehung mit einer gewissen Distanz zu betrachten. Einer der Autoren hat sein eigenes Ritual entwickelt, um diese Verschiebung von Engagement zu Distanz zu markieren. Wenn er in seine eigene, subjektive Zeit eintritt, um die Interaktion zwischen sich und den Klienten zu analysieren, zieht er sich vom externen Gespräch zurück und beginnt sein eigenes, inneres Gespräch. Während dieser kurzen Zeit ist es den Klienten nicht bewußt, daß sich der Therapeut hinter einem imaginären Einwegspiegel zurückgezogen hat, ihnen kaum noch zuhört, während er die Haltung eines Beobachters seiner selbst sowie des Therapeuten–Klienten–Systems einnimmt. Es kann natürlich nur eine teilweise Isolierung sein: Er erreicht nie die Distanz der Kollegen hinter dem Spiegel. Trotzdem versucht er, nicht nur über das beobachtete System, sondern auch über das beobachtende System zu hypothetisieren: Beispielsweise stellt er die von den Klienten in ihm hervorgerufenen Emotionen und Gedanken in Frage, und umgekehrt[6].

5.3.2 Das Timing

Wenn sich eine Atmosphäre des Vertrauens und gegenseitigen Verstehens entwickeln soll, ist es wichtig, daß der Therapeut so einfühlsam ist, relevante Themen aufzuspüren und schließlich in bestimmten Augenblicken der Sitzung darauf zu reagieren. Wenn die Zeiten des Therapiesystems nicht koordiniert sind, erweist es sich oft als schwierig, eine fruchtbare Beziehung mit dem Klienten aufzubauen. Im Deutschen gibt es im Gegensatz zur englischen Sprache kein entsprechendes Verb für das Substantiv „Zeit", also benutzt man auch im Deutschen das englische Wort „Timing", um diese Art Einfühlsamkeit auszudrücken. Der Therapeut kann den zeitlichen Horizont verfrüht um Vergangenheit und Zukunft erweitern, oder aber bestimmte zeitliche Abfolgen im Gespräch nicht bemerken, was dazu führt, daß die Klienten dann einen anderen Tanz aufführen oder abbrechen. Schauen wir uns ein Beispiel an.

Eine dreiköpfige Familie – Mutter, Vater und Einzelkind – baten uns um Hilfe wegen der Verhaltensprobleme des Sohnes. Nachdem wir die gegenwärtige Situation der kleinen Kernfamilie kurz angeschaut hatten, verschob sich der Fokus plötzlich auf ihr Verhältnis zur erweiterten Familie, insbesondere zu den Großeltern. Doch kam das Gespräch bald zum Stillstand, und die Eltern wiederholten auf eine fast stereotype Art und Weise dieselben Antworten auf die Fragen des Therapeuten. Sie konnten ihre Verärgerung kaum verbergen. Der Therapeut zeigte auch sichtbare Zeichen des Unbehagens und entschloß sich daraufhin, die Sitzung zu unterbrechen, um sich mit seinen Kollegen hinter dem Spiegel zu beraten.

6 Siehe *Paradoxon und Gegenparadoxon* (Selvini Palazzoli et al.1977, S. 19–26).

Als sie ihn befragten, sagte der Therapeut, er habe das Gefühl, auf der Stelle zu treten und daß es in der Familie einen Widerstand gäbe, den er weder verstehen noch erklären könne. Im Verlauf der Diskussion stellte das Team die Hypothese auf, daß der Therapeut das Gespräch zu früh auf das Minenfeld der Beziehung der Kernfamilie zu den erweiterten Familien gebracht hatte. Es schien wahrscheinlich, daß die Eltern, die ins Zentrum gekommen waren, um ein einfaches Problem bezüglich ihres Sohnes zu lösen, auf den Versuch des Therapeuten, die Großeltern in das Problem miteinzubeziehen, negativ reagiert hatten und wohl befürchteten, daß der Therapeut die Leichen im Keller der Familie suchen könnte. Es gibt häufig Konflikte und Geheimnisse in den Beziehungen zwischen Kernfamilien und erweiterten Familien. Es empfiehlt sich, diese nicht in der ersten Sitzung zu untersuchen, sondern zu warten, bis die richtige Atmosphäre geschaffen worden ist.

In diesem besonderen Fall hatte der Therapeut sich von seinem Wunsch leiten lassen, Dinge in Erfahrung zu bringen, die die Familie noch nicht bereit war mitzuteilen. Das Team war sich einig, daß der Therapeut nicht gewartet hatte, bis die Möglichkeit, diese Dinge zu diskutieren, auf natürliche Weise aus dem Dialog selbst entstanden war oder bis die Familie eine Vertrauensbeziehung zum Therapeuten aufgebaut hatte. Mit anderen Worten, der Therapeut hatte beim Timing einen Fehler begangen. Es ist eine allgemeine Erfahrung, daß Klienten solche und andere Fehler bei der Leitung der Sitzung verzeihen, wenn sie dem Therapeuten schon vertrauen.

Die Teambesprechung fand einen Weg aus der Sackgasse, indem sie die Aufmerksamkeit von der Herkunft der Familie wieder auf die Gegenwart lenkte. Sobald der Therapeut mit dieser neuen Haltung zur Sitzung zurückkehrte, reagierten die Eltern prompt, indem sie das Gespräch wieder aufnahmen.

Die Beachtung des Timings ist nicht nur für die Entwicklung der Therapie- und Beratungsbeziehung nützlich, sondern auch für die Wahl des richtigen Augenblicks, um bestimmte Interventionen durchzuführen und die Frequenz der Sitzungen sowie das Ende der Therapie festzulegen. Schauen wir uns einige Beispiele an.

Ein 25jähriger Mann kam zu uns wegen Depressionen. Am Ende der ersten Sitzung riet der Therapeut, einer der Autoren, dem Klienten zur Einzeltherapie mit einer Sitzung pro Woche. Der Klient stimmte zu, doch nach einigen Monaten verschlimmerten sich seine

Symptome. An einem bestimmten Punkt machte er seinem Ärger Luft: „Ich fühle mich immer schlechter, weil mir eine Sitzung in der Woche nicht reicht!" Er verstärkte seine Beschwerde noch, indem er auf eine junge Tante und einen Freund hinwies, die zwei- oder dreimal in der Woche zur Therapie gingen, obwohl sie weniger deprimiert schienen als er. Der Therapeut wandte ein, daß die Entscheidung für eine Therapiesitzung pro Woche auf seiner Einschätzung des Falles beruhte und daß das unter den gegebenen Umständen optimal sei. Sonst hätte er sich für mehr Sitzungen entschieden. Er bemerkte auch, daß sein Timing nicht im Einklang mit dem seines Klienten war, so daß beide sich in einer Sackgasse befanden. Wenn der Therapeut auf die Forderungen des Klienten eingegangen wäre, hätte er gegen sein eigenes klinisches Urteil gehandelt; hätte er auf seiner Einschätzung beharrt, hätte er die Forderung des Patienten außer acht gelassen.

Um einen Weg aus der Sackgasse zu finden und die Bedürfnisse beider zu befriedigen, schlug der Therapeut vor, die wöchentlichen Sitzungen mit dem Therapeuten durch zwei andere „Sitzungen" zu ergänzen. Der Klient sollte zu Hause allein in ein Zimmer gehen, sich vorstellen, daß er mit dem Therapeuten spreche, und genau fünfzig Minuten lang alles auf einem Block notieren, was ihm einfiel, ohne etwas wegzulassen oder zu zensieren. Dann sollte er seine Notizen zur nächsten Sitzung mitbringen. Eine Woche später kam er mit einem dicken Stapel Notizen, die er dem Therapeuten aushändigte. Der Therapeut gab sie ihm sofort wieder zurück und forderte ihn auf, das, was er aufgeschrieben hatte, laut vorzulesen. Der Klient las die ganzen fünfzig Minuten lang ohne Unterbrechung durch den Therapeuten. Wie zu erwarten war, brachte der Klient zur nächsten Sitzung nur einige Seiten mit. „Mein Kopf war leer, mehr ist mir nicht eingefallen!"

Die Laune des Klienten verbesserte sich, und nach kurzer Zeit ließ er die „Phantom-" oder besser „Selbsthilfe"-Sitzungen sein, weil ihm nichts mehr einfiel. Er sprach nicht mehr davon, mehr als eine Sitzung pro Woche zu benötigen, weil es ihm allmählich besser ging. Die Besserung trat vermutlich deshalb ein, weil er spürte, daß sein Bedürfnis nach mehr Sitzungen akzeptiert worden war. Er hatte auch aufgehört, Aufzeichnungen seiner „Sitzungen" zu Hause zu machen und vorzulesen. Er hatte erkannt, daß ihn das daran hinderte, mit dem Therapeuten zu reden. Paradoxerweise hatte er weniger Sitzungen, je mehr Sitzungen er hatte.

Wie wir gesehen haben, liegt ein wichtiger Aspekt des Timing darin, zu wissen, wann eine Therapie abgeschlossen werden kann. Wie wir in Kapitel vier schon ausgeführt haben, wird eine Therapie abgeschlossen, wenn das Klientensystem an einem Wendepunkt angelangt zu sein scheint und bedeutende Veränderungen durchmacht, die sich aller Wahrscheinlichkeit nach fortsetzen werden, bis das zur Therapie führende Problem gelöst worden ist. In vielen solcher Fälle glauben wir, daß der Therapeut zu einem Teil der Lösung würde, setzte man die Therapie fort, das heißt der Therapeut würde zu einem erforderlichen Element im System, mit dem Risiko, daß die Therapie ewig fortgesetzt werden müßte. Das kann als Fehler des Timings verstanden werden.

5.4 Therapeutenzeit und Teamzeit

Wenn Therapeuten wie wir in Teams arbeiten, werden die Zeiten des Therapeuten und des Klienten mit der Zeit des beobachtenden Teams gekoppelt. Die Interaktion dieser Zeiten ist recht kompliziert.

Wir haben schon gesehen, daß der Therapeut während des Dialogs mit Klienten auf Phasen des Engagements kurze Perioden der Distanz folgen läßt. Wenn eine Therapie mit einem Team durchgeführt wird, sind die Funktionen von Engagement und Distanz deutlicher voneinander getrennt. Aus der Sicht des beobachtenden Teams gibt es Augenblicke der Beobachtung und Augenblicke des Dialogs, das heißt der Interaktion mit dem Therapeuten. Noch wichtiger ist, daß das Team die Koordination der Beziehung, den „Tanz" von außen beobachtet. Das Team beobachtet nicht nur die Koordination der Zeiten und zeitlichen Horizonte des Therapeuten und des Klienten, sondern auch den Rhythmus ihrer Interaktion. Therapeut und Team kommen zusammen, wenn der Therapeut das Gespräch mit den Klienten unterbricht und den Beobachtungsraum betritt, um den Dialog mit dem Team zu führen. Das Unterbrechen der Sitzung, metaphorisch als „das Band anhalten" ausgedrückt, versetzt den Therapeuten in die andere Zeit des Teams, das mit der Zeit des Klienten keine direkte Interaktion gehabt hat.

Auf diese Weise beteiligt sich der Therapeut an zwei unterschiedlichen Gesprächsbereichen, jede mit ihrem eigenen Ort und ihrer eigenen speziellen Zeit. Er ist der Verbindungsmann zwischen den beiden Gesprächsebenen und kann dadurch Emotionen und Bedeutungen von den Klienten zum Team übertragen und umgekehrt. Er ist ein aktiver und kein passiver Verbindungsmann. Der Therapeut entscheidet, welche Bedeutungen gefiltert und den Klienten übermittelt werden. Wie wir sehen werden, wird er gelegentlich den Klienten Ansichten des Teams präsentieren, die sich von seinen eigenen unterscheiden. Wenn er auch ein Teil des Therapiesystems ist, ist der Therapeut doch letztendlich für die getroffenen Entscheidungen verantwortlich und nimmt daher eine zentrale Position ein.

Die Aufgabe des Teams liegt darin, die Verbindungen zwischen den drei Subsystemen zu analysieren. Es kann zum Beispiel vorkommen, daß der Therapeut (besonders wenn es sich um einen Trainee handelt) noch nicht sachverständig oder selbstbewußt genug ist, so daß er sich zu sehr auf das Team verläßt und eine engere Beziehung zu Kollegen als zu Klienten eingeht; oder umgekehrt, wenn der Therapeut viel Erfahrung hat. Das Team kann dem Therapeuten auch helfen, seine eigene Zeit zu entdecken: darüber nachzudenken, wie einfühlsam er mit anderen Zeiten harmoniert, und vielleicht wie er seine eigenen Besonderheiten benutzen kann, um eine Beziehung zu den Klienten einzugehen. Der „Tanz" des Therapeuten-Team-Systems entwickelt sich natürlich neben dem „Tanz" des Therapeuten-Klienten-Systems, so daß die Beziehung zwischen dem Therapeuten und dem Team auch disharmonisch werden kann, wenn das Team zu bestimmt auftritt oder der Therapeut überreagiert oder passiv ist. Übrigens geschieht es häufig, daß der Gedanke an die Beendigung einer Therapie eher aus dem Team kommt als vom Therapeuten, wie wir gleich darstellen werden.

Eine Variation dieser Arbeitsmethode ist die Verwendung eines „reflektierenden Teams" (Anderson 1989), bei der der Therapeut bei den Klienten bleibt und das Team um eine „Reflexion" bittet, anstatt zwischen Klienten und Team hin- und herzupendeln. Ein Zweiwegspiegel wird benutzt, damit das Therapeuten-Klienten-System die Diskussion des Teams beobachten kann. Das schafft einen gegenseitigen Prozeß des Beobachtens und Reflektierens, und die Kommunikation wird völlig zirkulär, ohne die Barriere, die das Team von den Klienten trennt.

Zwei klinische Beispiele illustrieren die Bedeutung des Teams bei der Neudefinition des zeitlichen Rahmens der Sitzungen. Das erste betraf eine dreiköpfige Familie, in der der etwa 50jährige Vater kürzlich an Verfolgungswahn und akustischen Halluzinationen zu leiden begann. Der Therapeut schaffte es in der Sitzung nicht, die Dinge in Gang zu bringen, weil die Diskussion immer wieder auf die paranoiden Vorstellungen des Vaters („Die Nachbarn reden über mich hinter meinem Rücken, alle sagen, ich sei schwul!") und auf die Bemühungen seiner Frau und seiner Tochter zurückkehrte, ihn davon zu überzeugen, daß er unvernünftig sei. Der Therapeut war in den langsamen, langweiligen Rhythmus der Familie verstrickt, als wäre er in eine zeitliche Perspektive ohne Zukunft eingesogen worden. Er verließ plötzlich den Therapieraum und beschwerte sich beim Team, daß er das Gefühl habe, in eine Sackgasse geraten zu sein. Er brachte auch die Hypothese vor, daß der Vater an einer „organischen Psychose" leide.

Die Vorstellungen des Teams sahen allerdings ganz anders aus. Als die Diskussion sich allmählich entwickelte, verließ der Therapeut langsam die angehaltene Zeit des Therapieraums und trat in die Zeit des Beobachtungsraums ein. Es eröffneten sich ihm neue Untersuchungstaktiken, und als er in den Therapieraum zurückkehrte, ergaben sich ein schnellerer Rhythmus und ein breiterer zeitlicher Horizont. Schließlich gelang es ihm, die blockierte Situation zu lösen.

Im zweiten Fall handelte es sich um eine vierköpfige Familie, in der die 22jährige Tochter Annamaria, das zweite Kind, vor kurzem eine Anorexie entwickelt hatte. Während der dritten Sitzung vermittelte die Mutter dem Team hinter dem Spiegel den Eindruck, daß es ihr gelungen sei, die Aufmerksamkeit des Therapeuten auf einen Zeitpunkt in ihrem Leben zu lenken, als es zu einem ernsthaften Bruch in ihrer Beziehung zur Schwiegermutter gekommen war und ihr Mann sie nicht unterstützt hatte. Die anderen Familienmitglieder vermittelten subtile Botschaften des Desinteresses, dann der Langeweile, aber der Therapeut bemerkte sie nicht. Bei den seltenen Gelegenheiten, bei denen der Therapeut Kontakt mit den anderen Familienmitgliedern aufnahm, schienen sie nicht so bereitwillig mitzuarbeiten wie in den vorangegangenen Sitzungen. Entweder nahm die Mutter erneut das Gespräch mit dem Therapeuten auf, oder der Therapeut ermutigte sie dazu, weil sie mehr mitarbeitete. Als seine Kollegen ihn herausriefen, erzählten sie ihm, wie die Situation von ihrem Standpunkt hinter dem Spiegel aussah. Zwei Hypothesen waren formuliert worden: daß sie etwas sahen, was keiner von ihnen verstand, oder daß der Therapeut in der zeitlichen Perspektive der

Mutter gefangen war, wobei er die anderen Familienmitglieder ausschloß. Schließlich wurde die zweite Hypothese angenommen. Als er ins Therapiezimmer zurückkehrte, richtete er seine Aufmerksamkeit aktiv auf die anderen Familienmitglieder und unterbrach die Mutter, so oft es nötig war, um die Aufmerksamkeit und emotionale Beteiligung der anderen zurückzugewinnen.

Diese beiden Beispiele zeigen, daß eine der Aufgaben des Teams hinter dem Spiegel darin besteht, den Therapeuten zu „korrigieren", wenn ihm die Koordination mit den Klienten nicht gelingt (was zu Unterbrechungen, Verlangsamungen und Stockungen im Fluß der Zeit führen kann).

5.4.1 Das Team als Zukunft: Familie Hayworth

Die unterschiedliche Perspektive des Therapeuten und des beobachtenden Teams ähnelt dem Unterschied zwischen einem Fußballspieler auf dem Feld und einem Zuschauer auf den Rängen. Die Aufmerksamkeit des Spielers richtet sich auf den Augenblick der Handlung, der zwangsläufig sich selbst, den Ball und die Spieler in der Nähe in einem begrenzten Bereich des Spielfeldes umfaßt. Als Beobachter sieht der Zuschauer das ganze Feld. Er ist etwas weiter entfernt, und ihm entgeht vielleicht manches Detail und die körperliche Wirkung des Spieles, er sieht aber beide Mannschaften gleichzeitig als Ganzes, beobachtet die Bewegungen der zweiundzwanzig Spieler und des Schiedsrichters und stellt sich im Geiste alle möglichen Strategien vor, das heißt, er antizipiert sie. Die Rolle des Zuschauers verleiht eine Zukunftsperspektive, während die Rolle des Spielers, da sie aktive Beteiligung impliziert, eine Gegenwartsperspektive vermittelt. Der Zuschauer ist in einer besseren Position, er kann voraussagen, welche Bereiche des Spielfeldes frei und welche gedeckt sein werden, welche Spielzüge erfolgreich sein werden usw. Deshalb verlieren Zuschauer so häufig die Beherrschung, weil die Spieler den Ball nicht dahin spielen, wo sie es erwartet hätten. Sie vergessen, daß sie das Spiel von einem anderen Standpunkt aus sehen und daß ihre zeitlichen Horizonte viel breiter sind als diejenigen der Spieler.

Diese Analogie aus dem Sport illustriert sehr gut, was in der Therapie geschieht. Wir könnten sagen, das therapeutische Team repräsentiert die Zukunft des Therapiesystems, der Klient dessen Vergangenheit und das Therapeuten-Klienten-System die Gegenwart. Im Gegensatz zum Therapieraum erlaubt der zeitliche Horizont des Beobachtungsraums die Suche nach Möglichkeiten und die Vorhersage unterschiedlicher Richtungen. Das Team kann dem Therapeuten helfen, indem es ihm einen offenen Horizont vermittelt. Schauen wir uns ein Fallbeispiel an, das die pragmatischen Implikationen dieser Idee illustriert.

Eine Mutter kam mit ihrer Tochter zur Therapie, um das Problem des Sohnes zu diskutieren, der nichts darüber wußte. Familie Hayworth hatte eine etwas ungewöhnliche Geschichte. Die Mutter, Angela, eine Frau, die sich selbst gern als Nonkonformistin sah, war in jungen Jahren von Mailand nach London ausgerissen und hatte Charles Hayworth kennengelernt, einen faszinierenden Piloten aus der Karibik. Sie hatte ihn entgegen den Wünschen ihrer Eltern geheiratet, die die Heirat als „übereilt" betrachteten.

Das Paar hatte zwei Kinder, Vera und Sandy. Sandy, der designierte Patient, ein 24jähriger, war laut Mutter und Schwester nicht in der Lage, ein Ziel im Leben zu finden oder definitive Entscheidungen zu treffen. Die Schwester, eine scheinbar solide, ausgeglichene Frau, hatte bald eine Stelle als Lehrerin gefunden und wohnte inzwischen allein. Sandy lebte immer noch bei seiner Mutter und war so etwas wie ein *Lebemann* geworden, der Verhältnisse mit verheirateten 40jährigen Frauen hatte, vielseitige Interessen kultivierte und in den Augen seiner Mutter nur so tat, als würde er Arbeit suchen. Aus all diesen Gründen machten sich Mutter und Tochter große Sorgen um seine Zukunft.

Auf Bitte der Therapeutin kam Sandy zur nächsten Sitzung. Er schien ein reizender, intelligenter junger Mann zu sein, der sich wohl bewußt war, daß sich die Aufmerksamkeit auf ihn richtete und daß er im Gegensatz zu Vera Mutters Liebling war. Vera blieb kummervoll und scheinbar verärgert am Rande. Die Befragung brachte zutage, daß Sandy, der seinem Vater ähnelte, auch dessen Rolle in der Familie geerbt hatte – seine Kreativität und Liederlichkeit. Er genoß es sehr, diesen Erwartungen zu entsprechen, während Vera wohl die ernste, pragmatische, früher durch ihre Tante mütterlicherseits repräsentierte Rolle übernommen hatte, von der sie in ihrer Kindheit zum großen Teil erzogen worden war. Das Team entwickelte rasch eine Hypothese: Vera und Sandy hatten buchstäblich Rollen geerbt – als wären sie in einem Stück von Pirandello – und fühlten sich im Laufe der Zeit ihren Rollen immer mehr verpflichtet. Die Mutter, die große Sorgen zur Schau stellte, nahm das Zentrum der Bühne ein, von wo aus sie ihren Sohn, ein Ersatz für ihren toten Ehemann, scharf beobachtete. Man beschloß, die Charakterunterschiede der beiden Geschwister in der Schlußintervention hervorzuheben, in der Hoffnung, daß es zu einer Art osmotischen Austauschs der persönlichen Charaktermerkmale kommen würde. Vera könnte Sandy Ernsthaftigkeit und Pragmatismus und Sandy könnte Vera Kreativität und Leichtsinnigkeit geben. Auf einer nonverbalen Ebene reagierten die beiden Geschwister mit Überraschung und Neugierde. Sie schauten einander an, lächelten und vermittelten den Eindruck, daß sie die Vorstellung eines Austausches gut fanden. Die Mutter, wie vorauszusehen war, schien weit davon entfernt, einverstanden zu sein.

In der dritten Sitzung zeigten die Geschwister eine andere Beziehung als vorher. Sie lächelten, waren entspannt und tauschten gelegentlich freundliche Blicke. Vera saß nicht mehr steif aufrecht da und hörte auf, sich hinter fachmännischem Jargon zu verstecken. Sandy hatte seine affektierte Sprache und hochnäsige Haltung aufgegeben. Die Mutter schien immer noch besorgt und angespannt und den Drang zu haben, ihre Sorgen zu äußern. Und tatsächlich waren es ihre Worte und Emotionen, die die Aufmerksamkeit der Therapeutin auf sich zogen, die nicht in der Lage zu sein schien, die Veränderungen der Geschwister gebührend zu würdigen. Sie schien überhaupt nicht zu beachten, was Sandy erzählte, daß er angefangen habe, in einem Fotostudio zu arbeiten, und daran dachte, sich ernsthaft der Arbeit zu widmen.

Im weiteren Verlauf der Sitzung war das Team mit der Art, wie sich die *Ereignisse* entwickelten, immer zufriedener, doch beunruhigte es die Art und Weise, wie sich die Sitzung entwickelte. In der Tat schien das Risiko groß, daß die vom Team beobachteten Veränderungen von der Therapeutin übersehen wurden. Sie schien von den Ideen und Emotionen der vorangegangenen Sitzungen gefangen zu sein. Anstatt die eingetretenen Veränderungen zu betonen und zu untersuchen, schienen ihre Fragen sich passiv mit den noch verbliebenen Ängsten von Frau Hayworth zu beschäftigen, und sie schien die offensichtlichen Veränderungen der Geschwister kaum wahrzunehmen. Diese schienen zuerst verblüfft zu sein und blickten dann finster drein, als wären sie enttäuscht von dem mangelnden Gespür der Therapeutin, die Veränderungen anzuerkennen. Da die Therapeutin offenbar der Hypothese „keine Veränderung" verbunden war, wurde sie herausgerufen.

Als die Therapeutin in den Beobachtungsraum eintrat, schien sie recht niedergeschlagen zu sein, und bevor sie sich setzte, sagte sie: „Ich weiß nicht, was ich tun soll! Es gibt keine Veränderung, nichts! Ich glaube, alles wird schlimmer.“ Sie war davon überzeugt, daß die Familie nicht nur in eine Sackgasse geraten war, sondern daß alles schlimmer aussah als vorher. Aus all den Elementen, die sich während der Sitzung ergeben hatten, hatte sie offensichtlich nur diejenigen ausgesucht, die auf Immobilität hinwiesen. Sie schien von den Emotionen und Sorgen der Mutter mehr beeinflußt worden zu sein, als von dem fast heiteren Ausdruck der Geschwister, deren Laune sich im Laufe der Zeit verändert hatte. Kurz gesagt, sie war bei der in der vergangenen Sitzung entstandenen Vorstellung der Familie hängengeblieben. Es bedurfte einer langen Diskussion, um ihre Skepsis zu überwinden und um ihr erkennen zu helfen, daß die am Anfang der Sitzung beobachteten Veränderungen wichtig waren und hervorgehoben werden müßten. Sie akzeptierte die Meinung des Teams und ging in den Therapieraum zurück, um der Familie folgende Schlußfolgerung zu übermitteln:

Therapeutin: Wir haben gesehen, daß es bei Ihnen Veränderungen gegeben hat, und wir sind der Meinung, daß sie irreversibel sind. Auf ihre eigene Art und Weise versuchen Vera und Sandy inzwischen, ihr Leben zu gestalten. Ihre Mutter wird diese natürliche Entwicklung akzeptieren müssen, die nicht zu Einsamkeit, sondern zu einer geschlosseneren Familie führen wird, die sie besser wird unterstützen können, wenn sie Unterstützung braucht. Da wir in ihrer Situation keine Anzeichen mehr für psychologische oder psychiatrische Probleme sehen, meinen wir, es wäre am besten, die Therapie jetzt abzuschließen.

Wie vorauszusehen, schienen die beiden Kinder erleichtert zu sein, allerdings war es Frau Hayworth, die mit der überraschendsten Erklärung aufwartete. Mit einem nachdenklichen Ausdruck erklärte sie: „Ja, ich habe erwartet, daß wir heute Schluß machen.“ Alle drei schienen einverstanden zu sein, die Therapie abzuschließen, sie hatten sich auf eine Art der Zukunft geöffnet, die niemand im Therapeutenteam hätte voraussehen können.

Vom Anfang der Sitzung an war es das Team hinter dem Spiegel, das eine andere Familie gesehen hatte. Die Therapeutin hatte ihre ursprüngliche Sicht der Familie beibehalten. Sie blieb in der Vergangenheit verankert, und es gelang ihr nicht, die eingetretenen Veränderungen zu berücksichtigen. Die pessimistische Landkarte der Therapeutin hatte die Familie allmählich beeinflußt, ließ sie daran zweifeln, ob eine Veränderung tatsächlich eingetreten sei. Das Team bot der Therapeutin eine andere Sicht, eine Zukunft, die sie nicht hatte sehen können. Man könnte sagen, das Team habe die Therapeutin von einer potentiell ernsthaften Wahrnehmungsblindheit „geheilt": Es hätte so ausgehen können, daß die Familie ihre statische, pessimistische Sicht der Situation geteilt hätte.

5.5 Die Behandlung der Zeit in der Sitzung

Insbesondere bei ersten Sitzungen meinen wir, daß es am besten ist, einen „zentrifugalen" Ansatz an Zeit und Raum anzulegen. In bezug auf die Zeit bedeutet das, daß man mit der Gegenwart beginnt und die Diskussion auf die Vergangenheit und schließlich auf die Zukunft ausdehnt, um den gesamten zeitlichen Horizont abzudecken.[7] Der Therapeut beginnt also die Befragung mit dem Fokus auf das Hier und Jetzt – die präsentierten Symptome, die in der Gegenwart daran Beteiligten (Familienmitglieder, Lehrer, Arbeitgeber und insbesondere die Experten, die die Diagnose gestellt und den Fall an uns überwiesen haben). Dann verschiebt sich allmählich das Interesse auf die Zeitspanne, als die Symptome zuerst bemerkt und beschrieben wurden, auf die Handlungen, die unternommen wurden, um sie zu modifizieren oder zu beseitigen, und dann auf die Analyse der Beziehungen, Vorstellungen und Bedeutungen, die sich mit der Zeit entwickelten, insbesondere in den Situationen, die dazu führten, daß die gegenwärtigen Lösungsmöglichkeiten versucht wurden, und nicht irgendwelche andere.

Im Verlauf der Sitzung verschiebt sich die Aufmerksamkeit schließlich auf die Zukunft: von der Untersuchung existierender Perspektiven zum Einsatz umfangreicher hypothetischer Fragen über die Zukunft, die indirekt neue Perspektiven und mögliche

7 Man kann das mit einer Übertragungs- und Gegenübertragungsanalyse in der Psychoanalyse vergleichen. Ein Analytiker spielt allerdings eine passivere Rolle, so daß seine Aufgabe leichter ist.

Lösungen vermitteln. Auf diese Weise sind es die Klienten, die neue Bedeutungen entdecken oder erfinden und ihre Wahl treffen.

Das ist selbstverständlich lediglich ein Schema, das ignoriert werden kann, falls die Situation es erforderlich macht. Therapie ist nicht nur eine Wissenschaft, sondern auch eine Kunst. Es ist wichtig, daß der Therapeut oder Berater ein Gespür für die Signale hat, die ihm die Klienten übermitteln, insbesondere nichtverbale Botschaften wie den Tonfall (der Langeweile, Aufmerksamkeit, Interesse usw. ausdrückt) und subtile Stimmungswechsel. Bei der Bewertung und beim Verständnis der Bedeutungen, Vorstellungen und Muster, die in einer Therapie zutage treten, sind auch die emotionalen Signale des Therapeuten sowie das Ausmaß der Klientenbeteiligung von Bedeutung.

Schauen wir uns nun ein Beispiel an, wie wir die Zeit bei der Durchführung einer Sitzung verwenden. Wir haben diesen Fall ausgesucht, weil er die Bedeutung zeitlicher Perspektiven in Sitzungen sehr gut illustriert und die zentrale Rolle der Zeit bei der Analyse von Beziehungen betont.

Im Sommer 1990 hielt einer der Autoren (Luigi Boscolo) in einem psychiatrischen Krankenhaus in Australien als Teil eines Lehrseminars eine Beratung ab. Die Anwesenden waren Jim, ein 24jähriger Student, Patient des Krankenhauses, seine 48jährige Mutter und Jims Psychiater, der im Krankenhaus arbeitete und um die Beratung gebeten hatte. Eine Reihe weiterer Mitarbeiter des Krankenhauses beobachtete die Sitzung in einem anderen Zimmer auf einem Bildschirm.

Vor der Sitzung war dem Berater mitgeteilt worden, daß Jim vor einem Monat von einem psychiatrischen Krankenhaus einer anderen Stadt überwiesen worden war. Die Diagnose lautete „schizophrene Psychose". Er war wegen florider psychotischer Symptome, optischer und akustischer Halluzinationen, Wahnvorstellungen und inkonsequenten Verhaltensweisen als Notfall in das andere Krankenhaus aufgenommen worden. Die psychotische Phase hatte angefangen, als er allein auf Reisen war.

Bis zum Beginn der Beratung war die Krise überwunden worden. Jim schien relativ ruhig, zeigte keine wirklich auffälligen Symptome und war den Ärzten und dem Krankenhauspersonal gegenüber kooperativ. Er nahm allerdings immer noch Neuroleptika und schien unfähig, wieder normale Beziehungen aufzunehmen.

Die Familie hatte folgende Geschichte: Der Vater war bei einem Verkehrsunfall gestorben, als Jim vier Jahre alt war. Die Ehefrau blieb mit Jim und seinem zwei Jahre jüngeren Bruder John zurück. Zwei Jahre später heiratete Jims Mutter Peter (ein Landarbeiter wie ihr erster Mann) und hatte mit ihm ein drittes Kind namens Sam, der sieben Jahre jünger war als Jim.

Schauen wir uns zuerst das sich herauskristalisierende Hauptthema an, bevor wir die Sitzung detailliert beschreiben. Vor einem Jahr hatte Jim wohl begonnen, Anzeichen der Ruhelosigkeit, Verwirrung und sozialen Isolation zu zeigen. Zwei Jahre zuvor hatte er eine zeitlang LSD genommen und „gute Trips" erlebt, danach hatte er aber keine Drogen mehr genommen. Zwei Monate vor der Sitzung war er allein in die entlegensten Gegenden Australiens gereist, doch wegen des Auftretens der Symptome brach er seine Reise kurzfristig ab. Der psychotische Ausbruch schien seine Wahrnehmung von sich selbst, seiner Vergangenheit und seiner Gegenwart revolutioniert zu haben. Es war, als hätte er „psychotische Erkenntnisse" gewonnen, die seine Erinnerungen durch eine neue Geschichte ersetzten, wodurch seine Angst vor Konkurrenz und vor dem Erwachsenwerden neutralisiert wurde. Seine Mutter erzählte eine völlig andere Geschichte über sein Leben. Der Therapeut versuchte, andere mögliche Geschichten anzubieten, um Jims Befreiung aus dem durch die schizophrene Erkrankung charakterisierten „Käfig" zu erleichtern.

Die Beratung begann mit einer Befragung zur aktuellen Situation (Gegenwart) und zu den Beziehungen zwischen dem Klientensystem und dem Expertensystem.

Berater: Dr. Brown, der jetzt hier ist, hat mich gebeten, eine Beratung zur Einschätzung der Situation durchzuführen. Eine Reihe von Kollegen aus dieser Klinik beobachten die Sitzung von einem anderen Zimmer aus. (An Jim) Wie sieht die Situation jetzt aus?
Jim: (lächelt) Besser als zu Beginn der Therapie.
Berater: Weswegen sind Sie zur Therapie gekommen?
Jim: Ich habe eine schizophrene Psychose! (Wendet sich an seinen Psychiater) Stimmt doch, oder?
Berater: Wer hat Ihnen zuerst gesagt ...
Jim: (sieht seine Mutter an und lächelt) Die Ärztin in dem anderen Krankenhaus, stimmt's?
Mutter: Ja, sie war das.

Jim: Ich glaube nicht, daß vorher eine richtig Diagnose gestellt wurde. Aber jetzt, doch. Mir geht es auch schon wesentlich besser, die Halluzinationen und Stimmen sind weg.
Berater: Sie schienen sehr zufrieden, als Sie sagten, Sie hätten eine schizophrene Psychose ...
Jim: (lacht) Ja, jedesmal, wenn ich einen Arzt sehe, fühle ich mich wohler.
Berater: Also waren Sie freiwillig bereit, mit mir zu reden ...
Jim: Ja. Ich glaube, das bietet mir eine große Chance, qualifizierte professionelle Hilfe zu bekommen.

Als er diese letzte Bemerkung machte, lehnte sich Jim mit einem gelassenen Lächeln in seinen Sessel zurück. Die ursprüngliche Hypothese war offensichtlich ein Versuch, Jims merkwürdige, inkonsequente Glückseeligkeit bei der Vorstellung, eine ernsthafte psychische Krankheit zu haben, mit dem Kontext und insbesondere mit seiner Mutter, die ihn begleitet hatte, in Beziehung zu bringen.

Berater: Sie unterhalten sich also gerne mit Ärzten ...
Jim: Ja, doch. Ich hoffe, daß ich jetzt aus dem Krankenhaus entlassen werde und eine ambulante Therapie anfangen kann.
Berater: Sie sagten, Sie fühlen sich inzwischen wesentlich besser. Fühlen Sie sich normal?
Jim: Nein, nein! Mir geht's deshalb besser, weil ich Medikamente nehme. Ich fühle mich aber nicht normal.
Berater: Was ist der Unterschied zwischen sich „besser" und „sich normal" fühlen?
Jim: (verwirrt, nach einer Pause) Nicht viel. Ich habe noch nicht viel Selbstvertrauen. Ich sehe, daß andere selbstbewußt sind.

Hier scheint sich Jim an der Krankheit festzuhalten, die eine Hauptrolle in seinem jetzigen Leben spielt. Der Berater führt die Möglichkeit der „Normalität" als einen ersten Schritt ein, das Etikett der Krankheit in Frage zu stellen und um andere Erklärungen vorzuschlagen.

Berater: Zu wem in Ihrer Familie haben Sie am meisten Vertrauen?
Jim: Zu Sam, John, Peter und dann meiner Mutter ... (schaut seine Mutter an). Ich ähnle mehr meinem Vater; ich habe dieselben Eigen-

arten ... Aber sie stimmt mir nicht zu. (Die Mutter lächelt.)
Berater: Erinnern Sie sich denn an ihren Vater?
Jim: Nein. Meine Großeltern und die Schwestern meines Vaters sagten mir, ich sei ihm ähnlich.
Berater: Haben Sie sich gefreut, als sie Ihnen das sagten?
Jim: Ja, sehr sogar.

Jim bewertet seine Mutter auf der Vertrauensskala recht niedrig und führt seinen Vater in das Gespräch ein. Es freut ihn, seinem Vater ähnlich zu sein. Es ist möglich, daß er sich noch der alten Familie verbunden fühlt und noch nicht genug um seinem Vater getrauert hat. Jetzt verschiebt sich die Aufmerksamkeit auf die Vergangenheit.
Berater: Wann ist Ihnen zuerst aufgefallen, daß Sie sich nicht gut fühlten?
Jim: Ich glaube, irgendetwas war mit mir nicht in Ordnung, als ich sechs war ...
Berater: Was?
Jim: Ich fühlte mich allein, verloren ... Ich glaube, ich war psychisch krank ...
Berater: (zur Mutter) Können Sie sich an diese Zeit erinnern?
Mutter: Ja, aber er fühlte sich unwohl, weil er physisch krank war. Erst hatte er rheumatisches Fieber, dann eine Osteochondritis in den Knien. Nach seinem sechzehnten Geburtstag hatte er einige Operationen an den Knien. Er mußte Skifahren und andere Sportarten aufgeben.

Nach Bowens Philosophie „Laßt den Kalender sprechen" könnten wir sagen, daß Jim seine Störungen auf die Zeit zurückdatiert, als seine Mutter wieder heiratete und kurze Zeit später mit Sam schwanger wurde. Wir müssen beachten, daß John auch an einer Lesestörung litt und besonderer Fürsorge bedurfte – lauter Situationen, bei denen Jim der Rückhalt der Mutter plötzlich hätte entzogen werden können. Das ist bloß eine Hypothese, die auf eine bestimmte Transaktion begrenzt ist und nicht den Anspruch erhebt, die gesamte Situation zu erklären. Andere Hypothesen werden im Verlauf der Beratung auftauchen und untersucht werden. Aus Jims Antworten spürt man gelegentlich seine langen Kontakte zu Psychotherapeuten und den Einfluß der Bücher, die er gelesen hat. Sie haben wenig mit seinen eigenen Vorstellungen oder Gefühlen zu tun. Er ist allerdings in der

Vergangenheit nie von Psychotherapeuten behandelt worden, also ist er mit großer Wahrscheinlichkeit Autor seiner eigenen Geschichte.

Jim: Ich glaube, das Knieproblem wurde durch die Psychose verursacht ...
Berater: Was wissen Sie über Psychose?
Jim: Hm!
Berater: Versuchen Sie zu erzählen ...
Jim: (fragend) Ein chemisches Ungleichgewicht im Gehirn? Eine Störung des Gehirns?
Berater: Wo haben Sie das gehört?
Jim: Im anderen Krankenhaus. Der Arzt hat es mir gesagt.
(Die Mutter nickt zustimmend.)
Es ist interessant, daß Jim sogar eine physische Erkrankung der Kniegelenke (Osteochondritis) einer Dysfunktion des Gehirns zuschreibt. Die psychiatrische Diagnose scheint sein ganzes Leben zu beleuchten, sowohl die Gegenwart als auch die Zukunft: Jim mag sich Sorgen um seine Zukunft gemacht haben, aber jetzt, als jemand, der als krank etikettiert wurde, ist ihm alles klar. Es ist nicht seine Schuld, wenn er sich keine Gedanken über einen Beruf gemacht oder nicht versucht hat, auf eine unabhängige Zukunft hinzuarbeiten: Die Krankheit ist daran schuld. Das ist offensichtlich eine gefährliche Überzeugung, die, wenn sie von der Familie und den Ärzten geteilt wird, bald zu einer chronischen Störung führen könnte, nämlich zur „Karriere" eines Patienten, der unter einer ernsten Geisteskrankheit leidet.

Berater: Sie haben gesagt, als Sie sechs Jahre alt waren, fühlten Sie sich psychisch krank, ihre Mutter aber sagte, Sie seien physisch krank gewesen ...
Jim: Für einen Sechsjährigen ist es schwierig, seiner Mutter zu erklären, daß er eine Psychose hat, besonders dann, wenn er nicht wirklich weiß, was das ist.
Berater: Wie hat sich die Psychose manifestiert?
Jim: Nun, zuerst gab es das Trauma des Todes meines Vaters, und dann hat meine Mutter wieder geheiratet.
Berater: (zur Mutter) Wie haben sich die Kinder an die neue Ehe angepaßt?

Mutter: Ich war der Meinung, sie hätten sich völlig damit abgefunden. Peter hat sie gut angenommen. Er behandelt alle drei gleich, obwohl ich glaube, daß er tief im Inneren Sam bevorzugen könnte, weil er sein eigenes Kind ist.
Berater: Jim sagt, er sei mit sechs psychotisch gewesen, haben Sie den Eindruck gehabt, er sei krank, daß er anders war, als die anderen Kinder?
Mutter: Nein, das würde ich nicht sagen.
Berater: Was haben seine Lehrer gesagt?
Mutter: Daß er so sei, wie alle anderen. Er hätte bessere Ergebnisse erzielen können, mit seinem Verstand hatte das nichts zu tun.
Berater: (zu Jim) Niemand scheint erkannt zu haben, daß es Ihnen nicht gut ging.
Jim: Nein, weil ich meine Probleme versteckt habe. Als mir in der Schule aufging, daß ich mit literarischen Fächern, mit der Logik, mit Abstraktionen Schwierigkeiten hatte, habe ich angefangen zu töpfern. Ich meldete mich für einen Töpferkurs an.
Berater: Fühlten Sie sich anders als Ihre Brüder?
Jim: Ja. John hing sehr an Mutter wegen seiner Probleme in der Schule, aber die hat er mit großen Anstrengungen überwunden. Er hat viel Selbstvertrauen und macht viel Sport. Sam ist sehr intelligent und auch Peters Liebling. Er kommt in der Schule gut voran.

Zwei unterschiedliche Geschichten kristallisierten sich deutlich heraus. Die Mutter ist ganz und gar anderer Meinung. Die zwei Vergangenheiten, die sich aus der Erzählung ergeben, sind disharmonisch. Es sind zwei miteinander konkurrierende Geschichten, die im Verlauf der Untersuchung des Beraters immer weiter voneinander abweichen. Es muß noch hinzugefügt werden, daß Jim Peter und Sam einem Lager zuordnet und John und seine Mutter in ein anderes, wie zwei Paare. Er bleibt zwischen den beiden Lagern isoliert. Er fühlte sich wahrscheinlich vor der Wiederheirat seiner Mutter wichtig, doch dann bedrohten seine Brüder und sein Stiefvater seine Position, was ihm die Integration in die neue Familie erschwerte. Das kann auch ein Ergebnis davon sein, daß seine Tanten und Großeltern väterlicherseits ihn dazu ausersehen hatten, die geistige Erbschaft seines Vaters anzutreten. Das erschwerte wiederum, um den verlorenen Vater richtig zu trauern. Weil dann die ernsthafte Knieerkrankung hinzukam, die ihn daran hinderte, Ski zu fahren und andere

Sportarten zu treiben und somit den gesunden Konkurrenzkampf mit seinen Brüdern und Freunden auszufechten,wurde Jim zunehmend von Zweifeln, Unsicherheiten und Sorgen um seine Zukunft geplagt. All dieses führte zu der Krise, aus der er mit einer neuen Geschichte hervorging, um seine Entwicklungshemmung zu rechtfertigen.

Jim: Nach dem Tod meines Vaters hatte ich das Gefühl, eine große Verantwortung tragen zu müssen.
Berater: Wer hat Ihnen diese Verantwortung übertragen?
Jim: (schaut seine Mutter an) Erst sie und dann Peter.
Berater: Weil Sie das älteste Kind waren?
Jim: Ich glaube, ja, aber das war mir damals nicht sehr bewußt, ich fühlte mich unter Druck gesetzt.
Berater: Also übernahmen Sie die Rolle des Sohnes, Ehemannes und Vaters?
Jim: Ein bißchen.
Berater: Haben Sie das Gefühl gehabt, Ihre Mutter brauchte Trost, Unterstützung?
Jim: Oh ja, sehr, sehr viel Unterstützung!
Berater: (zur Mutter) Erkennen Sie sich aus dieser Beschreibung?
Mutter: Nein. Jim beschreibt das Leben eines Kindes, das ich nie gekannt habe.
Berater: (zu Jim) Könnte es sein, daß Sie meinten, Ihre Mutter sei allein und Sie sich deshalb als Ehemann fühlten?
Jim: Ja. Das könnte vielleicht sein ... psychiatrisch gesehen.
Berater: Was soll denn das bedeuten?
Jim: (lächelt) Das ist schwer zu erklären, es ist ...

Hier beginnt der Therapeut andere mögliche Geschichten als Alternative zu Jims und implizit der Geschichte der Mutter einzuführen, die scheinbar alles, was Jim sagt, ablehnt. Es ist bemerkenswert, daß sie von Jims Botschaften über vergangene Unsicherheiten und Leiden überhaupt nicht beeindruckt zu sein scheint. Sie scheinen ein symmetrisches Paar zu sein. Die Vorstellung, daß sich Jim revanchieren, in ihr Schuldgefühle erzeugen will, scheint mehr und mehr plausibel. Im Lauf der Zeit wird seine Haltung ihr gegenüber immer anklagender, und sie stimmt ihrerseits immer weniger mit ihm überein und distanziert sich von ihm.

Es ist interessant, daß Jim, mit der Vorstellung konfrontiert, daß er nach dem Tod seines Vaters die Rolle eines Sohnes und eines Ehemannes spielen mußte, erwidert: „Ja ... vielleicht ... psychiatrisch gesehen." Er scheint zu erkennen, daß er gegen ein Tabu verstoßen hat.

Berater: Sie reden so, als gehörten Sie nicht zu dieser Familie. Haben Sam und John solche Gefühle auch gehabt?
Jim: Nein. Sie sind von Peter und ihr mehr beachtet worden. Ich fühlte mich isoliert.
Berater: Wenn ich Ihre Mutter fragen würde, ob ihr bewußt war, daß Sie sich in der Vergangenheit so allein gefühlt haben, was würde sie sagen?
Jim: Weiß ich nicht, fragen Sie sie doch. Ich glaube, sie würde nein sagen.
Berater: Können Sie sie fragen?
Jim: (zur Mutter) Was meinst du, wie ich mich all die Jahre gefühlt habe?
Mutter: Ich glaube nicht, daß du so besonders unglücklich gewesen bist.
Jim: Glaubst du nicht, daß es in der Familie einen Todesfall gegeben hat?
Mutter: Doch.
Jim: (aufgeregt, in einem Atemzug) Und daß mich das traumatisiert hat? Glaubst du nicht, daß ein Vierjähriger, der seinen Vater verloren hat, ein Trauma erleidet? Daß der neue Mann, der in die Familie kommt, nicht der beste Vaterersatz ist? Und daß er eine größere Verantwortung zu tragen hatte, weil er der älteste Sohn ist? ...
Mutter: Nur weil du der Älteste bist, rechtfertigt das nicht alles.
Berater: (zur Mutter) Was meinen Sie dazu?
Mutter: Ich bin nicht einverstanden. Ich habe ihm nie gesagt, er sei ein Außenseiter, und er hat mir keine Anzeichen dafür gegeben, daß er sich so fühlt. Er beschreibt einen Sohn, den ich nie gesehen habe.
Jim: Zusätzlich zu der Situation, die ich gerade beschrieben habe, hatte ich rheumatisches Fieber, Operationen am Knie und dann Schizophrenie ... Wann wirst du einsehen, daß ich krank bin? du scheinst es nie begriffen zu haben.
Berater: Haben Sie zu bestimmten Zeiten das Gefühl gehabt, sie versteht Sie?

Jim: Manchmal. Aber sie war meinen Brüdern gegenüber mütterlicher. Sie hat mich wie einen schwachen Menschen behandelt.
Berater: Sie scheinen sehr wütend auf sie zu sein. Sind Sie auch auf Peter wütend?
Jim: Nein.
Berater: Auf Ihre Brüder?
Jim: Nein.
(Die Mutter schaut ihn an und lächelt, als ob sie sich amüsiere.)

An dieser Stelle werden hypothetische Fragen zur Vergangenheit gestellt, die alternative Bedeutungen zulassen können. Zudem stellt der Berater Jims Geschichten und Überzeugungen offen in Frage. Er macht dies jetzt, weil er es für den richtigen Augenblick hält: Jim macht einen sehr engagierten Eindruck. Der Berater stellt nun Erläuterungsfragen. Wenn seine Herausforderung nicht angenommen wird, wird er natürlich zu anderen Ideen und Gefühlen übergehen. Wenn die Herausforderung zu einem früheren Zeitpunkt in der Sitzung erfolgt wäre, bevor eine Vertrauensbeziehung hergestellt war, hätte das vermutlich einen Bruch der Beziehung verursacht.

Berater: Sie haben gesagt, wenn Ihr Vater nicht tot wäre, würden Sie sich wohl fühlen, stimmt's?
Jim: Ja, doch.
Berater: Das verstehe ich nicht. Wie kommt es, daß so viele Kinder, die ihren Vater verloren haben, nicht so reagieren wie Sie ... Sogar John hat anders reagiert. Zudem haben Sie eine Mutter, einen Stiefvater und zwei Brüder, und fühlen sich doch allein. Das verwirrt mich.
Jim: Ich weiß es nicht.
Berater: Anfangs haben Sie einen glücklichen Eindruck gemacht, viel gelächelt. Es schien Ihnen zu gefallen, krank zu sein, mit Ärzten zu reden. Suchen Sie in den Ärzten einen Vater?
Jim: Vielleicht.
Berater: Ich verstehe das nicht. Ich versuche, daraus schlau zu werden, aber ich schaffe es nicht. Ich glaube fast, ich werde schizophren ...
Jim: (lacht laut)

Jim versteht die Situation. Der Therapeut würde sie auch gern verstehen und bittet ihn um Hilfe. Das laute Lachen – das einzige Lachen während der ganzen Sitzung – zeigt, daß der Berater einen wichtigen Punkt berührt hat. Jim ist mit seiner Krankheit daraus schlau geworden, hat einen neuen Sinn in seinem Leben gefunden, der Berater dagegen bleibt verwirrt, versteht Jims Geschichte nicht und hat sogar das Gefühl, „schizophren" zu werden. Die Gleichsetzung von Verwirrung und Schizophrenie wird hier als semantisches Bindeglied benutzt, um das Etikett der geistigen Krankheit in Frage zu stellen, die gegenwärtige Situation zu entpathologisieren und um damit zu beginnen, Jims Überzeugungen andere mögliche Bedeutungen zuzuschreiben. Die Diagnose – die Jim als die Ursache seiner gegenwärtigen prekären Situation und, wie wir sehen werden, als die Grundlage einer unglücklichen Zukunft ansieht – wird in Frage gestellt. Der Berater nimmt die aus den Geschichten hervorgehenden Dilemmata auf sich. Jim sieht seine Vergangenheit eindeutig auf eine deterministische Art und Weise: Der Tod seines Vaters war das *Primum movens,* das Trauma, das zu der Wiederheirat seiner Mutter, zu Veränderungen in der Organisation der Familie, zu neuen Bündnissen, neuen Traumata geführt hat. Und wegen all dieser Traumata ist er jetzt krank.

Der Berater versucht, die deterministischen Bindeglieder, die Vergangenheit, Gegenwart und Zukunft verbinden, zu unterbrechen, indem er die Dilemmata auf sich nimmt, verwirrt wird und nach neuen Bedeutungen sucht. Es ist, als würde er sagen: „Ich verstehe nicht, warum Sie diese Geschichte konstruiert haben." Man könnte sogar sagen, der Berater versucht, die Vergangenheit des Klienten zu dekonstruieren, damit neue Geschichten hervorgebracht werden können.

Berater: (in einem verwunderten Ton) Ich muß das verstehen, einen Sinn darin finden ... Können Sie mir helfen?
Jim: (lacht wieder)
Berater: Vielleicht freuen Sie sich, weil Sie als Schizophrener in Ihren Ärzten einen neuen Vater finden können. Wer weiß ...
Jim: (wird wieder ernst) Ich wurde krank, bevor ich von Ärzten untersucht wurde.
Berater: Sie sollen mir helfen, mein Dilemma zu lösen. Ich verstehe nicht, warum Sie nie das gefunden haben, was John gefunden hat.
Jim: Er war jünger.
Berater: Und?

Jim: (ziemlich irritiert) Sie sind der Psychiater. Sie sollten eigentlich mir sagen ...
Berater: Ja, ich bin Psychiater. Ich muß aber erst verstehen, bevor ich helfen kann.
Jim: Ich weiß nicht, was ich sagen soll. Ich habe Ihnen schon erzählt, warum ich in jungen Jahren traumatisiert worden bin!
Berater: Ich verstehe Ihre Erklärung, aber Sie müssen auch meine Verwirrung verstehen. Sie sagten, Sie fühlten sich in der Familie isoliert. Haben Sie denn außerhalb der Familie keine Freunde gehabt?
Jim: Doch, aber Freundschaft reicht nicht. Ich fühlte mich immer als Außenseiter, und das reicht, um einen schizophren zu machen! Ist Ihnen diese Erklärung nicht gut genug?
Obwohl seine Überzeugungen nun in Frage gestellt werden, kommt Jim kategorisch auf seine vergangenen Traumata zurück und wiederholt die Überzeugung, daß er schizophren sei. An dieser Stelle wechselt der Berater das Thema, erstens um sich nicht zu wiederholen, und, noch wichtiger, um Jim nicht zu sehr zu verärgern. Er stellt Fragen zu den Herkunftsfamilien, insbesondere zu derjenigen der Mutter. Bezeichnenderweise wird berichtet, daß die Großeltern mütterlicherseits die Mutter und die Kinder in der kurzen Phase zwischen der ersten und der zweiten Ehe versorgten. Jim erinnert sich daran als Phase der Stabilität, in der er sich mit dem Großvater mütterlicherseits gut verstand. Als seine Mutter wieder heiratete, hörten die Beziehungen zur erweiterten Familie praktisch auf.

Berater: Sie waren also gerne bei Ihrem Großvater, er mochte Sie?
Jim: Ja, ich glaube, er mochte mich.
Berater: Warum haben Sie ihn dann nicht als zweiten Vater angenommen?
Jim: Ich war zu sehr durcheinander.
Berater: Wenn Ihre Mutter nicht wieder geheiratet hätte, hätten Sie bei den Großeltern bleiben können?
Jim: Ja. Wenn sie nicht wieder geheiratet hätte, wäre ich jetzt nicht in dieser Situation.
Berater: Sie meinen ...
Jim: Ich würde im Leben besser zurechtkommen.
Berater: Sie scheinen sich zu beklagen, daß Sie nicht die richtige Mutter haben. Würden Sie sie gerne umtauschen?
Jim: (lächelt) Ich hätte gern eine Rückvergütung.

Mutter: (bricht in Lachen aus)
Berater: Stellen wir uns mal vor, Sie können und wollen eine Rückvergütung haben. Was meinen Sie, wie lange das dauern würde?
Jim: (weicht aus) Inzwischen fühle ich mich viel besser.
Berater: Aber wenn Ihre Mutter jetzt so wäre, wie Sie sie gerne hätten, würden Sie etwas verändern?
Jim: Nein.
Berater: Würden Sie sagen, Sie brauchen jetzt einen Vater mehr als eine Mutter?
Jim: Ja, sicher, einen Vater.

Diese Suche nach einem Vater, diese dauernde Verbindung mit einem toten Vater wird ein Hauptthema der Diskussion nach der Sitzung und in der Schlußintervention sein. An dieser Stelle wird das Augenmerk auf die Zukunft gerichtet.

Berater: Wie sehen Sie Ihre Zukunft?
Jim: (schüttelt den Kopf) Nicht sehr gut, ich werde Töpfer.
Berater: Haben Sie eine Freundin?
Jim: Nein.
Berater: Haben Sie schon mal eine gehabt?
Jim: Ja, einige, aber nie etwas Ernstes.
Berater: Haben Sie schon Geschlechtsverkehr gehabt?
Jim: Ja, aber es war nichts Besonderes.
Berater: Glauben Sie, daß Sie in Zukunft heiraten werden?
Jim: Oh nein, ich werde nie heiraten und Kinder haben.
Berater: Warum nicht?
Jim: Ich würde es nicht schaffen, sie aufzuziehen.
Berater: Wie kommen Sie darauf, daß Sie das nicht könnten?
Jim: Ich habe Ihnen schon gesagt, ich werde Töpfer. Ich werde auf einem der Berge hier in der Nähe leben, eine Werkstatt aufmachen und töpfern.
Berater: Sie haben also beschlossen, alleine in einem leblosen System umgeben von Tonwaren zu leben ... Werden Sie nicht wenigstens ein Haustier halten?
Jim: Nein, ein Mädchen!
Berater: Also wird das Mädchen Ihr Haustier sein?
Jim: (lacht) Das hört sich gar nicht so schlecht an.

Berater: (provozierend) Würden Sie nicht lieber Ihr Leben lang krank sein, damit sie (zeigt auf den Psychiater) sich um Sie kümmern können?
Jim: Nein.
Berater: Sie scheinen immer noch zu behaupten, daß Sie keine Familie gehabt haben, daß Sie eine Art Waise gewesen sind, daß Sie schizophren geworden sind. Haben Sie denn nicht in den Psychiatern und Krankenschwestern eine Familie gefunden, eine, die sich für den Rest Ihres Lebens um Sie kümmern kann?
Jim: Nein, nein, nein. Ich habe schon gesagt, was ich machen will, ich will mit Ton arbeiten!

Jim stellt sich eine graue, einsame Zukunft vor. Der Berater stachelt ihn humorvoll an und stellt sich – provokativ – die noch einfachere Zukunft des absolut abhängigen, chronisch Leidenden vor. Provokation kann häufig eine mögliche Zukunft weniger wahrscheinlich erscheinen lassen. Es ist jedoch wichtig, daß der Berater in bezug auf die Wahlmöglichkeiten des Klienten neutral bleibt.

Am Ende der Sitzung taucht das Thema der Trennung von der Familie auf und erzeugt eine unerwartete Wendung des Gesprächs. Die Mutter weint aufrichtig, und das überrascht Jim.

Berater: (zur Mutter) Wenn Jim aus der Klinik entlassen wird, wird er nach Hause kommen oder ...
Mutter: (sehr ernst) Peter und ich haben darüber gesprochen. Wenn Jim entlassen wird, wäre es besser, er käme nicht nach Hause. Er müßte von Experten gepflegt werden.
(Jim rührt sich etwas, gähnt betont auffällig und verhält sich, als habe das Thema nichts mit ihm zu tun.)
Berater: (zur Mutter) Wann sind Sie zu der Überzeugung gekommen, daß es besser wäre, sich von Jim zu lösen?
Mutter: (lange Pause; sie kann ihre Tränen gerade noch zurückhalten) Als er sich krank zu fühlen begann, dachten wir, daß ... (sie fängt an zu weinen und spricht dann ohne Pause) ... weil er sehr krank ist, er ist ernsthaft krank ... da er psychisch krank ist, kann er nicht mehr zu Hause wohnen, er kann nicht mal alleine leben ... er muß gepflegt werden ... als Schizophrener, psychisch Kranker, ist es besser, er bleibt jetzt in einer Klinik ...
(Jim sieht seine Mutter weinen; er ist jetzt aufmerksam, still, ruhig;

das ständige Zittern des Knies, das am Anfang der Sitzung einsetzte, hat inzwischen aufgehört.)

Jim scheint beeindruckt, ja sich über die ehrliche Verzweiflung und die Tränen seiner Mutter fast zu freuen: Endlich hat er es geschafft, bei ihr eine Gefühlsregung auszulösen. Wahrscheinlich ist es Peter, der ihn los haben will, und die Mutter, die in einem Dilemma steckt. Ihre Tränen sind doch ein Zeichen der Liebe, die vorher nicht existent schien. Die gewaltigen Emotionen, die nun zutage treten, könnten der Auftakt zu Veränderungen sein.

Berater: (zur Mutter, die ihre Tränen trocknet) Wie war Jim denn, bevor dies alles geschah?
Mutter: Er war der zärtlichste von allen, derjenige, der die meiste Zuneigung zeigte ... Für mich war er am leichtesten zu erziehen, bis er krank wurde. (Sie wendet sich nach Jim um und lächelt.)
Berater: Was hält Peter davon, wenn Jim nach Hause käme?
Mutter: Peter hat keine Erfahrung mit psychischen Krankheiten. Er lehnt es nicht offen ab, aber ich glaube, tief im Innern hat er große Zweifel.

Nach einer kurzen Diskussion mit der Gruppe im Beobachtungsraum kommt der Berater wieder und macht folgende Intervention:

Berater: Was mich in Ihrer Geschichte zutiefst beeindruckt hat, ist Steves Tod, der Tod Ihres Mannes (zur Mutter) und Ihres Vaters (zu Jim). Ich bin der Meinung, Sie alle haben diesen Mann zu schnell vergessen, und er ist deshalb nicht genügend betrauert worden ...
Jim: (mit einem Ausdruck von Überraschung und Offenbarung) Das stimmt, das stimmt ... das war mir nicht klar. Zu schnell vergessen ... das war's, das war's.
(Auch die Mutter scheint betroffen und in Gedanken versunken zu sein.)
Berater: Ich werde Ihnen jetzt eine sehr wichtige Aufgabe stellen, die von der alten Familie ausgeführt werden muß, das heißt von Ihnen (zur Mutter), Jim und John. Sie sollen einen Tag der Woche, nach Möglichkeit immer denselben Tag, Steve widmen. An diesem Tag wäre es am besten, Sie würden von ihm reden, Geschichten von ihm

erzählen, Fotos von ihm rausholen. Wenn möglich sollten Sie an diesem Tag auch sein Grab besuchen. An allen anderen Tagen ist es verboten, von Steve zu sprechen, weder untereinander noch mit anderen Familienmitgliedern. Bevor Sie mit der Aufgabe anfangen, sollten Sie den anderen Familienmitgliedern, Ihrem Mann und Sam, vielleicht heute Abend beim Essen erklären, daß ich Ihnen als Berater die gerade beschriebene Aufgabe gestellt habe. Ich bin sicher, sie werden das verstehen und keine Einwände haben. Sie sollten diese Aufgabe mindestens viermal, also einen Monat lang ausführen, und dann gehen Sie wieder zu Paul (dem Psychiater) und erzählen ihm, was für Ergebnisse Sie erzielt haben.
(Mutter und Sohn sind beeindruckt und zufrieden, besonders Jim.)

Die Ziele dieser Intervention – eine Umdeutung und ein Ritual – bestanden darin:

1. das Problem des Todes des Vaters – laut Jim die Ursache allen folgenden Leids – in die Gegenwart zu bringen;
2. diesen Prozeß durch die Behauptung zu stärken, der Vater sei zu schnell vergessen worden, um dadurch im Hier und Heute die Erinnerung an ihn zu verstärken.
3. Die Mutter, Jim und John teilen als Opfer des Todes eines Mannes und Vaters, der zu schnell vergessen wurde, um zu viel Leid zu vermeiden, dasselbe Drama. Vielleicht mußte die Mutter es vermeiden, von ihrem ersten Ehemann zu sprechen, um Peter nicht zu verärgern. Das könnte das Trauern verhindert haben.
4. Das Ziel des Rituals lag darin, eine kollektive emotionale Erfahrung zu fördern, die Zusammenhalt festigt und alle Familienmitglieder (der ersten Familie) auf dieselbe Stufe bringt.
5. Daraus folgt, daß Jim in seine alte Familie wieder eintreten und sich akzeptiert fühlen kann. Nach unserer Erfahrung kann ein Familienmitglied die Familie verlassen und ein selbständiges Leben aufbauen, wenn er sich als Teil der Familie und von den anderen akzeptiert fühlt. Wenn das nicht geschieht, kann es katastrophale Folgen haben.

Wenn man sich von der alten Familie akzeptiert fühlt, wird man ermutigt, sich in der neuen zu engagieren, sobald das Trauern vorbei ist. Indem der Mutter und den Kindern aus ihrer ersten Ehe das Ritual verschrieben und Peter und Sam die Rolle der Beobachter zugewiesen wird, wird es möglich, daß aus der Asche der alten eine neue Familie entsteht.

Nachuntersuchung

Dr. Boscolo war ein Jahr später wieder in Australien und traf Dr. Brown während eines seiner Workshops, der berichten konnte, daß die Beratung große Auswirkungen auf die Familie gehabt hatte, insbesondere auf Jim. Dieser hatte nach der Beratung eine erstaunliche Veränderung gezeigt, die wir als diskontinuierliche Veränderung bezeichnen würden. Sowohl die Feindseligkeit seiner Mutter gegenüber als auch das Gefühl des Ausgeschlossenseins aus der Familie verschwanden. Er entwickelte Zukunftshoffnungen und ein neues Interesse für Menschen und Aktivitäten. Dr. Brown betonte, daß es Jim laut seiner Familie viel besser ging als vor der Krise. Die Familie hatte das Ritual mit starken Gefühlsbewegungen ausgeführt, was zur Folge hatte, daß sie ihre affektiven Bindungen erneuern und verstärken konnten. Während die Familie dem Psychiater ihre emotionalen Erfahrungen während des Rituals beschrieben, zeigte Jims Mutter, das möchten wir betonen, Dr. Brown mit Tränen in den Augen den Hochzeitsring ihrer ersten Ehe, den sie seit dem Tod ihres ersten Mannes immer an einer Kette um den Hals trug!

6. Von der Vergangenheit in die Zukunft

Ein zentraler Aspekt unseres systemischen Therapieansatzes besteht in der selbstreflexiven Schleife, die Vergangenheit, Gegenwart und Zukunft verbindet. Unsere Vorstellung, wie die drei Zeitdimensionen zusammenhängen, unterscheidet sich normalerweise von der unserer Klienten. Sie interpunktieren Zeit auf lineare, kausale Weise, so daß die deterministische kausale Verbindunge in ihre Geschichten eingebaut sind. Das bedeutet, daß vergangene Ereignisse oder Beziehungen einen großen Einfluß auf gegenwärtige Beziehungen haben und ihren zukünftigen Entwicklungen ernsthafte Zwänge auferlegen. Die gegenteilige Vorstellung, daß die Zukunft sich auf Gegenwart und Vergangenheit auswirkt, scheint ihrer Denkart genauso fremd wie auch den Gesetzen des gewöhnlichen Menschenverstandes.

Wenn die Beziehung zwischen Vergangenheit, Gegenwart und Zukunft als selbstreflexive Schleife angesehen wird, bedeutet das, daß wir, indem wir auf eine der drei Zeitdimensionen einwirken, auch die anderen verändern. Für Klienten ist es oft unumgänglich, die Vergangenheit zu verändern, um die Gegenwart wie auch die Zukunft verändern zu können. Indem er in der Gegenwart handelt – seine einzige Möglichkeit – kann der Therapeut auf Erinnerungen der Vergangenheit einwirken, um zu zeigen, daß neue Beziehungen möglich waren bzw. noch sind. Das bedeutet also, daß er auch auf die Zukunft einwirken kann.

Wie wir allerdings schon gesehen haben, sind alle Probleme Probleme der Gegenwart. Das heißt, daß einer der ersten Schritte des Therapeuten sein muß, nicht nur die Probleme, sondern all ihre möglichen *Lösungen* in die Gegenwart zu versetzen. Das impliziert die Grundannahme, daß Vergangenheit und Zukunft in die Gegenwart versetzt werden können – daß eine Vergangenheit und eine Zukunft *geschaffen* werden können – also eine Vergangenheit und

Zukunft, die sich von der unterscheiden, die uns Klienten präsentieren. Klienten bringen ihre eigene mögliche Welt mit, während der Therapeut eine ganze Palette möglicher Welten einführt.

Hier ist es wichtig, daran zu erinnern, daß die Gegenwart die Vergangenheit erhellt. Wir schenken dem, was in Sitzungen tatsächlich geschieht, die größte Aufmerksamkeit, weil uns dies eine Grundlage liefert, um die von uns wahrgenommene Geschichte zu untersuchen. Wir sehen diese Geschichte jedoch nicht als irreversiblen linearen Prozeß, sondern als ein Element der oben beschriebenen, selbstreflexiven Schleife. Indem wir in der Gegenwart arbeiten, beschäftigen wir uns und unsere Klienten mit Ereignissen, Bedeutungen und Beziehungen, die innerhalb des zeitlichen Horizonts der Vergangenheit und der Zukunft liegen. Das ermöglicht das Entstehen von Unterschieden, neuen Bedeutungen und neuen Interpretationen, die starre deterministische Assoziationsketten unterbrechen können. Die daraus eventuell resultierenden Veränderungen können mit der Zeit zu einer Neuorganisation von Bedeutungen und Beziehungen und somit zu Lösungen der präsentierten Probleme führen.

Eine postmoderne Interpretation dieses Prozesses wäre die, daß die Geschichten der Klienten durch therapeutische Gespräche in der Gegenwart dekonstruiert werden, was zu der Konstruktion neuer oder, wie Michael White sagen würde, *alternativer* Geschichten führen würde. Selbstverständlich erstreckt sich eine solche Dekonstruktion über den gesamten zeitlichen Horizont.

6.1 Das Gleichgewicht der Erinnerung

In seiner Kurzgeschichte *Funes, or Memory* (1936) beschreibt Jorge Luis Borges einen Mann, der aufgrund einer Hirnschädigung nach einem Reitunfall von einem totalen Erinnerungsvermögen überwältigt wird: Er kann sich beispielsweise an alles erinnern, was ihm innerhalb einer Zeit von vierundzwanzig Stunden passiert, aber er braucht dazu genau vierundzwanzig Stunden. Daraus folgt, daß er buchstäblich nicht mehr leben kann; er ist zu einem Leben der reinen Kontemplation verdammt (und nicht bloß wegen seiner physischen Bewegungslosigkeit).

> Auf einen Blick nehmen wir drei Gläser auf einem Tisch wahr. Funes dagegen sah alle Äste, die Trauben, die Beeren in einer Laube. Er erkannte die Form der südlichen Wolken in der Morgendämmerung

des 30. April 1882 und konnte sie in seiner Erinnerung mit dem marmorierten Deckel eines nur einmal gesehenen Buchs oder mit dem durch ein Ruder erzeugten Schaum im Rio Negro am Vorabend der Schlacht von Quebracho vergleichen.

(Borges 1936, S. 712)

Funes' totale Erinnerung ist allerdings nicht nur frei erfunden. Unter Operationsbedingungen hat der kanadische Neurochirurg William Penfield Elektroden an verschiedenen Teilen des Gehirns von Menschen angebracht, die unter ernsten Formen der Epilepsie litten. Seine Patienten bekamen eine örtliche Betäubung und waren während der Operation bei vollem Bewußtsein. Er entdeckte, daß die elektrische Stimulierung bestimmter Bereiche des Gehirns eine Art totale Erinnerung aktivierte, ein hundertprozentiges Erinnerungsvermögen vergangener Erlebnisse, das die Unmittelbarkeit des Bewußtseins der Gegenwart simulierte. Wie Bewußtsein in der Gegenwart konnte dieses „Bewußtsein in der Vergangenheit" weder aufgehalten noch wiedererlebt werden. Es war so, als würden die Patienten einen Film über einen Teil ihres Lebens sehen, ihre Vergangenheit noch einmal erleben, wie sie sie damals erlebten, als sie die Gegenwart war. Wie bei Funes schien Zeit ausgeschaltet zu sein, denn sie waren sozusagen *innerhalb* der Zeit, sie hatten die Distanz verloren, die eine Unterscheidung zwischen verschiedenen Dimensionen der Zeit ermöglicht.

Zur selben Zeit als Borges seine Kurzgeschichte schrieb, begann der russische Neuropsychologe Alexander Luria seine Studie zweier bemerkenswerter klinischer Fälle. Einer davon, Shereshevsky, war die lebendige Version des Isidor Funes von Borges (Luria 1968); der andere, Zazetsky, war gewissermaßen sein komplementäres Gegenteil, ein Mann, der dazu verdammt war, wegen einer Kriegsverletzung ohne Erinnerung zu leben (Luria 1972).

Die beiden klinischen Fälle von Luria helfen uns, die Funktion der Erinnerung (der Vergangenheit) in unserem Leben zu verstehen. Shereshevsky lebte im wahrsten Sinne des Wortes von seinem erstaunlichen Erinnerungsvermögen, indem er schier unglaubliche Leistungen der Erinnerung öffentlich aufführte. Obwohl er ein ungebildeter Russe war, konnte er einen Gesang von Dante Wort für Wort auf Italienisch rezitieren und sich sogar Jahre später daran erinnern.[1]

1 Es ist interessant, daß ein so „totales" Erinnerungsvermögen genau wie bei Funes räumlich funktioniert. Shereshevskys Strategien des Erinnerns waren alle visuell: Er lokalisierte Reihen von Gegenständen oder Fakten, einschließlich

Doch hat dieses ganze Erinnerungsvermögen ihm bei der Organisation seines eigenen Lebens wenig geholfen. Er lebte in der ständigen Erwartung einer verschwommenen Zukunft, machte viele Pläne und stellte sich allerhand vor, doch gelang es ihm nie, etwas Konkretes zu erreichen. Er war wie ein Mann ohne Zukunft, ohne realistische Pläne und lebte von einem Tag auf den anderen.

Im Gegensatz dazu schien Zazetsky mehr oder weniger dazu verdammt zu sein, vor sich hin zu vegetieren. Er konnte sich nicht einmal an die kleinsten Kleinigkeiten erinnern und war sogar eines großen Teils seines Kurzzeitgedächtnisses beraubt. Trotzdem gelang es ihm über einen Zeitraum von zwanzig Jahren und unter erheblichen eigenen Kosten, eine „Autobiographie" von dreitausend Seiten zu schreiben und das Material anschließend zu überarbeiten und richtig zu ordnen. Obwohl er seine Geisteskräfte nie völlig zurückerlangte, konnte er dennoch seine eigene Vergangenheit rekonstruieren. Seine Erinnerungen tauchten nur während des eigentlichen Vorgangs des Schreibens auf; sobald sie aufgeschrieben waren, entschwanden sie seinem Gedächtnis und blieben nur auf den von ihm geschriebenen Seiten erhalten.

Wenn man die logischen Konsequenzen daraus zieht, unterstützen die sich gleichenden Erfahrungen von Shereshevsky und Zazetsky die Beweisführung, daß sowohl die Abwesenheit der Vergangenheit als auch ein *Zuviel* davon zu genau demselben Ergebnis führen: Sie beeinflussen unsere Fähigkeit, uns in die Zukunft zu projizieren. Sowohl Shereshevsky, der sein gesamtes Leben in der Erwartung verbrachte, „etwas Wichtiges" müsse geschehen (in der Zwischenzeit katalogisierte er seine Erinnerungen), als auch Zazetsky, dem selbst die grundlegendste Art des Lernens versagt war, waren in einer hermetisch versiegelten Gegenwart gefangen, in der der Rückblick obligatorisch und das Vorwärtsschauen ein unerreichbarer Traum war.

In unserem täglichen Leben müssen wir ein *Gleichgewicht* der Erinnerung erreichen, in dem die Vergangenheit unvermeidlich unsere Handlungen leitet, ohne die Gegenwart unter ihrem Gewicht zu

Zahlen, im Raum, als müsse ein Überschuß an Erinnerungsvermögen zwangsläufig eher als Raumbegriff denn als Zeitbegriff ausgedrückt werden: „Wenn S. eine lange Reihe von Wörtern durchlas, rief jedes Wort ein graphisches Bild hervor ..."

ersticken. Es ist wahrscheinlich kein Zufall, daß es von Lurias beiden Patienten Zazetsky war – der Mann, dessen Welt praktisch ohne Vergangenheit in Trümmern lag und der in seinen Fähigkeiten wesentlich mehr eingeschränkt war als Shereshevsky –, der es schließlich schaffte, durch die nicht endende Suche nach seiner eigenen Vergangenheit eine bedeutungsvollere Existenz für sich aufzubauen. Zazetskys Suche ermöglichte es ihm, sich seiner Umwelt neu anzupassen.

6.2 Erzählung und Vergangenheit

Die Erzählfunktion – die Fähigkeit, Erzählungen zu kreieren – ist grundlegend für die menschliche Existenz. Julian Jaynes (1976) geht sogar so weit zu behaupten, daß das Bewußtsein fast ausschließlich so funktioniert, aus unseren Handlungen in Erzählungen eine Einheit zu bilden, indem sie in eine fortlaufende und zusammenhängende Entwicklung gesetzt werden („Narratisierung"). Alle Völker hatten und haben ihre Erzählungen und Geschichten, ob es sich dabei um Mythen der alten Griechen und Lévi-Strauss' „primitive" Völker oder um die zwanghaften, eintönigen Chronologien der Ägypter (Heuss 1961) handelt.

Unsere westliche Vorstellung von Geschichte als einer Folge nicht wiederholbarer Ereignisse, die sich auf ein bestimmtes Ende zu -bewegen, findet man nicht nur in den heiligen Texten des Christentums und in unserer modernen Vorstellung von „Fortschritt", sondern auch in der Form des Romans. Geschichte – Erzählung – ist Teil unserer Existenz. Wir schaffen unsere individuellen oder Familiengeschichten durch Verwendung der Erzählformen, die uns überliefert worden sind (laut H. White 1981) wandeln wir unsere Annalen zunächst in Chroniken und dann in echte erzählerische *Historien* um). Wir leben, indem wir uns erzählen, und umgekehrt.

In *1984* beschreibt George Orwell eine Welt, in der Geschichte ständig umgeschrieben wird, um sie den gegenwärtigen Bedürfnissen eines allmächtigen totalitären Staates anzupassen. Winston Smith, die Hauptperson, ist eingestellt worden, um alte Zeitungen umzuschreiben, damit sie mit der aktuellen Politik des Großen Bruders übereinstimmen. Im Verlauf des Romans erkennt Smith, wie die Gesellschaft, in der er lebt, das Leben zeitlos macht. Seine Identitätssuche führt durch die Suche nach seiner eigenen Vergangenheit und damit auch nach der Vergangenheit der Gesellschaft, in der er lebt, zum Erfolg.

> Von diesem Wissen abgeschnitten zu sein, heißt abgeschnitten zu sein von einer unerläßlichen Bedeutungs- und Reflexionsquelle, abgeschnitten vom Material, aus dem das Selbst konstruiert ist.
> (Assmann 1991, S. 10)

Wir stoßen in Familien, denen wir in der Therapie begegnen, oft auf Orwellsche Situationen; beispielsweise in Familien mit Mitgliedern, die psychotische Verhaltensweisen entwickeln. Solche Verhaltensweisen sind eine schlüssige Antwort auf einen „wahnsinnigen" Kontext, Resultat einer massiven Nichtbestätigung persönlicher Emotionen, Gedanken und Bedeutungen des designierten Patienten. Der Patient fühlt sich verpflichtet, ausschließlich an die Vorstellungen anderer zu glauben, doch genau das führt dann unweigerlich zur Nichtbestätigung seines eigenen Erlebens. Solche Situationen gehen sogar über Orwell hinaus, denn das psychotische Familienmitglied lebt, was seine Beziehungen angeht, in einem ständigen Zustand der Unsicherheit und Ambivalenz, der letztendlich zu einem Rückzug in eine autistische Welt führt. (Eine wichtige Schule der Psychiatrie würde allerdings diese ausschließlich auf Beziehungsmuster basierende Interpretation der Ursachen von Psychosen in Frage stellen. Sie nimmt als Basis der Entwicklung von Psychosen eine biologische Vulnerabilität des Nervensystems gegen interne und externe Streßfaktoren [Ciompi 1983] an. In diesem Sinne würde der Begriff „designierter Patient", ein wichtiger Begriff der Beziehungspsychopathologie, als „biologisch designierter Patient" neu definiert werden.)

Michael White (White u. Epston 1989) betrachtet alle Beziehungen zwischen Individuen als Geschichten. In unserer westlichen Welt ist eine Geschichte ein stetiger Fluß, in dem die Vergangenheit die Gegenwart erzeugt und den Weg in die Zukunft weist. Unsere Bedeutungssysteme in der Gegenwart basieren auf der Vergangenheit (Geschichte und Geschichten), demnach liefert im weitesten Sinne Geschichte den kulturellen Bezug, in dem wir leben. Die Geschichten der Gruppen, zu denen wir gehören, konzentrieren diese Bezüge und Koordinaten immer mehr; die Familie ist bloß eine unter vielen Bedeutungssystemen oder Geschichten. Unsere persönlichen Geschichten bestimmen die Bedeutungen, die wir als Individuen den Ereignissen beimessen: sie beeinflussen, wie wir die Vergangenheit interpretieren, wirken sich aber auch stark darauf aus, wie wir heute und morgen leben. Selbstverständlich wirkt sich auch die Art und Weise, wie andere unsere Geschichten interpretieren, auf unsere Lebensweise aus. Wie wir uns definieren und unsere Geschichten erzählen, wirkt sich dann wieder auf andere aus.

Guy Ausloos (1986) hat eine Therapietechnik – das Historiogramm – für die Behandlung von Immigrantenfamilien in Kanada entwickelt, die die genaue Erinnerung an ihre eigene Vergangenheit verloren haben. Therapeuten bitten die Kinder zu erzählen, woran sie sich in der Familiengeschichte erinnern, und die wichtigsten Daten und Ereignisse auf einem Blatt zu notieren. Wenn es offensichtliche Lücken in der Erzählung gibt, ermutigen sie die Kinder, ihre Eltern oder andere Verwandte darum zu bitten, sie zu füllen. Auf diese Weise wird die ganze Familie dazu veranlaßt, eine kontinuierliche und folgerichtige Geschichte ihrer eigenen Vergangenheit zu rekonstruieren.

Es kann passieren, daß plötzlich ein fremdes, traumatisches Element in den regelmäßigen Fluß unserer Erzählungen hereinbricht. Das könnte das Aufdecken eines uralten Geheimnisses, das Auftauchen einer unterdrückten Erinnerung, ein Geständnis, eine perverse Interpretation gegenwärtiger Ereignisse oder sogar eine Voraussage sein, die Vorahnung von etwas Zukünftigem. Kurz gesagt, das traumatische Element kann aus dem Inneren oder Äußeren des Systems kommen und sich auf vergangene, gegenwärtige oder zukünftige Ereignisse beziehen.[2] Es bewirkt eine völlige Verwirrung der Geschichte, so daß – wie in dem Fall, mit dem wir uns demnächst befassen – sogar die Identität des Individuums und das gesamte System seiner Interaktion mit anderen in Zweifel gezogen wird. Wie Erik Erikson sagt, entsteht Identität aus „dem Glauben, daß unsere Fähigkeit, innere Übereinstimmung und Kontinuität aufrechtzuerhalten, ... der Übereinstimmung und Kontinuität anderer entspricht, die uns wichtig sind" (1959, S. 89). Als Beispiel schauen wir uns einen Teil einer klinischen Studie an.

2 Im Altertum hing das Schicksal oft von der Voraussage ab. Oedipus' Schicksal könnte wohl als eine von Watzlawicks (1984) sich selbsterfüllenden Prophezeiungen betrachtet werden.

Der hochqualifizierte, 45jährige Mann aus einem kleinen Bergdorf Norditaliens hatte immer das Leben eines vorbildlichen Ehemannes, Vaters und Bürgers geführt. Er hatte drei Kinder, und sein Berufsleben war in jeder Hinsicht befriedigend. Während einer ungewöhnlich anstrengenden Phase wurde er von einer Art „Offenbarung" überwältigt, nämlich der Entdeckung von etwas absolut Unglaublichem in seiner Vergangenheit.

Eines Nachts wurde er von der Erinnerung an eine sexuelle Gewalttat überwältigt, die ihm vor vierzig Jahren durch seinen Vater zugefügt worden war. Mit zunehmender Klarheit (und Verzweiflung) erinnerte er sich an eine Reihe homosexueller Erlebnisse, die in krassem Gegensatz zu seinem normalen Leben standen, mit der Folge, daß die Geschichte, die er sich selbst und anderen immer erzählt hatte, nicht mehr mit seinen neuen Erinnerungen vereinbar war. Er fühlte sich nicht nur mit sich selbst (er konnte die beiden Erinnerungsfolgen nicht integrieren), sondern auch mit anderen nicht mehr in Einklang. Wie konnte er wissen, ob er mit jemandem sprach, der nur die untadelige Seite seiner Existenz kannte, oder mit jemandem, der von der anderen Geschichte wußte? Wie konnte er ein respektabler Vater sein, wenn er sich selbst nicht mehr respektierte?

Die plötzliche Erkenntnis unseres Patienten hatte nicht nur seine Sicht von sich und seiner Herkunftsfamilie, sondern auch seine Interpretation seiner eigenen Geschichte (d.h. seines Lebens) bis zu diesem Augenblick zerstört. Seine Identität war jetzt gespalten: Er begann, sich als einen Dr.-Jekyll-und-Mr.-Hyde-Typ zu sehen. Er fing außerdem an, an seinem Vater zu zweifeln, diesem scheinbar tadellosen Mann, der ihn vor vierzig Jahren homosexuell vergewaltigt hatte.[3] Also wurde das Leben des Patienten schwierig wegen ständiger, wenn auch erfolgloser Bemühungen, diese „furchtbare Erinnerung" zu verdrängen, sie wieder ins Unterbewußtsein zu zwingen, aus dem sie hervorgekommen war. Er hatte schließlich die Befürchtung, daß irgendjemand sich daranmachen könnte, seine homosexuelle Erfahrung in der Vergangenheit aufzudecken, was bald zu einer leichten Form von Paranoia führte.

Er wurde zu einem Mann ohne definitive, zusammenhängende Geschichte. Er hatte das Gefühl, in einer verwirrten Gegenwart zu

3 Der Patient brachte diese Idee mittels einer brillanten, wenn auch unbeabsichtigten Metapher zum Ausdruck: „Unser Haus lag an der Hauptstraße des Dorfes, der Hinterhof allerdings führte in eines der verrufensten Viertel des ganzen Ortes."

leben („Ich weiß nicht mehr, wer ich bin."), ohne Zukunft („Mir ist es jetzt egal, was passieren wird."). Sein Leben war eine ständige Erinnerung an die Vergangenheit geworden, weil die Gegenwart völlig von der Anstrengung bestimmt wurde, die Vergangenheit *auszulöschen,* sie mit einem Mantel des Vergessens zuzudecken. Seine Zukunft war jetzt von der ängstlichen Erwartung verzehrt, daß jeder früher oder später von seinem schrecklichen Geheimnis erfahren würde. Es war ihm unmöglich, diese neue, bis jetzt nicht formulierte Geschichte zu leben. Wie er in der ersten Sitzung selbst sagte: „Wie kann jemand, der daran gewöhnt war, im Licht der Öffentlichkeit zu stehen, eine Rolle hinter den Kulissen akzeptieren?"

6.3 Die Gestaltung einer Vergangenheit

Karl Popper (1976) hat gesagt, wir könnten, wenn wir daran glauben würden, daß die Zeit umkehrbar sei, die Schrecken von Hiroshima aufheben. Doch existieren die Schrecken von Hiroshima oder Auschwitz *nur in der Erinnerung, wenn sie überhaupt existieren.* Darum ist es so wichtig, daß jeder Mensch und jede Kultur „eine Vergangenheit besitzt". Geschichte „existiert" nicht, wenn sie nicht aufgezeichnet wird. Die Hethiter beispielsweise „existierten" in unserer Kulturwelt nicht, bis sie „wiederentdeckt" wurden. Deswegen ist es notwendig, daß die Überlebenden der Todeslager sich an den Holocaust erinnern (siehe Levi 1947): Wenn er vergessen wird, wird er für das Gewissen der Welt aufhören zu existieren. Die Erinnerung daran in der Gegenwart bewahrt die Trauer um die Opfer und vermeidet die Wiederholung ähnlicher Tragödien.

Nach Augustinus existieren Vergangenheit und Zukunft für Individuen nicht als solche, sie existieren nur als „die Vergangenheit in der Gegenwart" und „die Zukunft in der Gegenwart". Wenn jedoch die Vergangenheit nur insofern existiert, als sie in der Gegenwart ständig wieder geschaffen wird, bedeutet das, daß „Retrodiktion", die Konstruktion der Vergangenheit aus der Gegenwart (Jaques 1982), genauso unsicher ist, wie die Voraussage, die Konstruktion der Zukunft aus der Gegenwart. Mit anderen Worten, es gibt keine Sicherheit bezüglich der Vergangenheit, genauso wie es keine Sicherheit bezüglich der Zukunft gibt. Hampshire bemerkt:

> Wenn jemand einwendet: „In jedem Augenblick der Zukunft kann etwas geschehen, das mich veranlaßt, meine Meinung zu ändern," kann man genauso bezüglich der Vergangenheit einwenden: „In jedem Augenblick kann etwas geschehen, was mich veranlaßt, meine Meinung hinsichtlich der Vergangenheit zu ändern."
>
> (1965, S. 127)

Je weniger Übereinstimmung es in bezug auf die Vergangenheit gibt, um so leichter kann sie verändert werden. Niemand stellt eine bestimmte, allgemein anerkannte Tatsache wie beispielsweise das Datum, an dem der Erste Weltkrieg erklärt wurde, in Frage, allerdings sind Dutzende von Büchern darüber geschrieben worden, warum der Krieg ausbrach, jedes mit seinem eigenen, unterschiedlichen Standpunkt. Überaus zahlreich sind die Unsicherheitsfaktoren, mit denen Ereignisse im Leben von Individuen oder Familien umgeben sind, folglich sind ihre Rekonstruktionen unbeständig und unterschiedlich. Wir Menschen interpretieren und entwickeln nicht nur ständig unsere Erfahrungen, sondern auch unsere *Erinnerung* an diese Erfahrungen. Wir erinnern uns, indem wir interpretieren: Normalerweise erinnern wir uns nicht an „rohe" Erfahrungen, bis sie *nach* dem Geschehen organisiert und interpretiert worden sind. Freud beschrieb denselben Prozeß in der Psychoanalyse: Indem er Übertragung und Gegenübertragung analysiert, konstruiert der Analytiker die Vergangenheit des Patienten mit ihm und enthüllt ihre Auswirkungen auf seine gegenwärtige Situation. Dadurch fördert er die Einsicht in neue Emotionen und Bedeutungen. Es ist bekannt, daß während der Analyse konstruierte Vergangenheiten die Theorien des Analytikers widerspiegeln, so daß ein Patient eine Freudsche, Jungsche oder Kleinsche Vergangenheit erwerben kann, oder, wenn er sich einer systemischen Therapie unterzieht, eine Vergangenheit, die sich um Beziehungen dreht.

Wir können allerdings weit über Freuds ursprüngliche Theorie des Wandels hinausgehen, wenn wir annehmen, daß die Vergangenheit nie so „rekonstruiert" werden kann, wie sie tatsächlich gewesen ist, sondern lediglich in der Gegenwart ständig wieder geschaffen wird. Gardner (1987) beschreibt ein interessantes Experiment, während dessen eine Gruppe von Amerikanern aufgefordert wurde, einer Geschichte zuzuhören, um dann die Handlung wiederzugeben.[4] Die Geschichte, ein Mythos der Hopi-Indianer, mag nach westlichen Maßstäben unzusammenhängend und nicht schlüssig erscheinen, doch konnten die meisten Beteiligten (die sich ganz gut an die Einzelheiten der Geschichte erinnerten) daraus einen Sinn entwickeln, indem sie die Einzelheiten in eine logische, zusammenhängende westliche Erzählung mit einem Anfang, einer Mitte und einem Ende umarbeiteten. Ihre Erinnerung der Geschichte basierte also eher auf Erwartungen als auf Tatsachen. Dieses Experiment kann allerdings auch anders interpretiert werden. Der Mensch ist ein semantisches Tier: Er muß für Ereignisse eine Erklärung suchen. Diese Erklärungen werden dadurch konstruiert, daß eine logische Reihenfolge gefunden wird, die in der Vergangenheit beginnt, in die Gegenwart führt und sich in die Zukunft öffnet. Das ist natürlich das von uns schon erwähnte Konzept des Geschichtenerzählens von Jaynes.

Wir beschwören die Vergangenheit in der Gegenwart herauf, indem wir Beziehungsreihen verwenden, die wir mit uns selbst (unseren Vorstellungen, unserer inneren Welt) und mit anderen eingehen. Das heißt, mikro- oder makrosoziale Interaktionen können unsere Sicht der Vergangenheit auf verschiedenen Ebenen (persönlichen, sozialen und sogar kulturellen) verändern. „Historische Erinnerung" ist eigentlich nichts anderes als eine Interpretation der Vergangenheit, die in einer Kultur – oder von allgemein anerkannten Historikern – geteilt wird, es ist die Konstruktion einer Vergangenheit durch einen größtmöglichen sozialen Konsens.

In seiner Verherrlichung von Florenz und Italien in der Renaissance entwickelte der Historiker Flavio Biondo da Forli (1492–1563) ein Konzept, das die Geschichtsschreibung in Europa auf Jahrhunderte beeinflussen sollte. Er verband die Tausend Jahre vom Untergang des westlichen römischen Imperiums bis zur Entstehung der Dynastie der Medici in Florenz zu einer einzigen Periode, dem „Medium Evum" oder Mittelalter, um eine erzählerische Sequenz herzustellen, die vom Ruhm des alten Rom über mittelalterliche

4 Das Experiment basierte auf Rumelharts Theorie (1975) der narrativen Grammatik, die Erwartungen hervorruft: Wir erwarten, daß eine Geschichte sich auf eine bestimmte Art und Weise entwickelt, eine bestimmte Handlung hat usw. Wenn man auf eine Geschichte trifft, die diesen Erwartungen nicht entspricht, erinnert man sich anders daran, um sie so seinen Erwartungen eher entsprechen zu lassen.

Dekadenz und Barbarei bis zur Pracht der Renaissance und des Quattrocento reichte. Spätere Historiker übertrugen diese inflexible Sequenz dann auf die Geschichte Asiens, so daß auch ein chinesisches und indisches „Mittelalter" erfunden wurden, die so obskur und barbarisch wie ihr europäisches Gegenstück erschienen. Jahrhunderte sollten vergehen, bis dieses Vorurteil gegen das „finstere Mittelalter" überwunden wurde (Boorstin 1983, S. 580).

Die Therapie hat ganz spezifische Methoden, Vergangenheiten zu erfinden. Am einfachsten konstruieren wir sie unter Anwendung von Jerome Bruners elementarer Dichotomie (1986) zwischen „paradigmatischem Denken" (wissenschaftlichen Kenntnissen, Logik) und „erzählerischem Denken" (humanistische Kenntnisse, Geschichtenerzählen), wenn auch jede Wirklichkeit genausogut auf die eine oder andere Art beschrieben werden kann. Allerdings versucht ein erzählerischer Diskurs, in dem immanente Geschlossenheit und Nachweisbarkeit etwas weniger wichtig sind, die Bedeutung offen zu halten, so daß er auf möglichst unterschiedliche Weisen interpretiert werden kann. Daher erzeugt ein erzählerischer Diskurs

> eine Konjugation der Wirklichkeit im Konjunktiv. (...) Ich nehme die Bedeutung von „Konjunktiv" von der zweiten im Oxford English Dictionary angegebenen Bedeutung: „Es bezeichnet einen Modus (lat. *modus subjunctivus),* dessen Formen dazu verwendet werden, eine Handlung oder einen Zustand so zu beschreiben, wie sie oder er gedacht wird (und nicht als Tatsache), d.h. es wird ein Wunsch, ein Befehl, eine Ermahnung oder ein davon abhängiges, hypothetisches oder vorausgesehenes Ereignis beschrieben." Der Konjunktiv deutet somit darauf hin, daß wir es eher mit menschlichen Möglichkeiten als mit festen Gewißheiten zu tun haben. Ein narrativer linguistischer Akt, ob „abgeschlossen" oder „aktuell", produziert eine konjunktivische Welt.
>
> (Bruner 1986)

Allerdings steht die Erzählung, die jede Einzelperson aus ihrer Geschichte extrapoliert, normalerweise (wenn auch nicht immer) eher im Indikativ und nicht im Konjunktiv: es besteht die Tendenz, Tatsachen nur auf *eine* Weise zu interpretieren und aus *einer* Sicht zu sehen. Solche Geschichten im Indikativ geben die paradigmatische Form einer kausalen, linearen Denkweise wieder. Die Therapie kann die Vergangenheit eines Klienten in eine Erzählung umwandeln, die drei von Bruner vorgeschlagenen Kriterien (1986) entspricht: indem man eher implizite als explizite Bedeutungen konstruiert, die Geschichte personifiziert und eine Vielzahl von Standpunkten zuläßt. Das Gespräch mit dem Therapeuten kann eine konjunktivische Wirklichkeit einführen, da der Therapeut den Klienten meistens nicht nur einen, sondern *mehr als einen* Standpunkt anbietet, ohne notwendigerweise darauf hinzuweisen, welcher vorgezogen werden sollte. Wenn das Gespräch nicht mit einer Einzelperson, sondern mit Familien oder Paaren stattfindet, erhält jeder Gesprächspartner die Gelegenheit, seinen eigenen Standpunkt vorzubringen, so daß die Geschichte mehrere Fokusse erhält und viel mehr als die einfache Summe der einzelnen Geschichten wird. Auf diese Weise kann sich eine „konjunktivische Vergangenheit" bilden, bei der die feste Umklammerung der Kausalität gelockert worden ist. Metaphern sind weitere linguistische Kunstgriffe, die uns bei der Erschaffung dieser „konjunktivischen Vergangenheit" behilflich sind. Schließlich können die verschiedenen Standpunkte des Therapieteams – übermittelt durch den Therapeuten oder direkt durch ein reflektierendes Team – manchmal das Zusammenspiel der Perspektiven weiter verbessern, indem impliziert wird, daß die Vergangenheit einer unzähligen Reihe von Interpretationen unterzogen werden kann.

Um unsere Analogie mit literarischen Texten weiterzuführen: Der Hauptunterschied zwischen indikativischen Geschichten, die die Therapie als ihren Ausgangspunkt nimmt, und der konjunktivischen Vergangenheit, die anschließend daraus hervorgeht, besteht darin, daß eine konjunktivische Vergangenheit es ihrem „Leser" ermöglicht, die Vergangenheit in seinen eigenen Begriffen neu zu schreiben, indem er von der gegebenen Struktur der Geschichte dazu übergeht, wie sie sich mit der Zeit tatsächlich auflösen könnte, von der allgemeinen Situation zu bestimmten Einzelheiten. Um auf eine Metapher von Bruner zurückzukommen:

> Der Leser, indem er von Steinen zu Bögen und dann zu der Bedeutung von Bögen weitergeht, kreiert eine breitere Wirklichkeit; er wechselt ständig von dem einen Element zum nächsten und versucht schließlich, den Sinn der Erzählung sowie die Form und die Bedeutung der Erzählung selbst zu erfassen.
>
> (Bruner 1986, S. 46–47)

Aus diesem Grund ist es wohl für den Therapeuten nicht ratsam, einen einzigen oder einen zu restriktiven Standpunkt einzunehmen.

Außer der Verwendung von Metaphern, verbalen Formen und anderen rhetorischen Mitteln gibt es noch andere Möglichkeiten, Vergangenheiten zu erschaffen. Die wichtigste ist ganz einfach das Fragezeichen – mit anderen Worten: Fragen. Rhetorisch gesprochen überträgt die Frage die Verantwortung dafür, welche Bedeutung ihr zugeschrieben wird, auf den Empfänger der Botschaft.

Eine besondere Form der Frage ist die „hypothetische" Frage (Boscolo et al. 1987), die genauso gut auf Ereignisse und Bedeutungen in der Vergangenheit, der Gegenwart oder der Zukunft gerichtet werden kann. Im Fall eines anorektischen Patienten könnten wir zur Vergangenheit beispielsweise folgende Frage stellen: „Wenn Sie in der Vergangenheit beschlossen hätten, damit aufzuhören, das Essen zu verweigern, wie hätten Ihre Großeltern reagiert?" Diese Frage impliziert, daß der Empfänger das Ergebnis eines drei Generationen einbeziehenden Spiels neu formulieren kann. Wenn Sitzungen so durchgeführt werden, ist es möglich, neue Vergangenheiten zu kreieren, indem sie in die Gegenwart versetzt werden: Durch die Initiierung eines selbstreflexiven Feedbacks zwischen Vergangenheit und Gegenwart wird in der „neuen" Vergangenheit Flexibilität und die Weiterentwicklung des Systems ermöglicht. Eine ähnliche Frage könnte zur Gegenwart und Zukunft gestellt werden: „Stellen Sie sich vor, Sie beschließen jetzt, damit aufzuhören, das Essen zu verweigern, wie würde ...?" oder : „Stellen Sie sich vor, Sie beschließen in Zukunft aufzuhören, das Essen zu verweigern, wie würde ...?"

6.3.1 Neuschöpfung einer Familie

Therapie kann manchmal auf ungewöhnliche und außerordentliche Weise eine „neue" Vergangenheit konstruieren, insbesondere dann, wenn Gespräche allein den Therapieprozeß nicht vorwärts bringen. Schauen wir uns zwei Beispiele an. Das erste, eine Einzeltherapie, dreht sich um eine 28jährige Frau, die unter recht schweren Depressionen litt. Der Therapeut hatte nach fünf Monaten Einzeltherapie von ein bis zwei Sitzungen pro Woche keine Fortschritte beobachtet. Die Patientin teilte ihm fortwährend mit, sie sei ein hoffnungsloser Fall, ihr Leben habe keinen Sinn, jede Bemühung sei nutzlos. Ihrer Meinung nach lag die Ursache dieser unheilbaren Depression in ihrer Kindheit, um genauer zu sein, in den ersten fünf Lebensjahren, die sie in einer winzigen Wohnung mit einem Vater, der Alkoholiker war, unzähligen Brüdern und vor allem mit einer lieblosen Mutter verbrachte, die „sich nicht einmal die Mühe machte, mich anzuschauen". In ihrer Erinnerung hatte sie nicht einmal eine Mutter gehabt; sie hatte ein unerträgliches Gefühl des Verlustes gespürt, hatte darunter gelitten, und je weiter ihr Leben fortschritt, desto mehr fühlte sie sich vom Gewicht ihrer Vergangenheit belastet.

Die Hypothese des Therapeuten bestand darin, daß die Patientin die Ursache ihrer Probleme ausschließlich in der Vergangenheit festgemacht hatte, und alle Bemühungen des Therapeuten, die Situation mit Worten zu verändern und Interesse für die Gegenwart und die Zukunft zu wecken, sich nicht auswirken konnten, weil der einzig mögliche Fortschritt aus einer Änderung der Vergangenheit selbst kommen müßte.[5] Der Therapeut intervenierte, indem er der Patientin erklärte, daß sie sich nur dann ändern könnte, wenn es ihm gelingen würde, ihre Vergangenheit zu ändern. Er fuhr fort: „Die einzige Möglichkeit, Sie zu ändern, besteht darin, daß ich für Sie die Mutter werde, die Sie nie gehabt haben. Also, ab jetzt versuche ich, die Mutter zu sein, die Sie 1966 nicht hatten, und ich versuche, mich so zu verhalten, wie Sie es von Ihrer Mutter gewünscht hätten. Sie müssen mir von Zeit zu Zeit Zeichen geben, indem Sie einen Finger heben, ob ich diese Mutter bin oder nicht." Mit diesem Ansatz begannen die depressiven Symptome nach einigen Sitzungen zu verschwinden.

In diesem Fall hatte der Therapeut die Patientin aufgefordert, sich zu verhalten, als sei die Vergangenheit reversibel, während er gleichzeitig die Irreversibilität der Vergangenheit akzeptierte. Natürlich hatte sich die Vergangenheit nicht geändert; die in der Gegenwart stattfindende Veränderung wirkte sich auf die Interpretation der Vergangenheit durch die Patientin aus. Als (in der Erinnerung der Patientin) die Vergangenheit sich erneuerte, öffnete sich der reflexive Kreislauf wieder, damit die Gegenwart sich ändern konnte.

Ein ähnlicher Fall, auf den die Mailänder Gruppe um 1975 stieß, ist in *Paradoxon und Gegenparadoxon* (Selvini Palazzoli et al. 1975) beschrieben worden. Die Mutter einer Familie mit einer akut psychotischen Tochter war davon überzeugt, daß sie die „Ursache" der Psychose ihrer Tochter sei, weil sie in ihrer Beziehung zu ihren eigenen Eltern so viele Fehler gemacht hatte. Auch hier wurde eine

5 Man könnte sagen, die Patientin habe sich in eine Doppelbindung versetzt, die einen „ausdrücklichen Befehl an die Vergangenheit" beinhaltete. Wir kommen später auf diese Idee zurück.

mythische Schuld in einer unerträglichen Vergangenheit gefunden. Um eine Veränderung herbeizuführen, boten sich die beiden Kotherapeuten als Eltern der Mutter an, um so ihre Vergangenheit zu ändern und damit Möglichkeiten für eine neue Gegenwart zu eröffnen. Wenn auch das Verhalten des Therapeuten in diesem Falle stark von einem analytischen Setting abweicht, so enthält die Situation doch Gemeinsamkeiten mit einer Analyse der Übertragung.

Ob eine Vergangenheit dekonstruiert und rekonstruiert werden kann, hängt natürlich davon ab, wie wir die Vorstellung des „Werdens" interpretieren. Wenn wir lebende Systeme von einem A-priori-Standpunkt aus betrachten, kommen wir zu einer wahrscheinlichkeitstheoretischen Vorstellung, die ein hohes Maß an Unvorhersehbarkeit impliziert, so daß es unmöglich wird, vorherzusagen, wie sich Systeme entwickeln werden. Wenn wir sie allerdings von einem A-posteriori-Standpunkt aus betrachten, wie Systeme, die schon entwickelt sind, sehen wir sie als Notwendigkeit an, als wären die Ereignisse, die diese bestimmte Gegenwart hervorgerufen haben, deterministisch geregelt. Wie wir gesehen haben, ist der Mensch ein semantisches Tier, das immer nach Erklärungen sucht. Kausalität liegt nicht in der externen Welt: sie ist ein Prinzip, ein Instrument, das ein Beobachter benutzen kann, um dem, was er sieht, eine Bedeutung zu geben. Was er beobachtet hat, wird aposteriori deterministisch erklärt. Doch ist es ein Fehler, künftige Ereignisse in lebenden Systemen deterministisch erklären zu wollen, weil dann die Unvorhersehbarkeit ausgeschlossen wird. Wenn wir beispielsweise die Entwicklung einer Spezies a posteriori beobachten, erkennen wir, daß sie sich genau so entwickeln mußte, wie sie es tat. Wenn wir aber A-priori-fragen, wie sie sich in der Zukunft entwickeln wird, werden wir es nie vorher wissen können.

Klienten, die zur Therapie kommen, wenden oft A-posteriori Standpunkte auf A-priori-Situationen an. Mit anderen Worten, ihre Zukunft wird starr durch die Vergangenheit konditioniert. Die erste Reaktion der Beobachter auf die Ereignisse in Osteuropa im Jahre 1989 war genau ein solcher epistemologischer Fehler: Niemand hatte zeitliche Horizonte, die flexibel genug waren, um die in den vergangenen vierzig Jahren undenkbaren radikalen Veränderungen vorauszusehen und sich darauf einzustellen. Ein offener Standpunkt muß Augenblicke der Instabilität erfassen können, wenn der Veränderungsprozeß am unvoraussehbarsten ist, die Augenblicke, die

Prigogine und Stengers (1984) „Gabelungen" nennen. In der narrativen Metapher kann diese Idee mit der Produktion alternativer Geschichten verglichen werden. Wenn wir Batesons Terminologie verwenden, könnten wir sagen, daß das systemische Handeln des Therapeuten die Epistemologie[6] des Klienten verändert, indem sie sich mehr Von Bertalanffys Konzept der Äquifinalität annähert, bei dem verschiedene Vorgeschichten ähnliche Ergebnisse und ähnliche Vorgeschichten verschiedene Ergebnisse erzielen können. Eine Klienten-Therapeuten-Beziehung, die auf einer solchen Epistemologie basiert, eröffnet neue Perspektiven für Veränderungen.

6.3.2 Die Henry-Street-Wohlfahrtseinrichtung: Wie eine Vergangenheit konstruiert wird

Zeitliche Horizonte variieren je nach Kultur und Gesellschaftsschicht. Wie wir in Kapitel zwei gesehen haben, projizieren sich die westlichen Mittelschichten im allgemeinen aus einer bekannten Vergangenheit in die Zukunft (Coser a. Coser 1963), was allerdings kein universales Verhalten ist. Klukhohn und Spiegel (1954) haben aufgezeigt, daß Hispano-Amerikaner, deren Kultur im wesentlichen fatalistisch ist, dazu neigen, sich nur um die Gegenwart zu kümmern und weniger um Vergangenheit oder Zukunft. Smith (1952) hat in der chinesischen Kultur sowie in der Kultur der Salish-Indianer im Bundesstaat Washington eine ähnliche Orientierung entdeckt. Die Dominanz der Gegenwart in der amerikanischen Kultur zeigt sich am deutlichsten in den unteren Gesellschaftsschichten der Nation (Coser a. Coser 1963), insbesondere in sozialen Randgruppen.

Einer der Gründe, weshalb sich die zeitlichen Horizonte in Randgruppen auf die Gegenwart beschränken, mag darin liegen, daß sie sich im Hier und Jetzt an die Umgebung, in der sie sich befinden, anpassen müssen. Sie haben häufig mit Sozialarbeitern zu tun, die sich hauptsächlich mit unmittelbaren Problemen beschäftigen - sozialen Dienstleistungen, Zahlungen, Unterstützung (Arbeit, Wohnung, finanzielle Unterstützung usw.) –, anstatt mit längerfristigen Problemen. Viele dieser Menschen scheinen aus dem Nichts aufgetaucht zu sein und behalten nur vage Erinnerungen an die Gruppen, zu denen sie in der Vergangenheit gehört haben. Sie leben ausschließlich in der Gegenwart oder entweder in der nahen Zukunft oder der jüngsten Vergangenheit.

6 Im Sinne eines „Systems der Prämissen".

Eine erfolgreiche Therapie verändert immer die Vergangenheit, das heißt unsere Erinnerung an die Vergangenheit. In manchen Fällen können bestimmte hypothetische Fragen verwendet werden, um die erinnerte Vergangenheit mit einer anderen möglichen Version der Vergangenheit in Zusammenhang zu bringen (eine Welt, in der eine andere Vergangenheit möglich gewesen wäre oder hätte sein können). Schauen wir uns ein Beispiel an. Die Henry-Street-Wohlfahrtseinrichtung ist eine soziale Einrichtung in der Lower East Side von Manhattan, einer der ökonomisch stark benachteiligten Gegenden New Yorks. Zu ihren Klienten gehört eine große Anzahl von vor kurzem aus Mittel- und Südamerika eingewanderten Menschen, die in der Anpassungsphase an ihre neue Umgebung oft am Anfang stehen. In vielen Fällen verhalten sich diese Familien so, als hätten sie nur die vagsten Erinnerungen an ihre Vergangenheit. Vielleicht liegt es an ihrem Mißtrauen dem Therapeuten gegenüber oder an ihren Zweifeln an der Sicherheit des Therapiesettings, vielleicht an der Verdrängung traumatischer Erinnerungen oder an vergangenen Entbehrungen, jedenfalls hat der Therapeut oft große Schwierigkeiten, diesen Klienten Einzelheiten über ihr vergangenes Leben, insbesondere über Kindheitserlebnisse zu entlocken. Die Sozialarbeiter und diese Klienten arbeiteten innerhalb eines zeitlichen Horizonts, der ausschließlich auf die Gegenwart beschränkt war, und ihre Interaktion bestand aus routinemäßigen Gesprächen und Aktivitäten, die auf Stimuli und Reaktionen basierten. Nach Heinz von Foersters Definition[7] neigten sie dazu, wie banale Maschinen zu interagieren.

Traditionsgemäß drehen sich die Interventionen in solchen Fällen um Rehabilitation und soziale Unterstützung. Allerdings führen Sprachschwierigkeiten oft zu Gesprächen mit Sozialarbeitern, in denen die Klienten sich wie „banale Maschinen" verhalten, indem sie nur die kargsten und prosaischsten Antworten auf gestellte Fragen geben. Gespräche drehen sich um gegenwärtige Fragen und erzeugen eintönige und sich ständig wiederholende Antworten. Manche

7 Diese banale Maschine „kann analytisch definiert werden, denn die Maschine können wir analysieren [...] Die Maschine ist von der Geschichte unabhängig, denn gleichgültig, welchen Input sie bekommt, sie wird sich nicht daran erinnern und wird sich das nächste Mal nach den Gesetzen verhalten, die beim ersten Mal zutrafen [...] Schließlich ist sie vorhersehbar: Man weiß immer, was die Maschine machen wird, wenn sie einen bestimmten Input bekommt." (von Foerster 1985, S. 128)

Mitglieder des Personals der Henry-Street-Wohlfahrtseinrichtung nahmen an einer Ausbildung nach dem Mailänder–Ansatz teil, wandten ihn allerdings auf eine sehr originelle Art und Weise an. Sie entwickelten ein sehr ungewöhnliches und lange (zwei Stunden oder länger) dauerndes Erstgespräch, das in ähnlicher Form nach sechs Monaten wiederholt wurde (Ahto u. Samperi, persönliche Mitteilung). In der Zeitspanne dazwischen erhielten die Patienten die übliche Unterstützung. Während der Sitzungen agierten zwei Mitarbeiter als Interviewer, andere Mitarbeiter beobachteten hinter dem Einwegspiegel. Die Interviewer versuchten eine Vergangenheit für die Klienten zu „schaffen", indem sie hypothetische Fragen stellten. Während der Sitzung versuchten die Berater nicht nur eine Vergangenheit, sondern auch und insbesondere eine *Familienbeziehung* innerhalb dieser Vergangenheit zuwege zu bringen: eine Familie, eine Gruppe, zu der die Klienten sich zugehörig fühlen konnten. Das erinnert in gewisser Weise an Pirandellos Stück *Sechs Personen suchen einen Autor*, das damit anfängt, daß sechs Personen einen Theaterdirektor und seine Schauspieler bitten, ihnen eine Geschichte zu entwickeln. Wie in dem Stück übernahmen die Therapeuten von Henry-Street die Rolle des Direktors und konstruierten eine Geschichte für ihre Klienten. Der Unterschied lag darin, daß es in Henry-Street die Autoren waren, die die Klienten baten, an der für sie neu geschriebenen Geschichte teilzunehmen.

Wenn ein Klient zum Beispiel keinen Vater hatte oder sich überhaupt nicht an ihn erinnern konnte, stellten die Interviewer Fragen wie: „Was für einen Vater hätten Sie sich gewünscht? Was für einen Beruf hätte er haben sollen? Wenn Sie eine Schwester gehabt hätten, was für einen Vater hätten Sie sich für sie gewünscht? Was für eine Beziehung hätten Sie sich als Junge zu Ihrem Vater gewünscht? Und was für eine in der Pubertät? Was für eine Beziehung hätte zwischen Ihrem Vater und Ihrer Mutter bestehen sollen?" Wenn Klienten sagten, sie seien von Müttern vernachläßigt worden, die ein chaotisches Leben geführt und ständig den Partner gewechselt hätten, fragte der Therapeut: „Stellen wir uns einmal vor, Ihre Mutter hätte eine einfachere Kindheit gehabt, daß sie ein richtiges Leben hätte aufbauen können. Wie hätte Ihre Mutter sich Ihnen, Ihrer Schwester, Ihrem Vater gegenüber verhalten? ..." usw. Diese hypothetischen Fragen beziehen sich auch auf die Schule, vergangene Beziehungen zwischen Klienten und ihren Lehrern oder gleichaltrigen Freunden.

Die Idee war, gemeinsam eine Gruppe zu kreieren, zu der die Klienten gehören könnten, um damit eine komplexere und positive Identität zu finden: Hypothesen können Realität werden, wenn den Klienten Gruppen zur Verfügung stehen, die sich um sie kümmern, Menschen, die es für möglich oder sogar wahrscheinlich halten, daß es sich bei den Klienten um normale Menschen wie andere auch handelt. Diese im Hier und Jetzt gemeinsam kreierte Vergangenheit schafft die Voraussetzung, die es diesen Klienten schließlich ermöglicht, die Leere ihres entfremdeten Lebens zurückzulassen und zu neuen Geschichten Zugang zu finden.

Solche Interventionen haben zwei wichtige Wirkungen. Erstens erzeugen sie eine neue Geschichte, wo es vorher entweder keine gab oder sie aktiv verdrängt wurde. Außerdem erhalten die Klienten eine völlig neue Botschaft. Die gestellten Fragen implizieren, daß sie sich eine positive Vergangenheit konstruieren können, daß sie eine Familie gehabt haben, die sie mit einer positiven „Geschichte" assoziieren können. Dadurch können Menschen nicht nur wirklich neue Geschichten erzählen, sondern diese auch in einer Vergangenheit mit positiven Merkmalen verwurzeln. Auf diese Weise können Klienten ihre Selbstachtung stärken und positiv in die Zukunft sehen. Sie sind dann von ihrem „abweichenden" Status befreit. Aus der Sicht der Gegenwartsinteraktion und der Zukunftsperspektive ist die Tatsache, daß die positive Vergangenheit hypothetisch ist, kaum relevant.

Nicht nur in solchen Fällen, in denen es keine Vergangenheit zu geben scheint, sondern auch in Fällen, wie zum Beispiel der Depression, in denen der zeitliche Horizont ausschließlich zugunsten der Vergangenheit belastet ist, ist die Arbeit in der Vergangenheit für den Therapeuten oder Berater wichtig. Es bedeutet vor allem die Einführung hypothetischer Ideen und die Förderung der Entwicklung alternativer Geschichten, die sich später in die Zukunft erstrecken. Wenn wir, wie bei den Henry-Street-Fällen, mit voller Berechtigung davon sprechen, daß wir aus den Fragmenten und Hinweisen der Klienten eine mögliche Geschichte konstruieren, dann werden bei den zuletzt genannten Fällen neue Geschichten gemeinsam konstruiert, während gleichzeitig eine vergangene Geschichte dekonstruiert wird.

6.3.3 Die Vergangenheit des Therapeuten

Vom narrativen Standpunkt aus kann der Therapieprozeß auf mindestens drei Arten erklärt werden. Bei der ersten kommen die Klienten zum Therapeuten mit ihrer Geschichte und beauftragen ihn, sie neu zu schreiben (wie bei psychoedukativen Interventionen[8]). Bei der zweiten kreiert der Therapeut einen Kontext, in dem die Klienten die Geschichte genau nach Wunsch umschreiben (die von Anderson und Goolishian vorgezogene Methode). Bei der dritten wird die Geschichte der Klienten gemeinsam dekonstruiert und vom Klienten und dem Therapeuten neu konstruiert, so daß daraus eine Geschichte mit zwei Autoren entsteht. Im ersten Fall ist der Therapeut der Autor der Geschichte, im zweiten der Klient und im dritten sowohl Klient als auch Therapeut. Schauen wir uns nun ein Beispiel der dritten Art und Weise an.

Silvio Castelli kam mit seiner Mutter, einer Hausfrau, und seinem Vater, einem Arzt, zur Therapie. Er litt an akuter Bulimie, einem pathologischen Verlangen nach Essen. Der 25jährige, ein schlanker, eleganter junger Mann, war ein Opfer von unkontrollierbaren Bulimieattacken, die innerhalb eines Jahres zur zweimaligen Einweisung ins Krankenhaus wegen Störungen des Elektrolythaushalts geführt hatten. In der ersten Sitzung gab Silvio eine detaillierte Beschreibung dieser Anfälle, die seinen Vater schon mehr kosteten, als er verdiente. Während solcher Anfälle veranlaßte er seine Mutter, tagelang für ihn zu kochen. Wenn sie vor Erschöpfung nicht mehr konnte, reservierte er sich ein Nebenzimmer in einem kleinen Resaurant in der Nähe und aß große Mengen, manchmal bis zu 25 Kilogramm, einen ganzen Nachmittag lang. Um das zu schaffen, ging er wiederholt zur Toilette und erbrach sich, indem er sich eine Serviette in den Hals steckte. Unter anderem hatten diese Praktiken zu Blutungen der Speiseröhre geführt.

Im Verlauf des Interviews tauchte eine Erinnerung auf, die dem Therapeuten sehr bedeutend erschien. Silvio hatte nämlich einen vier Jahre jüngeren Bruder gehabt, der mit acht Jahren gestorben war. Das Team beschloß, diese Tatsache in die Schlußintervention der ersten Sitzung einzubauen.

8 Dieses Vorgehen wird auch in der Einzel- und Familientherapie angewendet – gewöhnlich bei Schizophrenie und bipolaren manisch depressiven Störungen–, indem Therapeuten den Patienten und Familien beibringen, wie sie mit ihren Krankheiten zurechtkommen können, indem sie Lösungen vorschlagen, die zutreffender und funktionaler sind, als diejenigen, die sie alleine finden würden.

Therapeut: Uns fällt bei Ihrer Familie auf, daß Sie die Überlebenden eines Todesfalles sind, der noch nicht ausreichend betrauert worden ist. (An Silvio) Vor einem Jahr entschlossen Sie sich tief im Innern, Ihre Studien abzubrechen, weil Sie Angst hatten, Ihre Eltern würden es nach dem Verlust eines Kindes nicht verkraften, wenn Sie auch noch das Haus verließen. Sie entwickelten dann ein Verhalten, das Ihre Mutter verpflichtet, Ihnen Essen zuzubereiten, und ihren Vater zum Arbeiten zwingt, allein, um Sie am Leben zu erhalten. Auf diese Weise versichern Sie ihnen, daß Sie in nächster Zeit nicht ausziehen werden. (An die Eltern) Wir verstehen auch Ihr Verhalten: Sie sind Eltern, die einen großen Verlust erlitten haben und nun Ihr Äußerstes tun, den verbliebenen Sohn am Leben zu erhalten.
Silvio (verwirrt, zum Therapeuten): Ist das der Grund, warum ich esse, für meinen toten Bruder?
Therapeut: Ja, wahrscheinlich. Wir werden nun einen Weg suchen, um Ihnen allen trauern zu helfen, damit Sie, wenn Mario wirklich begraben ist, frei sind, Ihr normales Leben wieder aufzunehmen.

Am Anfang der nächsten Sitzung verkündete die Familie: „Ein Wunder ist geschehen!“ Silvio sagte, die Worte des Therapeuten – insbesondere die Idee, daß er ein Überlebender sei und seinen toten Bruder noch nicht betrauert hatte – seien ihm während der darauffolgenden 24 Stunden im Kopf herumgegangen. Am nächsten Tag fühlte er einen „inneren Frieden“ und stellte zu seiner Verwunderung fest, daß er nicht mehr der Sklave seines Hungers war: Sein Appetit war wieder normal. Er hatte Freunde angerufen, die er seit einem Jahr nicht gesehen hatte, und das Wochenende mit ihnen verbracht. Seitdem war seine Bulimie verschwunden.

Nach der Sitzung wunderte sich das Team, wie eine solche erstaunliche Veränderung hatte eintreten können. Während der ersten Sitzung hatten die Beobachter hinter dem Einwegspiegel gemerkt, daß der Therapeut ungewöhnlich bewegt erschien, als er seine Schlußintervention vorgetragen hatte, währenddessen die drei Familienmitglieder sich in einem unbeweglichen, starren, beinah tranceähnlichen Zustand befunden hatten. Der Therapeut erinnerte sich daran, daß das Leitthema (Tod), das in seiner Interaktion mit der Familie aufgetaucht war, aus seinen eigenen vergangenen Erlebnissen stammte: Silvios Erinnerungen hatten ihn plötzlich an seinen eigenen Bruder erinnert, der im Säuglingsalter gestorben war (das war eines der Hauptthemen seiner Analyse gewesen). Die Erinnerungen und Emotionen des Therapeuten standen im Gegensatz zu der scheinbar nüchternen Beschreibung der Familie vom Tod ihres eigenen kleinen Jungen.

Dies führte schließlich zu der etwas ungewöhnlichen Hypothese, daß die Klienten sich vielleicht ändern würden, wenn sie sehen würden, daß ein Therapeut ihre eigenen ungelösten emotionalen Konflikte austrug. Es könnte ein ähnlicher Prozeß in ihnen ausgelöst werden (Mony Elkaim nennt diesen Prozeß „Resonanz"): Sie würden sich ändern, während der Therapeut – paradoxerweise – mit seinen eigenen Konflikten belastet blieb, die zur Lösung ihrer Probleme wesentlich waren. Die Therapie wäre demnach kathartisch, wie in Aristoteles' Konzept des Dramas: In beiden Fällen sehen die Zuschauer ihre eigenen, universellen Dramen vor sich ausgetragen.

6.4 Ein zerstörter Mythos

In dem Fallbeispiel, das wir jetzt diskutieren möchten, kam es mit dem Auftauchen von Schwierigkeiten eines Paares auch zu Divergenzen ihrer zeitlichen Horizonte. Einige Jahre lang hatte das Paar am Mythos einer statischen, unbeweglichen Vergangenheit festgehalten. Wie so oft erwies sich der Mythos letztendlich als unfähig, den Input von Außen zu neutralisieren, was zum Ausbruch des Konflikts zwischen den individuellen Zeiten der beiden Partner führte. Ein durch eine Einzeltherapie ausgelöster plötzlicher Wandel der Frau – der zu größerer Selbständigkeit führte – stand jetzt völlig im Gegensatz zur statischen Untätigkeit ihres Mannes.

Das Paar bestand aus Fabio, einem 34jährigen Angestellten einer Handelsfirma, und seiner Frau Anna, einer 29jährigen Gymnasiallehrerin. Anna war eine wohlproportionierte Frau, eine klassische Schönheit in der Art der Bilder des frühen 20. Jahrhunderts. Dagegen war Fabio eher schlank, ja beinah hager. Allerdings war der Gegensatz zwischen den beiden nicht nur körperlich. Anna schien direkt, instinktiv, intensiv zu sein, Fabio dagegen kühl, beherrscht und scheinbar ohne Humor. Er war merklich pingelig und schien sich selbst streng unter Kontrolle halten zu müssen. Das Paar hatte einen fünfjährigen Sohn, Emanuele, einen ungewöhnlich selbstbewußten, extrovertierten Jungen, der zur Zeit den Kindergarten besuchte. Die

Beziehungen zwischen den Eltern waren im Lauf des vergangenen Jahres immer gespannter geworden, und sie hatten beschlossen, wegen des „Kontaktmangels" zwischen ihnen eine Paartherapie zu versuchen. Die Therapie fand in sechs Sitzungen über einen Zeitraum von zehn Monaten statt.

In der ersten Sitzung – die einzige, bei der Emanuele auch dabei war – untersuchte der Therapeut sorgfältig ihre Uneinigkeit sowie ihre Erklärung dafür. Folgende Geschichte kristallisierte sich heraus. Vor ihrer Heirat war Anna ein unruhiges Mädchen gewesen, ihren Eltern gegenüber intolerant, bis Fabio sie befreit und ihrem Leben einen Sinn gegeben hatte. Während der ersten fünf Jahre ihrer Ehe hatte Anna in Fabios Schatten gelebt. Sie bewunderte seine Rechtschaffenheit und Hingabe gegenüber seiner Familie, sowie seine außerordentlich gute Allgemeinbildung. Sie hatte ihn als ihren Lehrer betrachtet.

Die Geburt ihres Sohnes schien die ersten Anzeichen einer Spannung in ihrer Beziehung hervorgerufen zu haben. Beide Eltern hatten eine starke Bindung an Emanuele, allerdings war Fabios Bindung obsessiv geworden, und er umsorgte seinen Sohn sehr. Er erklärte die Stärke seiner Bindung durch die Tatsache, daß sein eigener geliebter Vater gestorben war, als er erst 14 Jahre alt war: „Ich wollte meinem Sohn den Vater geben, den ich nie hatte." Diese Situation hatte sich auch auf Anna ausgewirkt: Ihr Kind schien ihr gegenüber distanziert und ergriff immer Partei für seinen Vater. „Ich würde gern angefaßt werden", beschwerte sie sich, „aber Fabio und mein Sohn berühren sich gegenseitig, und mich nie!" Emanueles analoges (nichtverbales) Verhalten bestätigte die starke Bindung an seinen Vater. Dieser hatte im Therapeutenteam von Anfang an einen exzentrischen Eindruck gemacht. Seine Verhaltensweisen ähnelten mehr denen eines Großvaters und eines Kindes als denen eines Vaters und Ehemannes. Das hatte Hypothesen über Probleme der sexuellen Identifizierung aufgebracht.

Als Emanuele zwei Jahre alt war, unterzog sich Anna wegen depressiver Angstzustände einer Einzeltherapie. Sie dauerte zwei Jahre und laut Anna hatte sie „sehr geholfen". Die Einzeltherapie hatte jedoch, wie so oft, zu einer Unausgeglichenheit des Paares geführt. Anna hatte sich weiterentwickelt und lebte in einem zeitlichen Horizont, der der Zukunft gegenüber immer offener wurde, während Fabio in seiner Vergangenheit eingeschlossen blieb. Das

Team stellte die Hypothese auf, daß Anna ihre Entwicklung wegen der Destabilisierungsgefahr ihrer Ehe hatte bremsen müssen. Der Konflikt des Paares entstammte also einer Disparität zwischen ihren inneren Zeiten: Ein Partner hatte sich viel schneller entwickelt als der andere.

In der zweiten Sitzung schienen beide Partner sehr traurig zu sein. Anna insbesondere schien deprimiert und sagte, gleich nach der ersten Sitzung habe sie angefangen, unter einer Art „Erschöpfung" zu leiden, mit Depression, Teilnahmslosigkeit und Schlaflosigkeit. Solche Symptome waren ihr allerdings nicht neu. Laut Fabio litt Anna jedes Jahr an Weihnachten (die zweite Sitzung fand im Januar statt) an einer depressiven Phase, die bis in den Sommer dauerte und von einer Phase der Euphorie abgelöst wurde. An diesem Punkt stellte der Therapeut die Hypothese auf, Anna könnte an einer Art zyklischer Stimmungsstörung leiden. Fabio seinerseits war mit der Situation außerordentlich unzufrieden. Als Intellektueller hatte er jahrelang vergeblich versucht, seiner Frau beizubringen, wie sie sich „weiterbilden" könnte, doch in weniger als zwei Jahren schien der Therapeut sie mehr verändert zu haben, als er in Jahren gutgemeinter, liebevoller Erziehung.

Fabios offensichtliches Kontrollbedürfnis gegenüber Anna und auch dem Kind ist, zusammen mit Annas Tendenz zu bipolaren Stimmungsschwankungen, von der Heidelberger Forschungsgruppe (Stierlin, Weber et al. 1986) beschrieben worden. Nach diesem Modell funktionieren die Beziehungen in bipolaren Familien eher im Sinne von „entweder oder" als im Sinne von „sowohl als auch". In diesen Familien schwankt der Symptomträger zwischen depressiven Perioden, in denen er sich dem Gehorsamsgebot der Familie anpaßt, und euphorischen Perioden, in denen er sich offen dagegen auflehnt. In unserem Fall könnten wir Annas Verhalten als typische Oszillation zwischen Gehorsam und Ungehorsam Fabio gegenüber, oder besser: gegenüber dem Familienmythos, der Stabilität und Nichtveränderung vorschrieb, einschätzen.

Während der Sitzung zeigte Fabio eine gewisse Ambiguität seiner Frau gegenüber. „Ich finde Anna sehr aufregend, wenn sie übersprudelnd und euphorisch ist, obwohl ich immer Angst habe, sie könnte etwas Unbesonnenes tun. Ich finde sie überhaupt nicht aufregend, es macht mich sogar rasend, wenn sie sich gehenläßt und zunimmt!" Liest man Fabios Behauptungen als ausdrückliche Befehle, scheinen sie voller Widersprüche und Doppelbindungen zu sein.

Der Höhepunkt der Sitzung kam, als der Therapeut Fabios Haltung Anna gegenüber als diejenige eines „Lehrers und Polizisten" umschrieb. Fabio akzeptierte das gelassen und sprach erneut von seiner Sorge um die übertriebene Stärke der Vater-Sohn-Bindung und den scheinbaren Mangel an Bindung zwischen Mutter und Sohn. Die Schlußintervention dieser Sitzung wird im folgenden vollständig wiedergegeben.

Therapeut: Meine Kollegen stimmen mit dem überein, was wir schon früher gesagt haben, insbesondere bezüglich der Arbeit, die Sie, Anna, mit Dr. Neri gemacht haben. Sie haben angefangen zu wachsen, Sie haben sehr gut gearbeitet, Sie fühlen sich jetzt langsam wohler, sicherer und voller Leben. Sie haben Ihrem Mann damit eine Freude gemacht, ihn aber gleichzeitig beunruhigt. Jedes Paar kann nur ein gewisses Maß an Veränderung tolerieren. Dann ändert es sich vielleicht und kann noch mehr Veränderung tolerieren. Doch in einer bestimmten Phase kann es nur ein gewisses Maß an Veränderung tolerieren und nicht mehr.

Meinen Kollegen ist aufgefallen, daß Ihnen irgendwie *zu* wohl ist, Sie sich *zu* sicher fühlen ... Das kann passieren, entweder durch eine Therapie oder eine andere Erfahrung, wenn eine verheiratete Frau anfängt, sich wie eine Frau zu fühlen, ein Gefühl der Selbstsicherheit zu entwickeln. Wir nennen das einen *Unabhängigkeitskrieg,* denn in ihren Herkunftsfamilien sind Frauen oft daran gewöhnt, den Männern zu gehorchen, Sklaven zu sein, zu glauben, daß sie minderwertig sind. Wenn sie dann verheiratet sind, entdecken sich viele Frauen selbst durch eine Reihe von Erfahrungen, unter anderem durch Psychotherapie. Sie fangen an, ihre Weiblichkeit und Unabhängigkeit wiederzuentdecken.

Als Sie erzählten, wie beeindruckt Sie anfangs von Fabio waren, wie Sie ihn geheiratet haben und lange Zeit von ihm abhängig waren, fiel einem meiner Kollegen auf, wie sehr das dem alten Modell der Beziehung zwischen Männern und Frauen ähnelt, zwischen männlich und weiblich. Als Folge der Reife, sagen wir mal, oder wegen anderer Stimuli ...

Anna: ... Ich riß mich los ...

Therapeut: Sie rissen sich von diesem Stereotyp los und traten als eine selbstsichere Frau in Erscheinung, die sich entwickeln will, die vielleicht neue Dinge tun möchte, neue Aktivitäten, die ihrer Persönlichkeit eher entsprechen. Als dies alles geschah, gefiel es Fabio sehr. Er schätzte die Vorstellung, das übliche Frauchen als Ehefrau zu haben, ganz und gar nicht. Wie ich es verstehe, Fabio, sind Sie kein Mann mit gewöhnlichem Geschmack, Sie sind originell, also gefällt Ihnen diese Frau, wie sie jetzt ist, Sie finden sie anregend, und Sie bewundern sie sehr.

Doch dann haben Sie sich Sorgen gemacht, weil es Grenzen gibt, wieviel Fabio tolerieren kann. Er fürchtet, Sie könnten sich auf zuviel einlassen, daß Sie ihn ignorieren, daß Sie ihn wegen eines anderen Mannes verlassen könnten. Darum ist er wie ein kleines Kind geworden. Das, was geschehen ist, seit Sie sich wohler gefühlt haben, bis zu dieser letzten Phase, als die ganze Depression anfing ... Ich nehme an, Sie fühlen sich ...

Anna: ... wertlos.

Therapeut: Wertlos, genau. Auf diese Weise haben Sie ihn wieder beruhigt. Sie wußten, daß Sie die Grenze erreicht hatten.

Anna: Sie meinen, ich entwickele mich zurück ...? Ich beruhige ihn.

Therapeut: Genau. Sie waren an der Grenze angekommen. Irgendwann bald werden Sie in eine neue Phase des Wachstums eintreten, und an einem bestimmten Punkt, wie es gewöhnlich geschieht, wird er vielleicht auch anfangen zu wachsen oder aber so bleiben, wie er ist. So läuft das normalerweise.

Dem Paar wurde dann ein Ritual verschrieben, das die Möglichkeit der Herstellung einer anderen Eltern-Sohn-Beziehung einleiten würde.

Therapeut: Wir möchten Sie jetzt bitten, Anna, zweimal in der Woche, beispielsweise dienstags und donnerstags, mit Ihrem Mann irgendwo hinzugehen, wo Sie allein sein können, und ihm zu sagen, was Sie von seiner Beziehung zu seinem Sohn halten. Die Zusammenkunft sollte mindestens eine halbe Stunde dauern.

Die Verschreibung wurde exakt ausgeführt. Das Kind hatte sich von seinem Vater distanziert (und umgekehrt) und war seiner Mutter nähergekommen; Fabio hatte aufgehört, sich um die Vergangenheit Sorgen zu machen, und hatte begonnen, über die Zukunft nachzudenken, insbesondere über die Zukunft des Paares selbst.

Anna fiel auf, daß das Kind wieder zu ihr kam und nicht nur zu seinem Vater wie vorher. Am Anfang hatte Fabio das Gefühl, sein

Sohn sei ihm „wie ein Fremder", doch nach einer Woche fing er an zu reagieren, wenn das Kind ihn aufsuchte. Das therapeutische Gespräch konnte sich dann wieder auf die Beziehung zwischen den Eltern konzentrieren. Fabio bemerkte, daß seine Arbeit ihn sehr befriedige, daß ihn aber zu Hause „nichts mehr stimuliert" und ihm „seine Frau nichts gibt".

Wie in allen anderen Sitzungen verhielten sich die beiden recht widersprüchlich zueinander. Wenn sie redeten, stimmten beide zu, daß es eine Kluft zwischen ihnen gab und sie sich immer gleichgültiger wurden (auch im Bett). Trotzdem blieben sie sich ungewöhnlich nah und sprachen unentwegt und ausschließlich über sich als Paar und so gut wie nie über Außenstehende.

In der Schlußintervention dieser Sitzung äußerte der Therapeut seinen Standpunkt zu dieser Situation:

Therapeut: „Sie lieben einander zu sehr, Sie sind sich zu nahe, fast in Symbiose miteinander. Diese übertriebene Nähe hat dazu geführt, daß Sie sich wegen dieser Nähe Sorgen machen, und auch wegen einer Trennung. Sie haben einen Mythos geschaffen, daß sich lieben bedeutet, in der Zeit still zu stehen. Deswegen, Anna, hat Ihre neue Unabhängigkeit Probleme in der Beziehung verursacht. Wir sehen, daß Sie beide versuchen, eine wirklichere Liebe für Ihre Zukunft zu konstruieren. Ihre Teilnahme an der Therapie ist ein solcher Versuch.

In der vierten Sitzung berichteten die Eltern, Emanuele sei viel ruhiger und selbständiger, und sie als Paar hätten ihm gegenüber ihre eigene Unabhängigkeit durchgesetzt. Fabio sagte, er könne die Angst nicht loswerden, daß Anna (die inzwischen ziemlich zugenommen hatte) dick werden könnte. Die Vorstellung von Anna als einer künftig fettleibigen Frau ekelte ihn an: „Der Gedanke, daß meine Frau unansehnlich wird wie meine Mutter, die bei ihrem Tod furchtbar übergewichtig war, beunruhigt mich. Ich wünschte, ich wüßte, was mich so sehr am Gewicht meiner Frau stört. Es stört mich sogar, meine Frau unbekleidet zu sehen. Ich weiß, daß das blöd ist, aber das geht mir nun mal durch den Kopf." (Das führte zu einer Reihe von Hypothesen, wie Fabio andere Männer und Frauen sah, die wir hier nicht diskutieren werden.)

Anna hatte ihrerseits das Gefühl, nach Gewicht beurteilt zu werden, wie ein Verkaufsprodukt. Sie sorgte sich, daß sie einfach deshalb zugenommen hatte, weil ihr Mann von dem Wunsch besessen war, sie schlank zu sehen. Emanuele schien von ihnen am zufriedensten und fühlte sich endlich bei Vater und Mutter glücklich. Im Verlauf der Sitzung verschob sich die Aufmerksamkeit von der Bedeutung Annas zur Bedeutung gegenseitiger Unterschiede des Paares. Ihre Beziehung schien komplementär zu sein: Fabio war logisch, seine Emotionen waren durch Logik und Argumentation völlig unterdrückt (er bremste Annas Emotionen mit Logik), während Annas Emotionen Wärme in die kalte Logik ihres Mannes brachten. Diese Umdeutung schien sich positiv auf das Paar auszuwirken.

In der fünften Sitzung schienen Anna und Fabio endlich glücklich zu sein: Ihre Beziehung hatte sich sichtbar verbessert, und sie hatten zum ersten Mal seit Monaten miteinander geschlafen. Anna sagte, Fabio ärgere sich nicht mehr wegen ihr, und Fabio stimmte zu, daß er sich viel wohler fühle. Er fügte allerdings hinzu, daß er sich immer noch Sorgen mache, daß ihr Glück „in der Zukunft verschwinden könnte", wahrscheinlich weil er das Team daran hindern wollte, zu sagen, seine Arbeit sei getan.[9] Anna fügte mit großer Zufriedenheit hinzu, sie habe für den Urlaub eine Diät angefangen, weil sie in ihrem neu gekauften Badeanzug gut aussehen wolle. Sie beteuerte allerdings, daß sie nicht bloß wegen ihres Mannes abnehmen würde, da das eine Art Erpressung sei: „Ich liebe Dich, wenn Du schlank bist, ich liebe Dich nicht, wenn Du dick bist."

Während der Teambesprechung kam man überein, daß das Paar sich aus der Sackgasse befreit hatte. Man beschloß, die Therapie abzuschließen.

Therapeut: Meine Kollegen hinter dem Spiegel haben die allgemeine Situation mit mir diskutiert, und wir sind übereingekommen, daß wir

9 In der Paartherapie kommt es oft vor, daß eine bedeutende Verbesserung in der Beziehung (die den Therapeuten glauben läßt, die Therapie nähere sich ihrem Ende) alte Probleme wiederaufleben oder neue, unerwartete Probleme auftreten läßt, die die Beendigung der Therapie hinausschieben. In solchen Fällen scheint das eigentliche Problem darin zu liegen, den Therapeuten zu verlieren, also werden neue Probleme entdeckt, die seine Aufmerksamkeit erfordern. Wenn das dem Therapeuten nicht bewußt ist, kann das die Voraussetzung für eine langfristige oder sogar unendliche Therapie schaffen.

im Augenblick keine psychologischen oder psychiatrischen Probleme sehen, die unsere Aufmerksamkeit erfordern. Also teilen wir Ihnen mit, daß wir die Therapie abschließen – wir haben den Anfang einer Veränderung in Ihrer Beziehung als Paar, als Familie und mit Ihrem Kind gesehen, einer positiven Veränderung, und glauben nicht, daß Sie uns noch brauchen. Wir erwarten natürlich, daß es ein Auf und Ab geben wird, wie bei allen Paaren. Das Leben ist ein Problem, Konflikte und Auseinandersetzungen sind normal. Ich stimme Ihnen zu, daß Glück, falls wir es Glück nennen können, nicht von Dauer ist. Das Leben selbst ist nicht von Dauer, es enthält Augenblicke der Gleichgültigkeit, des Streits. Zusammenleben bedeutet, Lösungen zu finden, Kompromisse usw. Wir sind jetzt der Meinung, daß Sie Ihre eigenen Lösungen finden können.
Anna: Für den Rest unseres Lebens?
Therapeut: Was wir jetzt als Therapeuten sehen, ist ein Paar, eine Familie, die sich entwickelt, ein neues Gleichgewicht sucht. Wir glauben, Sie haben jetzt Ihre eigenen Ressourcen, um mit den Konflikten und Schwierigkeiten, die Ihnen das Leben beschert, zurechtzukommen. Zwischen Ihren Höhen und Tiefen sehen wir, daß Sie sich in diese Richtung bewegen. Wenn Sie fragen: „Für den Rest unseres Lebens?", können wir Ihnen eigentlich keine Antwort geben. Wenn Sie glauben, Sie brauchen in Zukunft Hilfe, haben Sie unsere Adresse.

Das Feedback vom Paar war recht lebhaft, als wären sie von der Beendigung der Therapie überrascht worden. Fabio (der dem Therapeuten den Eindruck vermittelt hatte, er halte ihn für seinen Adoptivvater) sagte, er empfinde „beinah ein Gefühl des Verlustes". Im Gegensatz dazu sagte Anna, sie fühle sich endlich in der Lage, mit ihrer Paarbeziehung zurechtzukommen, mache sich allerdings etwas Sorgen, wieder in eine Depression zu verfallen und „alles wieder von vorne anfangen" zu lassen.

Nach einer solchen Schlußintervention führt das Paar oder die Familie normalerweise die initiierte Entwicklung weiter. In seltenen Fällen bitten die Klienten später um weitere Sitzungen. In diesem Fall rief Anna drei Jahre später an und fragte, ob sie und Fabio noch einmal kommen könnten, um ihr Gewichtsproblem zu besprechen. Auf die Beendigung ihrer Therapie war eine sehr positive Phase gefolgt: Anna wurde schwanger und gebar ein „schönes Kind", das inzwischen ein Jahr alt war. Emanuele machte sich gut, und das Paar hatte einen zufriedenstellenden *Modus vivendi* entwickelt, bis Anna vor sechs Monaten angefangen hatte zuzunehmen. Fabio hatte angefangen, sich zu beklagen, und sagte, ihr Körper ekle ihn an. Anna antwortete auf seine Kritik mit Äußerungen wie „entweder willst du mich oder meinen Körper" oder „Du liebst kiloweise", und hatte die Vorstellung geäußert, sie könne viele Männer finden, die sie mochten, wie sie war. Fabio erwiderte, er könne nichts dazu, daß seine Idealfrau schlank sei usw. Das Paar kam zu zwei weiteren Sitzungen, die ausreichten, um dieses sich wiederholende Spiel zu beenden.

6.5. Die Korrektur der Vergangenheit

Die etwa 40 Jahre alten Partner Orestes und Electra waren beide gebildete Akademiker. Orestes hatte vor einiger Zeit eine Einzelanalyse beendet, fühlte aber noch gelegentlich das Bedürfnis, seinen Analytiker zu konsultieren. Vor kurzem wurde ihm geraten, mit seiner Frau in unser Zentrum zu kommen. Seine Frau hatte vor einigen Jahren ebenfalls eine Analyse begonnen und sah ihre Analytikerin noch. Nach dem ersten Treffen wurde eine Paartherapie vorgeschlagen, vorausgesetzt beide Analytiker stimmten zu. Da er Orestes ursprünglich zu uns geschickt hatte, hatte der Analytiker des Mannes schon stillschweigend zugestimmt. Doch die Analytikerin der Frau, eine Kleinianerin, hatte wie erwartet nicht auf Electras Frage geantwortet, da sie sehr selten in den Sitzungen intervenierte. Electra interpretierte ihr Schweigen als Zustimmung.

Electra war von ihrem von seinen sexuellen Problemen mit ihr gequälten Mann buchstäblich zur Therapie gezerrt worden. Er bat sie zwanghaft um Sex, wenn sie aber zustimmte, behauptete er, es sei alles „nicht so wie vorher", wobei er sich auf eine frühere Untreue („Fehltritt") seiner Frau bezog. Die Ereignisse hatten eine Richtung genommen, die bei den Paaren, die wir sehen, ziemlich häufig ist, das Ergebnis einer Veränderung der Geschlechterrollen in Italien seit dem Krieg. Nach der Geburt ihres ersten Kindes nach vier Ehejahren hatte Electra mit der Analyse angefangen und war bald selbständiger und selbstbewußter geworden. Sie wurde auch beruflich respektiert und ihre Arbeit gab ihr viel. Dann vernarrte sie sich in einen verheirateten Arbeitskollegen. Ihr Verhältnis dauerte zwei Monate, dann bereute sie jedoch und gestand ihrem Ehemann alles in der Hoffnung, er würde ihr verzeihen. Ihre Enthüllung schlug ein wie eine Bombe, von der er sich „nie wieder erholt" hatte. Er wurde pathologisch eifersüchtig und quälte seine Frau mit Fragen: „Wie war's mit ihm? Aufregend? Hat er dich besser befriedigt als ich? War er erfahrener als ich?" usw. Um es ihr „heimzuzahlen", hatte er ein Verhältnis mit einer anderen Frau angefangen, doch hatte er die Verletzung seines Mannesstolzes nie verwinden können.

Ihre Beziehung als Paar hatte sich so sehr verschlechtert, daß Electra völlig verzweifelt anfing, von einer Trennung zu sprechen. Zur selben Zeit – für sie war es merkwürdig, für uns nicht – wurde sie schwanger, und die Trennungspläne wurden fallengelassen. Die Schwangerschaft war eine relativ ruhige Phase, vielleicht deshalb, weil Orestes das Gefühl hatte, sie könne ihn nicht betrügen, doch nach der Geburt des Kindes fing alles wieder von vorne an. Seine eifersüchtigen Wutausbrüche und die zwanghaften Befragungen wegen der Vergangenheit wurden immer häufiger.

Angesichts wiederholter Drohungen seiner Frau, die „Hölle", in der sie lebten, zu verlassen, war es Orestes mit Hilfe seines Analytikers gelungen, sie zur Paartherapie in unser Zentrum zu bringen. In der zweiten Sitzung gab die Frau offen zu, sie sei nur gekommen, um ihren Mann zu „heilen"; sie habe ihre eigene Analytikerin und sei mit ihr ganz zufrieden. Der Ehemann seinerseits hatte uns eine unmögliche Aufgabe gestellt: die Vergangenheit zu verändern.

Es war, als würde er seiner Frau sagen: „Es wird alles wieder so, wie es war, wenn du ihn nie kennengelernt hättest!" (Die Zeitenfolge ist hier in dem vergeblichen Versuch, das durch eine solche Behauptung implizierte zeitliche Chaos zu vermitteln, offensichtlich völlig außer Acht gelassen worden.)[10] Jeder ausdrückliche Befehl kann sich nur auf die Zukunft richten, doch hier hatte die verbotene Handlung schon stattgefunden, insofern konnte der Befehl naturgemäß unmög-

10 Eine andere Art, einen „ausdrücklichen Befehl hinsichtlich der Vergangenheit" zu beschreiben – eine, die wir wahrscheinlich vor einigen Jahren selbst benutzt hätten –, wäre, sie als Doppelbindung zu betrachten, die zumindest oberflächlich dem klassischen Doppelbindungs „rezept" von Bateson nicht entspricht. In unserer Doppelbindung gibt es nur einen negativen Befehl. Das Paradox resultiert nicht so sehr aus der Negation als aus der *Umkehrung* der Zeit. Ein auf die Vergangenheit bezogener Befehl bildet einen paradoxen, sich wiederholenden Kreislauf.

lich befolgt werden. Er hätte nur dann befolgt werden können, wenn der Zeitpfeil umgedreht worden wäre: Mit anderen Worten, Electra hätte ein Verbot befolgen müssen, obwohl sie das Verbotene, das in einer von beiden geteilten Vergangenheit lag, schon getan hatte. Versuche, eine gemeinsame Vergangenheit auszulöschen, müssen natürlich fehlschlagen; sie sind so hektisch und wirr wie unwirksam, was Psychotiker und Zwangsneurotiker nur zu gut wissen.

Die Therapie erwies sich bald als schwierig, da beide Partner an ihren festgefahrenen Positionen festhielten. Der Ehemann beschrieb eine Vergangenheit, die idyllisch war, bis die Untreue seiner Frau sein Leben verändert hatte. Während sie zugab, etwas getan zu haben, das sie nicht hätte tun sollen, behauptete die Frau, daß ihre Entscheidung, das Verhältnis abzubrechen und alles zu gestehen, wenn schon nicht seine Vergebung, dann zumindest sein Verständnis verdient hätte.

Am Ende der zweiten Sitzung beschloß das Team, ein Ritual zu verschreiben, um einen Zeitraum zwischen Vergangenheit und Gegenwart zu schaffen, ein Ritual, das die traumatische Erfahrung enthalten, sie aber nur an den Tagen wiederbeleben würde, die der Therapeut festlegte. Jeder Donnerstag sollte damit zugebracht werden, die Ereignisse im Zusammenhang mit dem außerehelichen Verhältnis der Frau und dann des Mannes in Erinnerung zu rufen. Sie sollten ihre intensiven Gefühle wieder voll erleben, sich gegenseitig für das Unrecht beschuldigen, das ihnen vermeintlich getan worden war, allerdings unter dem Vorbehalt, daß sie aufhören sollten, sobald sie das Gefühl hatten, die Kontrolle zu verlieren und gewalttätig zu werden. An allen anderen Tagen war ihnen verboten, über diese Ereignisse zu sprechen, auch jede Bemerkung oder Diskussion über das, was an den der Vergangenheit gewidmeten Tag herausgekommen war, war strengstens untersagt. Statt dessen sollten sie die Ergebnisse der Donnerstagsdiskussionen in die nächste Sitzung mitbringen. Das Ziel des Rituals bestand darin, einen klaren Vergangenheits-Gegenwarts-Rahmen herzustellen, indem eine Zeit für die Diskussion und vielleicht für die Lösung vergangener Probleme festgelegt wurde und andere Tage freiblieben für die Gegenwart und Zukunft. Solche Rituale können oft Spannungen zwischen Paaren vermindern, indem negative Erfahrungen in „zeitliche Klammern" gesetzt werden, von der restlichen Zeit völlig getrennt. Normalerweise können Paare das nicht alleine machen: Es gibt immer den Verdacht – und die Erwartung –, daß der andere über die traumatischen Ereignisse der Vergangenheit nachdenkt.

Als das Paar wieder kam, war es sofort klar, daß das Ritual fehlgeschlagen war. Bei ihrem ersten Versuch, die ihr gestellte Aufgabe auszuführen, hatte Electra Orestes massiv angegriffen, und er hatte gleichermaßen reagiert, so daß eine Fortführung unmöglich wurde. In den nächsten drei Wochen hatten sie nicht einmal versucht, das Ritual durchzuführen.

Therapeut: (gelegentlich benutzte er die Fachsprache, um der Sprache des Paares und ihren psychologischen Kenntnissen zu entsprechen) Wir sind sehr betroffen, daß die Tiefe Ihres Konfliktes Sie daran gehindert hat, die von uns gestellte Aufgabe auszuführen. Wir befinden uns in einer pirandellianischen Situation. Erstens, die Aufgabe besteht in der Veränderung eines Ereignisses aus der Vergangenheit, welches per definitionem nicht geändert werden kann, eben weil es in der Vergangenheit geschah. Zweitens, und das ist sehr pirandellianisch – denn Sie, Orestes, zeigen es in allem, was Sie tun, mit Ihren Worten, Ihrem Leiden und Ihren Tränen –, daß die Ihnen wichtigste Person, Ihre Frau, die Person, der Sie am meisten verbunden sind, diese Erfahrung in der Vergangenheit gehabt hat, die Sie sich ständig durch den Kopf gehen lassen, wie ein aus Vietnam zurückgekehrter Soldat sich seine Kriegserlebnisse ständig durch den Kopf gehen läßt,. Erlebnisse, die nicht verändert werden können, weil der Krieg geschehen ist und man die Vergangenheit nicht ändern kann. Dies ist auch die Person, der Sie sich, wie Sie uns ständig beteuern, verbunden fühlen, doch tun Sie alles, was Sie können (und wahrscheinlich gelingt es Ihnen noch), um sie zu veranlassen, Sie zu verlassen. Wir schauen uns hier ein Drama an, und wahrscheinlich führt es früher oder später zu einem Bruch Ihrer Beziehung. Für Sie, Orestes, ist dieses vergangene Erlebnis zu Ihrem Lebenszweck geworden. Da es ein vergangenes Erlebnis ist, kann es logischerweise nie geändert werden. Deshalb stellten wir Ihnen die Aufgabe, die versuchte, diese pirandellianische oder paradoxe Situation, wenn Sie wollen, aufzubrechen …
Ehemann: Was meinen Sie damit?
Therapeut: Per definitionem kann dieses vergangene Erlebnis nie ausgelöscht werden, weil es vorbei ist. Drittens, eine Folge davon, die ihre Situation von außen pirandellianisch erscheinen läßt, ist Ihre

Reaktion, Orestes. Jemand wie Sie hätte angesichts einer solchen Situation auf viele verschiedene Weisen reagieren können – Sie hätten die Vergangenheit, die Vorstellung, daß die Vergangenheit aus und vorbei ist, akzeptieren und ein neues Leben anfangen können; Sie hätten sich weigern können, die Vergangenheit zu dulden, Ihre Frau verlassen und eine andere Partnerin suchen können; oder, noch eine andere Reaktion, Sie hätten Ihre Frau verlassen und mit Frauen nichts mehr zu tun haben können! Es gibt Tausende möglicher Reaktionen, doch die, die wir hier vor uns sehen, besteht darin, daß Sie in der Vergangenheit stehengeblieben sind und immer noch an das Verhältnis Ihrer Frau zu diesem Mann denken, und Ihre Frau hält es nicht mehr aus. Ich wiederhole also noch einmal, die Vergangenheit kann man nicht ändern. Wenn Sie so weitermachen, alles tun, was Sie können, um die Person, der Sie am meisten verbunden sind, zu verlieren, schaffen Sie die Grundlage für eine irreversible Entwicklung.

Ich als Therapeut und meine Kollegen sind Zeugen eines Stücks von Pirandello – oder, ich weiß nicht, einer Verdi-Oper, etwa *Othello* –, von einem Drama, dessen innere Kraft nicht nur stärker ist als die Schauspieler, die es spielen, sondern auch stärker als die Therapeuten. Sie haben mir beim letzten Mal gesagt: „Geben Sie mir eine Palo-Alto-Intervention", aber über einen bestimmten Punkt hinaus kann es keine Interventionen mehr geben. Das Drama ist größer als Sie und als wir. Wenn Sie einverstanden sind, gebe ich Ihnen einen Termin in sechs Monaten, dann sehen wir, wie sich die Sache entwickelt hat. Aber im Augenblick sagen wir, daß diese Situation, dieses Drama, unter den Umständen vermutlich in einer Trennung enden wird. Beide von Ihnen könnten den Trennungsschritt tun, es ist gleichgültig. Sie (zur Frau) könnten es tun, weil Sie an den Punkt kommen, an dem Sie es nicht mehr aushalten und zeigen wollen, daß die Vergangenheit Vergangenheit ist. Oder Sie (zum Mann), weil Sie es an einem bestimmten Punkt satt haben: Sie haben es immer wieder versucht, und es hat nicht funktioniert, also werden Sie sie verlassen.

So wird es sich wahrscheinlich entwickeln. Eine andere Möglichkeit wäre unter den gegebenen Umständen, und falls Sie diese Beziehung weiterführen, daß Ihr Leid und Ihre starken Gefühle so werden wie das, was wir in diesen komplizierten Dramen sehen, in denen alles zur Sühne wird, weil die Zeit stehengeblieben ist. Das heißt, die Zukunft wird Sühne. Sie, Electra, werden den Kummer

Ihres Mannes, der sich auf tausenderlei Weise zeigen wird, wiedergutmachen und ständig mitansehen müssen. Solche Dramen können ein Leben lang dauern, die gesamte Literatur des 19. Jahrhunderts handelt davon, ganze Romane sind darüber geschrieben worden ...

Ehemann: Das ist keine Alternative!
Therapeut: Es ist die Alternative, die diese Umstände hervorbringen: die Weiterführung einer Situation, in der sogar Ihre Therapeuten – ich selbst, aber auch Ihre Einzelanalytiker – immer, wie sollen wir sagen ...?
Ehemann: Zuschauer.
Therapeut: Zuschauer eines Dramas sind, das Zeugen braucht, damit Sühne möglich wird. In dem Sie den Rest Ihres Lebens damit verbringen, einen zeitlosen Kummer, der nie enden wird, zu externalisieren.
Ehemann: Sehen Sie denn keine Alternative?
Therapeut: Ich sehe keine Alternative in ...
Ehemann: Aber es muß doch einen Weg geben ...

An dieser Stelle rebelliert der Ehemann (aber auch die Frau, nonverbal) gegen die vom Therapeuten umrissene Zukunft. Es ist interessant, die Rolle der Zeit in diesem Abschnitt der Sitzung detailliert zu analysieren.

1. Der Therapeut verdeutlicht die paradoxe Forderung des Ehemannes, das heißt daß das, was nie verändert werden kann, verändert werden sollte.
2. Die Irreversibilität der Zeit, der Zeitpfeil, wird betont: Die Vergangenheit kann, da sie vergangen ist, auf keine Weise verändert werden.
3. Gleichzeitig öffnet sich der zeitliche Horizont in Richtung Zukunft. Der Therapeut konstruiert Hypothesen, zuerst darüber, was in der Vergangenheit geschehen sein könnte, indem er eine Reihe von Möglichkeiten vorbringt: Versöhnung, sofortige Trennung, die Suche nach einem anderen Partner. Dann schlägt er Hypothesen vor, was in der Zukunft geschehen könnte.
4. Nachdem er zugegeben hat, daß er machtlos ist, wird der Therapeut von Orestes als „Zuschauer" beschrieben und nimmt die Definition an. Das Therapieteam erklärt, daß es sich in einer Sackgasse befindet. Die Verantwortung dafür, Schauspieler in ihrem eigenen Stück zu sein, wird somit dem Mann und der Frau zurückgegeben.

Die rhetorische Struktur des Gesprächs liefert alle diese Elemente, und zwar nicht in einer Reihenfolge, das heißt in zeitlicher Aufeinanderfolge, sondern zirkulär. Jedes Argument führt zu einem anderen und kehrt zyklisch zum vorhergehenden zurück. Der Satz „Die Vergangenheit kann man nicht ändern", kehrt immer wieder, wie ein Ohrwurm.

Die modale Logik ersetzt die deterministische Logik; indem er sich für machtlos erklärt, bietet der Therapeut nur zwei Möglichkeiten an (Trennung oder weiteres Leid), die beide gleich schmerzlich sind. Es ist interessant, daß der Ehemann angesichts solcher Kompromißlosigkeit offen rebelliert. Der Therapeut hat eine Logik verwendet, die in der Mitte zwischen der ursprünglichen Logik des Ehemannes und der eigentlichen Modallogik liegt. Es gibt nur zwei Alternativen, die starr festgelegt sind. Diese Vertauschung der Rollen, bei der der Therapeut nun sagt, wirkliche Veränderung sei unmöglich, bringt jedoch in Orestes die gegenteilige Haltung hervor, der bis dahin gesagt hatte, er sei dafür, daß alles so bleibe, wie es war. Das Paar stellt nun fest, daß es eine Lösung finden muß. Niemand kann das für sie tun. Sie können sich nur selbst verändern.

Ehemann: Es muß aber einen Weg geben ...
Therapeut: Der Weg besteht darin, Ihre Beziehung zu ändern, denn wenn Sie die Vergangenheit nicht verändern können, können Sie immerhin Ihre Beziehung ändern.
Ehemann: Augenblick. Wenn wir von der Annahme ausgehen, daß ich derjenige bin, der diesen Mechanismus eingerichtet hat, und daß ich derjenige bin, der auf diesen Augenblick fixiert ist ...
Therapeut: Moment mal, bitte. Ich unterbreche Sie hier, weil ich nicht einverstanden bin. So etwas geschieht immer aufgrund der Interaktion. Als Schauspieler in dem Stück könnten Sie sich auf vielfältige Weise verhalten, allerdings erst nachdem Ihre Frau, die andere Schauspielerin, Sie in eine Situation versetzt hat, die Ihnen das ermöglicht. Sie sind auf keinem Fall allein verantwortlich für die Situation; die Interaktion ist dafür verantwortlich.

An dieser Stelle bringt der Therapeut wieder die Zirkularität in den Diskurs des Ehemannes. Der Mann verleiht sich implizit die Rolle des Hauptdarstellers, indem er auf die lineare Kausalität hinweist („Ich

bin verantwortlich"), genauso wie er sich vorher zum Opfer gemacht hatte, indem er seiner Frau die Schuld für sein Leid zugewiesen hatte.
Therapeut: Ihr ganzes Verhalten hängt von der Art Ihrer Beziehung ab, und unsere Voraussagen auf Grundlage Ihrer Beziehung weisen auf zwei Möglichkeiten hin. Ein Bruch scheint die wahrscheinlichste ...
Ehemann: Sie sehen ein normales Leben nicht als Möglichkeit an?
Therapeut: Nein, es sei denn, die Umstände ändern sich.
Ehemann: Sehen wir das mal klar. Was Sie vorhin über die Zukunft sagten, scheint offensichtlich. Ich glaube, keiner würde die Wahrheit bestreiten, daß die Vergangenheit bestimmt, wie es jetzt ist, und das Heute bestimmt, wie das Morgen sein wird.

Mit dieser logischen Haltung drückt Orestes die deterministischen Annahmen von vielen Leuten genau aus, bei denen gegenwärtige Zustände die ganze künftige Entwicklung bestimmen, ohne dem Unerwarteten Raum zu geben. Orestes steht jetzt den logischen Konsequenzen seiner eigenen Vorstellungen gegenüber. Wenn er seine Logik weiter verfolgt, erhält er eine Zukunft, die er nicht will. Der einzige Ausweg liegt darin, sein Denken zu verändern, das zu akzeptieren, fällt ihm allerdings noch schwerer.

Der Therapeut sagt weiter, es sei gleichgültig, wer sich entschließe, den anderen zu verlassen. Dadurch befreit er das Paar aus einer anderen Art Symmetrie, in der ein Partner ständig wartete, bis der andere den ersten Schritt machte, damit er sich ungerecht behandelt fühlen und dem anderen die Schuld zuweisen konnte. Das Gespräch hat sowohl diese Möglichkeit verneint als auch die Pattsituation aufgelöst. Das wurde scheinbar nebenbei erledigt, ohne besondere Betonung, um beide Partner für diese Vorstellung empfänglicher zu machen.

Frau: (an den Therapeuten) Sie sprechen von Beziehungen, was Sie sagen, stimmt aber letztendlich für Individuen genauso.
Therapeut: Nein, nein, es hat nichts mit Individuen zu tun. Es geht um Beziehungen.
Frau: Ja, aber wenn er fixiert ist, oder ich ...
Therapeut: Es kann sein, daß Ihre Beziehung sich eines Tages ändern wird, wenn er etwas sagt oder Sie etwas tun ... vielleicht wenn Ihr Mann beispielsweise zum ersten Mal denkt, daß er so gut oder besser

ist, als der Mann, mit dem Sie ein Verhältnis hatten, und dem allem ein Ende setzt, seine zwanghaften Zweifel vergißt. Ist das klar? Es könnte passieren, man kann es nie wissen. Es ist eine zufällige Möglichkeit, es könnte passieren. Es könnte irgendetwas sein – eine Geste –, ich weiß es nicht. Wenn ich es wüßte, würde ich es Ihnen sagen, und das könnte die Beziehung verändern. Wenn sich die Beziehung verändert, sieht er Sie vielleicht anders, und umgekehrt, dann könnte es einen Ausweg aus diesem Pirandello-Stück geben, in dem Sie mitspielen. Ist es klar, was ich sage?
Frau: Ja, ja, sehr klar.

Als Antwort auf die interessante Aussage der Frau, deren Einzeltherapie offenbar erfolgreicher war als die des Mannes („... was Sie sagen, trifft auch auf Individuen zu ..."), sagt der Therapeut, daß ihre Beziehung ihr jeweiliges Verhalten bestimmt, und das wiederum ihre Beziehung. Er führt einen Zusammenhang ein zwischen ihrer Beziehung (als Ergebnis ihres Verhaltens, das ihnen unbewußt ist) und ihrem jeweiligen Verhalten (welches ihnen allzu bewußt ist). Das eröffnet eine zirkuläre Sicht der Situation, die ihre Handlungen und die Bedeutungen, die sie ihnen beimessen, verbindet. Dadurch wird es ihnen ermöglicht, ihre linear-kausale – und moralisierende – Haltung aufzugeben, bei der „der andere Schuld hat".

Gleichzeitig werden die Ungewißheit und Unberechenbarkeit menschlicher Beziehungen dadurch eingeführt, daß ihre deterministische Denkart implizit in Frage gestellt wird. Die Pattsituation wird durch die Einführung der Unberechenbarkeit in ihre Beziehung gelöst. Beide warten, bis der andere sich verändern „will" oder ,therapeutisch ausgedrückt, bis „der Arzt etwas tut, um ihn / sie dazu zu bringen, sich verändern zu wollen". Der Therapeut jedoch gibt bloß zu, daß er machtlos ist, führt die Idee der Unberechenbarkeit ein und umreißt verschiedene Zukunftsmöglichkeiten. Veränderung ist jetzt nicht mehr nur das Resultat des Willens, sich zu verändern: Sie könnte auch zufällig auftreten. Der Therapeut stellt die sterile, statische Ordnung des Paares mittels Variablen in Frage, die eine fruchtbare Unordnung implizieren. Prigogine würde diese neue Situation als ein weit vom Gleichgewicht entferntes System beschreiben, in dem es sehr wahrscheinlich ist, daß eine Neuorganisation stattfindet. Das Paar hat somit die Chance, flexibel zu werden, das Gefängnis, in das es sich eingesperrt hat, zu verlassen.

Therapeut: Kommen wir zum Schluß. Außer den beiden vorhin erwähnten Möglichkeiten könnte es sein, daß Sie, Electra, anfangen zu fühlen, daß er nicht mehr der Mann ist, den Sie einst kannten, daß die von Ihnen gemachten Erfahrungen ihn verändert erscheinen lassen. Und Ihnen, Orestes, könnte etwas geschehen, das Sie von Ihrer Zwangsvorstellung des Vergehens Ihrer Frau befreit, und das könnte Ihre Beziehung ändern. Jetzt muß die Zeit arbeiten. Also findet das nächste Treffen in sechs Monaten statt.

6.6 Erinnern und Vergessen

Erinnern und Vergessen sind wesentliche Bestandteile der menschlichen Existenz. Sie bilden ein komplementäres Paar: Zu viel vom einen oder vom anderen gibt den Ausschlag entweder für ein Übermaß an Erinnerung, wie bei Zazetsky, oder für ein Übermaß an Vergessen, wie bei Shereshevsky. Wenn das Gleichgewicht zwischen Erinnern und Vergessen gestört ist, wirkt sich das auch auf die Fähigkeit aus, sich der Umwelt anzupassen.

Abgesehen von diesen Extremen kann exzessives Erinnern auch eine pathologische Bedeutung bekommen. Das Hauptsymptom einer posttraumatischen Streßstörung ist die ständige Wiederkehr zu einem traumatischen Ereignis, das nie aus dem Gedächtnis gelöscht werden kann. Hysterische Amnesie – in gewissem Sinne das Ergebnis einer Unfähigkeit zu vergessen – kann als dessen Gegenteil betrachtet werden. Ob somatisch oder symbolisch vermittelt, die verdrängte Erinnerung findet immer einen Weg, an die Oberfläche zu gelangen: Amnesie kann wirksam sein, aber unter den enormen Kosten der Einschränkung eines normalen sozialen Lebens. Der Hysteriker ist immer das Opfer einer Erinnerung, die sich nicht verdrängen läßt.

Erinnern und Vergessen spielen auch bei der Interaktion eine Rolle. Schauen wir uns eine Fallstudie an. Die Tebaldis, ein 35jähriges Lehrerpaar, hatten zwei Kinder im Alter von zwölf und acht Jahren. Sie kamen zu uns wegen ihrer Kinder, die im vergangenen Jahr eine intensive Rivalität, begleitet von häufigen Streitereien und zunehmender Flegelhaftigkeit, entwickelt hatten. Von der ersten Sitzung an war eindeutig, daß die Eltern sich häufig darüber stritten, wie sie mit den Kindern umgehen sollten. Insbesondere der Ehemann klagte über einen „Gedächtnisverlust" seiner Frau, der mit dem Beginn ihrer Probleme mit den Kindern einherging, und maß dem große Bedeutung bei. Seine Frau konnte ihren plötzlichen Gedächtnisverlust nicht erklären und bestätigte, daß, wenn das absolut zuverlässige Gedächtnis ihres Mannes in bezug auf Haushaltsangelegenheiten nicht gewesen wäre, die Situation der Familie sich bald dramatisch verschlechtert hätte. Als er gefragt wurde, konnte auch der Ehemann den merkwürdigen Gedächtnisverlust seiner Frau nicht erklären.

Die Hypothese des Teams bestand darin, daß ihr Gedächtnisverlust – sowie auch die Probleme mit den Kindern – mit der Teilnahme ihres Mannes an einem Psychotherapiekurs angefangen hatte. Er selbst fand den Kurs sehr lohnend, da er auch die Langeweile einer zur Routine gewordenen, eintönigen Arbeit unterbrechen half. Er war ein „Ehemann auf der Flucht", aber der Gedächtnisverlust seiner Frau und die Notwendigkeit, ihre Defizite ausgleichen zu müssen, hatten ihn in Haushaltsangelegenheiten verwickelt: Er kaufte ein (was seine Frau regelmäßig vergaß) usw. Wie er selbst sagte, hatte er ein „Supergedächtnis" entwickeln müssen.

Eine der nützlichsten Interventionen im gesamten Verlauf der Therapie, die die dritte Sitzung abschloß, lautete wie folgt:

Therapeut: Wir sehen, daß es zwischen Ihnen eine sehr starke Bindung gibt, wenn es auch in letzter Zeit zu einigen Frustrationen gekommen ist. Wir glauben, daß Sie im Laufe der Zeit eine Beziehung entwickelt haben, in der Sie, Frau Tebaldi, die Vergeßlichkeit in Beschlag genommen haben, und Ihr Mann die Erinnerung. Das ist sehr positiv, da es Ihrer Familie von großem Nutzen gewesen ist. Wir sind aber auch der Meinung, daß es in unserem Leben sehr wichtig ist, sich zu erinnern *und* zu vergessen. Das Problem, das wir bei Ihnen als Paar sehen, besteht darin, daß das ganze Vergessen bei einer Person liegt und das ganze Erinnern bei der anderen.

Wir halten es für wichtig, daß Sie an zwei Tagen in der Woche, dienstags und samstags, das tun, worum wir Sie bitten. (An den Ehemann) Sie hören auf, sich an Dinge zu erinnern, während Sie (an die Ehefrau) versuchen, sich an soviel zu erinnern, wie Sie können. Es ist wesentlich, Herr Tebaldi, daß Sie an diesen zwei Tagen nie versuchen, Ihre Frau an etwas zu erinnern.

In der nächsten Sitzung schien die Atmosphäre entspannter zu sein. Der Ehemann berichtete jovial, wie seine Frau sich an viel mehr Dinge als erwartet erinnert hatte und daß er endlich verschnaufen konnte. Jetzt konnte die Therapie nutzbringend weitergeführt werden.

Im Verlauf dieses Kapitels haben wir aufzuzeigen versucht, daß das Gleichgewicht zwischen Erinnern und Vergessen auch für den Verlauf der Therapie wesentlich ist. Selvini Palazzolis Hypothese in dem Artikel *Why a Long Interval between Sessions?* (1980) kann in diesem Sinne bestimmt nutzbringend gelesen werden. Eine lange Pause erlaubt es den Klienten, ihre Beziehung zu den Therapeuten zu vergessen, während das, was in der Beziehung geschehen ist, in ihnen zur Wirkung kommen kann. Ebenso ermöglicht eine lange Pause den Therapeuten, ihre Beziehung zu den Klienten zu vergessen und in künftigen Sitzungen neue Entwicklungen mit neuen Augen zu beobachten.

Familie Hayworth, die wir in Kapitel fünf diskutierten, kann auch als Fall des übermäßigen Erinnerns gesehen werden. Wenn es stimmt, daß das Erinnern gewissermaßen von intensivem emotionalen Kontakt abhängt, kann man leicht verstehen, daß es an dem mangelhaften Erinnerungsvermögen der Therapeutin während der Sitzung lag, das sie die Familie Hayworth weiterhin durch die Linse der Vergangenheit sehen ließ, während die größere Distanz des Teams hinter dem Spiegel diesem ermöglichte, die Familie der Vergangenheit zu vergessen und eine Familie zu sehen, die sich jetzt in die Zukunft projizierte.

Es gibt allerdings auch Fälle, bei denen die Therapie zum Stillstand kommt und weitere Fortschritte unmöglich scheinen. Bei lang anhaltenden Pattsituationen verliert das Therapiesystem seine Fähigkeit sich weiterzuentwickeln. Die Zeit scheint stillzustehen, und es werden keine weiteren Veränderungen gesehen. In solchen Fällen, wenn wiederholte Bemühungen, die Pattsituation aufzulösen, fehlgeschlagen sind, legen wir eine längere Pause, manchmal einige Monate, zwischen Sitzungen fest, um Vergeßlichkeit bei den Klienten und den Therapeuten zu fördern, um so neuen Möglichkeiten für die Zukunft einen Weg zu bahnen. In narrativen Begriffen ermutigt die Pause Klienten und Therapeuten, die in der Therapie aufgetauchte Geschichte zu dekonstruieren: Auch die Therapie wird zu einer Geschichte, von der Therapeuten und Klienten sich befreien müssen.

Dieser bewußte Versuch, die Therapie zu vergessen, ist paradoxerweise eine hervorragende Methode, um sicherzugehen, daß man sich deutlich daran erinnert. „Das wahre Auslöschen der Erinnerung ist das Vergessen, das als Folge physischer oder psychischer Ursachen unfreiwillig geschieht." (Bettetini 1991). Genau aus diesem Grund greifen wir nach Ablauf der verschriebenen Pause vor der nächsten Sitzung nicht zu den üblichen Hilfsmitteln (klinischen Akten, Videoaufzeichnungen) und verzichten auch auf eine gemeinsame Besprechung des Falles. Wie Georges Perec richtig sagt: „Das Erinnern ist eine Krankheit, deren Heilung das Vergessen." (zitiert in Giorello 1990)[11]

11 Vielleicht können nur Rituale Erinnern und Vergessen *im selben Ereignis* vereinen. Der soziale Ritus des „Tages der Toten" beispielsweise läßt Erinnerungen an die Toten wieder aufleben, beschränkt sie aber auch auf die Ritualzeit, so daß die Toten im täglichen Leben vergessen werden können.

7. Von der Zukunft in die Vergangenheit

Unterschiedliche Therapiemodelle richten ihre Aufmerksamkeit auf unterschiedliche Bereiche des zeitlichen Horizontes. Kurztherapie (insbesondere de Shazer), Verhaltenstherapie (insbesondere die auf operanter Konditionierung basierende) und verschiedene Formen der Hypnose sind zukunftsorientiert. Auch die systemische Therapie hat schließlich eine Zukunftsorientierung in dem Sinne vorgezogen, daß die Zukunft im Hier und Jetzt der Sitzungen selbst konstruiert wird. Systemische Therapie holt die Zukunft bzw. viele mögliche Variationen der Zukunft in die Gegenwart, und die Klienten müssen diejenigen aussuchen, die sie vorziehen. Die Möglichkeit einer nicht durch Notwendigkeit festgelegten Zukunft, die für gelegentlich unvorhergesehene Wahlmöglichkeiten offen ist, gibt den Klienten Hoffnung; es hilft ihnen, aus der Sackgasse herauszukommen, die Lähmung zu überwinden, die ihnen so viel Leid bereitet, und eine neue Entwicklung zu beginnen.

Vor allem die zeitliche Orientierung der westlichen Gesellschaft ist für die Betonung verantwortlich, die unsere Kultur der Zukunft beimißt. Wenn dies auch keine Ablehnung der Geschichte bedeutet (ob individueller oder sozialer Geschichte), können wir Heinemann und Ludes (1978) beipflichten, daß „Zeit als abstraktes Kontinuum betrachtet wird, deren Zukunft offen zu sein scheint und vom Individuum und gesellschaftlicher Interaktion geformt werden kann" (S. 162). Die raschen und ständigen Veränderungen in unseren gesellschaftlichen Systemen lassen uns das auf der Vergangenheit basierende Denken wenig attraktiv erscheinen. Die postindustrielle Kultur mit ihren gewaltigen Telekommunikationsnetzen entwickelt sich ständig weiter: Die Ziele, die wir uns setzen, und die Mittel, die wir anwenden, um sie zu erreichen, können nicht mehr in Begriffen formuliert werden, die in der Vergangenheit möglich waren. Was zählt, ist das, was jetzt möglich ist, bzw. das, von dem wir *erwarten*, daß es in der Zukunft möglich sein wird.

Wie bei der Vergangenheit hängt unsere Vorstellung von der Zukunft von einer Anzahl anthropologischer und sozialer Variablen ab. Fatalistische Kulturen schreiben der Vergangenheit wenig Bedeutung zu, sie haben allerdings auch ihre eingeschränkten Erwartungen an die Zukunft; die Zukunft scheint unkontrollierbar zu sein, weil sie dem unergründlichen Willen Gottes unterworfen ist. Die Möglichkeit, daß Menschen künftige Ereignisse beeinflussen können, scheint nebensächlich zu sein. Klukholn und Stodtbeck (1965) haben fünf Gemeinden aus verschiedenen Kulturen im Südosten Amerikas verglichen. Sie fanden heraus, daß Mormonen und Texaner (wie vorauszusehen war) zukunftsorientiert waren, Zumi- und Navaho-Indianer hauptsächlich vergangenheits-, und Hispano-Amerikaner gegenwartsorientiert. Lewis (1966) stellt fest, daß die ärmeren Amerikaner zu einem kurzfristigen Denken neigen und nicht das Bedürfnis haben, für die Zukunft zu planen: Das ist angesichts der Unsicherheit ihrer Zukunft mehr als verständlich.

Ob eine zeitliche Perspektive offen ist oder nicht, hängt davon ab, wie geschichtliche, kulturelle und soziale Faktoren in einem bestimmten System harmonieren. Es gibt Situationen, in denen die Zukunft aufgrund ihres Wesens ein Gefühl der Unsicherheit erzeugt, in denen es so viele Möglichkeiten gibt, daß eine Einzelperson oder Familie damit nicht zurechtkommt, begleitet von einer möglichen Selbstsättigung (= „saturation of the self" Gergen 1991) und dem Ausbruch lähmender Ängste. In solchen Fällen neigt die Person oder die Familie dazu, ihren zeitlichen Horizont einzuengen: Das System lehnt bestimmte künftige Optionen ab, so daß es durch übertriebene Erwartungen weniger gestört werden kann.

Wie Minkowski (1933) schon aufgezeigt hat und wie unsere tägliche klinische Arbeit bestätigt, hängen psychologische und psychiatrische Störungen häufig mit dem zusammen, was wir „Zukunftspathologien" nennen können. Nicht nur unter ernsthaften psychiatrischen Syndromen wie Schizophrenie und Depression leidende Einzelpersonen, sondern auch unter psychiatrischen Störungen leidende Familien scheinen eine fast totale Unfähigkeit zu entwickeln, ihre Zukunft zu planen.

7.1 Zukunftsfragen und hypothetische Fragen

Von den in Kapitel 4 angesprochenen zirkulären Fragen sind Fragen nach der Zukunft und hypothetische Fragen für die Einführung neuer Orientierungen und Wahlmöglichkeiten am wichtigsten. Dieses Thema wurde zuerst in dem Artikel *Hypothetisieren – Zirkularität – Neutralität* (1980) und später im Buch *Milan Systemic Family Therapy* (1987) diskutiert; dabei wurde die Fähigkeit dieser Fragen hervorgehoben, neue Organisationen, Bedeutungen und Emotionen in der Zukunft zu erzeugen.

Penn (1985) erfand den Begriff *feed-forward* (das Gegenteil von Feedback), um den Prozeß zu beschreiben, der durch Fragen nach der Zukunft ausgelöst wird: die mögliche Konstruktion neuer Beziehungen und neuer geistiger Landkarten.

> Die Miteinbeziehung solch künftiger Handlungspläne versetzt die Familie in eine Metaposition bezüglich ihres Dilemmas und vergrößert dadurch ihren Blick für die im eigenen System liegenden Entwicklungsmöglichkeiten. Pragmatisch betrachtet fördern Zukunftsfragen, verbunden mit positiver Konnotation, das Ausprobieren neuer Lösungswege, sie erleichtern Lernvorgänge, werfen fatalistische Einstellungen über Bord und regen das spezifische Veränderungsmodell des jeweiligen Familiensystems an. [...] In einem solchen Moment befindet sich die Familie in einem – wie ich es nenne – Prozeß der Vorwärtskoppelung.
>
> (Penn 1985, S. 206-207)

Fragen zur Zukunft – ob hypothetisch oder nicht – scheinen sich auf den ersten Blick nicht voneinander zu unterscheiden, sie gehören aber tatsächlich zu drei ganz unterschiedlichen Kategorien, jede mit eigenen Zielen. Schauen wir uns jetzt an, wie hypothetische Fragen zur Zukunft mit der Theorie der möglichen Welten (siehe Kapitel 4) zusammenhängen.

Hypothetische Fragen, die durch die Anwendung der modalen Logik verschiedene „mögliche Welten" einführen, können auch über Vergangenheit oder Gegenwart gestellt werden. Hypothetische Fragen zur Vergangenheit beispielsweise ermöglichen uns in einer möglichen Welt die Konstruktion einer Gegenwart, die sich von der uns bekannten unterscheidet: „Was würde jetzt geschehen, wenn die Vergangenheit anders gewesen wäre, als sie in Wirklichkeit war?"; „Wenn Ihr Sohn nie geboren worden wäre, wie wäre dann Ihre

Situation jetzt als Paar?"; „Wenn Sie sich vor drei Jahren entschieden hätten, sich scheiden zu lassen, was würde Ihre Frau jetzt tun?"; „Wenn Sie weit von Ihren Schwiegereltern weggezogen wären, was für eine Beziehung hätten Sie jetzt zu ihnen?" usw. Nach einer Reihe solcher Fragen, die neue mögliche Welten erzeugen können, kann der Therapeut, falls erwünscht, vom Konditional zum Indikativ wechseln, um diese Welten „Wirklichkeit" werden zu lassen. Wir werden später klinische Beispiele für diesen Prozeß liefern.

Fragen zur Zukunft sind, bis auf zwangsläufige, von der eigentlichen „Realität" aufgezwungene Einschränkungen, völlig offen und absolut unbeschränkt. Sie lassen die Klienten mögliche Welten konstruieren, indem sie den zeitlichen Horizont der Familie und mögliche Diskrepanzen zwischen den Zeiten der einzelnen Mitglieder untersuchen. „Wie wird Ihr Leben in zehn Jahren aussehen?"; „Wie lange wird die gegenwärtige Situation unverändert bleiben?"; „Wann wird Ihre Tochter so weit sein, zu Hause auszuziehen?"; „Wann werden Ihre Eltern akzeptieren, daß Sie in der Lage sind auszuziehen?" usw. Zukunftsfragen haben also eine Doppelfunktion: Sie erforschen die Fähigkeit der Familie, sich in eine unbeschränkte Zukunft hineinzuversetzen, und helfen ihr zu erkennen, daß die Zukunft neu erfunden werden kann.

Schließlich dazu schränken hypothetische Zukunftsfragen die Anzahl der denkbaren Zukünfte ein: Sie liefern den Klienten eine mögliche Welt, die den Beschränkungen des Therapieteams selbst unterworfen ist. Der Therapeut schließt eine Zukunft oder mehrere mögliche Zukünfte in hypothetischen Fragen ein und liefert den Klienten eine stimulierende Hypothese. Das ermöglicht ihnen, ihre Prämissen ganz offen in Frage zu stellen: „Wenn Sie sich entschließen, damit aufzuhören, sich wie eine Magersüchtige zu verhalten, wie werden Ihre Eltern reagieren?"; „ Was werden Ihre Kinder tun, wenn Sie sich scheiden lassen?"; „Wie wird Ihre Mutter sich verhalten, wenn Ihr Vater beschließt, sich mehr um sie als um ihre Kinder zu kümmern?" usw. In Tomms Liste (1994, S.. 136 ff) werden Fragen zur Zukunft als deskriptive Fragen und hypothetische Fragen als reflexive Fragen definiert.

„Zukunftspathologien" werden normalerweise durch eine Verengung des zeitlichen Horizontes (einen Mangel an Perspektive; einer Unfähigkeit, sich die Zukunft vorzustellen oder sich in sie hineinzuversetzen) oder durch eine deterministische Sicht der Zukunft erzeugt (die Unfähigkeit, mögliche Welten zu sehen, die keine unmittelbare Projektion der existierenden Welt sind). Fragen nach der Zukunft setzen größtenteils am geschlossenen Zustand des zeitlichen Horizontes an, indem die Prämisse, daß Gegenwart oder Vergangenheit sich nie ändern können, erweitert und somit in Frage gestellt werden. Im Gegensatz dazu setzen hypothetische Fragen hauptsächlich an deterministischen Sichtweisen der Welt an: Indem mechanistische Voraussetzungen in Frage gestellt werden, werden neue Welten möglich.

7.1.1 Emanuela: Eine Zukunft in Ketten

Schauen wir uns nun einen Teil einer Fallstudie an. Zukunfts- und hypothetische Fragen spielten eine Hauptrolle bei der Erweiterung der Perspektiven der Familie Rocca, mit dem Ergebnis, daß eins ihrer Mitglieder von seiner psychotischen, fast autistischen Isolation und von einer festgefahrenen Zukunft befreit wurde.

Emanuela Roccas Zukunft hatte sich seit Jahren immer mehr verengt, und sie entwickelte rasch chronische psychotische Symptome. Sie war eine 28jährige Frau, die älteste Tochter von Gianni Rocca, einem 54jährigen Leiter einer Firma, und seiner ersten Frau Tracy, einer Engländerin, die sich nach ihrer Scheidung in London niedergelassen hatte. Seit der Scheidung vor zehn Jahren lebte Emanuela mit ihrem Vater und ihrer jüngeren Schwester Gabriella zusammen, während ihr älterer Bruder Filippo ein selbständiges Leben führte und eine hervorragende Stelle bei einer Finanzgesellschaft in einer großen Stadt gefunden hatte. Die Kinder waren in Italien und Großbritannien ausgebildet worden. Einige Jahre nach der Scheidung heiratete die Mutter wieder und blieb in engem Kontakt mit Filippo, ihrem Lieblingskind. Gianni hatte vor zwei Jahren auch wieder geheiratet. Seine neue Frau, Bruna, war Grundschullehrerin und noch nicht verheiratet gewesen. Sie wohnte noch nicht mit ihm zusammen, da sie ihre kranke Mutter in einer anderen Stadt versorgen mußte.

Auf der Universität hatte Emanuela angefangen, phobische Angst und depressive Symptome zu zeigen, und bekam Einzeltherapie bei einem Psychologen. Als der Psychologe nach einem Jahr wegzog, wurde die Therapie abgebrochen. Emanuela reagierte auf das „Verlassenwerden" sehr heftig, und einige Monate später, an dem Tag, als sie ihre Mutter in London besuchen sollte, sprang sie von einer Brücke und brach sich beide Beine. Das Ergebnis dieser Erfahrung war der Ausbruch psychotischer Symptome, und sie wurde in eine therapeutische Institution eingewiesen. Ihr Zustand besserte sich nicht; im Gegenteil, sie zog sich zunehmend von der Außenwelt zurück und entwickelte allmählich eine Reihe ernster Denkstörungen und emotionaler Probleme. Sie hatte Medikamente und Rehabilitationstherapie bekommen, aber die für sie zuständige Therapeutin, die bei unserer ersten Sitzung mit der Familie zugegen war, sagte, ihre Bemühungen, eine Beziehung zu ihr aufzubauen, seien größtenteils fehlgeschlagen, und daß sie nicht an die Gruppenaktivitäten der Institution teilnehme.

In der ersten wie auch in späteren Sitzungen saß der Vater neben Gabriella, die attraktiv und gepflegt gekleidet war, während die weniger auffallende Emanuela für sich und mit leerem Blick auf einem Stuhl kauerte. Die Gruppe wurde durch Filippo, einen eleganten jungen Mann mit geschliffenen Manieren, der wie ein Yuppie aussah, und den Therapeuten vervollständigt. Das erste, was den Therapeuten wunderte, war die Tatsache, daß Brunas Abwesenheit nicht erwähnt wurde. Als er darauf hinwies, sagte der Vater ganz gelassen, sie kümmere sich um ihre Mutter. Ihr Name wurde während der Sitzung nicht wieder erwähnt. Filippo schien mehr abwesend als anwesend zu sein, erwähnte aber zweimal, daß er nicht viel Zeit für seine Familie habe, sondern von seiner Arbeit und dem vor kurzem staffgefundenen Umzug nach Rom in Anspruch genommen werde. Emanuela ihrerseits zeigte die gesamte Sitzung hindurch einen totalen Widerwillen, mit dem Berater zu kooperieren. Meist reagierte sie auf seine Fragen, indem sie ihn stumm anstarrte, ein exzentrisches Verhalten zeigte und sich verworren äußerte.

Während der Sitzung kristallisierten sich zwei Hauptthemen heraus, das eine offen, das andere verdeckt. Das eine bestand in der Machtlosigkeit und Frustration, die der Vater und Gabriella erlebten, wenn sie Emanuela besuchten, die sich ihnen gegenüber oft launenhaft und exzentrisch verhielt; manchmal weigerte sie sich sogar, sie zu empfangen. Die Suche nach möglichen Gründen für dieses Verhalten verlief ohne Erfolg. Das zweite, verdeckte Thema bestand in der möglichen Allianz zwischen Vater und Gabriella: Einige der Kollegen hinter dem Spiegel vermuteten sogar, sie hätten ein Verhältnis, allerdings führten indirekte Fragen, die diese Möglichkeit bestätigen sollten, zu nichts. Am Ende der Sitzung beschlossen wir, nur den Vater und die beiden Töchter zur nächsten Sitzung zu bitten, um ihre Beziehungen eingehender zu untersuchen (Filippo schien jetzt ein eigenes, selbständiges Leben aufgebaut zu haben).

Die zweite Sitzung zeigte, daß der Pakt zwischen Vater und Gabriella vor langer Zeit, schon vor der Scheidung geschlossen worden war – Filippo war Mutters Liebling, Gabriella Vaters Liebling gewesen. Das Paar verhielt sich wie Eltern, die versuchten, mit einem Schulschwänzer zurechtzukommen. Eine Untersuchung der Rolle Brunas in der Familie ergab, daß Gianni sie wahrscheinlich nicht geheiratet hatte, weil er sie liebte, sondern weil er Angst vor Einsamkeit in der Zukunft hatte (oder, wie einige Mitglieder des Teams spekulierten, weil er Tarnung brauchte). Seine ganze Leidenschaft richtete sich scheinbar auf Gabriella, die diese auf eine weniger direkte Weise erwiderte. Gabriella sprach von Bruna als einer „guten, zuverläßigen Frau", die eine starke Bindung an ihre Mutter hatte. Als sie zu Bruna befragt wurde, sprach Emanuela von ihr, als sei sie ein Marsmensch.

Das Team war sich nicht im klaren darüber, ob Emanuelas Probleme mit ihrer Beziehung zu ihrer Mutter, mit der verzehrenden Eifersucht wegen der Beziehung des Vaters zu Gabriella, oder mit dem Neid auf ihre Schwester zusammenhing. Bruna wurde zu den nächsten Sitzungen eingeladen und zeigte offen, daß sie die Einladung schätzte. Sie trug in der dritten Sitzung viel zur Klärung unserer Ideen bei. Sie machte den Eindruck einer unkomplizierten, vernünftigen Frau, die sich fast wunderte, daß sie in eine Familie eingeheiratet hatte, die sie gegenüber ihrer eigenen Familie als gesellschaftlich höhergestellt betrachtete. Sie strengte sich anscheinend sehr an, von ihren Stieftöchtern akzeptiert zu werden, und genoß die freundlichen Gespräche mit Gabriella. Auf Emanuela, von der sie völlig abgelehnt wurde, machte sie allerdings keinen Eindruck. Bruna beseitigte die Zweifel der ersten Sitzung, indem sie offen zugab, daß auch sie erkannt hatte, daß es zwischen Gianni und seiner jüngeren Tochter eine „Leidenschaft" gab.

Schauen wir uns nun einen Ausschnitt aus der Sitzung an, in der äußerst wichtige Emotionen aufgedeckt wurden.

Therapeut: (zu Bruna) Sie haben gesagt, daß Sie das Gefühl haben, daß es zwischen Gianni und Gabriella eine starke Leidenschaft gibt. Fühlen Sie sich dadurch nicht ausgeschlossen?

Bruna: Nein, weil ich die Bindung zwischen einem Elternteil und einer Tochter verstehe. Auch ich habe zu meiner Mutter eine starke Bindung.
Therapeut: Könnte es Gabriella nicht später schwerfallen, sich von ihrem Vater zu lösen?
Bruna: Ich glaube nicht ... hm ... vielleicht ...
Vater: (etwas verlegen, mit unaufrichtigem Ton) Aber ich hoffe, daß meine Töchter ihr eigenes Leben führen werden, denn meine Zukunft plane ich gemeinsam mit Bruna.
Therapeut: (zum Vater) Könnte es sein, daß Emanuela sich nicht weiterentwickelt, weil sie darauf wartet, daß sich in der Familie alles regelt? Ich meine, daß Gabriella sich mehr nach außen orientiert und daß Ihre Situation (zeigt auf Bruna und Gianni) sich klärt. Vielleicht verwirrt es sie, daß Sie verheiratet sind, aber getrennt leben ...
Vater: Das kann ich wirklich nicht wissen, ich habe keine Ahnung, was in ihrem Kopf vor sich geht.
Therapeut: Und Sie, Bruna?
Bruna: Also, wenn ich darüber nachdenke, glaube ich, daß Emanuela sich freuen würde, ihre Schwester in der Nähe zu haben. Sie streiten sich zwar oft, aber ich habe den Eindruck, daß sie sich tief im Inneren mögen.
Therapeut: (zu Emanuela) Stimmen Sie zu?
Emanuela: (schaut weg) Ich bin nicht da ... ich weiß es nicht.
Therapeut: Und Sie, Gabriella, stimmen Sie zu?
Gabriella: Ich hätte meine Schwester gern als Freundin, aber jedes Mal, wenn ich versuche, an sie heranzukommen, behandelt sie mich unmöglich.
Therapeut: Gabriella, ist nach Emanuelas Meinung in der Gegenwart gefangen, weil sie nicht akzeptieren kann, daß ihr Vater eine andere Frau gewählt hat, oder weil sie sich von deren intensiver Beziehung ausgeschlossen fühlt?
(Gabriella errötet, der Vater rutscht auf seinem Stuhl hin und her.)
Gabriella: Wie mein Vater gesagt hat, habe ich es auch aufgegeben, Emanuela verstehen zu wollen. Wenn sie sich entschließen könnte, den Zustand, in dem sie sich befindet, zu ändern und dieses ganze merkwürdige Verhalten aufzugeben, wäre sie bei uns willkommen.

Es ist auffallend, daß Emanuela während dieses Dialogs besonders still und aufmerksam zu sein schien. Kurz nach der Sitzung fing sie an, mit dem Personal und den anderen Patienten der Institution offener umzugehen. In der nächsten Sitzung setzte sich ihre Besserung fort, und – was vielleicht nicht erstaunlich ist – der Vater zog zu Bruna mit der Erklärung, er habe keine Lust mehr, soviel hin- und herzufahren. Gabriella kündigte den Termin ihrer Hochzeit an.

Am Anfang schien Emanuela aus der Familie ausgeschlossen zu sein, weil alle außer ihr ein Zuhause gefunden hatten: der Vater bei Gabriella und dann bei Bruna, Filippo bei seiner Mutter. Alles, was ihr blieb, war ein Therapeut – den sie verloren hatte – und die Institution. Ein anderes Problem, das der Vater in der ersten Sitzung vorbrachte, waren finanzielle Schwierigkeiten, die Emanuelas Aufenthalt in der therapeutischen Institution (die sehr teuer war) schwierig machten. Die Beziehungshypothese und die Notwendigkeit für Emanuelas Entlassung bildeten in der fünften Sitzung den Ausgangspunkt einer Reihe von Fragen, die herausfinden sollten, was Emanuela in der nahen Zukunft tun würde.

Therapeut: (zu Gabriella) Ich frage mich, wo Emanuela hingehen wird, falls sie sich plötzlich entschließt, das therapeutische Institut zu verlassen und für sich ein Leben aufzubauen, wie alle junge Frauen in ihrem Alter. Was meinen Sie? Emanuela hat mir gesagt, sie wisse es nicht. Was meinen Sie dazu?
Gabriella: Ich weiß es nicht.
Vater: Ich weiß es. Sie würde zu mir kommen. Ich wäre überglücklich und sie auch.
Therapeut: Okay, aber stellen wir uns vor (das ist eine Hypothese), daß sie es vorzieht, beispielsweise zu ihrer Schwester zu gehen.
Vater: Also, ich glaube nicht, daß das so einfach wäre. Ihre Schwester hat einen Freund, sie werden bald heiraten, sie wird ihr eigenes Leben haben ...

Gianni verhält sich wie ein guter Vater. Er ist bereit, seine Tochter mit offenen Armen aufzunehmen, versucht aber auch, die Entwicklung einer starken Bindung zwischen den beiden Schwestern zu verhindern. Emanuela hat schon gezeigt, daß sie sich Sorgen um ihren Vater macht, und lehnt ihn vielleicht deshalb ab, weil sie Angst hat, er könnte inzestuöse Absichten oder Phantasien ihr gegenüber hegen, und weil Gabriella ihre Beziehung zum Vater kürzlich gelockert hat, um sich enger an ihren Freund zu binden.

Therapeut: Wenn Emanuela sich entschließt, die Institution nach Beendigung ihres Therapieprogrammes zu verlassen, würde sie alle Türen offen finden oder nicht? Wären sie offen oder zu?
Vater: Emanuela hätte drei Möglichkeiten: zu ihrer Mutter zu ziehen, alleine zu leben oder zu uns zu kommen.
Therapeut: Würde sie sich Ihrer Meinung nach entschließen, bei einem von Ihnen zu leben, oder ...
Vater: Nein, nicht bei ihrer Schwester oder ihrem Bruder, ich glaube nicht.
Therapeut: Ich meine kurzfristig, für eine gewisse Zeit, ein oder zwei Wochen ...

Der Therapeut macht sich um die Zukunft Sorgen und versucht herauszufinden, ob es jemanden gibt, der sich kurzfristig um Emanuela kümmern wird, wenn sie die Institution verlassen muß, so daß sie nicht wieder ins Leere fällt.

Schwester: Sie könnte bei mir wohnen ...
Vater: Du wirst dein eigenes Leben haben, mit deinem Mann ...
Schwester: Das macht doch nichts!

Dieses Gespräch ist von einer wichtigen Redundanz gekennzeichnet: Der Vater scheint nicht in der Lage zu sein, den Verlust beider Töchter zu akzeptieren. Er spürt, daß er im Begriff ist, Gabriella zu verlieren, also versucht er, sich Emanuela zu erhalten.

Therapeut: (schaut Emanuela intensiv an, als versuche er, ihre scheinbare Gleichgültigkeit zu durchbrechen) Emanuela, wir sprechen darüber, was geschehen würde, wenn Ihre Therapie beendet würde und Sie dann gehen.
Emanuela: (mit leerer, ungerührter Stimme) Also, ich meine, ich wurde '62 geboren, also bin ich jetzt schon ziemlich alt und ... ich meine, ich würde gern heiraten, früher oder später, nur ... das ist alles, was mich zur Zeit beschäftigt.
Therapeut: Das Heiraten?
Emanuela: Ja.
Ihre „schizophrene Ausdrucksweise" wird noch unbegreiflicher, wenn sie über das Verlassen der Institution befragt wird. Der Therapeut fokussiert auf „Ich würde gern heiraten".

Therapeut: Also planen Sie zu heiraten. Innerhalb oder außerhalb der Institution?
Emanuela: Innerhalb der Institution kann man doch nicht heiraten!
Therapeut: Also würden Sie außerhalb der Institution heiraten. Okay. Aber wenn Sie die Institution verlassen, werden Sie, wie Sie sagen, nicht bei ihnen wohnen. Sie würden nicht zu Ihrer Mutter ziehen, Sie würden heiraten, einen Freund suchen. Sie würden Ihr eigenes Leben aufbauen.
Emanuela: Ja, ich glaube schon. Ich meine, ich hoffe es, denn in dieser Hinsicht war mir die Institution keine Hilfe.
Therapeut: Wie bitte?
Emanuela: Ja, ich würde gerne heiraten, was kann ich denn sonst machen?
Therapeut: Sie sagen, die Institution war Ihnen keine Hilfe?
Emanuela: Nein ...
Therapeut: Haben Sie schon eine Ahnung, was für einen Mann Sie gerne hätten? Haben Sie jemanden im Auge?
Emanuela: Nein, niemand Bestimmtes.
Therapeut: Was meinen Sie denn mit „heiraten"? Irgend einen Mann heiraten, meinen Sie das?
Emanuela: Nein, ich weiß es auch nicht.
Therapeut: „Wenn ich die Institution verlasse, würde ich gern heiraten": Das haben Sie gesagt, oder?
Emanuela: Ich kann zu nichts etwas Bestimmtes sagen, etwas wirklich Bestimmtes ...

Wieder antwortet Emanuela auf die Fragen indirekt, ausweichend, unverständlich. Ihre Ambivalenz läßt sie zwischen Kontakt mit dem Therapeuten und Rückzug in ihre eigene Welt schwanken.

Therapeut: Also, meine Frage lautet jetzt: Wenn Sie sich entschließen, die Institution zu verlassen, weil Ihr Therapieprogramm beendet ist, an welche Tür würden Sie für eine Übergangszeit zuerst klopfen? Bei wem würden Sie am liebsten wohnen? Würden Sie lieber bei Ihrem Vater und Bruna wohnen, oder würden Sie es vorziehen, zu Ihrer Mutter nach London zu gehen oder zu einem Ihrer Geschwister?
Emanuela: (aufgeregt) Ich glaube nicht, daß ich bei der Familie wohnen kann, ich weiß es nicht, ich weiß es wirklich nicht!
Therapeut: Wenn Sie sich entscheiden müßten, für wen würden Sie sich entscheiden?

Emanuela: Wenn ich mich entscheiden müßte? Was meinen Sie damit, wenn ich mich entscheiden müßte? Ich meine, ich habe gar keine Pläne!
Therapeut: Also, ich würde Ihnen gerne noch eine letzte Frage stellen. Wenn Sie sagen: „Ich muß das Programm zu Ende bringen", wann werden Sie die Institution verlassen, falls Sie weggehen? Können Sie mir sagen wann?
Emanuela: Nein.

Die Neugier des Therapeuten richtet sich hier auf mögliche Zukünfte und, spezifischer, auf die heikle und möglicherweise gefährliche Zeit, wenn Emanuela die Institution verlassen muß (vielleicht gezwungenermaßen wegen des Geldmangels ihres Vaters). Ihr Denken wird von zwei Vorstellungen bestimmt: daß jeder in der Familie heiratet außer ihr (die zweite Heirat ihrer Mutter in London, die zweite Heirat des Vaters, die wahrscheinliche Heirat ihrer Schwester, ihr Bruder, der mit seiner Arbeit und seinen Freunden „verheiratet" ist), und der Sorge, daß ihr die einzige Zuflucht, die Institution, entzogen wird. Wenn sie gedrängt wird, etwas Konkretes über das Verlassen der Institution zu sagen, wird ihre Sprache rätselhaft. Das ist nicht verwunderlich. Aus unserer Erfahrung mit Familien mit psychotischen Mitgliedern halten wir dies seit den 70er Jahren für ein grundlegendes Thema. Im Gegensatz zu den Verfechtern der Antipsychiatrie der damaligen Zeit – Laing, Cooper, Basaglia –, die Schizophrene als Vorkämpfer der Freiheit und des Wandels innerhalb des *Status quo* ansahen, erkannten wir, daß Schizophrene den *Status quo* bzw. die Homöostase der Familie, wie es damals hieß, tatsächlich mehr als alle anderen verteidigen. Ein Wandel in den Familienbeziehungen könnte ihnen ihre einzige *raison d'etre* entziehen, so daß ihnen die Psychose als einzig mögliche Lösung erscheint.

Therapeut: Also, wären es zum Beispiel Wochen, ein Jahr, Jahre oder nie?

Diese Frage zur Zukunft hat eine Doppelfunktion: Sie führt die Möglichkeit einer zukünftigen Veränderung ein und scheint den Augenblick, wann sie geschehen wird, genau zu identifizieren. Das erlegt eine Beschränkung auf (und führt gleichzeitig eine Möglichkeit ein), die Emanuelas unbestimmte Denkart in Frage stellt.

Emanuela: Ich weiß nicht einmal das. Es könnte sein ... das heißt, weil meine Therapeutin hergekommen ist und es nicht sagen konnte, also, ich habe diese Sache nicht aufgegeben, ich meine, es liegt nicht an mir, zu sagen, was ich tun werde, wenn ich das Therapieprogramm beendet habe.
Therapeut: Aber raten Sie einfach mal. Was meinen Sie, wann sie keine Therapie mehr brauchen werden?
Emanuela: Um die Wahrheit zu sagen, ich habe nicht die leiseste Ahnung.
Therapeut: Ist es möglich, daß Sie Ihr Leben lang Therapie brauchen? ...
Emanuela: Nein, ich glaube, ich habe vieles gemacht. Familientherapie nützt mir echt nicht viel, genauso wie die anderen Therapiegruppen in der Institution mir nichts bringen. Deswegen habe ich schon vor einiger Zeit damit aufgehört!
Therapeut: Also ist es möglich, daß Sie sich in einem gewissen Sinne in die Institution zurückgezogen haben, wie sich die Leute früher ins Kloster zurückzogen? Sie wissen, daß manche Frauen sich für immer ins Kloster zurückzogen, sie schlossen sich in vier Wände ein, und alles war vorbei. Ist das möglich? Ist es möglich, daß Sie sich letztendlich in irgendeine Institution, in ein Krankenhaus zurückziehen wollen? ...

Im Verlauf des Gesprächs taucht zwischen den Fragen des Therapeuten über die Situation nach der Entlassung aus der Institution und Emanuelas Antworten eine Redundanz auf, die zwar oft verworren, aber dennoch hinsichtlich ihrer mangelnden Alternativen außerhalb der Institution einigermaßen klar sind. Therapeut und Klient befinden sich in gegnerischen Lagern: Der Therapeut hat einen impliziten Auftrag vom Überweisenden und vom Familienoberhaupt, das Problem ihrer Entlassung aus der Institution zu lösen, und er bemüht sich auf unterschiedliche Art und Weise, ihr Perspektiven zu eröffnen. Er versucht eine mögliche Zukunft aus drei Blickwinkeln zu betrachten: dem der Institution, die sie wird entlassen müssen, wenn sie kein Geld bekommt; dem des Vaters, der nicht genug verdient, um die Institution unbegrenzt zu bezahlen; und dem Emanuelas, die von der Institution abhängig ist, weil sie keinen anderen Ausweg hat. Die Schlußfolgerung scheint zu sein, daß Emanuela keine Wahl hat, was sie allerdings wahrscheinlich dazu verdammen würde, wieder in einer Leere zu leben. Eine etwas weniger dramatische Möglichkeit scheint sich allerdings zu entwickeln. Die Tatsache, daß sich Bruna und der Vater einerseits und Gabriella und ihr Verlobter andererseits einander nähern, bietet Emanuela eine neue Zukunftsperspektive, in der die Familienrollen endlich klar definiert sind.

Therapeut: Könnte es sein, daß Sie sich sozusagen in ein Kloster zurückgezogen haben?
Emanuela: Das kann ich mir nicht vorstellen.
Therapeut: Sie können sich das nicht vorstellen?
Emanuela: Nein. Es ist möglich ... ich weiß nicht, von welchem Standpunkt aus ...

Andererseits kann man sich fragen, ob die Einführung solcher Szenarien – eingesperrt in einem Krankenhaus oder einer Institution – sich nicht negativ auswirken könnte, indem Klienten überzeugt werden, die vom Therapeuten vorgeschlagenen Ziele zu akzeptieren. Wir sind der Meinung, daß in Kontexten, in denen ein gegenseitiges Verständnis und eine positive Sichtweise hergestellt worden sind, die Akzeptanz aller dem Klienten zur Verfügung stehenden Möglichkeiten durch den Therapeuten eine konstruktive Entwicklung fördert und selbstzerstörerische Tendenzen reduziert.

Die Familie erschien nicht zur nächsten Sitzung. Die Therapeutin der Institution rief eine Woche später im Zentrum an und sagte, der Vater habe gegen ihren Rat beschlossen, die Therapie abzubrechen, weil sich Emanuela in kurzer Zeit so sehr verändert habe. Es machte ihr Spaß, ihre Familie sowohl in der Institution als auch zu Hause zu treffen, sie hatte sich enthusiastisch in die Arbeit der Institution gestürzt und war anderen gegenüber viel offener. Ihre Sprache war fast wieder normal. Sechs Monate später erlitt sie eine kurze Krise mit Wahnvorstellungen und Halluzinationen, erholte sich aber, ohne in den Autismus der vorhergehenden Monate zurückzufallen.

7.1.2 Lucia: Der Verzicht auf ein Königreich

Die Wirkung zirkulärer Fragen, inbesondere solcher, die sich auf die Zukunft richten, bei der Aufdeckung neuer und – wie wir hinzufügen sollten – weniger gefährlicher künftiger Szenarien, wird durch den Fall Lucia gut belegt. Lucia war ein 7jähriges Kind, dessen offensichtliche Intelligenz in Widerspruch stand zu äußerst schlechten schulischen Leistungen; zudem stand ihre offensichtliche Aufgewecktheit und ständige Suche nach Aufmerksamkeit zu Hause im Gegensatz zu ihrer Vermeidung sozialer Kontakte in der Schule.

Sie wurde mit folgender Begründung von ihrer Schule an den örtlichen Mutter-Kind-Dienst (SIMEE) überwiesen:

Während des ersten Schuljahres hatte sie ausgeprägte Lernschwierigkeiten und konnte kaum lesen oder schreiben. Ihre Beziehungen waren auch äußerst schwach entwickelt, da es an Motivation fehlte, und die soziale Komponente fehlte fast völlig. Im zweiten Jahr bemühte sie sich, sich am Leben der Klasse zu beteiligen, doch behinderten sie ihre unzulänglichen Fähigkeiten, ihr unreifes Verhalten und ihre kindische, spröde Haltung ihren Klassenkameraden gegenüber. Folglich hat sie sich bei Arbeit und Spiel nur am Rande und passiv beteiligt. Es wurde entschieden, daß sie das zweite Grundschuljahr wiederholen müsse.

Außer Lucia bestand die Familie Marcheggiani aus dem 45-jährigen Vater namens Mario, einem Handelsvertreter, der 42jährigen Hausfrau und Mutter, Giulia, und der 18jährigen Schwester, Anna, die ihr letztes Jahr an einer Handelsschule absolvierte. Der SIMEE-Psychologe beschloß, sie zwecks Therapie an unser Zentrum zu überweisen, da Lucias Probleme scheinbar eng mit der Familiensituation zusammenhingen. Es stellte sich in der ersten Sitzung tatsächlich heraus, daß die Familie Marcheggiani eine Unmenge von Problemen hatte.

Der Vater war ein Pessimist und depressiv. Er beklagte sich ständig über Krisen bei der Arbeit, was dazu führte, daß er wenig verdiente und die Ausgaben der Familie nicht begleichen konnte: Die Hälfte des Familieneinkommens stammte tatsächlich von den Eltern seiner Frau, die der ganzen Familie und insbesondere ihrem Liebling Lucia physisch und emotional eng verbunden waren.

Die Mutter hatte vor zwei Jahren einen Herzanfall gehabt („psychosomatisch" laut ihren Ärzten) und war für kurze Zeit ins Krankenhaus eingewiesen worden. Danach hatte sie „panische Angst" vor einem plötzlichen Tod und mußte ständig ein Mitglied der Familie in ihrer Nähe haben. Ihre praktische Bewegungslosigkeit hatte zu einer enormen Gewichtszunahme geführt. Es fiel auf (wenn auch die Familie selbst es nicht bemerkte), daß ihr Herzanfall zeitlich mit Lucias Schulanfang zusammenfiel.

Anna machte den Eindruck eines schweigsamen, verdrießlichen Mädchens, das von Schulproblemen geplagt wurde. Wegen Lernschwierigkeiten hatte sie in den letzten Jahren dreimal die Schule gewechselt. Nachdem sie im vergangenen Jahr durch die Prüfung gefallen war, hoffte sie, endlich ihr Diplom zu erhalten und sofort eine Arbeit zu finden. Sie war oft von Zuhause weg und verbrachte viel Zeit im *Oratorio* (einem kirchlichen Jugendzentrum): Sie kümmerte sich nicht gern um ihre Mutter und empfand die Familienatmosphäre wegen ihrer eigenen und den täglichen Bemühungen ihrer Eltern, Lucia das Lesen und Schreiben beizubringen, sowie wegen der ständigen Auseinandersetzungen zwischen ihren Eltern als beengend.

In der ersten Sitzung wandelte sich plötzlich die Verdrießlichkeit von Anna und ihren Eltern, sobald Lucia aus ihrem lebendigen Repertoire nonverbaler Kommunikation (sie stand auf, bewegte sich, lief im Zimmer herum) und verbaler Scherze schöpfte, prahlerisches Benehmen zeigte und manchmal ziemlich freche Bemerkungen machte („Vati ist ein Wrack und Mutti ist eine Tonne. Wird sie noch dicker, kracht der Stuhl zusammen.").

Die deutlichste Redundanz zeigte sich darin, daß die Gesichter ihrer Familie ein Strahlen annahmen, wenn Lucia sprach, das sofort verschwand, wenn sie schwieg. Lucia nahm anscheinend die Mitte der Bühne ein und unterhielt von dort aus die Familie (und den Therapeuten). Als das Timing richtig schien, fing der Therapeut an, Lucias Prämissen in Frage zu stellen.

Therapeut: (zum Vater) Lucia scheint sich um ihre Eltern Sorgen zu machen, ist ständig bemüht, Sie aufzuheitern, zu amüsieren. Um wen macht sie sich die meisten Sorgen?
Vater: Um meine Frau.
Therapeut: Es sieht so aus, als hätte Lucia eine Ganztagsarbeit ...
Lucia: (unterbricht und zeigt auf ihre Eltern) Ja, für alle beide!
Therapeut: Denkst du auch in der Schule immer an zu Hause, wie es deiner Mutter geht?
Lucia: (lacht) Ja, das stimmt. Mutti ist einfach unersättlich.
Therapeut: Sie macht sich so viele Sorgen um Sie, sie scheint wie eine Großmutter zu sein. (Allgemeines Gelächter)
Dem Leser wird die Analogie zwischen den Bemerkungen ihrer Lehrer über Lucias „kindisches" Verhalten in der Schule und ihres „großmütterlichen" Verhalten in der Sitzung aufgefallen sein. Wir könnten die Hypothese aufstellen, daß diese Divergenz mit der Zeit

zunehmen wird, weil Lucias Verhalten zu Hause sofort bestätigt, in der Schule aber mißbilligt wird. Sie wird sich also zunehmend in ihre eigene Welt zurückziehen. Lucia scheint in einer Familie aufgewachsen zu sein, die es ihr erlaubt bzw. sie aufgefordert hat, die Rollen einer Tochter, eines Elternteils und einer Großmutter zu übernehmen. Wegen der ihr von der Familie zugestandenen Macht hat die eigentliche Großmutter eine Hauptrolle bei der „Krönung" Lucias im Reich der Marcheggiani gespielt. Man scheint Lucias Zukunft schon für sie entschieden zu haben: Als Königin muß sie kommandieren, nicht gehorchen. Sie sprach sogar zum Therapeuten, der 30 Jahre Erfahrung hinter sich hat, von gleich zu gleich, manchmal sogar von oben herab.

Anna: Es stimmt, es stimmt! Sie paßt immer auf uns auf, merkt sich alles, was wir tun, was wir essen, sie kontrolliert alles.
Therapeut: Wie eine Großmutter.

Lucia wechselt unterdessen das Thema, steht auf und geht zu ihrer Mutter, sobald diese zu Sprechen ansetzt. Lucia hindert sie daran und übernimmt wieder einmal die Bühne, wobei sie alle mit ihren lustigen Kommentaren zum Lachen bringt. Einerseits scheint Lucia nicht gern mit ihrer Großmutter verglichen zu werden, aber andererseits übertreibt sie ihre Rolle noch, fast herausfordernd, indem sie dem Therapeuten widerspricht, ihre Mutter am Reden hindert, sich über alle lustig macht. Der Therapeut führt nun die Metapher der Königin ein, der es nicht gelingt, gleichzeitig über das Reich der Marcheggiani und das Reich der Schule zu herrschen. Mögliche Welten stehen kurz vor ihrer Einführung.

Therapeut: Ich hatte zuerst den Eindruck, daß du die Prinzessin dieser Familie bist, inzwischen meine ich aber, du bist die Königin.
Lucia: (scheint sich sichtlich zu freuen)
Therapeut: Wer kommandiert am meisten in dieser Familie?
Lucia: (mit geschwellter Brust und einem lustigen, gebieterischen Ausdruck) Ich natürlich ...
Therapeut: Und nach dir?
Lucia: Großmutter, Großvater und dann mein Vater, das Wrack, meine Mutter, die Tonne, und meine Schwester, der Pinocchio.
(Natürlich allgemeines Gelächter)

Therapeut: Wer kommandiert am meisten, dein Großvater oder deine Großmutter?
Lucia: Meine Großmutter.
Therapeut: Also gibt es in der Familie zwei Königinnen, du und deine Großmutter.
Lucia: Ich kommandiere am meisten, weil ich etwas agressiver bin als sie.
Therapeut: Du gehst also zu deiner Großmutter, um zu lernen, wie man Befehle erteilt ... interessant, sehr interessant. Nun Lucia, wirst du uns erlauben, deinen Eltern zu helfen? Sie sind nämlich hier, weil sie Hilfe brauchen, nicht wahr?
Lucia: (wirkt verwirrt, denkt lange nach und platzt dann heraus) Nein!
Therapeut: Willst *du* denn die Aufgabe übernehmen? Warum willst du nicht, daß wir das machen? Hast du nicht schon in der Schule eine Aufgabe?
(Lucia mag solche Fragen scheinbar nicht und gibt eine ausweichende, bedeutungslose Antwort)
Therapeut: Schleich' nicht wie die Katze um den heißen Brei, Lucia. Antworte mir. Warum erfüllst du diese Aufgabe zu Hause und nicht deine Aufgabe in der Schule?
Lucia: (fuchtelt mit den Armen herum, offensichtlich verärgert) Ich arbeite doch in der Schule. Ich kann nicht lesen, aber schreiben kann ich ein bißchen.
Therapeut: Hier bist du eine Königin, in der Schule allerdings nicht. Dein Lehrer akzeptiert die Befehle nicht wie deine Mutter. Deine Klassenkameraden gehorchen dir auch nicht, oder?
(Die Eltern und Anna stimmen zu, Lucia wirkt verwirrt.)
Therapeut: Es ist schwer für dich, dieses Reich zu verlassen, nicht?
(Der Therapeut verläßt das Zimmer, um mit dem Team zu sprechen.)

In dieser Sequenz fängt der Therapeut damit an, daß er Lucia bestätigt, sie von Prinzessin zur Königin befördert, was sie offensichtlich freut, und bringt sie dann mit der anderen Königin, der Großmutter in Verbindung, die die Schlüsselposition in der Familie innehat. Lucias Narzißmus ist so groß, daß sie sich über alle anderen stellt, sogar über die Großmutter. Anstatt das in Frage zu stellen, bittet sie der Therapeut wie ein loyaler Untertan um Erlaubnis, ihren Eltern zu helfen, und spielt darauf an, daß sie in der Schule mehr leisten könnte.

Verbal erlaubt Lucia dem Therapeuten nicht, sich mit ihren Eltern zu befassen, vermittelt aber nonverbale Botschaften der Verwirrung und Unentschlossenheit. Die Möglichkeit einer anderen Zukunft für sie und ihre Familie scheint allmählich in ihren Kopf einzudringen. Am Ende der Sitzung gab der Therapeut folgende Botschaft:

Therapeut: Wir haben hier eine Familie, die verschiedene Probleme aufweist: (zum Vater) finanzielle Probleme, Pessimismus, was die Zukunft anbelangt, (zur Mutter) Angstzustände und Angst vor dem Tod, (zu Anna) Schulprobleme und Zukunftsängste. Lucia scheint die Last dieser komplexen Familiensituation auf sich genommen zu haben und arbeitet ganztags daran, Sie zu unterhalten und aufzuheitern. Ihr Verhalten zeigt, daß sie ein reizendes, intelligentes und amüsantes Kind ist, das sich oft wie ihre Großmutter verhält, und ihre Großmutter hat sich zusammen mit dem Großvater seit Jahren um Sie alle gekümmert. Wie wir gesagt haben, scheint Lucia eine Ganztagsarbeit übernommen zu haben, so daß ihr weder Zeit noch Energie bleibt, an die Schule zu denken. Einer meiner Kollegen drückte die Sorge aus, daß Lucia, wenn sie nur befehlen lernt, künftige Beziehungen zu anderen schwierig oder unmöglich finden wird. Schließlich waren wir besonders beeindruckt von Lucias negativer Haltung unserem Angebot gegenüber, Ihnen, ihren Eltern zu helfen. Bevor wir die Sitzung beenden, schlagen wir vor, da wir unsere Untersuchung noch nicht abgeschlossen haben, daß Sie sich in der Zwischenzeit bis zur nächsten Sitzung in einem Monat nicht ändern, sonst könnten wir verwirrt werden. Du insbesondere, Lucia, solltest weiterhin Befehle erteilen und dich wie die Königin dieser Familie verhalten.

Das Team hatte den Eindruck, daß die Familie glücklich aussah bis auf Lucia, die mürrisch schien und sich sogar weigerte, dem Therapeuten die Hand zu geben. Die von den Familienmitgliedern am Anfang der Sitzung gezeigten Gefühle schienen sich umgekehrt zu haben. Allerdings hatte das Team den Eindruck, daß auch Lucia ein Engagement mit dem Therapeuten eingegangen war, aber aus Stolz ihre positiven Gefühle versteckte. Wenn dieser Eindruck getäuscht hätte, hätte die Therapie einen schlechten Start gehabt, das Timing wäre dann wohl falsch und die frühzeitige Herausforderung der Prämissen Lucias destruktiv gewesen.

Der Vorschlag, keiner sollte sich vor der nächsten Sitzung ändern, zielte darauf ab, Lucias Illusion der Kontrolle in Frage zu stellen und sie in ein Dilemma zu bringen: Wenn sie nicht gehorcht, wird sie ihr Verhalten ändern müssen, wenn sie gehorcht, wird sie den Vorschlag des Therapeuten akzeptieren müssen. Viele Kollegen, die solche Konzepte für obsolet für das Erbe der strategischen Phase halten, werden diesen Teil der Intervention mißbilligen. Wir haben keine Bedenken bei der Anwendung von Interventionsarten, die aus anderen Therapietheorien stammen. Wir halten uns an das Paradigma der Komplexität, das besagt, daß man durch ein Netz von Theorien in der Welt am besten sehen und handeln kann. Mit anderen Worten, wir verlassen gelegentlich unser Feld, um auf anderen zu weiden, wenn unter bestimmten Umständen das Gras dort grüner zu sein scheint. Es ist wichtig zu wissen, *wann* man mit seinem bevorzugten, althergebrachten Denken konform geht und wann nicht, und den Unterschied zwischen Theorie und Praxis des eigenen Ansatzes in Betracht zu ziehen.

In der zweiten Sitzung nach einem Monat zeigte Lucia keine der nervenden Verhaltensweisen – theatralisch, amüsant und belustigend, beinahe manisch – der ersten Sitzung. Sie schien ganz ruhig zu sein und lieferte bereitwillig Informationen über die komplizierten Beziehungen der Kernfamilie zur erweiterten Familie. Hier ein Auszug aus unseren Notizen zur zweiten Sitzung:

Lucia scheint der Angelpunkt der Beziehungen zwischen den drei Generationen zu sein, was zu einer allgemeinen Verwirrung der Rollen führt. Lucia verbrachte viel Zeit bei den Großeltern mütterlicherseits, wenn ihr Vater beruflich unterwegs war, und betrachtet die Großmutter „mehr als Mutter denn ihre eigene Mutter". Die Großmutter behandelte die Mutter und Lucia gleich, als wären sie Schwestern. Den Großvater hielt Lucia für lustiger als ihren Vater, und er mischte sich dauernd in die Familienangelegenheiten ein. Die Kernfamilie hatte keinen eigenen Raum. Lucia, die die Unbeweglichkeit ihres Vaters und ihrer Schwester ablehnte, reagierte auf die gelangweilte Verdrießlichkeit ihrer Mutter mit Kreativität und Lebendigkeit. Es ist wichtig, daß sie dreimal während der Sitzung aufstand, um zu ihren Eltern zu gehen, sie zu küssen und zu streicheln, während ihre Konflikte diskutiert wurden, als ob sie sie trösten wollte. Am Ende der Sitzung bat der Therapeut die beiden Schwestern, zu Hause zu bleiben, da er in der nächsten Sitzung nur die Eltern sehen wollte.

Zur dritten, vierten und fünften Sitzung erschienen nur die Eltern. Sie berichteten, daß sich Lucia zu Hause und auch – laut ihren Lehrern – in der Schule stetig verbesserte. In der letzten Sitzung, der sechsten, etwa ein Jahr nach der ersten, wurden die beiden Schwestern hinzugezogen. Was der Therapeut beim Betreten des Therapiezimmers sah, war überaus bedeutend: Die Eltern und Anna saßen nah beieinander, doch Lucia hatte sich etwas weiter weg auf einen Stuhl gekuschelt und las eifrig in einem Buch, das sie so hielt, daß es ihr Gesicht völlig verdeckte. Sie schien zu sagen: „Ich beschäftige mich jetzt mit der Schule, also kümmern Sie sich um meine Familie."

Nach den üblichen Höflichkeiten versuchte der Therapeut Lucia ins Gespräch zu ziehen. Sie senkte lächelnd das Buch, zeigte auf ihre Familie und sagte: „Ich überlasse Ihnen die Ehre zu reden, ich muß lesen." Auf eine humorvolle und vornehme Art deutete sie während der Sitzung verbal und vor allem auch nonverbal darauf hin, daß sie das Feld geräumt hatte, daß ihr Interesse jetzt bei der Schularbeit und ihren Freunden lag. Eine von den Eltern mitgebrachte Mitteilung der Schule bestätigte ihre Veränderung: Da sie sehr intelligent war, hatte sie bald alles nachgeholt und hatte inzwischen einen großen Freundeskreis. Ihre Schwester Anna schien auch weniger verdrießlich und ihrer Zukunft gegenüber entspannter und optimistischer zu sein. Nur die Eltern schienen bereit, die Therapie fortzusetzen, um ihre Konflikte zu lösen.

Gegen Ende der Sitzung entwarf der Therapeut eine andere Zukunft für das Paar, insbesondere für die Ehefrau.

Therapeut: Frau Marcheggiani, haben Sie je daran gedacht, sich eine Arbeit außerhalb des Hauses zu suchen?
Mutter: Oh doch ... aber mein Mann mißbilligte die Idee ...
Therapeut: Jetzt werden Ihre Töchter aber langsam selbständig. Ich glaube, wenn Sie meinen, daß Sie gerne eine Arbeit hätten, irgendeine, Teilzeit oder ganztags, könnte sich die Situation in Zukunft ändern ...
Mutter: (ihr Gesicht beginnt zu strahlen) Das stimmt, das stimmt.
Therapeut: Ich glaube, eine Arbeit würde erstens etwas Geld einbringen, dann müßte Ihr Mann weniger Angst haben. Sie wären auch weniger ängstlich, denn Ihre Angst hängt stark mit der Angst Ihres Mannes zusammen. Zweitens würden Sie vielleicht abnehmen, sich körperlich wohler fühlen, was Ihre Angst noch mehr vermindern

könnte. Drittens, und das halte ich für sehr wichtig, würde wahrscheinlich der Wunsch nach einer Arbeit außerhalb des Hauses all Ihre Ängste, Ihre Phobien über das Alleinsein wie durch ein Wunder verschwinden lassen ...
Mutter: (seufzt) Da bin ich mir sicher!

Der Therapeut verließ das Zimmer für die rituelle Beratung mit dem Team am Ende der Sitzung. Als er wieder hereinkam, sagte er, es gebe zur Zeit keine psychologischen Probleme, die eine Fortsetzung der Therapie erforderten. Die Familie war sichtbar erleichtert und froh, bis auf den Vater, der den Therapeuten beim Hinausgehen fragte, ob er ihn in ein paar Monaten anrufen dürfe. Der Therapeut erwiderte, daß er einige Zeit vergehen lassen sollte, nach der die Situation sich vielleicht so sehr geändert haben würde, daß externe Hilfe nicht mehr benötigt werde.

Der Gesamteindruck war, daß die drei Frauen – in Wirklichkeit oder zunächst nur in der Phantasie – ihren Zustand der Unbeweglichkeit, ihre Sackgasse, vergessen und sich auf eine neue Reise in die Zukunft begeben hatten. Die letzte Mitteilung des Vaters deutete darauf hin, daß er sich Sorgen machte, seine Zukunft alleine zu verbringen. Wie wir in Kapitel vier gezeigt haben, reagierte das Team nicht auf die Botschaften des Paares und dann auch des Vaters, daß sie nicht alleingelassen werden wollten, um nicht Gefahr zu laufen, die Position der Kinder einzunehmen und damit den Eltern nicht zu ermöglichen, die gegenwärtige und zukünftige Beziehung zueinander nach der Emanzipation der Töchter neu zu definieren. Das Paar weiterhin zu sehen, hätte die „Diagnose" bestätigt, daß es sich um eine abhängige, von Problemen geplagte Familie handelte. Der Abbruch der Beziehung betonte die Tatsache, daß die Familie eigene Ressourcen hatte, aus denen sich die selbständigen Identitäten und das Leben aller seiner Mitglieder entwickeln könnten. Wir haben gelegentlich festgestellt, daß der Abbruch der Beziehung zu früh vor sich gehen kann. Allerdings werden die Risiken von den Vorteilen der „Entpathologisierung" der Klienten mehr als aufgewogen. Sollten Schwierigkeiten auftauchen, kann die Situation leicht korrigiert werden, indem die Klienten für eine weitere Therapie wieder angenommen werden.

7.1.3 Gewalttätige Paare: „Wenn du mich provozierst, schlage ich dich"

Das Problem der Gewalt, insbesondere in Ehen und Familien, hat unter Familientherapeuten zu einer kontroversen und komplizierten Debatte geführt. Wir beschränken uns hier auf die Arbeit von Gerry Lane und Tom Russell, zwei Psychologen aus Atlanta, Georgia, die eine Therapie für gewalttätige Paare (Paare mit einem Muster der ständig wiederkehrenden Gewalt) entwickelt haben, die auf legale oder andere gängigen therapeutischen Interventionen bekanntlich nicht ansprechen (Lane a. Russell 1986). Ihre Methode basiert größtenteils auf zirkulären und hypothetischen Fragen zur Zukunft und wird nur jenen Paaren angeboten, deren Gewalt weder zur Trennung noch zu neuen Formen des Zusammenlebens[1] geführt hat.

Lane und Russells Vertrag mit dem Gericht von Atlanta verlangt vom Gericht, daß es die Vertraulichkeit der Sitzungen respektiert und sich nicht in die Therapie einmischt. Normalerweise finden nicht mehr als drei Sitzungen mit dem Paar statt.

In der ersten Sitzung wird großer Wert darauf gelegt, eine Vertrauensbeziehung zu den Klienten aufzubauen, indem Informationen über das Leben des Paares und den Kontext, in dem es sich bewegt, gesammelt werden. Es werden eine Reihe zirkulärer und hypothetischer Fragen zur Zukunft gestellt, die über den eventuellen Kontrollverlust des Aggressors wie des Opfers spekulieren, mit möglicherweise ernsthaften, irreversiblen Konsequenzen:

> Wir versuchen in unserer Arbeit interaktionelle Muster zu beobachten, historische Voraussetzungen und kausale Attribute herauszufinden, die unserer Ansicht nach das wiederkehrende Muster der Gewalt aufrechterhalten. Wir betonen unsere Sorge über die Gewalt und unterstreichen die potentiell gravierenden Konsequenzen, ohne einem Partner kausal die Schuld zuzuweisen. Das erreichen wir durch zirkuläre Fragen und Fragen zur Zukunft. Wir machen

1 Eine solche Intervention ist der Versuch, Probleme der Gewalt mittels Worten anstatt mittels sozialer Kontrolle zu lösen. Gewalt sollte weder unterschätzt noch wie jedes andere Eheproblem behandelt werden. Sie kann drastische Maßnahmen erforderlich machen, wie etwa die Verwendung von Zentren für geschlagene Frauen, vorübergehende Zwangstrennung oder als letztes sogar Gefängnis. Wie Russell und Lane allerdings betonen, bleibt das Problem, daß die Frauen, obwohl sie offensichtlich die Opfer der Gewalt sind, sich häufig weigern, sich von ihren Partnern zu trennen oder sie gar anzuzeigen.

> den Partnern klar, daß sie verantwortlich sind für ihr gewalttätiges Verhalten und daß sie verantwortlich sind für die Aufrechterhaltung einer gewalttätigen Beziehung. Wir fragen zum Beispiel: „Wer wird zuerst sterben, wenn sich diese Gewalt in Ihrer Beziehung fortsetzt?" Danach fragen wir vielleicht: „Wer wird sich um Ihre Kinder kümmern, wenn einer von Ihnen den anderen tötet und der andere ins Gefängnis kommt?" Weiter fragen wir: „Wenn einer von Ihnen tot ist und der andere im Gefängnis, und Ihre Kinder wachsen ohne Sie auf, wem werden sie die Schuld dafür geben, daß sie keine Eltern haben?" Wir versuchen nicht, dem Paar unsere Landkarten oder Lösungen hinsichtlich ihres Dilemmas aufzuoktroyieren. Wie wir schon erwähnt haben, nahmen wir diese Haltung ein, nachdem wir beobachtet hatten, wie ineffektiv andere Versuche waren, das Verhalten dieser in einem wiederkehrenden Muster der Gewalt gefangenen Paare zu kontrollieren.
>
> (Lane a. Russell 1986, S. 10)

Wie man sehen kann, sind Lanes und Russells Zukunftsfragen solche, die wir hypothetische Zukunftsfragen nennen, das heißt Fragen, die Klienten zwingen, sich mit einer Reihe nicht immer wünschenswerter Optionen abzufinden, indem sie der Zukunft explizit Beschränkungen auferlegen: Sie betrachten es als selbstverständlich, daß eine Eskalation der Gewalt stattfinden wird und der eine Partner des Paares den anderen töten wird. Um Karl Tomms Terminologie (1986) zu verwenden: Diese Fragen untersuchen Zeitunterschiede im Kontext, konstruieren mögliche Welten, in denen Beziehungen und Handlungen sich in einem Kontext entwickeln, der sich von dem gegenwärtigen grundsätzlich unterscheidet.

Wir sind der Meinung, daß diese Fragen nicht deswegen funktionieren, weil sie die Befragten etwa terrorisieren (welcher Raucher hat je das Rauchen aufgegeben, weil ihm mit Lungenkrebs gedroht wurde?), sondern weil sie zu der Epistemologie gewalttätiger Menschen im Widerspruch stehen, welche der von Bateson (1972) in seinem bekannten Artikel *Die Kybernetik des Selbst: Eine Alkoholismustheorie* konzipierten Epistemologie von Alkoholikern ähnlich ist. Die Epistemologie gewalttätiger Menschen basiert auf einem Konzept der Kontrolle: Sie sind davon überzeugt, daß sie (in der Zukunft) ihren Drang werden kontrollieren können, bevor sie tatsächlich jemanden umbringen oder selbst umgebracht werden. Im Gegensatz dazu sagen hypothetische Fragen den Kontrollverlust des Aggressors (und des Opfers) voraus. Wenn Klienten wie üblich erwidern, daß *sie* in der Lage sein werden, sich zu kontrollieren, erhalten sie unzählige Beispiele von durch gewöhnliche Menschen begangenen Mordtaten, die der Überzeugung waren, sie könnten ihren gewalttätigen Drang kontrollieren.

Solche Interventionen lenken die Aufmerksamkeit gewalttätiger Menschen von ihren Partnern ab, in denen sie die Ursache ihrer Gewalttätigkeit sehen („Wenn Du mich provozierst, schlage ich Dich"), und auf sich („Ich reagiere aus eigener unkontrollierbarer Triebkraft"). In gewissem Sinne könnten wir sagen, daß Personen, die aus solchen Interventionen profitieren, von der Kybernetik erster Ordnung allmählich zur Kybernetik zweiter Ordnung übergehen. Auch hier gibt es Ähnlichkeiten mit Batesons Alkoholikern: der gewalttätige Mensch sieht den anderen als die Ursache seines Verhaltens, genauso wie der Alkoholiker der Flasche die Schuld an seiner Alkoholabhängigkeit gibt. Diese Art Intervention funktioniert jedoch deshalb, weil der gewalttätige Mensch nicht wie der Alkoholiker in der Gegenwart „ganz unten" ankommt, sondern in einer Zukunft, die durch Therapie in die Gegenwart transportiert wurde: wenn die Gewalt bis an ihre logische Grenze geführt wird, ist einer der Partner in ernster Gefahr, umgebracht zu werden.

7.2 Von der Ambifinalität zur Ambitemporalität

Cronen und Pearce (1985), die den wohlbekannten Begriff der Äquifinalität der Systeme (von Bertalanffy 1968) weiterentwickelten, sahen in der „Ambifinalität" eines der charakteristischen Kennzeichen des Mailänder Ansatzes. Da wir inzwischen die Zeit in der Therapie so sehr betonen, haben wir „Ambifinalität" durch einen anderen Begriff, „Ambitemporalität", ersetzt. Bevor wir darüber sprechen, warum wir das gemacht haben, wollen wir einen längeren Abschnitt aus Cronens und Pearces Artikel zitieren, in dem sie die dynamische, selbstreflexive Epistemologie beschreiben, auf der der Mailänder Ansatz basiert.

> Der Mailänder Ansatz ist *nicht* nur eine Sammlung von Techniken, die ein Therapeut *anwenden* kann. Er ist vielmehr eine hochentwickelte „Epistemologie" mit einer breiten Grundlage, eine Denkart und Handlungsweise in sozialen Systemen. [...] Die Mailänder Therapeuten arbeiten daran, Familien systemisch und dyna-

misch zu sehen. Bei diesem Ansatz besteht die Struktur der Familie in den Beziehungen zwischen den Familienmitgliedern und nicht in den Merkmalen eines jeden Mitgliedes. Die Struktur ist immer ein Evolutionsprozeß. [...] Diese Evolution geht allerdings nicht immer in eine wünschenswerte Richtung. Manchmal führt die Logik einer Familie zu Leid, und aus diesem oder jenem Grund sucht die Familie einen Therapeuten auf. Das „präsentierte Problem" ist allerdings häufig eine schwache Beschreibung der Struktur und der Handlungsmuster der Familie. Wie die meisten von uns denken Familien normalerweise in Begriffen von Individuen anstelle von Systemen, in Begriffen linearer Prozesse anstelle von reflexiven Enthüllungen und in Begriffen von statischen „Zuständen" anstelle von dynamischen „Prozessen".

Nach unserem Urteil können die von Therapeuten mit einem Mailänder Ansatz verwendeten Verfahrensweisen als „Ausdruck" einer systemischen, reflexiven, dynamischen Epistemologie betrachtet werden, die zu derjenigen der meisten Familien in scharfem Gegensatz steht. Die Therapiesitzung selbst, genauso wie die „Intervention" und die „Verschreibungen", ist eine an die Familie gerichtete Einladung, sich an Handlungsmustern zu beteiligen, die diese Epistemologie reflexiv „rekonstituieren".

Cohen und Pearce beschreiben dann den Begriff der „Ambifinalität":

> Diskussionen über „Wirkungen" der Dinge oder ihre Funktion in einem System sind schwierig, wenn man eine Sprache verwendet, die zum Linearen tendiert. In der systemischen Epistemologie unterscheiden sich „Ursachen" nicht von „Wirkungen", und die relevanten Variablen können nicht „isoliert" werden, ohne das System zu zerstören. Eine ambifinale Ursache ist eine, deren „Wirkungen" vom „Kontext abhängig" sind bzw. vom Zustand des Systems abhängen, in dem sie stattfinden. [...] Die vom Mailänder Ansatz verwendete Vorgehensweise, Klienten einzuladen, sich an einer systemischen Epistemologie zu beteiligen, sind ambifinal, weil sie verschiedene Wirkungen haben, die von den Merkmalen des Systems abhängen, an das die Einladung ergeht. Ferner sind die verschiedenen Wirkungen breit genug, um einen starken Impuls darzustellen, die bestehende Logik des Systems zu verändern und damit seine Entwicklung zu fördern.
>
> (Cronen a. Pearce 1985, S. 70–71)

Wir haben schon erwähnt, daß unser Interesse am zeitlichen Funktionieren der Systeme dazu geführt hat, daß wir „Ambitemporalität" der „Ambifinalität" vorziehen. Ein soziales System (z.B. die Familie) kann als eine Ansammlung von Individuen betrachtet werden, von denen jedes seine eigene Zeit besitzt, oder als eine Ansammlung von individuellen Erzählungen (Geschichten), die sich verbinden und durchdringen, um die Erzählung (Geschichte) des größeren Systems hervorzubringen. Wie wir gesehen haben, können die Individuen einer Familie unterschiedliche Zeiten haben: Ein Mitglied entwickelt sich vielleicht nicht im gleichen Takt mit den anderen oder bleibt in der Zeit stehen oder entwickelt sich rückwärts, während die anderen sich anpassen, die Situation verstehen oder widerspenstig und intolerant werden. Das alles wirkt sich natürlich auf die Familienatmosphäre aus. Vielleicht geraten manche oder alle Mitglieder der Kernfamilie und der erweiterten Familie in ein gegenseitiges emotionales Überengagement oder üben übermäßig Kritik aneinander, wodurch die für „hohe EE-Scores" (Leff a. Vaughn 1985) typische Frustration und Feindseligkeit produziert wird.

In solchen Fällen versucht der Therapeut, die verschiedenen zeitlichen Perspektiven der Familienmitglieder unparteiisch zu akzeptieren und führt neue zeitliche Wechselbeziehungen und eine neue Koordination ein. Das kann sich auf die Pattsituation (zeitliche Rigidität und Verlangsamung) der Familie auswirken und eine Entwicklung ermöglichen.

Der Therapeut versucht eine zeitliche Sequenz einzuführen, die die Gegenwart zur Zukunft hin öffnet: Die Abwesenheit von Veränderung wird positiv gesehen, gleichzeitig wird aber die Möglichkeit der Veränderung erwogen („Wir verstehen, daß es für Sie im Moment besser ist, so zu bleiben, wie Sie sind"). Obwohl der Status quo explizit akzeptiert wird, führt das „im Moment" die Möglichkeit der Veränderung ein. Die Verwendung von Ausdrücken wie „im Moment", „in dieser Phase", „bis jetzt", „später" und „jetzt ist nicht der Augenblick" befreit Klienten und Therapeuten von der Verantwortung einer Veränderung und macht dies zu einer Angelegenheit der Zeit, der Zukunft. Um Cronen und Pearce zu paraphrasieren, können wir sagen, daß durch die Einführung einer neuen Logik, die das System zur Zukunft hin öffnet, die Veränderung der statischen Logik des gegebenen Systems ungemein stimuliert wird. Das ist zwar eine Tautologie, aber immerhin eine therapeutische. Wann immer wir zu hören bekommen: „Wir stecken zeitlich fest", erwidern wir: „Ihre

Entwicklung ist eine Frage der Zeit." Die Tautologie verändert die Stoßkraft des ursprünglich formulierten Problems.[2]

Ambitemporalität bedeutet demnach die Anerkennung und Bestätigung der Gegenwart, während man gleichzeitig über mögliche Zukünfte spekuliert und sie akzeptiert. Die Gegenwart ist, was sie ist, doch die Zukunft kann die Gegenwart entweder reproduzieren oder verändern. Wieder einmal werden deterministische Prämissen in Frage gestellt: „Wenn unsere Vergangenheit immer dieselbe Situation bietet, die der gegenwärtigen Situation gleicht, kann unsere Zukunft nur mit der Vergangenheit identisch sein." Wir reagieren auf diese Nichttemporalität mit einer Ambitemporalität, die die Möglichkeit (allerdings nicht die Unvermeidlichkeit) einer unvorhersehbaren Zukunft postuliert.

Fragen zur Zukunft bzw. hypothetische zirkuläre Fragen können auch bestimmte Diagnosen, Prognosen oder scheinbar unvermeidliche Urteile wirkungsvoll in Frage stellen, die auf einem Adjektiv plus dem Verb *sein* basieren, wie etwa „Er ist schwach", „Er ist ein Delinquent", „Er ist schizophren" usw., die bestimmte, sich nur schwer verändernde Charaktermerkmale implizieren. Bateson glaubt beispielsweise, daß Gefängnisse bei der Umerziehung und Rehabilitierung der Insassen scheitern, weil sie gerade die „Delinquenz" verfestigen, die sie ausrotten sollen. Der Unterschied zwischen „straffälligen Handlungen" und „Delinquenz" ist ein logischer: Eine straffällige Handlung wird durch die Umstände bestimmt, während Delinquenz ein zeitloser, immanenter Aspekt des Charakters einer Person darstellt. Denn „Delinquenz" ist schließlich die Kristallisierung einer Zukunft: Wenn eine Person „delinquent" ist, wird ihre Zukunft durch eine Reihe straffälliger Verhaltensweisen vorherbestimmt. Eine solche Etikettierung widerfährt auch – worauf schon häufig hingewiesen wurde – Menschen, die Symtpome einer Schizophrenie gezeigt haben: Wenn sie keine Symptome haben, das heißt nicht schizophren sind, werden sie einfach als „Schizophrene in Remission" definiert.

2 Diese zeitliche Umschreibung führt Unsicherheit und die Möglichkeit der Veränderung ein. Solche Interventionen sollten eindeutig in einen Kontext komplexer, höchst unvoraussagbarer Interaktionen eingefügt werden: Niemand, weder Klient noch Therapeut, kann das Ergebnis einer solchen Behauptung vorhersagen, die weder beruhigend noch verbindlich sein sollte.

Wir haben hier einen selbstreflexiven Kreislauf ähnlich dem, den wir bei der Konstruktion der Vergangenheit gefunden haben. Die von uns konstruierte Zukunft wird durch vergangene Prämissen bestimmt, durch die Bedeutungen der Gegenwart geformt, allerdings übt eine imaginierte Zukunft eine reinigende Wirkung auf die Gegenwart aus, die die Bedingungen ihrer eigenen Verwirklichung schaffen kann. Genauso funktionieren Watzlawicks sich selbsterfüllende Prophezeiungen (self-fulfilling prophecies; 1984).

Wir haben Bezug genommen auf Delinquenz und Schizophrenie, aber alles, was wir gesagt haben, bezieht sich auch auf eine ganze Reihe anderer Charaktermerkmale. Zwischen der Behauptung: „Das Kind ist böse" und „Das Kind hat (gerade) etwas Böses gemacht" besteht ein großer Unterschied. Zirkuläre Fragen, insbesondere solche zur Zukunft, sowie hypothetische Fragen können die zeitlose Unvermeidlichkeit solcher Etikettierungen in Frage stellen und ein neues Bewußtsein für Zeit und Kontingenz aufbauen helfen.

Wie wir gesehen haben, akzeptiert der Therapeut die unterschiedlichen individuellen und kollektiven Zeiten, unterschiedliche Beschreibungen von Gegenwart und Zukunft, die er in einer Familie antrifft. Indem der Therapeuten die Diagnose für bare Münze nimmt (als sei sie endgültig), die diagnostizierte Person genauso behandelt wie alle anderen (als sei die Diagnose wertlos) und die Erwartung auf Veränderung einführt (als könnte die Diagnose mit der Zeit ihre Gültigkeit verlieren), gelangt er zu einer neuen systemischen Synthese. Die genannten therapeutischen Schritte sind Phasen eines Therapieprozesses, der auf Ambitemporalität basiert, und sie geschehen gleichzeitig.

Zu Ambitemporalität kommt es auch dann, wenn der Therapeut den Klienten vorschlägt, daß keine Veränderung stattfinden sollte, und die Zeit durch die „Verschreibung des Symptoms" angehalten zu werden scheint. Wenn man zum Beispiel sagt: „Es wäre verfrüht, sich jetzt zu verändern" oder: „Im Augenblick könnten Sie das weiter tun, was Sie jetzt tun", wird noch eine mögliche Realität neben die Realität des Symptoms des Klienten gestellt. Dem Klienten (und dem Therapeuten) wird eine neue Zukunft offenbart.

7.2.1 Flucht in die Zukunft

Die Familie Maggi – eine 60jährige, vor fünf Jahren verwitwete Mutter und zwei Töchter, die 30jährige Caterina, eine graduierte

Chemikerin, die jetzt als Forscherin bei einer großen Firma arbeitet, und die 24jährige Teresa, Lehrling in einem medizinischen Labor – kam auf Caterinas Vorschlag, die sich wegen der Probleme ihrer Schwester Sorgen machte, zu unserem Zentrum.

Während der ersten Sitzung erzählte Caterina, die die Familie vor fünf Jahren verlassen hatte, um in Mailand ansässig zu werden, daß ihr bei ihren regelmäßigen Besuchen bei der Familie aufgefallen sei, daß sich ihre Schwester „stetig zurückentwickle", sich in sich selbst zurückziehe, das Interesse an der Außenwelt verliere. Das beunruhige ihre Mutter, die sich während ihrer häufigen Anrufe bei der älteren Tochter oft darüber beklage.

Teresa, die tatsächlich bedrückt erschien – verdrießlich, sie vernachlässigte ihr Äußeres – sagte, sie habe keine Zukunft, ihre Mutter verstehe sie nicht, sie fühle sich ihrer Schwester und allen anderen Bekannten unterlegen. Sie gab ihrer Vergangenheit die Schuld daran, der Vergangenheit ihrer Familie, die chaotisch gewesen war, da die Wohnung über der gemeinsam von den Eltern betriebenen Bar lag. „Wir aßen fast nie zusammen, weil entweder mein Vater oder meine Mutter oder beide in der Bar sein mußten." Der Vater, der nie mit seiner Frau ausgekommen war, war vor fünf Jahren an einem Herzinfarkt gestorben. Die Beziehung zwischen den beiden Schwestern spiegelte diejenige der Eltern wider: Caterina, die ihrem Vater näher stand, hatte niemals eine Bindung zu Mutter und Schwester herstellen können; Teresa hatte sich immer an die Mutter „geklammert" (die feinfühlig, aber verzweifelt darauf hinwies, daß Teresa ihr wie ein Schatten überallhin folge). Es wurde berichtet, daß Teresas „Regression" kurz nach Caterinas Umzug nach Mailand angefangen hatte.

In der ersten Sitzung bestand eine der Hypothesen des Teams darin, daß Caterina ihre Familie nach dem Tod ihres Vaters wegen der gedrückten Atmosphäre, die sich entwickelt hatte, verließ und daß die Mutter sie vermißte. Das hatte bei Teresa Zweifel hervorgerufen: Ihre Selbstachtung wurde untergraben, und sie hatte das zwanghafte Bedürfnis entwickelt, von ihrer Mutter geliebt zu werden. Wieder einmal war ein Teufelskreis entstanden, in dem Symptome – Ausdruck eines Beziehungsdilemmas („Werde ich geliebt oder nicht?") – das Gegenteil von dem erreichten, was sie erreichen sollten: Reaktionen des Mitleids, der Frustration und der Verzweiflung.

Als der Therapeut eine weitere Sitzung vorschlug, sagte Caterina, sie habe gerade eine zwei Jahre dauernde Einzeltherapie abgeschlossen und habe das Gefühl, ihr Gleichgewicht gefunden zu haben: Mit anderen Worten, sie übergab ihre Mutter und Schwester zur „Reparatur" (sie nahm tatsächlich nicht an den weiteren Sitzungen teil). In sieben Sitzungen im Verlauf eines Jahres veränderte sich Teresa ganz erheblich, achtete mehr auf ihre Kleidung und äußere Erscheinung, wurde Mitglied eines Sportvereins, fand viele Freunde und änderte sogar ihren quengeligen Ton: Ihre Sprache war inzwischen angenehm und selbstbewußt.

Diese Veränderungen veranlaßten die Mutter, sich Sorgen zu machen, daß Teresa sich jetzt *zu sehr* mit der Außenwelt beschäftigte. Es hieß auch, daß Caterina jetzt Probleme habe: Sie wurde zum dritten Mal von einem Freund verlassen und verfiel in eine düstere Stimmung. Das Team beschloß, Caterina zu einer Sitzung einzuladen, und sie nahm die Einladung an.

Die Sitzung erwies sich als äußerst interessant. Vom Anfang an gab es Spannungen zwischen den drei Frauen: Die beiden Schwestern hatten sich während Caterinas Besuch am vergangenen Wochenende heftig gestritten; Caterina beschuldigte Teresa, die Mutter vernachlässigt zu haben und arrogant zu sein. Eine Bemerkung Teresas hatte Caterina besonders gekränkt: Die Schwester habe eine Freundin gefunden, die ihr „wie eine Schwester" sei. Die Mutter war eindeutig beunruhigt und sagte seufzend: „Wenn die zwei sich nur vertragen würden, gäbe es Frieden in der Familie."

Während der Teambesprechung wurden folgende Hypothesen aufgestellt:

1. Teresas wachsende Selbständigkeit und damit ihre stärkere Teilnahme an der Außenwelt machten die Mutter einsamer, also hatte sie ihre Bemühungen verstärkt, Caterina dazu zu bringen, ihre Schwester zu kontrollieren. Das hatte Caterina in die Rolle des Ehemannes/Vaters versetzt, der jung gestorben war. Es ist auffällig, daß sich Teresa dreimal während der Sitzung an Caterina wandte und sagte: „Ich brauche eine Schwester und keinen Vater!"
2. Teresas rasche Loslösung von der Familie und ihre Entwicklung einer eigenen Identität hatte zu einer Familienkrise geführt, besonders in ihrer Beziehung zur Caterina, die bis dahin als die

verantwortliche Frau in der Familie galt, die Frau, die Erfolg gehabt hatte. Die Rivalität unter den Schwestern hatte sich umgekehrt: Die Mutter fing an, Risse in Caterinas ehedem fester Position zu entdecken („Jetzt ist sie schon so alt, und es gibt es noch keine Anzeichen dafür, daß sie eine Familie gründen und Kinder haben will.").

3. Wie andere Frauen, die ihren Vätern näher standen als ihren Müttern oder die mit dem Vater eine Bindung gegen die Mutter eingegangen sind, fühlte Caterina trotz ihrer unternehmungslustigen Art und ihrer Selbständigkeit ein starkes, unbefriedigtes Bedürfnis nach Zuneigung und hatte Schwierigkeiten, eine tiefe, dauerhafte Beziehung zu einem anderen Mann aufzubauen.

Diese Hypothesen waren die Grundlage einer Intervention, die die Themen Rivalität Trennung und den verzweifelten Konflikt widerspiegelte, die Spannungen und manchmal sogar Qualen in der Familie hervorriefen. Es war keine einfache Aufgabe. Während das Team die Situation mühsam diskutierte, tauchte plötzlich eine in der fernen Zukunft angesiedelte Hypothese auf, eine „Flucht in die Zukunft", die bald vom gesamten Team akzeptiert wurde.

Therapeut: (zur Mutter) Meine Kollegen hinter dem Spiegel, insbesondere die Frauen, meinen, Sie werden sich gedulden müssen, bevor sich Ihr Traum, zwei Töchter zu haben, die gut miteinander auskommen, verwirklichen läßt. Obwohl sie sich schon immer gestritten haben – und zur Zeit sind ihre Auseinandersetzungen ziemlich heftig – steuern sie irreversibel in Richtung einer schwesterlichen Beziehung – einer Beziehung der gegenseitigen Akzeptanz –, wobei sie natürlich weiterhin Meinungsverschiedenheiten haben werden. Lassen wir die Zeit für uns arbeiten und treffen wir uns in drei Monaten wieder.

Auf die anfängliche Verwunderung folgte Erleichterung und Akzeptanz. Zu dieser Intervention könnten wir anmerken, daß das Team innerhalb der Zeit des Familiensystems geblieben wäre, wenn es beschlossen hätte, in vergangene und gegenwärtige Konflikte der Familie zu intervenieren. Diese „Flucht in die Zukunft", das heißt eine Voraussage über die künftige Entwicklung, ermöglichte eine weniger konfliktreiche Beziehung zwischen der Mutter und den beiden Schwestern.

Die positive Reaktion der Familie auf die Intervention zeigte, daß sie ihre eigenen Hoffnungen widerspiegelte. Da das die letzte Sitzung war, können wir noch nichts über die längerfristige Entwicklung berichten. Aus Erfahrung würden wir allerdings sagen, daß solche Interventionen zu bestimmten Zeiten äußerst effektiv, sogar endgültig sein können. Zu anderen Zeiten werden sie völlig abgelehnt, weil das Timing falsch gewesen ist (siehe Kapitel 5). Es versteht sich von selbst, daß das Team, wenn das geschehen sollte, alles fallenläßt und zu den vergangenen Themen und Zeiten der Familie zurückkehrt. Ein Berater oder Therapeut muß das Timing immer genau berücksichtigen – er hat es mit komplexen lebenden Systemen und nicht mit Maschinen zu tun –, trotzdem ist es schwierig, das Timing perfekt in den Griff zu bekommen. Es verbleibt immer ein Element des Ausprobierens, wie bei der Erkundung eines unbekannten Territoriums ohne Landkarten. Das Timing ist demnach ein Mittel zur Ausrichtung von Handlungen: Seine Effektivität zeigt sich in den Ergebnissen.

Schauen wir uns kurz die Beziehung zwischen der „Flucht in die Zukunft" eines Therapeuten (oder eines Teams) und dem Timing in einer der wichtigsten Phasen von Therapie und Beratung an, nämlich dem Abschluß. Wie wir in Kapitel vier ausgeführt haben, beenden wir eine Therapie oder Beratung häufig dann, wenn der Therapeut oder das Team eine bedeutende Veränderung der Klienten feststellt: eine bessere Kommunikation und ein leichterer Informationsfluß, die größere Fähigkeit, verschiedene Lösungsmöglichkeiten für ein Problem zu „erkennen", eine Verbesserung der emotionalen Atmosphäre und vor allem eine neue Fähigkeit, Konflikte zu lösen. Die präsentierten Probleme und Symptome können teilweise noch vorhanden sein, allerdings lösen sich die Prämissen, die ihre Fortdauer sichern, allmählich auf. Kurz gesagt, wenn wir das sehen, was wir in unserem Jargon eine „Umkehr des Systems" nennen, sagen wir unseren Klienten, daß unsere Arbeit getan ist.

Nach einem kurzen Augenblick der Desorientierung erkennen Klienten diese Entscheidung gewöhnlich an und fragen oft, ob sie später wieder kommen können, falls sich eine neue Krise abzeichnet. Unsere Nachuntersuchungen zeigen, daß in der Regel die positive Veränderung auch nach der Beendigung der Therapie weitergeht, wenn auch in wenigen Fällen der Kontakt nach einem oder mehreren Jahren wieder aufgenommen wird. Die Entscheidung, die Therapie oder Beratung abzuschließen, kann als Ergebnis einer „Flucht in die Zukunft" seitens des Therapeuten und des Teams angesehen werden, die in erfolgreichen Fällen auch von den Klienten geteilt wird.

7.3 Similia similibus curantur: Die Spaltung des Teams

Manchmal entscheiden wir uns für die Verwendung einer gespaltenen Intervention (split decision intervention), besonders dann, wenn wir es mit stark symmetrischen Beziehungen oder einem tiefverwurzelten Widerstand bei den behandelten Familien oder Paaren zu tun haben. Der Therapeut kehrt mit der Mitteilung ins Therapiezimmer zurück, daß das Team nicht in der Lage gewesen sei, eine einstimmige Entscheidung zu treffen. Er stellt dann die Ansichten der beiden „Gruppen" innerhalb des Teams vor. Ein Teil des Teams ist gewöhnlich dafür, den Status quo aufrechtzuerhalten, während der andere für eine Veränderung ist. Auf diese Weise reproduziert das Team das dominante Beziehungsmodell der Familie (Spaltung impliziert Sackgasse) und führt die Möglichkeit der Veränderung ein: *similis similibus curantur*, gleich heilt gleich.

Bei solchen Interventionen spielt auch die Zeit eine bedeutende Rolle. Die Hälfte des Teams sieht die Gegenwart oder Vergangenheit positiv: „Es ist nützlich, wenn Sie so bleiben, wie Sie immer gewesen sind."; „Wir machen uns Sorgen; die beste Heilung wird sein, Sie verhalten sich weiterhin so wie jetzt." Die andere Hälfte sieht die Zukunft positiv: „Es ist nützlich, wenn die begonnene Veränderung weitergeführt wird." Auf diese Weise identifizieren (und konkretisieren) die beiden „Gruppen" des Teams zwei unterschiedliche zeitliche Gefilde, indem sie gleichzeitig die zeitlichen Erfahrungen der Familie ordnen und zwischen ihren unterschiedlichen zeitlichen Gefilden ein Zusammenspiel zustande bringen. Das Ergebnis ist die radikale Modifizierung des zeitlichen Horizontes der Familie. Schauen wir uns nun einige Fallbeispiele an.

7.3.1 Reife und Unreife

Es kommt gelegentlich vor, daß Individuen, Familien oder Therapiesysteme in der Gegenwart steckenbleiben. Um Watzlawicks Modell von Symmetrie und Komplementarität zu verwenden, könnten wir sagen, Systeme bleiben in starr symmetrischen oder komplementären Modalitäten stecken, die zu Unbehagen und Leid führen. Beide Modalitäten führen zu einer ausweglosen Situation, als bliebe die Zeit stehen und die Fähigkeit zur Veränderung gehe verloren. Im folgenden Fallbeispiel untersuchen wir eine Intervention, die vom Therapieteam geplant wurde, um eine symmetrische Interaktion mit der Familie zu vermeiden, und deren eigentliches Ziel darin bestand, einen Veränderungsprozeß zu initiieren.

Familie Adorni bestand aus dem Vater, einem 50jährigen Arzt, der 47jährigen Mutter und zwei Töchtern. Die 25jährige ältere Tochter, ebenfalls Ärztin, hatte die Familie verlassen, um einen Kollegen zu heiraten, und hatte eine kleine Tochter. Die jüngere Tochter, die 16jährige Luisa, litt an einer recht ernsten Form der Anorexie, die vor drei Jahren, kurz nach der Geburt ihrer Nichte ausgebrochen war.

Zu den ersten beiden Sitzungen kam die ganze Familie einschließlich der älteren Tochter, die Luisa bewunderte und beneidete, insbesondere seit sie Mutter geworden war. Eine der ersten Hypothesen war, daß ihre Anorexie im Zusammenhang zur intensiven Beziehung stand, die sich zwischen der Mutter, der Schwester und der Nichte entwickelt hatte. Der Vater war ein sich unverblümt äußernder, etwas rüpelhafter Mann, der völlig in seine Arbeit vertieft war.

Ab der dritten Sitzung wurden nur die Eltern und Luisa, die allmählich eine Besserung zeigte, eingeladen. Vorher hatte sich Luisa von sozialen Kontakten völlig zurückgezogen, inzwischen aber hatte sie sich einer Freundin angeschlossen, mit der sie eine kleine Wohnung teilen wollte. Sie hatte etwas zugenommen, und ihre Eßstörung war so gut wie verschwunden, obwohl die Menstruation noch nicht wieder eingesetzt hatte.

Angesichts dieser positiven Veränderungen beschloß das Team, zur siebten Sitzung nur die Eltern einzuladen, da es der Meinung war, die Therapie nähere sich ihrem Ende. Hauptthema der Sitzung waren die gegensätzlichen Vorstellungen der Eltern in bezug auf Luisa. Der Vater sagte, die Anorexie seiner Tochter sei eine Frage ihres Alters: Sobald sie achtzehn sei, würden ihre ganzen Probleme mit dem Essen verschwinden. Die Mutter stimmte nicht zu und sagte, Luisa habe ihre Schwierigkeiten noch nicht überwunden und würde ohne Therapie sicherlich einen Rückfall haben. Außer dem Tod ihrer Tochter fürchtete sie sich am meisten davor, daß Luisa sich erneut ins Haus einsperren und ihren schrecklichen Kampf mit dem Essen wieder aufnehmen würde. Der Ehemann reagierte ungeduldig und wiederholte seine Meinung. Die Frau unterbrach ihn und wiederholte ihre Ansichten usw.[3]

In der Teambesprechung wurde beschlossen, „gleichzeitig" die gegensätzlichen Meinungen des Ehemannes und der Ehefrau zu akzeptieren, indem man beide auf dieselbe Ebene stellte und somit beiden „Recht gab". Die Spaltung des Teams ermöglichte dies.

Therapeut: Wir haben da drinnen lange diskutiert, ohne zu einer Übereinstimmung zu kommen. Manche von uns meinen, die Mutter hat Recht, das heißt die Krankheit ist ernst und muß auf diese oder jene Weise behandelt werden. Die anderen meinen, der Vater hat Recht, und im Lauf der Zeit wird sich alles von selbst regeln. Nach einer hitzigen Auseinandersetzung haben wir beschlossen, die Zeit für uns arbeiten zu lassen. Wir werden die Therapie für ein Jahr unterbrechen, also bis zu Luisas 18. Geburtstag. Wenn Luisa dann immer noch dieselben Probleme hat, bedeutet das, daß die Mutter Recht hatte. Dann werden wir mit der Therapie wieder beginnen.

Die Eltern kamen nicht nach einem Jahr, sondern riefen an und sagten, daß es Luisa gut gehe, daß die meisten Symptome verschwunden seien und daß sie seit einigen Monaten mit einer Freundin in einer kleinen Wohnung lebe und mit ihrem Studium gut vorankomme.

Zwei Jahre nach der letzten Sitzung rief der Vater einen der Autoren an (der damals der Therapeut war) und bat etwas verlegen um einen Termin für sich und seine Frau. Auf die Frage, ob Luisa einen Rückfall erlitten habe, antwortete er mit einem entschiedenen „Nein": Jetzt sei das Paar das Problem. Ein Termin wurde festgelegt. Nachdem sie merkwürdigerweise zögerten, den Grund für ihre Bitte um ein Interview anzugeben, platzte der Vater schließlich heraus: „Doktor, nehmen Sie es uns bitte nicht übel, aber wir sind da wegen eines sehr großen Problems mit dem Hund!"

Kurz nach ihrem Umzug in die Wohnung mit ihrer Freundin hatte Luisa ihre Eltern gebeten, ihr einen Hund zu kaufen – und auch noch einen Dobermann –, um den sie sich für sie kümmern müßten,

3 Ähnliche, wenn auch weniger emotionsgeladene Situationen findet man oft in Familien mit Heranwachsenden, wenn die Eltern radikale Meinungsverschiedenheiten über das Alter haben, wann sie ihre Kinder als erwachsen betrachten sollten.

da ihre Wohnung zu klein sei: Luisa würde sie am Wochenende besuchen, um mit dem Hund zu spielen. Alles ging gut, bis der Hund sehr groß wurde und sich seinen Besitzern gegenüber merkwürdig verhielt: absolut gehorsam gegenüber Dr. Adorni, spielerisch mit der Tochter, aber fast gefährlich gegenüber der Mutter, die häufig angesprungen, gekratzt und gebissen wurde („Zeig dem Arzt all deine Wunden!").

Der Ehemann machte sich Sorgen, daß der Hund seiner Frau etwas tun könnte, sie womöglich tatsächlich totbeißen könnte. Zweimal wollte er den Hund mit seiner Pistole töten, doch seine Frau hatte ihn gebeten, es nicht zu tun, weil es zu einem ernsthaften Rückfall Luisas führen könnte. Der Vater konnte Luisa nicht überreden, den Hund wegzugeben: Es sei an der Zeit, sagte sie, daß sie lernten, sich so um den Hund zu kümmern, wie sie das an den Wochenenden tat. Es entwickelte sich eine solche Pattsituation zwischen Vater, Mutter, Hund und Luisa, daß die Eltern das Team um Hilfe gebeten hatten. Eine Hypothese lautete, daß Luisa beim Verlassen des Elternhauses beschlossen hatte, einen bösen Hund an ihrer Stelle zu hinterlassen, der nun „seltsamerweise" die Sicherheit ihrer Mutter bedrohte. Anstatt schnellstens den Hund loszuwerden, benutzte Luisa subtile Drohungen, um ihre Eltern zu zwingen, ihn zu behalten. Das sah sehr nach einer Rache Luisas an ihrer Mutter aus. Eine andere Hypothese bestand darin, daß der Hund die Zeit der Mutter so sehr in Anspruch nahm, daß sie daran gehindert wurde, sich zu sehr an die ältere Tochter und ihr Kind zu binden. Eine dritte war, daß der Hund unter einem symmetrischen Druck aufgewachsen und somit den gegensätzlichen Erziehungsstilen der Eltern ausgesetzt gewesen war, was ihn verwirrt habe. Zum Leidwesen der Mutter war das Verhalten des Hundes alles andere als neutral.

Am Ende der Sitzung sagte der Therapeut, sobald sie nach Hause kämen, sollten sie eine Versammlung der ganzen Familie einberufen, einschließlich der Töchter und des Schwiegersohns, und erzählen, daß sie um einen Termin bei den Therapeuten des Zentrums (300 km entfernt) gebeten hatten aus Angst, der Hund könnte durchdrehen. Dann sollten alle beschließen, was zu tun sei. Das Ritual verlief erfolgreich, und der Vater sagte die nächste Sitzung ab, da alle – einschließlich Luisa – beschlossen hatten, daß der Hund in einem Hundeheim untergebracht werden sollte.

Die Adornis sind ein klassisches Beispiel für eine symmetrische Beziehung („Ich habe Recht!" – „Ich habe Recht!"), in der jeder Partner glaubt, der Verlierer zu sein, wenn er die Meinung des anderen akzeptiert. Ein Teufelskreis entsteht, indem zwei gegensätzliche kausale Ketten ohne die zeitliche Sequenz des „Vorher–Nachher" verbunden werden. Eine Situation entsteht, die der 40jährigen Pattsituation des Kalten Krieges zwischen den USA und der UdSSR ähnelt: Aus Angst vor einem Angriff stimmt keine Seite zu, zuerst abzurüsten. Die symmetrische Beziehung der Adornis schloß auch Luisa ein: Beide kämpften ständig darum, sie zu kontrollieren.

Indem die Landkarten beider Eltern akzeptiert wurden, stellte die gespaltene Intervention des Teams in der siebten Sitzung eine komplementäre Beziehung zwischen dem Team und dem Paar her und vermied dadurch eine symmetrische Beziehung, die vermutlich genauso eskaliert wäre wie die symmetrische Beziehung des Paares selbst. Jeder der an der Therapie Beteiligten nahm gegenüber der Zeit eine komplementäre Haltung ein: Die endgültige Entscheidung, ob Luisas Symptome für immer verschwunden waren, hatte man dem Laufe der Zeit überlassen. In einem gewissen Sinn hatte man die Zeit zum letzten Vermittler gemacht.

In seinem Artikel *Die Kybernetik des „Selbst"* (1972), den wir oben zitiert haben, liefert Bateson eine interessante Diskussion symmetrischer Beziehungen. Er vergleicht die symmetrische Beziehung des Alkoholikers zum Alkohol mit der Beziehung des Menschen zur Natur. Beide begehen den epistemologischen Fehler, anzunehmen, daß sie das, was sie sehen, also die Flasche oder die Natur, kontrollieren können. In der intensiven und dauerhaften Beziehung, die sich zwischen einem Therapieteam und einem Klienten entwickelt, kann die komplementäre Beziehung des Teams zum Paar und zur Zeit vielleicht das, was Bateson „epistemologische Fehler" nennt, korrigieren.

An dieser Stelle müssen wir uns fragen, ob der Erfolg der Therapie an der gespaltenen Intervention oder an etwas anderem lag. Ein unqualifiziertes „Ja" wäre simplizistisch und reduktiv und würde dem heilenden Effekt einer Ad-hoc-Intervention zu viel Glauben schenken. Die Spaltung geschah in einer komplexen Beziehung, die sich im Lauf der Zeit entwickelt hatte: Wenn dieselbe Intervention in der ersten Sitzung vorgenommen worden wäre, hätte sie vermutlich absolut keine Wirkung gehabt. Wie wir gesagt haben, ist es unmöglich, eindeutig festzustellen, was Veränderung hervorruft. Wir können nur Erklärungen vorschlagen.

7.3.2 Einigkeit und Uneinigkeit

Familie Valenti bestand aus einem Elternpaar im mittleren Alter – der Vater Akademiker, die Mutter Bürokraft – mit einem 20jährigen Sohn, Ettore, und einer 18jährigen Tochter, Cinzia. Ettore, seit seiner frühen Kindheit als „Muttersöhnchen" beschrieben, hatte von seinen Eltern immer Aufmerksamkeit gefordert, während Cinzia, ein selbständigeres Kind, ihr Leben ohne allzuviel Abhängigkeit von der Familie zu leben schien.

Ein Jahr vor Beginn der Therapie hatte Ettore eine schizophreniforme Krise mit Wahnvorstellungen und Halluzinationen gehabt. Die ausgeprägten Symptome verschwanden nach einem kurzen Krankenhausaufenthalt und einer Therapie rasch und schienen keine bleibenden Nachwirkungen hinterlassen zu haben, wenn es auch eine leichte Minus-Symptomatik gab mit Apathie, Trägheit und weniger Interesse an der Außenwelt. Er verbrachte seine Zeit zu Hause, hatte seine wenigen Freunde verloren und die höhere Schule verlassen. Er sprach wenig, und wenn, dann hauptsächlich um mit seiner Mutter zu streiten. Die besorgten Eltern hatten sich sehr um ihn gekümmert, ohne daß es viel genutzt hätte.

Es gab nach fünf Familientherapiesitzungen hervorragende Ergebnisse (wir wollen das hier nicht detailliert schildern). Ettores Fortschritte offenbarten sich durch die Tatsache, daß er wieder angefangen hatte, das Haus zu verlassen und seine alten Schulfreunde zu besuchen, und sich sogar darauf freute, im nächsten Jahr wieder die Schule zu besuchen.

Am Anfang der sechsten Sitzung begann der Vater mit der Aussage, Ettore sei auf dem Weg der Genesung und scheine allmählich seine Selbständigkeit zurückzugewinnen. Ettore seinerseits spielte in der Sitzung die Rolle des „Außenseiters", als wolle er ein für allemal festhalten, daß er mit seiner Familie nichts mehr zu tun habe. Anschließend brachte der Vater allerdings ein neues Thema ein, das ihn offensichtlich aufs äußerste überrascht hatte. Er und seine Frau, die immer behauptet hatten, sie kämen gut miteinander aus, hatten angefangen sich zu streiten. Die Frau beschuldigte ihren Mann, sich bedienen zu lassen und egoistisch zu sein, während er erwiderte, daß sie kein Interesse mehr an der Familie habe. Kurz gesagt, die ganze

Sitzung entwickelte sich zu einem Wortgefecht zwischen Mann und Frau. Cinzia warf gelegentlich eine Bemerkung ein, während Ettore gelassen schwieg.

Während der Teambesprechung entstand die etwas simple Hypothese, daß Ettore sich endlich entschlossen habe, sich von seiner Mutter zu lösen, indem er die Ereignisse in seiner Familie von außen beobachtete. Da Cinzia bereits seit einiger Zeit nicht mehr am Familienspiel teilnahm, waren die Eltern frei, über sich selbst nachzudenken, da sie nicht mehr an ihre Kinder denken mußten, und beide – insbesondere die Mutter – fühlten sich einsam.[4] Wahrscheinlich hatte die Mutter sich schon lange Zeit vorher alleine gefühlt und sich an Ettore gebunden, weil ihr Mann ihre Bedürfnisse nicht erfüllte. Ettores Veränderung wurde von einer Veränderung der Mutter begleitet, die das Bedürfnis spürte, mehr an sich zu denken, ein Bedürfnis, das ihr Mann nicht akzeptieren konnte.

Das Team hatte das Gefühl, die Aufmerksamkeit sowohl auf Ettores Veränderung als auch auf die Unsicherheit der Eltern lenken zu müssen, indem es die Aussicht auf weitere Veränderungen offenhielt. Es einigte sich auf folgende Intervention.

Therapeut: Wir haben festgestellt, daß sowohl bei Ettore, der angefangen hat, über seine eigene Zukunft nachzudenken, als auch bei seinen Eltern, die begonnen haben, ihre Konflikte und Spannungen in der Familie offen auszutragen, eine positive Veränderung vor sich geht. Nach unserer Erfahrung kommt das in allen Familien vor. Die Kinder werden selbständig, und ihre Eltern können endlich ihre normalen, gesunden ehelichen Konflikte offen austragen, nachdem sie zum allgemeinen Wohl der Familie geschwiegen haben.[5] Kurz gesagt, aus diesen Veränderungen in der ganzen Familie erkennen wir, daß ein positiver Veränderungsprozeß eingesetzt hat. Die Teammitglieder sind sich allerdings uneinig darüber, was die Zukunft bringen wird. Manche von uns sind der Meinung, daß der Verän-

4 Wenn ein psychotisches Kind von zu Hause auszieht, kommt es häufig vor, daß das Verschwinden der Symptome nicht nur wie erwartet Erleichterung bei den Eltern hervorruft, sondern auch eine Verlustkrise, die normalerweise bald wieder verschwindet.

5 Die positive Konnotation vermeidet die negative Beurteilung der Uneinigkeit des Paares: Das Paar kann jetzt endlich auch als Paar existieren. Vorher waren sie einfach die Pfleger ihres Sohnes.

derungsprozeß nun irreversibel ist und daß die Therapie abgeschlossen werden sollte. Die anderen meinen, es ist noch etwas zweifelhaft, ob er irreversibel ist. Wir haben also beschlossen, uns in sechs Monaten wieder zu treffen, um zu sehen, ob die Veränderung irreversibel ist oder nicht.

Die Intervention rief bei den verschiedenen Familienmitgliedern interessante Reaktionen hervor. Ettore, der echt erleichtert nickte, sagte: „Was mich betrifft, sollte die Therapie abgeschlossen werden." Die Mutter, die den Therapeuten besorgt beobachtete, warf ein: „Aber wir stecken in dieser Situation fest. Wir brauchen Hilfe! Können Sie uns nicht jetzt einen Rat geben?" Vater und Tochter sagten nichts zur Intervention.

Zu dieser Fallstudie muß man zwei Dinge klarstellen. Aus der Sicht der Familie, das heißt aus der Sicht des beobachteten Systems, ist es interessant, daß sich ihre zeitlichen Rahmen nach Beginn der Therapie veränderten. Ettore hatte sich eindeutig für eine Veränderung entschieden, für eine in die Zukunft vorwärts fließende Zeit. Vater und Mutter steckten fest, lebten weiter in der statischen Zeit ihrer Konflikte, wenn sie auch versuchten, ihre Position neu zu definieren. Die Tochter schließlich schien zwischen beiden Positionen (Veränderung, keine Veränderung) hin und her zu schwanken.

Die Einschätzung der Situation seitens des beobachtenden Systems (d.h. des therapeutischen Teams) war noch interessanter. Das Team akzeptierte sowohl Ettores Veränderung als auch die zwischen den Eltern ausgebrochenen Konflikte als positive Entwicklungen, jede mit ihrer eigenen zeitlichen, auf die Zukunft gerichteten Perspektive. Durch die Spaltung in zwei Gruppen – eine glaubte, die Veränderung sei irreversibel, die andere, daß sie reversibel sei – konnte das Team die gegensätzlichen Positionen des Sohnes und der Mutter einnehmen. So verstärkte die Intervention die Unbestimmtheit, indem sie Ambitemporalität einführte: Veränderung gegen Unbeweglichkeit, eine in der Gegenwart feststeckende Zeit gegen eine Zeit, die in die Zukunft fließt. Die Intervention hatte demnach eine doppelte Wirkung: Die Zukunft wurde in einem positiven Licht dargestellt, und eine Unbestimmtheit, die der Zukunft keine Einschränkungen auferlegte, wurde eingeführt. Die Familie konnte sich nun in jede beliebige Richtung entwickeln.

Eine solche Unbestimmtheit gibt den Klienten die Autorität wieder, die vorher nur dem Therapieteam übertragen worden war.

Klienten erwarten, daß der Therapeut Wissen, Sicherheit, Lösungen und Garantien liefert, die Bedeutung und das Ausmaß der Veränderung vermittelt: Der Therapeut antwortet mit Unbestimmtheit, Unsicherheit, mit einem Gespür für die Möglichkeiten. Die Klienten sind nun frei, ihren Ideen und Handlungen eigene Bedeutungen beizumessen. Wir könnten sagen, daß die Spaltung des Teams Veränderung an die Zeit oder vielmehr an die Zukunft delegiert.

7.3.3 Eine Kaffeeklatsch-Familie

Bei Fällen, in denen das Bedürfnis der Klienten nach Therapie nicht sehr deutlich ausgedrückt worden ist, in denen die Motivation der verschiedenen Familienmitglieder unterschiedlich ist (einige wollen Therapie, andere nicht) oder in denen es kein offensichtliches Unbehagen oder Leid in der Familie selbst gibt, wird manchmal am Ende der ersten Sitzung eine gespaltene Intervention gegeben. Schauen wir uns nun ein Beispiel des dritten Typs an, den wir gerne als „Kaffeeklatsch-Familie" bezeichnen –Familien, die wegen des entspannten, unverbindlichen Gesprächs zur Therapie kommen, als ob sie zum Kaffeeklatsch eingeladen worden wären.

Die drei Mitglieder der Familie Beria waren ungewöhnlich sorglos und ausgelassen, als sie zur ersten Sitzung kamen, oder zumindest schien ihre Stimmung einem ernsthaften Therapiekontext nicht zu entsprechen, als wären sie nur zu einem entspannten Schwätzchen mit Freunden und Bekannten gekommen. Die Eltern, die in Norditalien eine Krawattenfabrik besaßen, waren beide extrem fettleibig. Als wolle sie die Tatsache betonen, daß sie eine Geschäftsfrau sei, erschien Frau Beria mit einem Laptop in der Tasche. Ihre 18jährige Tochter Carlotta war die designierte Patientin. Fettleibig wie ihre Eltern hatte sie im Alter von 14 Jahren eine Splenektomie und mit 15 einen schlimmen Unfall gehabt: Sie war von einem Auto überfahren worden und hatte Schien- und Wadenbein gebrochen. Da sie unter Blutmangel litt, war eine Operation nicht möglich, so daß ihr Bein länger als ein Jahr in Gips bleiben mußte.

Drei Jahren später hatte sie beim Gehen immer noch große Schwierigkeiten, obwohl keine orthopädischen Schäden gefunden werden konnten. Sie hatte so gut wie keine Freunde, und ihre hauptsächlichen Bezugspersonen waren Sozialarbeiter, Krankenschwestern und Krankengymnasten. Sie weigerte sich, aus dem Haus zu gehen (sie wog 90 kg), und zog sich völlig in sich selbst zurück, obzwar sie gelegentlich Hausarbeit verrichtete.

Ihre Eltern beklagten sich, daß sie von ihrer Mutter zu abhängig sei, aber Carlotta beklagte sich ihrerseits, daß ihre Eltern – insbesondere ihre Mutter – zu viel Zeit außer Haus verbrachten. Diesem Konflikt wurde allerdings durch nonverbales Verhalten widersprochen, das eine uneingeschränkte Hinnahme des Status quo offenbarte. Hinsichtlich ihrer individuellen Zeiten hatte das Team den Eindruck, daß das Mädchen zeitlich lahmgelegt war, während ihre Eltern zwischen der „Zukunft" ihres Geschäftes und einer statischen Gegenwart hin- und herschwankten, die von einer immer dicker werdenden Tochter dominiert wurde. Carlotta ihrerseits schien nicht nur unfähig, sich zu verändern, sondern neigte außerdem dazu, in eine zunehmend elternabhängige Vergangenheit ihrer Kindheit zurückzufallen.

Eine Hypothese lautete, daß die Eltern zwischen ihrem Geschäft und ihrer Tochter schwankten, weil beide benötigt wurden, um eine Leere in der Ehe zu vermeiden. Das erklärte auch den Widerspruch in ihren Forderungen: „Verändern Sie uns (oberflächlich), aber verändern Sie uns nicht (emotional)." Das Team beschloß, die erste Sitzung mit einer Intervention zu beenden, die das Dilemma der Familie widerspiegeln würde: entweder trennen oder zusammenbleiben, verändern oder unbeweglich bleiben.

Therapeut: Nach der ersten Sitzung mit einer Familie können wir gewöhnlich sagen, ob es ein Problem gibt, das der Therapie bedarf. Normalerweise sind wir uns darin einig, in Ihrem Fall sieht es jedoch etwas anders aus. Ein Teil des Teams meint, Carlotta habe ihre Lebensentscheidung bereits getroffen, nämlich ihren Eltern im Alter eine Stütze zu sein. Sie glauben, die Eltern haben diese Wahl akzeptiert. Da Sie also alle einer Meinung sind, gibt es keinen Grund für eine Therapie.

Der andere Teil des Teams ist allerdings der Meinung, daß eine Therapie *nötig* sei. Es glaubt, daß Carlotta, unter einer oberflächlichen Gelassenheit, tatsächlich wegen ihrer existentiellen Situation beunruhigt ist. Sie möchte selbständig sein, sich selbst außerhalb der Familie zur Geltung bringen, wie alle Mädchen in ihrem Alter. Und die Eltern teilen natürlich diesen Wunsch. Wie Sie sehen, steckt das Team in einer *Pattsituation*. Wir haben beschlossen, Sie nach den Sommerferien für eine zweite Sitzung zu sehen. In der Zwischenzeit möchten wir, daß Sie uns Ihre Reaktion auf das, was wir gesagt haben, mitteilen, uns sagen, was uns Ihrer Meinung nach helfen wird, aus dieser Pattsituation herauszukommen und zu entscheiden, ob wir uns weiterhin treffen sollten.

Die Familie reagierte auf die Intervention, als wäre alles, was gesagt worden ist, völlig offensichtlich. Gegen Ende der Intervention nickten die Berias eifrig und bestätigten damit nonverbal die verbale Mitteilung des Therapeuten. Als sie gegangen waren, diskutierte das Team kurz über das, was geschehen war, und kam zu zwei vorläufigen Schlußfolgerungen. Am wichtigsten war, daß die Familie sowohl die vom Team beschriebenen möglichen Welten (sich entwickelnde Zeit, statische Zeit) zu akzeptieren schien. Zweitens hatte die Therapie laut den Aussagen der Therapeuten selber schon begonnen. In dem Augenblick, in dem sie die zwei möglichen Welten akzeptiert hatten, waren die Klienten implizit eine Therapiebeziehung mit dem Team eingegangen.

Bis zur zweiten Sitzung hatte sich die Haltung der Familie geändert – die unverbindliche Kaffeklatsch-Atmosphäre der ersten Sitzung wurde durch das passendere Bild einer Familie ersetzt, die sich wegen ihrer Probleme unwohl fühlt und Hilfe sucht. Insbesondere vom Vater wurde das alles zum Ausdruck gebracht. Eine Rivalität zwischen Vater und Tochter kam zum Vorschein: Beide kämpften um die Liebe der Frau / Mutter, die ihrerseits Schwierigkeiten zu haben schien, auf diese beiden Arten der Liebe zu reagieren. Da inzwischen ein Engagement bestand, konnte man die Sitzungen mit Gewinn fortsetzen.

8. Zeit und Rituale

Rituale sind von der Zeit durchdrungen, daher kommt eine Diskussion der Zeit selbst nicht umhin, sich mit ihnen zu befassen. In diesem Kapitel schauen wir uns erst einmal einige allgemeine Aspekte des Rituals an, dann Rituale in der Familie. Wir werden die Beziehung zwischen Zeit, Ritual und Mythos in der Kultur, der Familie und im Individuum untersuchen sowie die zeitlichen Aspekte ihrer Anwendung, die wir anhand von kurzen Fallbeispielen darstellen.

8.1 Die Bedeutung von Ritualen und Zeit

Laut Mircea Eliade befindet sich die Realität des primitiven Menschen genaugenommen außerhalb der Zeit in heiligen Ritualhandlungen, die unveränderliche Archetypen reaktivieren und durch ihre Konkretisierung wieder verwirklichen. Sein Buch *Der Mythos der ewigen Wiederkehr* (1949) liefert zahlreiche und beeindruckende Beweise für diese Idee. Der Mensch ist nur in den Ritualen, die seine wirklich signifikanten Handlungen markieren und strukturieren, völlig er selbst: lineare Zeit, die Zeit des Werdens, ist leer und bedeutungslos. Folglich „ist" der Mensch eigentlich nicht dann, wenn er sich der subjektiven Zeit hingibt, sondern dann, wenn er archetypische Handlungen noch einmal inszeniert, die ein für alle mal von göttlichen Figuren *in illo tempore*, außerhalb der Zeit,[1] aufgeführt werden.

1 Darum ist die volkstümliche Erinnerung archetypisch und nicht historisch. In den Volkslegenden, die auf historischen Figuren basieren, nehmen „wirkliche" und biographische Ereignisse beispielhafte, archetypische Elemente an, die schließlich zu ihren wichtigsten Merkmalen werden. Für diejenigen, die sie wiederholen, sind beispielhafte Geschichten wahrer als wahre Geschichten.

In primitiven Gesellschaften muß lineare Zeit, die Zeit des Werdens, regelmäßig angehalten werden, um durch Rituale[2] neu geschaffen zu werden: „Alle Rituale imitieren einen göttlichen Archetyp: Ihre ständige Wiederverwirklichung geschieht in einem einzigen, identischen mythischen Augenblick, der sich außerhalb der Zeit befindet." (Eliade 1949, S. 104). Ein absolutes Eintauchen in Ritualen ermöglicht es den Beteiligten, heilige Realität zu erfahren. Daraus sind die Riten hervorgegangen, die das Leben des Menschen in allen primitiven Gesellschaften strukturieren, die von Van Gennep (1909) beschriebenen „Übergangsriten", die das Individuum in die „neutrale Zeit" transportieren, in der es von einer Lebensphase zur nächsten fortschreitet. Rituale interpunktieren und strukturieren auch die verschiedenen Zeiten des täglichen Lebens. Ein Mensch, der sich an einem Ritual beteiligt, *ist* nicht nur, sondern ist auch *an der richtigen Stelle* und somit in der richtigen Zeit: Wenn er seine Übergangsriten durchlaufen hat, wird ein junger Mann von der Gesellschaft, zu der er gehört, als Erwachsener anerkannt; nach der Hochzeit wird er als Ehemann anerkannt usw.

Zunächst wollen wir Van der Harts Definition des Rituals akzeptieren:

> Rituale sind symbolische Handlungen, die auf eine bestimmte Art und Weise und in einer bestimmten Reihenfolge durchgeführt werden müssen und von verbalen Formeln begleitet werden können.
> Neben den formalen Aspekten lassen sich bei Ritualen Gefühlsaspekte feststellen. Das Ritual wird mit viel emotionalem Engagement ausgeführt. Wenn das nicht zutrifft, sprechen wir von leeren Ritualen.
> Bestimmte Rituale werden im Leben der Beteiligten immer wieder durchgeführt; andere wiederum nur einmal (können aber von anderen wieder durchgeführt werden).
>
> (Van der Hart 1983, S. 5–6)

Wie aus dieser Definition hervorgeht, interessieren uns hier diejenigen Rituale, die gesellschaftlich zumindest sanktioniert sind. Individuelle Rituale spielen eine andere Rolle, da sie mit persönlichen Gewohnheiten oder sogar Psychopathologie (zwanghafter Ri-

2 Wir verwenden „Ritus" und „Ritual" durchgängig als Synonyme.

tualismus) zu tun haben. Ein Ritual ist eine *Handlung*, die der symbolischen Bedeutung eine verständliche Form verleiht: Die Sequenz und Ordnung der Handlungen ist mindestens genauso wichtig wie die von ihnen vermittelten Bedeutungen. In der Terminologie der Semiotik könnten wir sagen, daß in einem Ritual der Signifikant dieselbe Bedeutung und Würde wie das „Signifikat" (die vom Signifikanten vermittelte Bedeutung) hat und daß beide wesentlich sind, um die Zeichen-Handlung zu definieren, die den Ritus ausmacht. Die Verwendung verbaler Formeln ist ein bloß sekundäres Merkmal, das nie für sich einen Ritus konstituiert.

Der zweite Teil von Van der Harts Definition scheint der weitverbreiteten westlichen Vorstellung zu widersprechen, die das Ritual als ein formelles Verhalten ansieht, bar jeglichen echten persönlichen Engagements mit den Vorstellungen und Werten, die ins Spiel kommen (Merton 1957). Ein Beispiel wären Gottesdienste, die „auf eine völlig ritualisierte Art und Weise durchgeführt werden [...] äußerlich, ohne Engagement". Authentische Rituale sind diejenigen, die man in traditionellen Kulturen findet, die von Familien ausgeführt werden oder die wir alle im Verlauf unseres Lebens erleben: eine Reihe von sozial vorgeschriebenen Gesten, die trotzdem echtes emotionales Engagement beinhalten.

Der dritte Teil von Van der Harts Definition führt die Zeit in das Konzept des Rituals ein. Es gibt zwei Arten von Ritualen: Erstere werden nur einmal erlebt (oder nur einmal im Verlauf wichtiger Ereignisse, wie einer ernsthaften Erkrankung) und führen eine zeitliche *Diskontinuität* ein, einen Schritt von einer deutlich definierten Zeit zu einer anderen. Van Gennep (1909) nannte sie „Übergangsriten" (rites de passage) und zitiert typische Beispiele wie den früher erwähnten Übergang von der Adoleszenz zum Erwachsenenalter. „Heilende Rituale" (Van der Hart 1983) ähneln den Übergangsriten: Da sie durchgeführt werden, wenn unerwartete Probleme auftauchen, sind sie weniger allgemein und enger mit Individuen und Kontexten verbunden.

Dagegen beinhaltet die andere Art der Rituale die Wiederholung. Da sie in regelmäßigen Abständen wiederholt werden, führen sie eine *Kontinuität* und Regelmäßigkeit in den Fluß der Zeit ein. Sie umfassen „Intensivierungsriten" – kollektive Gruppenaktivitäten, die den Zusammenhalt der Gruppe beim Bewältigen von externen Ereignissen stärken – und „teletische Rituale" (Firth 1972) – Handlungen, die die Aufnahme in eine Gruppe oder den Austritt (auch vorläufig) aus ihr markieren.

„Inversionsriten", die nach Van der Hart (1983, S. 9) zu einer der größeren Kategorien der einmaligen oder wiederholten Rituale gehören können, beinhalten einen Rollentausch innerhalb einer Gruppe und sind somit etwas anderes. Da wir uns hier hauptsächlich mit zeitlichen Ritualen befassen wollen, nennen wir Rituale des ersten Typs „Rituale der Diskontinuität" und Rituale des zweiten Typs „Rituale der Kontinuität" (siehe Tabelle 1).

Tabelle 1
Klassifizierung von Ritualen

Diskontinuitätsrituale	*Kontinuitätsrituale*
- Übergangsriten	- Intensivierungsriten
- Heilungsriten	- teletische Riten
	- Inversionsriten

Schließlich teilen Rituale ein weiteres Merkmal mit anderen Formen des symbolischen und Zeichenausdrucks, nämlich Flexibilität. Gleichgültig, wie genau ihre formale Struktur ist, haben Rituale flexible, „offene" Teile, die je nach den Umständen oder dem Milieu modifiziert werden können.

Rituale haben wichtige zeitliche Konnotationen. Sowohl Mircea Eliade (1949) als auch Norbert Elias (1984) basieren ihre Darstellungen, wie sich unsere Zeiterfahrung entwickelt hat, auf das Ritualerlebnis (heilige Zeit). Für Elias kommt sogar das Zeitmessen aus dem Ritual: Er zitiert das Beispiel kleiner afrikanischer Stammesgesellschaften im letzten Jahrhundert, in der eine der Hauptaufgaben des Priesters darin bestand, jeden Tag das Aufgehen der Sonne zu beobachten. Wenn die Sonne hinter einer bestimmten Klippe aufging, bedeutete das eine günstige Zeit zum Säen. Dann, und nur dann, konnte der Priester die Worte des versöhnenden Ritus aussprechen, der dem Stamm die Erlaubnis erteilte, mit dem Säen anzufangen.

Van Gennep (1909) umriß die Struktur der Übergangsriten äußerst gründlich. Sein Entwurf, der mit minimalen Veränderungen auf jede Art von Ritus angewandt werden kann, klärt die Rolle der Zeit in Ritualen. Am Anfang (Nullzeit) lebt das Subjekt des Rituals in der gewöhnlichen täglichen Zeit. Dann wird ein *Trennungsritus* durchgeführt, in dem die Bindung des Individuums an seine Gruppe – seine Vergangenheit – drastisch durchtrennt wird (präliminale Phase). Er tritt dann in eine „Rand"phase (*marge*) ein, in der die Zeit ausgelöscht ist: Man befindet sich außerhalb der Zeit, in Eliades heiliger Dimension (Schwellenphase). Das bekannteste Beispiel dieses Randzustands in unserer Kultur sind die 40 Tage, die Christus in der Wüste verbrachte. Nach dieser Phase wird die Person durch einen Vereinigungsritus wieder in ihrer Gruppe aufgenommen (postliminale Phase), sie ist allerdings jetzt eine andere Person, weil sie zu einer Zukunft Zugang hat, die ihr einst verschlossen war, und sie darf nicht in die Vergangenheit zurückkehren. In Kontinuitätsriten bestätigt ein ähnlicher Wandel außerhalb des gewöhnlichen Zeitflusses wieder die einzigartige Realität der individuellen Existenz einer Person, die die Gewöhnlichkeit eines profanen Lebens verneint.

Unter einem zeitlichen Aspekt liegt demnach die Hauptfunktion des Rituals in der Erschaffung einer „suspendierten" Zeit. *Zeit wird während des Rituals ausgelöscht*: Die Teilnehmer werden außerhalb des täglichen Zeitflusses gestellt, und wenn das geschieht, ist es möglich, ihre Zeit radikal neu zu organisieren, wenn auch die Form dieser Neuorganisation je nach Ritual unterschiedlich ist.

In einem Übergangsritus werden außer der Suspendierung der Zeit zwei weitere Zustände geschaffen: Die Vergangenheit wird aufgelöst, und mögliche Zukünfte werden eröffnet. Wie in einem therapeutischen Dialog bricht das Ritual eine Ereigniskette auf, und die Machtposition der Vergangenheit gegenüber der Zukunft wird aufgehoben, wodurch der Übergang von der Vergangenheit in die Zukunft ermöglicht wird. Die treffendste Metapher für das, was bei solchen Ritualen geschieht, ist vielleicht der Zeitpfeil: Der Übergangsritus markiert (schafft) einen irreversiblen Übergang.

Dagegen strukturiert und normalisiert ein Kontinuitätsritus die Zeit, indem er regelmäßig wiederholt wird. Durch die Identifizierung einer regelmäßig wiederholten zeitlichen Reihenfolge geben solche Riten dem kollektiven Leben einen Rhythmus. Es ist kein Zufall, daß sie historisch mit sich regelmäßig wiederholenden Ereignissen wie Ernte, Neujahr oder Jahreszeiten verknüpft sind, und das Rad der Zeit ist die Metapher, die sie am besten beschreibt: Ein

Kontinuitätsritus markiert (schafft) eine regelmäßige Reihe von Wiederholungen, die auf einen gegenwärtigen Augenblick hinweisen, der außerhalb des Zeitflusses liegt (Eliade 1949).

8.2 Rituale in der Familie

Nach Gluckman (1962) sind Rituale für multifunktionelle Gruppen unentbehrlich, das heißt für Gruppen, in denen dieselben Menschen gleichzeitig verschiedene Rollen in einem definierten Raum spielen (Unterstützung, Sozialisierung, Produktion und Verteilung von Gütern). Hier besteht die Wirkung des Rituals darin, die Rollenunterschiede der verschiedenen Gruppenmitglieder daran zu hindern, sich soweit zu entwickeln, daß die Selbstzerstörung der Gruppe zu einer realen Möglichkeit wird (jede Rolle impliziert alle anderen, also kann Unordnung nicht gut toleriert werden).

Die Ordnung, die wir in unserer Gesellschaft durch die räumliche Aufteilung der Aktivitäten (Zuhause, Arbeitsstelle, Schule, Versammlungsorte) erreichen, wird in Stammesgesellschaften durch die Regelmäßigkeit des Rituals erreicht. Mit anderen Worten, dort, wo es keine räumliche Aufteilung gibt, wird eine zeitliche Aufteilung notwendig: Das Ritual synchronisiert die Gruppenmitglieder und reguliert ihre zeitliche Interaktion. In der westlichen Gesellschaft ist die wichtigste multifunktionelle Gruppe immer noch die Familie, dementsprechend ist es nicht verwunderlich, daß die meisten unserer Rituale in der Familie durchgeführt werden.

Die westliche Industriegesellschaft sieht man inzwischen als nur in geringem Maße ritualisiert an, und die Rituale, die noch verblieben sind, scheinen dürftig zu sein und vermitteln nur wenig emotionales Engagement, wenn sie durchgeführt werden: Für viele sind sie leere Rituale geworden. Gluckman (1962) behauptet, daß das an der räumlichen Aufteilung der Gesellschaft liegt: Wenn verschiedene Handlungssphären eindeutig räumlich getrennt sind, ist die durch ein Ritual erreichte Koordination scheinbar überflüssig.

Es ist allerdings auch wahr, daß diese Aufteilung zumindest in manchen Situationen mehr Schein als Wirklichkeit ist. Die Familie ist immer noch eine multifunktionelle Gruppe, in der der enge Kontakt zwischen den Mitgliedern aufrechterhalten wird. Auch in so deutlich räumlich aufgeteilten Gesellschaften wie der unseren erzeugt eine

Verarmung des Rituals zeitliche Konfusionen. Wie wir in früheren Kapiteln gesehen haben, ist es sehr schwer, zu wissen, wann ein junger Mensch als Erwachsener betrachtet werden kann oder wann eine Phase des Trauerns vorbei ist. Wir haben nur noch wenige Übergangsriten (Taufen, Hochzeiten, Beerdigungen), und sie deuten nicht zwangsläufig auf entsprechend radikale Veränderungen der geistigen Landkarten der Beteiligten hin: Zwei Menschen können durchaus eine neue Familie ohne die Sanktionierung der Ehe gründen oder heiraten, ohne sich wirklich von ihren jeweiligen Herkunftsfamilien zu lösen.

Die Familienumgebung wird jedoch immer in gewissem Maß ritualisiert. Diese Rituale sind gewöhnlich eher kleine Kontinuitätsriten, die den Zusammenhalt der Familie konsolidieren und das, was Reiss (1981) das Familienparadigma nennt, aufrechterhalten sollen, als umfassende Diskontinuitätsriten. Bossard und Boll (1950) betrachten als Rituale auch Handlungen, die einen Teil des täglichen Lebens in der Familie ausmachen, wenn sie auch in gewissem Maß vorgeschrieben und symbolisch sind. Das Abendessen, bei der die ganze Familie anwesend ist, ist somit ein Intensivierungsritus; das Sonntagsmittagsessen ist im allgemeinen anspruchsvoller und ritualisierter, während das noch kompliziertere Weihnachtsessen die Merkmale eines ausgewachsenen jährlichen Ritus annehmen kann.

Firth (1972) hat festgestellt, daß Familien zusätzlich zu den Intensivierungsriten „teletische Riten" durchführen. Die Art und Weise, wie verheiratete Partner sich morgens voneinander verabschieden und sich abends begrüßen, wenn sie wieder zusammenkommen, ist für die Definition ihrer Beziehung und ihrer jeweiligen Rollen zu Hause äußerst wichtig: Der Tonfall, die eingehaltene Distanz, ob und wie sie sich küssen, definieren eine Beziehung durch tägliche Wiederholungen. Wenn man Firths Theorie zu ihrer logischen Schlußfolgerung führt, würde sie jede gewohnheitsmäßig wiederholte Handlung in ein Ritual verwandeln, wodurch die Riten viel an emotionaler Kraft verlieren würden. Aus diesem Grund ziehen wir es vor, nur diejenigen Handlungen als „Familienrituale" zu bezeichnen, die es durch ihre Plazierung außerhalb der gewöhnlichen Zeit der Familie allen Mitgliedern ermöglichen, einen Punkt der Diskontinuität zu erkennen, der dem Familienleben einen Rhythmus und eine Regelmäßigkeit verleiht.

Familienrituale halten die Überzeugungs- und Bedeutungssysteme der Familie aufrecht und bestätigen ihre Verwurzelung in vergangenen Generationen. Bestimmt vom Sozialleben der Familie, werden sie von einer Kernfamilie auf die nächste übertragen, wobei sie eine Kontinuität mit der Vergangenheit erzeugen, die Strukturierung der Zeit[3] regulieren und künftigen Entwicklungen Beschränkungen auferlegen.

Laut Douglas (1973) hängt der Ritualtyp, der in einer Gesellschaft gewöhnlich durchgeführt wird, hauptsächlich von der „Gruppenstruktur" und dem „Gruppenzwang" ab. Hier bedeutet Gruppenstruktur das gemeinsame Klassifizierungssystem der Gesellschaft als Ganzes, die gesellschaftliche Ordnung, die gerade deshalb „gesellschaftlich" ist, weil sie von jedem in der Gesellschaft anerkannt und durchgeführt wird. Im Gegensatz dazu stellt der Gruppenzwang die Palette von Verhaltenseinschränkungen dar, die von den Gruppenmitgliedern den anderen gewöhnlich aktiv auferlegt werden. Im ersten Fall haben wir eine verinnerlichte Variable, im letzteren eine von außen auferlegte Zensur.

Sind in einer Gesellschaft sowohl Gruppenstruktur als auch Gruppenzwang stark vertreten, haben wir eine „etablierte Autorität", in der Interaktion stark ritualisiert ist und in der Übergangs- und Intensivierungsriten häufig vorkommen. Wenn eine schwache Struktur mit starken Zwängen kombiniert ist, tendiert die Gesellschaft dazu, „verstrickt" (Minuchin 1974) zu sein: Die Grenzen sind stark befestigt, innerhalb dieser Grenzen herrscht allerdings Verwirrung. Die sich häufig in solchen Gesellschaften entwickelnden Widersprüche machen individualisierte Rituale wie Heilungs- und Reinigungsriten notwendig. Eine Gesellschaft schließlich, in der sowohl Struktur als auch Zwang schwach ist, ist losgelöst (engl.: *disengaged*): Rituale werden selten verwendet, und Konflikte werden für gewöhnlich durch Rückzug kontrolliert. Genau das geschieht in Pygmäenstämmen, in denen die Beschränkungen zwischen Individuen äußerst schwach sind und die komplizierten Rituale der Nachbarstämme für lächerlich befunden werden.

3 Kinder sind für rituelle Sequenzen besonders empfänglich. Wenn sie daran gewöhnt sind, daß die Mutter sie ins Bett bringt, während der Vater ihnen eine Gutenachtgeschichte erzählt, erzeugt auch eine geringe Veränderung der Reihenfolge negative Reaktionen.

Wie Gesellschaften messen Familiengruppen den Ritualen unterschiedliche Bedeutung bei. Van der Hart unterscheidet zwischen „Positionsfamilien" – in denen die Gruppe wichtiger als der einzelne ist, hierarchische Positionen fest etabliert sind und Rituale weitverbreitet und äußerst wichtig sind – und „personenorientierten" Familien – in denen der einzelne wichtiger als die Gruppe ist, Hierarchien weniger deutlich definiert sind und ritualisiertes Verhalten selten ist. In den von Minuchin (1974) als „verstrickt" bezeichneten Familien sind die äußeren Grenzen und der Gruppenzusammenhalt stark, aber die Hierarchien schwach definiert und unwirksam. Rituale sind verworren und recht selten.

Wie wir sehen werden, sind diese Unterschiede von einiger Bedeutung für Therapeuten. Imber-Black und ihre Kollegen (1988) schlagen beispielsweise vor, daß das Ausmaß spontaner Rituale in einer Familie im Verlauf der Therapie sorgfältig eingeschätzt werden sollte, damit der Therapeut weiß, in welchem Maß die Familie Rituale akzeptieren kann, inwieweit sie in einem Ritual zusammenarbeiten wird und welches Maß der rituellen Komplexität ihr zugänglich ist.

8.3 Therapiezeit als Ritualzeit

Therapiezeit ist auf jeden Fall eine separate Zeit, eine Zeit, die die daran Beteiligten (sowohl Therapeuten als auch Patienten) sehr stark als eine Art heilige[4] Zeit erfahren. Es ist interessant, daß verschiedene Psychotherapien Van Genneps Übergangsriten in vielem ähneln. In der Psychoanalyse etwa, dem Modell für viele andere Arten der Psychotherapie, hat die klassische Analyse viele Methoden, Therapiezeit von der gewöhnlichen Zeit radikal zu trennen. Wenn wir Van Genneps Kategorien auch nur geringfügig umwandeln, könnten wir sagen, daß die Analyse mit einer Beratung (präliminale Phase) beginnt, auf die die eigentliche Therapie (liminale Phase) folgt und mit einem Schluß endet, in der die Trennung zwischen Therapeut und Patient ausgearbeitet werden muß (postliminale Phase). Wenn das geschehen ist, ist der Patient in die normale Welt „reintegriert" worden.

4 „Heilig" wird hier im Sinne Mircea Eliades benutzt, wie in Kapitel zwei beschrieben.

Wenn diese Analogie auch etwas gezwungen scheint, ist die Ähnlichkeit zwischen Übergangsriten und systemischen Therapiesitzungen mehr als deutlich. Die Sitzungen beginnen mit einer Besprechung vor der Sitzung, während die Familie im Therapiezimmer wartet (präliminale Phase); dann folgten die eigentliche Sitzung und die Teambesprechung (liminale Phase); und schließlich die Beendigung der Sitzung, wenn der Zeitpunkt der nächsten Sitzung festgelegt wird und eine Neuformulierung, Intervention, Verschreibung oder ein Ritual gegeben werden, die die Familie in ihre Welt zurück„begleiten" (postliminale Phase). Achten Sie darauf, daß diese letzte Phase die Form eines einfachen Schlusses annimmt, wie das *ite, missa est*, welches eine Messe beendet.

Wir meinen damit nicht, daß Psychotherapien absichtlich so gestaltet wurden, daß sie Übergangsriten ähneln, es ist aber interessant, daß ihre grundlegende Struktur unwissentlich wiederholt worden ist. Die Funktion der Psychotherapie in unserer Gesellschaft ähnelt tatsächlich der grundlegenden Funktion von Übergangsriten in primitiven Gesellschaften, nämlich den Übergang einer Person von einem Zustand in einen anderen zu sanktionieren (in unserem Fall von der „Krankheit" zur „geistigen Gesundheit"). Es ist also keine Überraschung, daß alle Therapien mehr oder weniger die Form eines Ritus haben.

In manchen Bereichen der modernen Gesellschaft wird die Psychotherapie als eine Art notwendiger „Begleitung" des Lebens angesehen, eine nie endende Analyse, die das Engagement eines Klienten mit einem oder mehreren Therapeuten über Jahre hinweg aufrechterhält. Diese „Entritualisierung" der Therapie kann verständlicherweise Therapie mit dem Leben selbst verwechseln, weil der Therapie eins ihrer wesentlichen Elemente entzogen wird, nämlich, daß sie eine *Parenthese* sein sollte – etwas, das aus dem täglichen Leben ausgeklammert ist.

Einer der Autoren (Luigi Boscolo) hat in einem privaten Psychotherapie-Zentrum in Beverly Hills, Los Angeles, wo er zwei Jahre hintereinander eine systemische Ausbildung und Supervision leitete, eine sehr bedeutsame Erfahrung gemacht. Während seines zweiwöchigen Aufenthalts im Zentrum war er bei einigen klinischen Fällen Berater und Supervisor. Ein Mitglied des Teams, das hauptsächlich aus Einzel- und Paarpsychotherapeuten bestand, war ein junger englischer, anthropologisch orientierter Therapeut, der England drei Jahre vorher verlassen hatte. Am Ende der zwei Workshops überreichte er Boscolo einen Brief mit der Zusammenfassung seiner Überlegungen. Wir drucken den Brief, der einen relevanten Beitrag zur Beziehung zwischen Ritualen, Therapie und Leben leistet, ohne Anmerkungen ab (obwohl wir eine Menge dazu sagen könnten).

„Luigi,
ich möchte nicht die Gruppenzeit mit dieser Diskussion belasten, aber ich möchte etwas klarstellen, was wir gestern abend besprochen haben. Ich sagte, ich sei der Meinung, daß Sie eine Aufgabe haben (meine Hypothese, wenn Sie so wollen): die Aufgabe, den Therapeuten und Klienten zu vermitteln, daß Therapie mit Veränderung zu tun hat und daß, sobald eine Veränderung stattgefunden hat, die Therapie abgeschlossen werden kann.

Von den vier Familien, mit denen Sie diese Woche im Zentrum gearbeitet haben, haben Sie mit drei Familien hauptsächlich über Kompetenz und Stärke und die Fähigkeit, sich außerhalb der Therapie mit Problemen auseinanderzusetzen, gesprochen. Vielleicht ist das Ihre Hauptfunktion (eventuell sogar Ihre Absicht), wenn Sie in der Welt herumreisen: die Nachricht zu verbreiten, daß Therapie nicht endlos sein muß. Das muß für bestimmte Therapeuten (und für manche Klienten) eine willkommene Nachricht sein. In dieser Hinsicht besteht Ihre Funktion darin, die Scheidung von Therapeuten und Klienten zu erleichtern.

Sie sagen, Sie wollen dies nur den Therapeuten und Klienten bewußt machen, doch wenn Sie sagen, hier ist Therapie und dort ist das Leben, deuten Sie an, daß jemand, der in Therapie bleibt, vom Leben irgendwie ausgeschlossen ist, daß es eine Trennung gibt zwischen der Person und ihrem Leben, das sie leben sollte. Ich glaube, die meisten Menschen werden da einen moralischen Unterton heraushören. Sie beschreiben Therapie als einen Zustand, der peripher oder neben dem Leben ist, nicht als einen Teil davon. Wenn Sie also einem Klienten sagen, hier ist das Leben und dort ist die Therapie, ist die Therapie aus irgendeinem Grund untergeordnet. Das Leben ist aus irgendeinem Grund real; Therapie ist es nicht; Therapie ist zum Teil unwirklich. Wenn diese Annahme also stimmt, klassifizieren Sie Therapie auf einer bestimmten Ebene als geringer als das Leben. Oder aber sie ist nur dann so gut wie das Leben, wenn es sich um eine kurzfristige Therapie handelt. Wenn sie vom Klienten und vom

Therapeuten als ein mehr oder weniger kontinuierlicher Prozeß betrachtet wird, ist sie aus irgendeinem Grund abseits des Lebens und weniger wirklich als das Leben.

Ich bin mit dieser Ihrer Klassifizierung einverstanden, wenn man annimmt, daß Beziehungen, in denen eine Person der anderen hilft, dem Bereich angehören, dem sie schon immer angehört haben, nämlich einem nichtkommerziellen Bereich. Im Verlauf der menschlichen Evolution wandten sich jene, die Hilfe brauchten, an einen Schamanen, einen Medizinmann, einen Priester, einen Rabbi, einen Ältesten usw. Diese Beziehungen gehörten dem Bereich der Verwandtschaft, der Gemeinschaft oder der Religion an. Es waren Beziehungen, die zum Leben gehörten, wie Sie sicher auch meinen. Einer Frau, die jede Woche zur Beichte geht, würden Sie nicht sagen, hier ist die Beichte und dort ist das Leben. Sie würden die Beichte nicht vom Leben trennen.

Aber nun trennen Sie Therapie und das Leben. Warum? Vielleicht liegt es daran, daß die Menschen zum ersten Mal in der Geschichte für Freundschaft oder Verwandtschaft bezahlen. Früher bekamen die Menschen jedwede Hilfe wegen psychischer, spiritueller und Beziehungsproblemen außerhalb des Geschäftsbereichs; inzwischen ist Verwandtschaft zu einer Geschäftstransaktion geworden. Ich glaube, deswegen klassifizieren Sie Therapie und das Leben, als existierten sie in zwei getrennten Kategorien.

Doch die Kommerzialisierung der Beziehungen wächst; so wie immer mehr Menschen ihre Psyche und ihren Körper weiterentwickeln wollen, werden sie Leute suchen, die ihnen dabei helfen; und da die Menschen immer höhere Standards haben für das, was sie in einer Beziehung wollen (Beziehungen sind inzwischen wie Waren, die gegen bessere eingetauscht oder überarbeitet und verbessert werden können, wie Computer-Hardware), werden sie immer mehr nach kommerziellen Ersatzbeziehungen suchen, die die guten Qualitäten besitzen, die sie in der traditionellen Freundschaft und Liebe nur schwer erhalten können.

Dazu kommt, daß die Vorstellung eines persönlichen Wachstums aus den 60er Jahren zu einem Teil des vorherrschenden kulturellen Trends geworden ist; und Wachstum ist ein kontinuierlicher Prozeß. Wenn man also diese Dinge kombiniert, ergibt sich daraus, daß Therapie das Leben ist; Therapie ist ein gewöhnlicher Teil des bürgerlichen Lebens. Das Verwandtschaftssystem einer Person hat nun einen neuen fiktiven Verwandten, den Therapeuten. Es ist eine bezahlte Verwandtschaft. Und sie ist chronisch. Oder sie ist langfristig, um ein nichtpathologisches Wort zu benutzen.

Ich bin der Meinung, daß das in Amerika ein wachsendes Phänomen ist. Es ist die Idee, einen Therapeuten als Teil einer psychischen Diät zu haben, wie man Vitamine und Bewegung als Teil einer körperlichen Diät hat. Sie haben dafür das Wort Sucht verwendet (wohl kaum eine positive Konnotation). Es ist nicht so sehr eine Sucht (weil es nicht degenerativ ist), sondern eher eine gewohnte Art des Handelns und Denkens.

Und dann kommen Sie mit Ihrer Idee des Therapeuten als eines Veränderungsagenten, den man sich zu eigen macht und dann relativ schnell fallenläßt. Diese Idee ist jedoch in der Palo -Alto-Tradition von Bateson und Haley verwurzelt; sie ist in Ideen über Kommunikation und Wandel als eines diskontinuierlichen Prozesses verwurzelt. Ihre Vorstellung vom Therapeuten ist nicht in der vorherrschenden amerikanischen Kultur verwurzelt. Die hier verbreitete Vorstellungen von Wachstum und der Verbesserung von Beziehungen stammen von Freud (Veränderung braucht lange, weil die Wurzeln des Konflikts in der Tiefe liegen) und von den Humanisten der 60er Jahre (Veränderung geschieht durchs ganze Leben hindurch, und wir können alle unsere Möglichkeiten verwirklichen, vorausgesetzt, die Bedingungen stimmen).

Es ist weniger ein Veränderungsmodell als ein Wachstumsmodell. Ich glaube, die meisten Therapeuten schließen sich dem an, außer bestimmten Familientherapeuten, Kriseninterventionstherapeuten, Verhaltenstherapeuten und manchen rational-emotionalen Therapeuten der Ellis- / Beck-Tradition. Demnach paßt Ihre Vorstellung von Leben und Therapie als zweier getrennter Kategorien einer Existenz nicht mehr zum modernen Phänomen des Therapeuten als eines *Bona-fide*-Mitglieds des Verwandtschaftssystems eines Menschen. Das ist meiner Meinung nach ein soziales und kulturelles Phänomen, das mit dem Phänomen des späten Heiratens und der starken Zunahme der Einpersonenhaushalte einhergeht. Wir sind dabei, eine Gesellschaft mit so wenig Verbundenheit wie nie zuvor in der Geschichte zu werden. Es macht also Sinn, eine kommerzielle Verbundenheit zu haben, also Therapie.

Darum behaupte ich, daß viele Menschen nicht zur Therapie kommen, um sich zu verändern. Sie kommen zur Therapie, um eine

Beziehung zu haben, eine bestimmte Art von Beziehung; mehr Veränderung wollen sie nicht. Und die Therapeuten (von denen viele ledige Frauen sind oder Frauen, deren Kinder das Nest verlassen haben) wollen auch Beziehungen; entweder wollen sie Klienten als Teilzeitkinder, weil sie keine eigenen Kinder haben oder weil ihre ins Erwachsenenleben entlassen worden sind, oder sie wollen selbst Ersatzfreunde. Das ist zwar eine sehr zynische Interpretation, aber eine, die auf der Beobachtung von Therapeuten und Klienten während der vergangenen drei Jahre in drei verschiedenen Kliniken beruht, in denen ich gearbeitet habe.

Wenn Ihre Aufgabe also darin besteht, zu vermitteln, daß Therapie und das Leben sich unterscheiden, so meine ich, daß es Ihnen ergeht wie dem englischen König, der Ebbe und Flut umkehren wollte. Es ist ein nobles Unternehmen, aber Sie werden oft nasse Füße haben.

Ich meine daher, daß Ihr Palo-Alto-Plädoyer für eine Trennung von Leben und Therapie von der durch den Wunsch nach besseren Beziehungen und Verwandtschaftsverhältnissen ausgelösten Kommerzialisierungsflut fortgeschwemmt wird.

Ich freue mich, daß Sie dieses Plädoyer halten, weil es diejenigen, mit denen Sie in Kontakt treten, beeinflussen (beunruhigen) wird. Ich mache mir aber auch Sorgen, daß Sie nicht wissen, mit welchen Kräften Sie es zu tun haben. Aber vielleicht wissen Sie das alles, da Sie über Kultur sprechen.

Die Tragödie (für mich) besteht darin, daß die Dinge nicht nur einen Punkt erreicht haben, an dem es jetzt im urbanen akademischen Amerika die Norm ist, daß die Menschen einen Therapeuten in ihr Leben und Verwandtschaftssystem einführen, sondern daß sich dies immer mehr verbreitet. Und da das restliche Amerika Kalifornien folgt und die restliche westliche Welt Amerika, wird die Kommerzialisierung von Ersatzfreunden und -verwandten in zunehmendem Maße zur globalen Sitte werden.

John Turner (persönliche Mitteilung, 1989)

8.4 Mythen, Geschichten und Riten

Die Mailänder Gruppe wandte bei der „Familie Casanti" in den frühen 70er Jahren zum ersten Mal ein therapeutisches Ritual an, wie in Kapitel neun von *Paradoxon und Gegenparadoxon* (Selvini Palazzoli et al. 1975) beschrieben. Es handelte sich um eine Therapie mit einer Familie, deren eine Tochter anorektisch war. Nach wenigen Sitzungen schien sie sich erholt zu haben, zumindest was ihre Nahrungsaufnahme und ihr Gewicht betraf. Einige Monate später nahm die Familie allerdings wieder Kontakt zum Zentrum auf, um zu berichten, daß die Tochter einen ernsthaften Selbstmordversuch begangen hatte. Die Therapie wurde wieder aufgenommen. Das Team war sich einig, es mit einem starken Familienmythos zu tun zu haben, welches die drei Generationen verband: Alle Familienmitglieder schuldeten dem Großvater, dem „Boß" der Familie, bedingungslosen Gehorsam. Die scheinbare Heilung, die zur Beendigung der Therapie geführt hatte, war in Wirklichkeit die Verteidigung dieses Mythos, der nun offensichtlich bedroht wurde. Man könnte sagen, eine „Flucht in die Gesundheit" habe stattgefunden.

Das Team beschloß, daß eine Intervention benötigt wurde, die Solidarität und Zusammenhalt in der Kernfamilie schaffen und die Ziehung deutlicherer Grenzen zwischen ihr und der erweiterten Familie ermutigen würde, unter Vermeidung eines direkten Konflikts zwischen den beiden. Das wurde erreicht, indem ein Ritual verschrieben wurde, das nach dem Essen stattfinden sollte und bei der die Kernfamilie hinter geschlossenen Türen etwa eine Stunde lang zusammentreffen und jedes Mitglied ungefähr 15 Minuten lang über seine Beziehung zur erweiterten Familie reden sollte. Der Familie war es verboten worden, nach dem Ritual das, was gesagt wurde, zu diskutierten oder zu kommentieren. Dieses Ritual wurde zum Gegenmythos, wenn das auch nie explizit von den Therapeuten gesagt wurde:

> Wir können deshalb davon ausgehen, daß sich durch die Verschreibung eines Rituals ein verbaler Kommentar über die Normen, die das Spiel in Gang halten, vermeiden läßt. Das Familienritual ist vielmehr die ritualisierte Verschreibung eines Spiels, dessen neue Normen stillschweigend die vorhergehenden ersetzen.
>
> (Selvini Palazzoli et al. 1975, S. 107)

Therapeutische Rituale stellen sich so als *Alternativen* zu Familienmythen dar, was höchst suggestiv ist, wenn wir die enge Beziehung zwischen Ritus und Mythos im Auge behalten.

Mythen dokumentieren keine zeitlichen Entwicklungen. Homer wußte nicht, daß er noch eine weitere Synkretisierung der Heimreise unserer Ahnen erschuf, als er über Odysseus' Heimreise schrieb. Für jeden einzelnen griechischen Dichter war seine eigene Version des Mythos die einzige unveränderliche, der Mythos, wie er schon immer gewesen war. Ebenso erwog der letzte Sänger der Ritter der Tafelrunde des Königs Artus nicht die ganze Tragweite der Tatsache, daß verschiedene Versionen der Artur-Geschichte – immer ähnlich, aber immer anders – im Lauf der Jahrhunderte produziert worden waren.

Nach Ferreira (1963), der das Konzept zuerst ausarbeitete, ist ein Familienmythos der Ausdruck der von allen Familienmitgliedern geteilten und implizit akzeptierten Überzeugungen, wenn sie das auch nicht direkt sagen. Ferreira betrachtete in Übereinstimmung mit dem Konzept der „Familienhomeostase", die im Denken der Zeit vorherrschend war, den Mythos als eine statische Konstruktion: Mythen verändern sich nie.

Dreißig Jahre später, als das narrative Paradigma seinen Höhepunkt erreicht hat, schreibt Alan Parry (1991):

> Aus dieser Sicht repräsentiert ein Mythos eine Geschichte, die die unbestrittenen Überzeugungen eines Menschen oder gar eines Volkes über die Dinge darstellt oder verschlüsselt. [...] Da ein Mythos die fundamentalen Überzeugungen und Annahmen einer Person über bestimmte Umstände verschlüsselt, beeinflußt er den Selektionsprozeß, der darüber entscheidet, welche Ereignisse zu den „Geschichten" werden, die die Person als eine Zusammenfassung ihres Selbst und ihres Lebens betrachtet. Das ist also der „hermeneutische Kreis" [...] nach dem unsere Überzeugungen unser Verständnis und unser Verständnis unsere Überzeugungen bestimmen.
>
> (Parry 1991, S. 52)

Das bedeutet, daß der Mythos Teil eines zirkulären Entwicklungsprozesses ist. Neben anderen haben auch Bagarozzi und Anderson (1989) beobachtet, daß persönliche und Familienmythen, wie gesellschaftliche und kulturelle Mythen, höchst flexibel sind. Sie können modifiziert werden, aber ohne daß diejenigen, die sie tatsächlich erfahren haben, es bemerken. Ein Familienmythos kann also eine Variation eines gesellschaftlich akzeptierten Mythos sein (so sind viele der in Italien beobachteten Familienmythen Variationen zum *buona-mamma*-Thema, das man überall in der italienischen Kultur findet), und ein persönlicher Mythos kann seinerseits die individuelle Adaptation eines Familienmythos sein.

In primitiven Gesellschaften befinden sich Mythen – wie Eliade sagen würde – *in illo tempore*, in einer Zeit außerhalb der profanen Zeit des Werdens, die sich nie verändert, weil Heiliges und Profanes völlig getrennt sind. In unserer Gesellschaft sind persönliche und Familienmythen nicht auf diese Weise unwandelbar. Manchmal sind sie uns nicht einmal bewußt, so daß sie sich ändern, ohne daß wir es erkennen. Ein in einem Familienmitglied verkörperter Perfektionsmythos kann sich in einen Mythos der Dekadenz verwandeln, wenn sich das betroffene Familienmitglied ständig als unfähig erweist, den Erwartungen zu entsprechen. Es ist aber durchaus möglich, daß dieser Wandel keinem der Familienmitglieder bewußt wird. Die Psychotherapie kann die sogenannten epistemologischen Prämissen oder die unterschwelligen, unbewußten Annahmen beeinflussen, die von Mythen in narrativer oder metaphorischer Form dargestellt werden. Innerhalb des größeren Systems, in der Kultur, gibt es eine ganze Gruppe von Menschen – Dichter, Künstler, Soziologen, Philosophen und Schriftsteller – die diese Mythen und ihre zeitliche Entwicklung darstellen.

Schauen wir uns nun die Arbeit von David Reiss (1988) an, der eine interessante Forschung über die Familienkultur durchgeführt hat. Er sieht Familienmythen als kognitive Konstrukte an, die von der ganzen Familie geteilt werden, vergleichbar mit dem Begriff des Familienparadigmas, das für seine Arbeit zentral ist (siehe Kapitel 3). Unserer Meinung nach unterscheidet sich der Mythos von Reiss' Familienparadigma auf mindestens zwei Arten: Erstens, und das ist sehr wichtig, ist der Mythos der metaphorische Ausdruck der kognitiven Konstrukte der Familie (synchrone Sicht);[5] zweitens ist er eine Erzählung oder „Geschichte" in dem Sinne, wie White und Epston (1989) den Begriff verwenden, und entwickelt sich demnach in der Zeit (diachrone Sicht). Das ungewöhnliche an einem Mythos ist, daß er die Struktur einer Geschichte hat – Anfang, Mitte und Schluß –, allerdings von einer Geschichte, die in einer sich von der alltäglichen Zeit unterscheidenden Zeit geschehen ist. Mythen entwickeln sich in der Zeit, sind aber außerhalb der Zeit lokalisiert.

5 Nach Lévi-Strauss (1962) ist ein Mythos immer metaphorisch. Er kann demnach als eine Metapher bestimmter kognitiver Konstrukte angesehen werden, die eine besondere emotionale Bedeutung haben

Wie Jerome Bruner (1986) sagt, hat jede Erzählung zwei Aspekte. Frank Kermode folgt den russischen Formalisten und definiert sie als *fabula* und *sjuzet* (Handlung). *Fabula* ist das grundlegende, nichtzeitliche Thema jeder Geschichte, *sjuzet* die lineare Reihenfolge der Ereignisse, die die Entwicklung ermöglicht. Diese zwei Aspekte sieht man auch in den Geschichten (einschließlich den Mythen), die einzelne oder Familien über sich erzählen, in denen eine zeitlose thematische Wurzel, die die Bedeutungs- und Wertesysteme des einzelnen oder der Familie ausdrückt, durch Erzählung in der Zeit aktualisiert wird.[6]

Wenn der Mythos eine Metapher für ein vorherrschendes Bedeutungssystem ist und sich dadurch außerhalb der Zeit befindet, bietet das Ritual die Möglichkeit, auf den Mythos einzuwirken, indem der Zeitfluß wieder eingeführt wird. Lévi-Strauss (1958) behauptet, daß Mythos und Ritual zwei verschiedene Möglichkeiten sind, dasselbe Bedeutungssystem auszudrücken: In seiner Terminologie drücken Mythos und Ritual dieselben Strukturen aus. Ein therapeutisches Ritual kann man als metaphorische Handlung ansehen, um das Entwicklungspotential eines Systems freizusetzen. Familie Casanti hatte einen Mythos zwei Generationen lang mit sich geführt, der Mythos hatte sich aber nicht mit der ihn umgebenden Umwelt entwickelt und wurde für die neuen Generationen zu einem Gefängnis, wobei auch Symptome auftraten. Wir würden jetzt sagen, daß die Familie Casanti, da sie ihrem Mythos treu blieb, anfing, ihre Fähigkeit zu verlieren, ihre eigenen Zeiten mit gesellschaftlichen Zeiten zu koordinieren. Sobald der Mythos und sein Einfluß identifiziert worden waren, wurde ein Ad-hoc-Ritual konzipiert, welches das Entwicklungspotential der Familie freisetzte.

In der Vergangenheit waren das individuelle und das kollektive Leben stark ritualisiert. Verschiedene Phasen im Lebenszyklus wurden durch präzise Rituale markiert, die sich in den westlichen Län-

6 Wir definieren „Mythen" als besondere Geschichten – scheinbar fest und unabänderlich und stark emotionsgeladen –, die die Mythologie der Antike hervorbrachten. Allerdings haben alle Geschichten, die wir von uns erzählen, einschließlich der Geschichte, ein mythisches Element. Auf vielerlei Weise dekken sich „Mythos" und „Geschichte" und drücken verschiedene Aspekte desselben Grundkonzepts aus – ein durch erzählerische Modi, Stile und diachrone Reihenfolgen kommuniziertes Bedeutungssystem.

dern nur inhaltlich unterschieden und immer dieselbe formale Funktion hatten. Die meisten dieser Rituale sind in der modernen Gesellschaft nur noch verkrüppelt oder gar nicht mehr vorhanden. Nur örtliche Riten überleben in manchen Regionen, Städten und Dörfern und –auf einer untergeordneten sozialen Ebene – in einzelnen Familien. Manch einer würde sagen, daß das fehlende Wohlbefinden der modernen Gesellschaft, ihre „Symptome", von einem Mangel an Ideologien, Wertvorstellungen und religiöser Überzeugung herrührt und noch wichtiger von einem Verlust traditioneller Rituale.

Wir beschreiben jetzt ein Beispiel für ein spontanes Tauschritual – in primitiven Gesellschaften sind sie weit verbreitet –, das im Verlauf einer Therapie stattfand und dem Team den konreten Beweis für die Veränderung einer bedeutenden Beziehung lieferte. Es war ein Vorfall in der Therapie der Familie Hayworth, die wir in Kapitel fünf detailliert beschrieben haben. Während der zweiten Sitzung wurde bald klar, daß einer der wichtigsten Hinderungsgründe für die Lösung der Konflikte und für die Verstrickung von Mutter und Sohn in der gegenseitigen Gleichgültigkeit und Feindschaft zwischen Sohn und Tochter lag. Die Familie war der Meinung, daß der Sohn Sandy vom Vater die Rücksichtslosigkeit und Anziehungskraft geerbt hatte, die er Frauen gegenüber zur Genüge zeigte. Im Arbeitsbereich gelang es ihm aber nicht Fuß zu fassen. Das beunruhigte seine Mutter und seine Schwester sehr, die für ihn keine Aussicht auf eine sichere Arbeitsstelle oder eine unabhängige Zukunft sahen. Im Gegensatz dazu schien die Schwester Vera eine „gewöhnliche" Frau zu sein, eine gute Arbeiterin, rational und etwas steif, die immer ein geordnetes, langweiliges Leben führen und nie über die Stränge schlagen würde.

Das Therapieteam beschloß, die zweite Sitzung mit der Hoffnung zu beenden, die beiden Kinder könnten vielleicht Charaktermerkmale austauschen – Vera würde Sandy etwas von ihrer Ernsthaftigkeit und Stabilität geben, und Sandy würde ihr etwas von seiner Kreativität und seinem Charme verleihen. Gleich nach Beendigung der Sitzung, bevor sie das Zimmer verließen, hielten Sandy und Vera vor dem großen Spiegel und tauschten so nebenbei die Jacken, um zu sehen, wie sie aussahen. Dabei sahen sie sich konzentriert an. Als sie zur nächsten Sitzung kamen, machten beide einen zufriedenen Eindruck. Sandy sprach nachdenklich über seine Arbeit und seine Zukunft, während Vera dauernd Späße machte und lächelte. Sie schienen einander außerdem viel besser zu verstehen und zu schätzen. Die Mutter allerdings schien eher bedrückt als erleichtert darüber, daß ihr Sohn begonnen hatte, verantwortungsbewußter zu leben.

Ohne Aufforderung hatten die Kinder einen rituellen Kleidertausch durchgeführt, ein Ritual, das von Gennep (1909) als Übergangsritus klassifiziert und, noch spezifischer, als ein Ritus der Kameradschaft und der Ehe. Aber das war nicht alles: Ihre rituelle Handlung bedeutete tatsächlich metaphorisch die in der therapeutischen Verschreibung vorgestellte Neudefinition der Beziehung, eine Beziehung, in der beide Kinder sich auf einer Ebene befinden und sich gegenseitig etwas geben sollten. Man könnte einwerfen, daß das kein Ritual, sondern bloß eine Geste sei, wir sind aber der Meinung, daß ihrer Geste eine rituelle Bedeutung zukommt, da sie vor Zeugen in einem losgelösten Raum (und Zeit) geschah. Hier zeigt sich eine Ähnlichkeit zwischen den Therapeuten (Zeugen) und dem Therapiekontext und einem Priester und der Hochzeitszeremonie, bei der Braut und Bräutigam Ringe tauschen.[7]

8.5 Übergangsriten, Kontinuitätsriten

Bevor wir unsere therapeutischen Rituale mit klinischen Fällen illustrieren, wollen wir zunächst die Grundannahmen unseres Ansatzes erklären.

1. Durch die Verschreibung eines Rituals wird ein Indiviuum oder eine Familie veranlaßt, neue Verhaltensweisen zu zeigen. Diese Verhaltensweisen unterscheiden sich vom in der Vergangenheit angenommenen Verhalten, das zu Leid und zum Auftauchen von Symptomen geführt hat. Indem sie versuchen, ihr Ritual durchzuführen, finden Klienten gelegentlich eine „dritte Lösung", die womöglich weder ihren vorherigen Lösungen noch den Vorstellungen des

7 In *Naven* (1936) stellt Bateson fest, daß Rituale wie Naven umso wichtiger werden, je weniger „legale" Sanktionen es gibt, wie bei den Iatmul, die im europäischen Sinne des Wortes keine Gesetze hatten. Rituale sind also in sozialen Bereichen wichtig, in denen Interaktion frei ausgehandelt wird, wie etwa in der Familie, allerdings weniger in eng kontrollierten Bereichen wie etwa am Arbeitsplatz (wenn es auch hier nicht ganz so einfach ist, wie es zunächst erscheinen mag).

Therapeuten ähneln. Außer neuen Bedeutungen und Emotionen rufen Rituale auch neue Verhaltensweisen hervor. Dieser Übergang vom Denken zum Tun scheint einer der Gründe für den Erfolg von Ritualen bei chronischen Psychosen zu sein, wenn eine Familie gegenüber Worten, Hypothesen oder Interpretationen immun ist.

2. Ein grundlegender Aspekt des Rituals liegt darin, daß es alle Mitglieder der Familie bei der eigentlichen Ausführung auf dieselbe Ebene stellt. Das kann einfach bedeuten, sich für eine Stunde pro Woche zu treffen, um Gedanken und Emotionen zu einem vom Therapeuten vorgegebenen Thema auszutauschen, gemeinsam einen Friedhof zu besuchen, um über den Tod eines Verwandten nachzudenken, oder jede Woche zu einer bestimmten Zeit einander Informationen von Außenstehenden mitzuteilen, um die Gefahr der Geheimnistuerei zu umgehen, usw.

Indem alle Familienmitglieder auf diese Weise zusammengeführt werden, wird es ihnen ermöglicht, eine neue Sicht von sich selbst und von anderen zu entwickeln. Dadurch wird auch eine zirkuläre Sichtweise eingeführt, die Vorstellungen, Emotionen und Menschen derart verbindet, daß lineare, moralistische Denkweisen ersetzt werden. Doch besteht das typischste Merkmal des Rituals darin, daß es die Menschen dazu drängt, einen Kontakt- oder Übereinstimmungspunkt zu finden, der neue, gemeinsame Vorstellungen ermöglichen kann. Das erinnert an Rituale wie die Messe oder die Heilige Kommunion, die die Gläubigen zusammenbringen, oder an bestimmte profane Rituale wie etwa politische, Firmen- oder Sportveranstaltungen.

3. Das Ritual fördert also die Harmonisierung individueller und kollektiver Zeiten. Jedes therapeutische Ritual beinhaltet die Abgrenzung und das Ordnen der Zeit, weil es Rhythmus und Sequenz erzeugt. Wenn der Zeitfluß blockiert ist, wie in paradoxen Situationen, kann ein Ritual manchmal die ausgelöschten Sequenzen wiederherstellen.

4. Allgemein gesagt liegt das Ziel eines Rituals nicht darin, ein Vehikel für Inhalte zur Verfügung zu stellen, wenn auch in bestimmten Fällen (z.B. bei Psychosen) ein einfaches Ritual dazu dienen kann, Inhalte zu vermitteln. Rituale werden formuliert, um auf *Prozesse* einzuwirken, um Veränderungen auszulösen. Mit anderen Worten, wir glauben, daß die Form eines Rituals wichtiger ist als der Inhalt.[8] Viele der von uns verschriebenen Rituale sind ausdrücklich verschlüsselt, damit

den Klienten der Inhalt nicht klar wird. Auf diese Weise umgehen wir das Risiko einer bloß didaktischen Interaktion, und unsere Rituale werden Beispiele dessen, was man in der Semiotik „Hypokodierung" nennt (Eco 1975): Klienten werden mit symbolischen Handlungen konfrontiert, deren Kodes sie nicht genau verstehen, so daß sie ermutigt werden, für sich selbst neue Kodes und neue Bedeutungssysteme zu entwickeln.

5. Ein weiterer Aspekt des Rituals – der genauso wichtig ist, da er eine emotionale Erfahrung liefert, die von allen Mitgliedern auf derselben Ebene geteilt werden kann – besteht darin, daß es den Klienten verboten ist, in der Zwischenzeit darüber zu sprechen, was während des Rituals geschieht. Das Ziel dieses Verbots liegt darin, eine deutliche Zäsur zwischen alltäglicher und ritueller Erfahrung zu erzeugen, der die Klienten zwingt, sich jeweils anders zu verhalten, und es ihnen ermöglicht zu leben, als seien sie zwei unterschiedliche Familien. Ohne dieses Verbot würden die Familien natürlich über ihre rituellen Erfahrungen während ihres normalen Lebens sprechen, was die durch das Ritual eingeführten Unterschiede auslöschen würde. Es wäre dann „normal" und ineffektiv.

Bevor wir zu unseren klinischen Fällen kommen, wollen wir in der Therapie die zwei Arten von Ritual unterscheiden, die wir am Anfang dieses Kapitels erwähnten: Kontinuitätsriten (der Zeitzyklus) und Übergangs- bzw. Diskontinuitätsriten (lineare Zeit, der Zeitpfeil). Übergangsriten markieren einen einzelnen Diskontinuitätspunkt, um den eine irreversible Veränderung stattfindet. Eine Familie mit heranwachsenden Kindern beispielsweise, die noch nicht für selbständig und verantwortlich gehalten werden, erhalten ein Ritual, das bis zur nächsten Sitzung einmal wöchentlich wiederholt werden soll und bei dem die Kinder sich selbständig und verantwortlich verhalten müssen, wobei die Eltern die Bedingungen bereitzustellen haben, um dies zu ermöglichen. Dagegen markieren Kontinuitätsriten eine zyklische Bewegung, die die künftige Entwicklung des Systems ordnet. In diesem Fall werden die Eltern vielleicht aufgefordert, abwechselnd jeden zweiten Tag „im Dienst" zu sein (Selvini Palazzoli et al. 1977).

8 Wie Imber-Black und Kollegen (1988) offensichtlich glauben. Sie beschreiben Rituale ausführlich, und daneben die Art und Weise, wie sie in der Interaktion mit Familien entwickelt werden können.

8.5.1 Die Vergangenheit wird begraben

Ein Übergangsritus kann angewandt werden, wenn es nötig ist, auf ein Problem in der Vergangenheit einzuwirken, das die Gegenwart weiterhin beeinflußt. Unter solchen Umständen kann das Ritual den Zeitfluß wieder in Gang bringen. Der hier zitierte Fall wurde von Imber-Black, Roberts und Whiting (1988) beschrieben. Eine aus drei Personen bestehende Familie – Mutter, Vater und Sohn – kam wegen eines Problems mit dem Sohn zur Therapie. Das „offizielle" Problem wurde schnell gelöst, doch dann tauchte ein viel schwerwiegenderes Problem auf. Die Eltern neigten zu endlosen, oft gewalttätigen Streitereien, die das Familienleben zur Hölle machten. Als die Therapeutin fragte, was die Auseinandersetzungen auslöse, erwiderten sie, daß sie sich über ein längst vergangenes Ereignis stritten, das sie niemandem, auch nicht der Therapeutin enthüllen könnten.

Die Therapeutin hatte somit die Aufgabe, ihnen ein Problem lösen zu helfen, das sie gar nicht kannte! Sie erfand ein geniales, anschauliches Ritual. Sie nahm einen einfachen Pappkarton und bat jedes Elternteil, auf einem Stück Papier eine Erzählung über das geheime Ereignis aufzuschreiben, das der Anlaß des ständigen Streits war. Danach sollten sie das Blatt zweimal falten und in den Karton legen. Anschließend bat die Therapeutin einen Mitarbeiter der Klinik, der als Mädchen für alles fungierte, Schaufel und Spitzhacke aufzutreiben (es war tiefer Winter), und ließ das Paar unter einer Eiche ein Loch graben und den Karton vergraben. Man könnte sagen, diese Therapie brachte die Vergangenheit in die Gegenwart und vergrub sie. Anschließend sagte die Therapeutin: „Sobald Sie jetzt anfangen sich zu streiten, müssen Sie sofort aufhören und hierherkommen, wo der Karton vergraben ist, um alles zu besprechen."

Zur nächsten Sitzung erschienen Mann und Frau gutgelaunt. Etwas verschämt berichteten sie, daß sie, als sie zum ersten Mal nach der letzten Sitzung anfingen, sich zu streiten, ins Auto gestiegen und zur Eiche gefahren seien, wo sie zu lachen anfingen, anstatt zu streiten. Ab diesem Zeitpunkt waren all ihre Auseinandersetzungen Totgeburten. Das Ritual hatte sich als wirksam erwiesen, und die Therapie wurde beendet. Man könnte sagen, das Ritual habe erfolgreich die verbreitete Vorstellung verkörpert, daß die Vergangenheit Vergangenheit ist und vergraben werden sollte. Die Vorstellung wurde eingeführt, daß die Vergangenheit nicht verändert werden kann, da sie vergangen ist, und das Paar mußte die Vergangenheit symbolisch begraben. Dadurch wurde ein neuer Kontext geschaffen – eine Auseinandersetzung unter einer Eiche und über einem vergrabenen Pappkarton –, der absolut nicht mit dem Kontext ihrer häufigen Auseinandersetzungen übereinstimmte.

8.5.2 Gerade und ungerade Nächte

Der Erfolg der in *Paradoxon und Gegenparadoxon* (Selvini Palazzoli et al. 1975) und in einer Reihe von Artikeln (Selvini Palazzoli et al. 1974, 1977) beschriebenen Rituale der frühen 70er Jahre ermutigte uns, neue Rituale zu erfinden. Der Artikel *Gerade und ungerade Tage* (Selvini Palazzoli et al. 1977) beschreibt zum Beispiel einen Kontinuitätsritus, den wir seither häufig angewandt haben. Ursprünglich entwickelten wir ihn, um ihn bei den weitverbreiteten Fällen zu verwenden, in denen die Eltern sich in die jeweiligen elterlichen Funktionen des anderen einmischen und so ihre Kinder verunsichern. Die Idee war, eine zeitliche Sequenz zu schaffen, die jedem Elternteil ermöglichte, sich bezüglich der Kinder nach seinem Wunsch zu verhalten, ohne daß der andere sich einmischte.

Den Eltern sagten wir, daß an geraden Tagen (dienstags, donnerstags und samstags) einer der beiden „im Dienst" sei, während der andere an ungeraden Tagen (montags, mittwochs und freitags) den Dienst übernehmen würde. Die Kinder sollten aufpassen, daß dies eingehalten wurde, und auf jede Nachlässigkeit oder Vergeßlichkeit der Eltern hinweisen und sich dies notieren. Wie bei allen Ritualen mußte es eine Zeitspanne geben, in der das Leben wie gewöhnlich verlaufen konnte, also wurde die Familie aufgefordert, sich sonntags „spontan zu verhalten".

Das Ritual der „geraden und ungeraden Tage" war und ist für die Ordnung und Sequentierung der täglichen Beziehungen zwischen Eltern und Kindern immer noch äußerst nützlich. Ein ähnliches Ritual der „geraden und ungeraden Nächte" erwies sich als nützlich bei Fällen, in denen das nächtliche Leben einer Familie mit oft sehr ernsthaften Pathologien verbunden war. Nach unserer Erfahrung haben Familien – besonders jene mit einem psychotischen oder präpsychotischen Mitglied – oft ein ungewöhnliches oder gar bizarres Nachtleben. Manchmal schlafen heranwachsende Söhne oder Töchter im Ehebett zwischen den Eltern oder mit nur einem Elternteil, während der andere sich in ein anderes Zimmer zurückzieht.

Unser Beispiel befaßt sich mit einer dreiköpfigen Familie – Mutter, Vater und Sohn. Der Vater war ein junger Firmendirektor, der aus einer wohlhabenden Familie stammte. Als sie heirateten, überredete ihn seine Frau, ihr Haus so zu bauen, daß die Kinderzimmertür der Tür des elterlichen Schlafzimmers gegenüber lag. Auf diese Weise könnte sie immer „ein Auge auf die Kinder haben". Sie bekamen nur ein Kind – Giacomo –, der neun Jahre alt war, als die Therapie begann.

Giacomo hatte seit etwa einem Jahr unter ernsthaften nächtlichen Angstanfällen gelitten, die von Alpträumen und Panikattacken begleitet waren. Ein Pavor nocturnus wurde diagnostiziert und Einzeltherapie vorgeschlagen, die allerdings keinen Erfolg hatte. In der Zwischenzeit zeigten sich ernsthafte Auswirkungen auf Giacomos Leben: Seine Leistungen in der Schule ließen nach, und er schlief oft während des Unterrichts ein.

Aufgrund der Symptome befaßte sich der Therapeut in der ersten Sitzung ausführlich mit dem nächtlichen Leben der Familie. Giacomo war der Mittelpunkt des Lebens seiner Eltern, er wurde ständig beobachtet, überwacht und bemuttert. Im Verlauf des letzten Jahres hatte die ganze Familie allmählich angefangen, unter Schlaflosigkeit zu leiden. Sobald die Eltern verzweifelte Töne aus Giacomos Zimmer vernahmen, eilten sie zu ihm und nahmen ihn nach den erfolglosen Versuchen, ihn zu beruhigen, dann mit ins elterliche Bett, wo er den Rest der Nacht verbrachte. In solchen Familien haben Schlaf- und Badezimmer meist keine Schlüssel.

Bevor er das nächtliche Ritual verschrieb, sagte der Therapeut den Eltern, sie müßten die Schlüssel wieder in die Schlösser der Schlafzimmer- und Badezimmertüren stecken. Giacomo konnte frei entscheiden, ob er seine Schlafzimmertür abschloß oder nicht, und die Eltern sollten ihre Schlafzimmertür täglich von zehn Uhr abends bis acht Uhr morgens abschließen. An ungeraden Nächten sollte der Vater „im Dienst" sein, an geraden Nächten die Mutter. Sonntags sollten sie sich spontan verhalten. Der Elternteil im Dienst konnte frei entscheiden, wie er bei Giacomos nächtlichen Ängsten intervenierte. Wenn entschieden wurde, Giacomo in seinem Zimmer zu trösten, mußte der andere Elternteil im elterlichen Schlafzimmer eingeschlossen werden. Giacomo wurde es natürlich verboten, das Schlafzimmer der Eltern nachts zu betreten.

Das Ziel der Anweisung, die Schlüssel wieder in die Schlösser zu stecken, bestand darin, die Wahl zwischen kollektiver und privater

Zeit zu ermöglichen, eine Wahl, die nach dem, was die Familie bisher erzählt hatte, zur Zeit unmöglich schien. Das Ritual der geraden und ungeraden Nächte mit der Verschreibung, daß der diensthabende Elternteil die Tür des elterlichen Schlafzimmers abzuschließen hatte, sollte dem Paar helfen, sich seine eigene Zeit und seinen eigenen Raum getrennt von ihrem Sohn zu schaffen.

Der Therapeut entwickelte natürlich eine Reihe von Hypothesen über die Ursprünge und die Eigenart des Familienlebens (insbesondere ihres nächtlichen Lebens). Die Liebe der Eltern für ihr Kind und ihre Bindung zu dem Sohn schien stärker als ihre Liebe füreinander zu sein: Diese Hypothese wurde von der Tatsache unterstützt, daß Giacomo der einzige Erbe eines großen, über Generationen zusammengetragenen Vermögens sein würde, was bedeutete, daß er im Mittelpunkt eines komplizierten Netzes der Zuneigung und Interessen aufwuchs. Indem sie sich nachts um Giacomo kümmerten, vermieden die Eltern den Geschlechtsverkehr. Oder, wenn man die Situation umdreht, Giacomo und seine nächtlichen Ängste hinderten die Eltern am Geschlechtsverkehr und somit daran, ein Paar zu sein, indem er sie vom traditionellen Ort für Paare, vom Schlafzimmer, fernhielt. Eine weitere Idee tauchte auf, daß es nämlich den drei Familienmitgliedern nicht gelungen war, eine Hierarchie zu bilden. Als Giacomo größer wurde, hatten sich die Rollen verwässert, so daß *alle drei* plausibel als Kinder betrachtet werden konnten (insbesondere von der erweiterten Familie). Zudem hinderte die ständige Sorge um ihren Sohn die Eltern daran, zusammenzusein und somit auch daran, weitere Kinder zu zeugen.

In der zweiten Sitzung berichtete die Familie von einer dramatischen Veränderung. Die Eltern sagten, sie hätten die Anweisungen bis ins kleinste befolgt, wenn dies auch besonders auf Seiten der Mutter eine Menge Leid hervorgerufen habe. Innerhalb eines Monats hatte Giacomo nur zwei leichte Panikattacken gehabt, beide Male in Nächten, in denen sein Vater Dienst hatte. Giacomo schien erleichtert zu sein und bedankte sich implizit beim Therapeuten dafür, daß dieser ihn von seinen Eltern befreit hatte, indem er ihm erlaubte, wieder Kontakt mit seiner täglichen Welt aufzunehmen. Die Therapie wurde noch für drei Sitzungen nur mit den Eltern weitergeführt, um ihre Probleme als Paar zu diskutieren. In dieser Zeit hatte Giacomo keine weiteren Anfälle. Er ging sehr gern zur Schule und erbrachte gute Leistungen.

Dieses Ritual veränderte das nächtliche Leben der Familienmitglieder radikal, indem eine klare Unterscheidung zwischen den Rollen der Eltern und des Sohnes eingeführt wurde. Dadurch wurde die Entwicklung aller drei als Familie wieder ermöglicht. Abgesehen von den schon erwähnten Hypothesen basierte das Ritual selbst auf den von der Familie beschriebenen Beziehungsmustern, die den Tag-Nacht-Rhythmus störten und sich sehr störend auf das schulische und soziale Leben des Sohnes auswirkten.

Das war ein einfacher, monosymptomatischer Fall. Allerdings sind Psychosefälle, bei denen häufig das Nachtleben viel wichtiger und weitaus lebhafter als das Leben am Tage ist, wesentlich komplizierter und schwieriger zu handhaben. Der Therapeut muß unbedingt über dieses nächtliche Leben informiert werden, denn es deutet auf bedeutende Rollenverwirrungen und Verstrickungen hin, die während des Tages weniger auffällig sein können. Wann immer wir Familien mit einem psychotischen Mitglied behandeln, untersuchen wir eingehend ihr Nachtleben, da sie normalerweise nicht spontan darüber sprechen. Jedwede nächtliche Einmischung zwischen Eltern und Kindern tendiert dazu, die Entwicklung zu hemmen, so daß die Kinder im kindlichen Stadium steckenbleiben. Wenn die Kinder zu einem Elternteil auch noch eine engere Bindung als zum anderen haben, macht das die Situation potentiell verheerend. Diese Probleme sowie auch die in ihnen enthaltenen Doppeldeutigkeiten werden in der geheimnisvollen, versteckten Zeit der Nacht genährt: Tageslicht (und die musternden Blicke der anderen) lassen Beziehungen eindeutiger und viel weniger chaotisch erscheinen.[9]

8.5.3 Gleichzeitige Zeiten, getrennte Zeiten

Familie Pericoli bestand aus den etwa 40jährigen Eltern – beide Büroangestellte – und ihrer Tochter Cristina, einer höchst intelligenten und extrovertierten 10jährigen. Vor zwei Jahren hatte Cristina

9 Für uns war ein besonders lehrreiches Beispiel eine Familie mit einer 17jährigen Tochter, die an einer ernsten anorektischen Störung litt, die von einem in hohem Maße ritualisierten Zwangsverhalten begleitet wurde. Bis vor zwei Jahren hatte das Mädchen im Elternbett geschlafen, ihren Vater eng umschlingend und eine Locke seines Haares fest umklammernd, während die Mutter in einem anderen Zimmer schlief. Während der Pubertät entwickelte die Tochter eine Angst davor,

zwanghafte Symptome entwickelt, die im Lauf der Zeit das Sozialleben der ganzen Familie beeinträchtigt hatten. Seit etwa einem Jahr durften die Eltern das Haus nur verlassen, um zur Arbeit zu gehen, unter Androhung ernsthafter Erregungskrisen und Selbstmorddrohungen seitens ihrer Tochter, falls sie nicht gehorchten. Außer der obsessiven Sorge über das Vergehen der Zeit und um die persönliche Hygiene (die rigorose rituelle Waschungen erforderlich machte), war sie auch von der Nacht besessen. Vor mehr als einem Jahr hatte sich ein komplexes Abendritual entwickelt, an dem sich die ganze Familie beteiligen mußte. Wenn es nicht bis ins letzte Detail korrekt durchgeführt wurde, litt Cristina an unbeeinflußbarer Schlaflosigkeit.

Wenn es Zeit war, ins Bett zu gehen, mußten die Eltern Cristina ins elterliche Schlafzimmer bringen und ein tadelloses Bettlaken ohne Falten oder Knitter auf dem Bett ausbreiten. Die ständigen Proteste der Tochter über Falten konnten diese Zeremonie auf zwanzig Minuten oder mehr ausdehnen. Dann mußte der Vater sich in Cristinas Zimmer schlafen legen, während die Mutter auf einem Bett neben dem Doppelbett der Eltern schlief. Zuerst legte sich Cristina zu ihrer Mutter ins Bett. Wenn sie dann schläfrig wurde, stieg sie ins Doppelbett und blieb dort bis zum Morgen.

Diese Beschreibung von Cristinas Ritualen war für das Team wichtig, um Hypothesen aufzustellen, aber die unmittelbare Beobachtung der Familie während der Sitzungen erwies sich als noch wichtiger. Cristina saß breitbeinig zwischen ihren Eltern, wie auf einem Thron. Sie war wie ein kleines Mädchen angezogen und hielt eine winzige Puppe in der Hand. Doch das kindliche Aussehen wurde häufig (verbal und nonverbal) von einem Verhalten abgelöst, das eher Erwachsenen oder sogar älteren Menschen entsprach. Verhaltensweisen, die denjenigen von Kleinkindern, Partnern und Großmüttern entsprachen, waren gleichermaßen zu beobachten. Die Eltern schienen ihrerseits Cristinas Urteil sehr zu fürchten und versuchten sich heimlich bei ihr einzuschmeicheln, während sie häufig

daß Fettkorpuskeln vom Körper ihres Vaters in ihren Körper eindringen könnten, woraufhin sie wieder in ihrem eigenen Bett schlief. Ihre Symptome verschlimmerten sich rasch: Sie brach alle Kontakte zur Außenwelt ab, auch wieder, weil sie Angst vor in ihren Körper eindringenden Fettkorpuskeln hatte, und schränkte ihre Nahrungsaufnahme drastisch ein. Da sie sich schmutzig fühlte, entwickelte sie ein rituelles Reinigungsverhalten.

Meinungsverschiedenheiten hatten, die sogar bis zum offenen Streit eskalierten.

Wenn die Eltern sich auch beklagten, daß sie wegen Cristinas Problemen ihre Freiheit verloren hatten, vermittelten sie doch auch den Eindruck, daß beide ihr Leben ihrer Tochter und dem Ziel, ihre Liebe zu gewinnen, gewidmet hatten. Immer wieder wurden Phasen beschrieben, in denen alle Bemühungen, eine Beziehung zwischen zwei Familienmitgliedern herzustellen, vom Dritten frustriert wurden, als würde eine Paarbildung – gleichgültig welche – dem Dritten Angst bereiten und somit nicht akzeptiert werden können. Es hatte den Anschein, als würde jeder der drei die anderen zwei ständig beobachten, so daß keiner private Zeit für sich selbst haben konnte (oder durfte).

In der zweiten Sitzung dachte sich das Team ein Ritual aus, um die drei Familienmitglieder zu trennen und ihnen Gelegenheit zu geben, für sich eine Zeit zu entwickeln, die sich von den Zeiten der anderen unterschied, und das in einem Kontext, der ihre jeweiligen Zeiten koordinieren und Veränderung und Entwicklung fördern würde. Das Ritual bestand in der Trennung der Familie in ein Paar und eine Einzelperson an den ersten drei Tagen der Woche. Montag war „Mamas und Papas Tag", an dem die Eltern sich auf sich selbst konzentrieren und ihre Tochter ignorieren sollten, Dienstag war „Papas und Cristinas Tag" und Mittwoch „Mamas und Cristinas Tag". An den anderen Tagen sollte sich die Familie spontan verhalten. Bedeutsam war, daß Cristina vor Erleichterung seufzte, als ihr das Ritual erklärt worden war: „Also habe ich donnerstags frei!"

In der dritten Sitzung war Cristina merklich ruhiger, während ihre Eltern angespannter und streitlustiger zu sein schienen. Das Ritual war nur zum Teil durchgeführt worden. Die Mutter hatte am Dienstag der Versuchung nachgegeben, sich in die Vater-Tochter-Beziehung einzumischen (ein Teammitglied hypothetisierte, vielleicht nicht sonderlich überzeugend, daß die Mutter Angst vor einer inzestuösen Beziehung zwischen Vater und Tochter hatte). Am Ende der Sitzung wurde die Familie aufgefordert, das Ritual weiterzuführen. Im darauffolgenden Monat kamen die Eltern ohne Cristina, die einen Schulkameraden im Dorf der Großmutter mütterlicherseits besuchte, um „eine tolle Fernsehsendung" zu sehen. Das Team hatte den deutlichen Eindruck, daß Cristina angefangen hatte, ihre eigene private Zeit wieder zu beanspruchen und die Ausrede mit der

Fernsehsendung benutzt hatte, um ihre Eltern zur Therapie zu schikken. Das Therapeutenteam verstand ihre Botschaft und sah das Paar für vier weitere Sitzungen, in denen von ständigen Verbesserungen bei Cristina berichtet wurde (übrigens hatte sie begonnen, normal zu schlafen, ohne Rituale, seitdem sie den ersten Abend im Hause ihrer Großmutter verbracht hatte). In der Zwischenzeit schienen die Eltern allmählich den Status eines Paares wiederzuerlangen.

Hier wird ein weiterer Erfolg beschrieben. Sollten wir aber daraus schließen, daß dieses Ad-hoc-Ritual das ideale Ritual für diese Familie war? Wäre ein Ritual der geraden und ungeraden Tage genauso wirksam gewesen? Hätte eine Therapie ohne Ritual ausgereicht? Um es noch einmal zu sagen: Es gibt keine endgültige Antwort. Es ist unmöglich, die Wirksamkeit eines Rituals genau vorherzusagen. Andererseits müssen Rituale nicht einmal ausgeführt werden, um wirksam zu sein: Sie beeinflussen die Phantasie der Klienten unabhängig von der eigentlichen Ausführung. Unserer Meinung nach hängt die Wirksamkeit und das Resultat eines Rituals von der ihm auferlegten Bedeutung innerhalb des breiteren Beziehungskontextes ab (der auch den Therapeuten umfaßt). Gleichzeitig kann die Therapie selbst als Ritual angesehen werden. In bezug auf eine Schamanheilung sagt Lévi-Strauss (1958), daß sie, um wirksam zu sein, vom Patienten, von der Gesellschaft und von den Therapeuten selbst im guten Glauben akzeptiert werden muß. Ein einfaches Kriterium, um zu entscheiden, ob ein Ritual angewandt werden soll oder nicht, könnte darin bestehen, seine Bedeutung im therapeutischen System als Ganzes einzuschätzen.

8.5.4 Trauern

Unsere nächste Familie wurde durch einen unter Supervision stehenden Trainee zum Zentrum gebracht. Sie bestand aus Vater und Mutter, beide fünfzig Jahre alt, einer 30jährigen Tochter und einem 26jährigen Sohn. Ein weiterer, jüngerer Sohn, Moreno, war zwei Jahre vorher gestorben. Das Problem war Giovanna, die Tochter, die nach einer ungestörten Adoleszenz anfing, ein zunehmend chaotisches Verhalten zu entwickeln. Sie hatte angefangen, Heroin zu nehmen, und zeigte zunehmend selbstzerstörerische Tendenzen, während ihre Familie zwischen Verurteilung und übertriebener Fürsorglichkeit hin- und herschwankte.

Die Sitzung brachte zutage, daß sich die gegenwärtige Interaktion der Familie entwickelt hatte, nachdem der jüngere Sohn durch einen Autounfall umgekommen war. Nach einer langen Trauerzeit hatte Giovanna ihr gewohntes Sozialleben wiederaufgenommen, doch die Mutter hatte sie sofort wegen ihrer Gefühllosigkeit kritisiert: Wie konnte sie ausgehen und sich amüsieren, wenn ihr Bruder gerade gestorben war? Giovanna erwiderte, daß man an das Leben, nicht nur an den Tod denken müsse, doch das überzeugte die Mutter nur um so mehr von ihrer Gefühllosigkeit. So entstand ein klassischer Teufelskreis, in dem die anderen Familienmitglieder die Mutter gegen die Tochter unterstützten, die dann anfing, regelüberschreitende und selbstzerstörerische Verhaltensweisen zu entwickeln. Der Therapeut, der um die Beratung gebeten hatte, war nicht in der Lage gewesen, diese sich verschlechternde Situation zu beeinflussen, die sich seiner Meinung nach in eine potentiell äußerst gefährliche Richtung bewegte und wenig Aussicht auf Veränderung hatte.

Nach Meinung des Beraters schien die Familie nicht um Moreno trauern zu können, weil sie sich in zwei feindliche Lager aufgeteilt hatte – Leben und Tod –, die auf der einen Seite von Giovanna und auf der anderen vom Rest der Familie vertreten wurden. Es war, als könnten die Zeiten für das Trauern und die Zeiten für normale Aktivitäten im täglichen Leben der Familie nicht in die richtige Reihenfolge gebracht werden. Die Familie lebte weder in der Gegenwart (Leben), wie Giovanna wünschte, noch in der Vergangenheit (Trauer), wie die Mutter wünschte.

Der Berater hatte das Gefühl, ein Ritual werde benötigt, um den Teufelskreis zu durchbrechen und eine zeitliche Sequentierung in der Familie einzuführen. Ein Tag in der Woche – dienstags – sollte Morenos Tag sein, an dem alle Familienmitglieder dazu ermutigt wurden, an ihn zu denken, sich an Episoden seines Lebens zu erinnern, Fotos von ihm im Haus aufzustellen und vielleicht gemeinsam zum Friedhof zu gehen. An den anderen Tagen der Woche war es verboten, von ihm zu sprechen. Sie durften sich natürlich ihre eigenen Gedanken machen, aber wenn jemand von ihm sprach, sollten die anderen intervenieren, um zu gewährleisten, daß der Verschreibung Folge geleistet wurde.

Drei Monate später berichtete der Therapeut, daß die Beratung (aber seiner Meinung nach hauptsächlich das Ritual) eine unglaubliche Veränderung herbeigeführt habe. Giovanna habe fast sofort aufgehört, Heroin zu nehmen, und sei wieder auf Arbeitssuche gegangen, und die ganze Familienatmosphäre habe sich verändert. Weitere Überprüfungen nach einem Jahr bestätigten, daß diese Veränderung dauerhaft gewesen war.

In diesem Fall kann eine Reihe von Faktoren zum Erfolg des Rituals beigetragen haben. Erstens, der Berater hatte die zentrale Bedeutung des Todes von Moreno und die Wichtigkeit des angemessenen rituellen Trauerns betont, das, als es von der ganzen Familie akzeptiert wurde, geholfen hatte, ein Klima der Übereinstimmung zu schaffen. Ferner hatte das Ritual, indem es einen dem Tod und sechs dem Leben gewidmete Tage verschrieb, implizit die Botschaft vermittelt, daß sowohl Giovanna als auch die anderen Familienmitglieder recht hatten. Das wirkliche Leben, die gegenwärtige Zeit, der sechs Tage der Woche gewidmet waren, wurde dem imaginierten Leben der Familie, der Vergangenheit, der ein Tag der Woche gewidmet wurde, gegenübergestellt. Alle Familienmitglieder mußten von der „wirklichen" Zeit in Trauerzeit und wieder zurückwechseln und sich in einer zeitlichen Sequenz neu orientieren, in der die Vergangenheit weniger wichtig als die Gegenwart und – wie wir hinzufügen möchten – die Zukunft war. So konnte die Familie in der Sequenz den Unterschied zwischen Vergangenheit und Gegenwart *erleben*.

Ein ähnliches Ritual könnte bei Familien mit Stiefeltern, die inzwischen in Italien weitverbreitet sind und bei denen es oft Konflikte mit Satellitenfamilien gibt, angewandt werden: Wenn beispielsweise ein Sohn seinen Stiefvater oder seine Stiefmutter akzeptiert, fühlt er sich vielleicht seinen natürlichen Eltern gegenüber illoyal, oder man veranlaßt ihn dazu, sich illoyal zu fühlen, und umgekehrt. Auch hier, wo es unmöglich scheint, eine zeitliche Sequenz zwischen Vergangenheit und Gegenwart, zwischen Stieffamilien und ursprünglichen Familien herzustellen, können Rituale sehr nützlich sein.

Familie Pintus – Vater, 17jähriger Sohn und Stiefmutter – kam zur Beratung, weil der Sohn, für den dem Vater vom Gericht seit einem Jahr das Sorgerecht übertragen worden war, angefangen hatte, Verhaltensstörungen zu entwickeln. Er hatte im Alter von 12 Jahren (kurz nach der Trennung seiner Eltern) ein ernstes Sexualdelikt begangen und einige Jahre in einem Jugendheim verbracht. Das Gericht hatte dann dem Vater das Sorgerecht übertragen. Nach einem vielversprechenden Anfang in der neuen Familie seines Vaters entwickelte der Sohn wieder Verhaltensstörungen.

Eine in Familien mit gemischten Eltern oft weitverbreitete Situation war von Anfang an offensichtlich: Niemand durfte über Emotionen oder Gefühle reden, die sich auf die gegenwärtige Familie mit gemischten Eltern oder auf die beiden vorherigen Familien bezogen. Genauer, dem Jungen war es implizit verboten, über seine Mutter zu reden. Er befand sich in einer paradoxen Situation: „Wenn ich an die Gegenwart denke, bin ich schlecht, weil ich die Familie, die ich verlassen habe, vergesse. Wenn ich an die Vergangenheit denke, bin ich schlecht, weil ich meine gegenwärtige Familie ignoriere." Das Problem entstammte dieser ambivalenten Gleichzeitigkeit von Vergangenheit und Gegenwart.

Ein Ritual wurde verschrieben. An einem Tag in der Woche mußten sich die drei Familienmitglieder treffen und über die Vergangenheit des Jungen, seine Mutter, die Familie der Mutter und die ehemalige Beziehung zwischen seinem Vater und seiner Mutter reden, um auch der Stiefmutter die Möglichkeit zu geben, sich an einer Geschichte zu beteiligen, an der sie tatsächlich alle teilhatten. Es wurde ihnen geraten, die Mutter anzurufen und mit ihr zu reden. An den anderen Tagen der Woche war es allerdings verboten, über die Vergangenheit zu reden: Jeder, der es machte, mußte von den anderen zurückgepfiffen werden. Auch hier erwies sich das Ritual als erfolgreich, denn es ermöglichte den Familienmitgliedern, sowohl über die gegenwärtige Familie mit gemischten Eltern als auch über die beiden ehemaligen Familien zu reden und an sie zu denken, ohne daß eine der Familien als Tabuthema angesehen wurde.

9. Drei klinische Fälle

In den vorigen Kapiteln haben wir einen allgemeinen Abriß über unseren Zeitansatz in der Therapie gegeben. Jetzt möchten wir zuerst zwei vollständige Fallstudien vorstellen, in denen die Rolle der Zeit in jedem Stadium des therapeutischen Prozesses detailliert analysiert wird. Beide Therapien wurden, assistiert von einem Team von Trainees, von Luigi Boscolo durchgeführt. Danach berichten wir von einer Konsultation bei einem Fall von Schizophrenie an einem psychiatrischen Krankenhaus in der Schweiz, wiederum durchgeführt von Luigi Boscolo.

9.1 Davide: Das Durchbrechen eines Teufelskreises

Die Familie kam aus einem kleinen Dorf in Norditalien. Beide Eltern waren ungefähr 30 Jahre alt. Der Vater, Klempner, und die Mutter, Hausfrau, hatten ein einziges Kind, Davide, der zur Zeit der Therapie in die dritte Klasse der Grundschule ging. Davide war mongoloid, war aber deutlich intelligenter als der Durchschnitt dieser Patienten. Folglich war er häufig der Mittelpunkt gutgemeinter, amüsierter Aufmerksamkeit, insbesondere bei Erwachsenen; es war, als ob sich sein Leben ständig auf einer Bühne abspielte.

Man hatte Davide in der Schule einen Hilfslehrer zugewiesen, nicht so sehr, um seine schulischen Fortschritte zu fördern, als vielmehr seines Verhaltens wegen. Auf den ersten Blick war er ein lebhaftes, liebenswertes Kind, wenngleich er sowohl in der Schule als auch zu Hause unruhig, ungestüm und undiszipliniert war und ständig herumrannte. Resolut lehnte er jede Form externer Kontrolle ab, folgte seinem unaufhörlichen Bewegungsdrang und war in seiner Aufmerksamkeit sprunghaft, als ob er die Erwachsenen zwingen wollte, sich für ihn zu interessieren. Zu Hause mußte seine Mutter ständig ein Auge auf ihn haben, weil er alles anfaßte und alles, was ihm in die Hände fiel, auseinandernahm: Lampen, Telefone, Radios. Er zerbrach zwei oder drei Brillen pro Monat und lehnte jede Form von Verbot ab. Kurz, er tat nie das, was man ihm sagte.

Und dennoch mochten ihn alle, weil er lustig war. Manchmal redete er über sich selbst in der dritten Person und sprach mit einer nasalen Stimme, sprach seine Worte gelegentlich falsch aus, mit dem Ergebnis, daß er als Witzbold angesehen wurde. Er hatte schon Einzeltherapie erhalten, jedoch ohne Erfolg. Seine Mutter hatte jedoch seine Therapeutin hartnäckig um Hilfe gebeten, und sie hatte ihr schließlich, da sie sich völlig hilflos fühlte, dazu geraten, eine Familientherapie zu versuchen. Alles in allem schien Davide das Talent zu haben, bei den ihn umgebenden Menschen ein Gefühl der Hilflosigkeit zu erzeugen. In der Schule war er zu einem freundlichen Spaßvogel geworden, der seine Arbeiten unter dem aufmerksamen Blick seines Hilfslehrers erledigte. Zu Hause war seine Mutter durch ihn völlig angebunden, da sie ihn keinen Augenblick aus den Augen lassen konnte. Abends kehrte sein Vater von der Arbeit zurück, um die Mutter abzulösen.

In der ersten Sitzung stand den Eltern ihre Hilflosigkeit, Entmutigung und Resignation ins Gesicht geschrieben, während Davide mit seinem spöttischen Gelächter und seinen plötzlichen Bewegungen sofort deutlich machte, daß er keinen Regeln folgen und das Gespräch stören und, wann immer er es wollte, die Aufmerksamkeit auf sich lenken würde. Sein Verhalten erinnerte den Therapeuten an Kinder, die an einem Mangel an Aufmerksamkeit[1] litten. Nach einigen Minuten, in denen sich Davide hartnäckig geweigert hatte, sich hinzusetzen, versuchte der Therapeut herauszufinden, ob er eine kooperative Beziehung zu ihm herstellen könnte: „Paß mal auf, du bist hier bei mir zu Hause. Du kannst dich jetzt setzen." Davides einzige Reaktion darauf bestand darin, im Zimmer herumzurennen und seinem Vater auf den Kopf zu schlagen. Sein Vater nahm das resigniert hin. Davide schien dann das Zimmer verlassen zu wollen.

An diesem Punkt wurde er gestoppt: „Hör zu, wenn du dieses Zimmer verläßt, heißt das, daß du dumm bist, wenn du bleibst, heißt das, du bist schlau. Du mußt dich für eins entscheiden." Davide

1 attention deficit disorder

zögerte, blieb einen Augenblick an der Tür stehen und kam dann entschlossen ins Zimmer zurück. Unmittelbar danach fand er jedoch wieder eine Methode, um das Gespräch zwischen Eltern und Therapeut zu unterbrechen, indem er die Zeitschriften auf dem Tisch durcheinanderbrachte und sie dann mit viel Lärm auf den Boden warf.

Da er sah, daß dieser Versuch fehlgeschlagen war, entschloß sich der Therapeut, ihn herauszufordern, indem er betonte, daß all dies auf seinem Territorium stattfand: „Davide, du bist hier bei mir zu Hause, und du mußt den Regeln folgen. Wenn du diese Zeitschriften nicht in fünf Minuten auf meinen Tisch zurücklegst, werfe ich dich raus!" Davide zuckte nicht mit der Wimper, als hätte er überhaupt nicht zugehört. Einige Sekunden vor Ablauf der fünf Minuten bat ihn der Therapeut mit der Uhr in der Hand, die Zeitschriften aufzuräumen. Davides Reaktion bestand darin, ihn mit einem sarkastischen Lächeln seinerseits herauszufordern. Der Therapeut stand ruhig auf, und als sich Davide weigerte, das Zimmer zu verlassen, hob er ihn am Kragen seiner Jacke hoch und setzte ihn draußen im Flur sanft ab. Dann kehrte er ins Therapiezimmer zurück, wo die Eltern baß erstaunt und reglos saßen. Die Mutter sagte, sie fürchte, daß Davide die Praxis beschädigen könnte. Der Therapeut antwortete, daß die Sekretärin dies vermutlich bemerken und ihn daran hindern würde. Indem er Davide aus dem Zimmer befördert hatte, kommunizierte der Therapeut nonverbal seinen Widerstand gegenüber Davides Tendenz, einseitig die Beziehungsregeln zu definieren, und gegenüber den Eltern, daß er bereit war, ein gewisses Risiko einzugehen, um seinen Widerstand zu verdeutlichen.

Nach etwa einer viertel Stunde begann sich der Therapeut doch etwas unruhig zu fühlen und fragte sich, was das destruktive Kind wohl mit den Geräten in der Praxis anstellen könnte. Er ging hinaus und war überrascht, Davide bewegungslos auf einem Stuhl des Wartezimmers sitzend zu finden. Er saß da wie ein verwundetes Tier und war offensichtlich von der brüsken Art, in der er aus dem Zimmer befördert worden war, schockiert. Jetzt war es an der Zeit, einen anderen Kurs einzuschlagen und sich wieder zu vertragen. Wie man ja weiß, ist nonverbales Verhalten bei Kindern viel effektiver als verbales, also krabbelte der Therapeut plötzlich auf Händen und Knien auf dem Teppich und fragte Davide mit schmeichelnder Stimme: „Wo soll ich jetzt hingehen?" Davide schien beeindruckt zu sein und befahl ihm, bis zum Ende des Flurs zu krabbeln. Der Therapeut tat, immer noch auf allen Vieren, was ihm befohlen worden war. Nachdem er Davides Befehl noch zweimal ausgeführt hatte, stand er auf und sagte: „Jetzt bist du an der Reihe!" Und Davide gehorchte.

Durch dieses Spiel war es dem Therapeuten gelungen, die Pattsituation ihrer symmetrischen Rollen zu durchbrechen und durch die Übernahme einer neuen Rolle, die völlig komplementär war zu der des Kindes, ihre Interaktion wieder in Gang zu setzen, wodurch es dem Kind möglich wurde, ebenfalls eine komplementäre Rolle zu übernehmen. Da er selbst dem Therapeuten Befehle gegeben hatte, war Davide sofort bereit, seinerseits Befehlen zu gehorchen. Eine Sequenz war aufgestellt worden, in der beide Teilnehmer abwechselnd Befehle gaben und ausführten. Nachdem der Therapeut im Beisein eines Kindes sich bereit erklärt hatte, ein Kind zu sein, war es Davide möglich, seine eigene soziale Rolle als Kind zu akzeptieren, wenn auch im Moment nur spielerisch.

Die Sitzung verlief dann weniger schwierig, und es war leichter, die Interaktionssysteme, die sich um Davide entwickelten, zu untersuchen. Es wurde klar, daß er die ständig von Bestrafungsdrohungen begleiteten Befehle regelmäßig ignorierte und daß die angedrohte Bestrafung auch niemals ausgeführt wurde: die Inkonsequenz einer solchen Reaktion erhielt seinen Ungehorsam unvermeidlicherweise aufrecht. Mit anderen Worten hatte das Verhalten von Davide und der ihn umgebenden Menschen ein eigenes Gleichgewicht erreicht. Eines der Ziele des Therapeuten bestand darin zu vermeiden, sich in dieses Gleichgewicht einzumischen, und statt dessen Bedingungen zu schaffen, in denen sich neue Verhaltensweisen entwickeln konnten.

Wenn wir einen Moment nach vorne schauen, dann ist es interessant, daß das Paar im gesamten Therapieverlauf keine bedeutenden Beziehungsprobleme zeigte, weder untereinander noch zur erweiterten Familie: Ihre Probleme schienen nicht durch eine identifizierbare Familien- oder Paar„psychopathologie" produziert worden zu sein. Das grundlegende Problem schien das Etikett der „Behinderung" oder „Krankheit" zu sein, das ihre Reaktion auf Davides Verhalten konditionierte und sie dazu brachte, auf seine Exzesse mit einer erzwungenen und frustrierten Toleranz zu reagieren. Als Ergebnis verhinderte die Umgebung, in der Davide lebte, daß er seine Möglichkeiten voll ausschöpfen konnte.

Ein weiterer wichtiger Grund für die Fortdauer von Davides Hyperaktivität war, daß er gemocht wurde und dadurch ständig die Aufmerksamkeit auf sich zog. Er war es gewohnt, ständig wie auf einer Bühne zu leben, mit einem Publikum, das er immer bei Laune halten mußte. Während der Sitzung brachen beispielsweise die Eltern manchmal in Lachen aus, wenn sie Davide zuschauten, um unmittelbar danach wieder ihren gewöhnlichen Ausdruck von Frustration und Hilflosigkeit anzunehmen.

Kehren wir zur Sitzung zurück: Davide, obgleich er schon seine Höhen und Tiefen mit dem Therapeuten erlebt hatte, hatte deutlich gezeigt, daß er bereit war, sein Verhalten zu ändern, und seine Eltern schienen davon beeindruckt zu sein, obwohl sie noch etwas zweifelnd dreinblickten.

Aus der Teamdiskussion ergaben sich zwei Optionen: entweder weiterhin die ganze Familie zu sehen oder nur die Eltern einzubestellen. Wir entschieden uns für das Letztere, in der Hoffnung, daß die Eltern ihre verlorene „Kompetenz" als Eltern zurückgewinnen würden, nachdem sie jetzt gesehen hatten, daß es tatsächlich möglich war, Davides Verhalten zu beeinflussen.

Es wurde beschlossen, die Schlußintervention nur den Eltern mitzuteilen, während Davide in einem angrenzenden Zimmer auf einer Tafel malte.

Therapeut: Wir möchten Ihnen eine wichtige Aufgabe geben, die Sie zu Hause ausführen sollen. Sie ist schwer, und es wird schwierig sein, sie durchzustehen. Wir erwarten, daß Davide auf jegliche Art gegen diese Aufgabe rebellieren wird, und Sie werden versucht sein aufzugeben. Wenn dies geschieht, gehorchen Sie am Ende nicht uns, sondern Davide. Wir geben Ihnen diese Aufgabe nicht als ein Muß. Im Gegenteil, es ist überaus wichtig, daß Sie gemeinsam zu Hause beschließen, ob Sie es tun wollen oder nicht. Wenn Sie Zweifel haben, lassen Sie es sein.

Mit Zustimmung der Eltern fuhr der Therapeut fort, eine Aufgabe der geraden und ungeraden Tage zu verschreiben (Selvini Palazzoli et al. 1977).

Therapeut: An den geraden Tagen der Woche – dienstags, donnerstags und samstags – sind Sie (der Vater) der „diensthabende" Elternteil. Wenn Sie an diesen Tagen bei der Arbeit sind und Davide Ihre Frau etwas fragt, muß sie sagen: „Das mußt du mit deinem Vater klären, wenn er nach Hause kommt." Nichts mehr. An den ungeraden Tagen – montags, mittwochs und freitags – haben Sie (die Mutter) Dienst. An Sonntagen können Sie sich verhalten wie Sie wollen ...

Das Hauptziel bei der Verschreibung dieses Rituals bestand darin, die Familie zu veranlassen, etwas Spezifisches zu tun, das den Eltern half, aus ihrer schweigsamen Hilflosigkeit auszubrechen. Es war sicherlich ein Fall, in dem Handlungen mehr sagten als Worte. Das Ritual der „geraden und ungeraden Tage" wird in der Regel verschrieben, um auf Eltern zu wirken, die miteinander in Konflikt stehen und dadurch die Beziehungen zu ihren Kindern stören. In diesem Fall bestand jedoch das Hauptziel darin, Davide in eine neue Situation zu bringen, in der seine Eltern abwechselnd ihre sonstige Bereitschaft aufgaben, ständig zu seiner Verfügung zu sein. Ferner würde ihre Verantwortung für Davide jetzt gleichmäßig verteilt werden. Das war von Vorteil, weil das Team der Ansicht war, daß wir es mit einer „symbiotischen" Mutter-Sohn-Beziehung zu tun hatten, in der die Mutter ihre Augen nicht einen Augenblick von ihrem Sohn abwenden konnte. Schließlich führte das Ritual Zeit in die Beziehung zwischen den Eltern ein, und zwar in Form einer zeitlichen Sequenz, die die Familie wohl noch nicht für sich selbst entwickelt hatte.

In der zweiten Sitzung berichteten die Eltern, daß sich die Gesamtsituation verbessert habe, wenn man dafür auch einen hohen Preis bezahlen mußte. Vom ersten Tag an hatte Davide systematisch versucht, ihnen sein früheres Verhalten aufzuzwingen, sie hatten jedoch ihre Aufgabe gewissenhaft ausgeführt und alle seine Versuche vereitelt, sie daran zu hindern. Es ist interessant, daß Davide die meisten seiner Bitten an seinen Vater richtete, als dieser „nicht im Dienst" war. Beide Eltern berichteten voller Verwunderung, daß Davide seinen Vater, nach wiederholten Versuchen, dessen Aufmerksamkeit auf sich zu lenken, zum ersten Mal mit „Vati" ansprach, nachdem er ihn ein Leben lang mit seinem Namen angeredet hatte. Im Laufe der Zeit paßte sich Davide an die neue Situation an und wurde etwas ruhiger und umgänglicher.

In der dritten Sitzung mit den Eltern war das Hauptthema die Versklavung der Mutter durch ihren Sohn, die Tatsache, daß sie den ganzen Tag ein Auge auf ihn haben mußte, um zu vermeiden, daß er etwas anstellte. Natürlich gab es im Haus keine Schlüssel, wodurch keine Tür abgeschlossen bleiben konnte, was dazu führte, daß weder die Eltern noch Davide sich an einer zeitlichen und räumlichen Privatsphäre erfreuen konnten.

Die Schlußintervention basierte auf diesem Thema.

Therapeut: Ich habe die Dinge mit meinen Kollegen besprochen, und ich möchte Sie bitten, wenn es Ihnen möglich ist, etwas zu tun. Es muß jedoch Ihre Entscheidung sein, ob Sie es tun wollen oder nicht. Denken Sie ein paar Tage darüber nach, und führen Sie dann unser Programm aus, wenn Sie beide damit einverstanden sind.

Wie in der Intervention gegen Ende der ersten Sitzung waren die Äußerungen des Therapeuten bewußt unbestimmt. In Familien, in denen Gehorsam und Kontrolle ein Problem sind und Aufträge nie ausgeführt werden, bewirkt es das Gegenteil des Gewünschten, eine Haltung einzunehmen, die auch nur im Entferntesten autoritär erscheint. Der Therapeut vermied Symmetrie mit den Eltern, genau wie er es mit Davide vermieden hatte. Sie aufzufordern, die Durchführbarkeit der Aufgabe zu diskutieren, verstärkte ihre Entscheidung und vermied Uneinigkeit; außerdem stärkte dies die Paarbeziehung.

Therapeut: Falls Sie sich dafür entscheiden, rufen Sie Davide zu Hause und sagen ihm: „Schau, Davide, du bist jetzt acht Jahre alt, und wie alle Kinder deines Alters weißt du, daß du deinen Eltern nicht folgen solltest, wenn sie auf die Toilette gehen. Von nun an werden wir die Tür abschließen, wenn wir auf die Toilette gehen. Da du im Moment deine Hände immer noch nicht bei dir behalten kannst, werden wir auch die Küchen- und Schlafzimmertür abschließen. Du bleibst im Eßzimmer, wo du nichts kaputtmachen kannst. Und denke daran, daß wir die Türen auf keinen Fall aufschließen werden." Meinen Sie, daß Sie das machen können? Wenn Sie glauben, daß Sie das können, dann tun Sie es sofort, vielleicht wenn Sie alleine zu Hause sind ...
Vater: Was, wenn wir beide zu Hause sind?
Therapeut: Es ist dann sinnlos, die Türen abzuschließen. Wenn Sie beide zu Hause sind, wäre es besser, wenn Sie (die Mutter) gelegentlich nach draußen gehen würden, um etwas Luft zu schnappen, und

Sie Sie (den Vater) für ein bis zwei Stunden alleine zu Hause lassen würde. Während sie weg ist, sollten Sie zumindest einmal auf die Toilette gehen. Nehmen Sie Ihre Uhr mit und bleiben Sie mindestens zehn Minuten drin, wenn Sie das schaffen. (Der Vater schaut recht besorgt zu der Mutter.) Es ist ein Risiko. Meinen Sie, Sie könnten es versuchen?
Vater: Die Eßzimmertür braucht nicht abgeschlossen werden. Es gibt dort die Stühle, die kann er im schlimmsten Falle umwerfen ...
Therapeut: Sie müssen Medikamente entfernen, die für Kinder eine große Gefahrenquelle darstellen. Wir müssen diese Gefahren beseitigen, um eine größere Gefahr zu vermeiden. Davide ist acht und hat noch nicht die Erfahrung gemacht, von den Erwachsenen auch nur einen Augenblick getrennt zu sein. Er fühlt sich immer sicher, weil er immer beaufsichtigt wird, und er tut all diese Dinge, um vor den Leuten, die ihn beaufsichtigen, anzugeben. Selbst hier mit mir hat er das ständig versucht. Er hatte die Erfahrung, nicht beaufsichtigt zu werden, noch nicht und konnte sie noch nicht haben. Es wird für ihn also etwas Neues sein, es ist jedoch eine Erfahrung, die alle Kinder machen müssen. Wenn Sie sich stark genug fühlen, es zu versuchen ...
Vater: Ja, ja, das läßt sich machen.
Mutter: Ja, es läßt sich machen, aber am Anfang wird es schwer sein ...

Die Eltern rücken allmählich von ihrer Besorgnis über die Vorschläge des Therapeuten ab und sind einverstanden, es zu versuchen. Hätte man versucht, sie zu belehren und sich durchzusetzen, hätte dies wahrscheinlich ein unvermeidliches „Wir können es nicht tun!" zur Folge gehabt, so jedoch überläßt es der Therapeut den Eltern, wie und wann sie sich entschließen. Dadurch vermeidet er, daß sie sofort eine Entscheidung fällen müssen, und ermöglicht es ihnen, in der ihnen gemäßen Zeit ihre eigene Kompetenz zu entwickeln. Der Therapeut respektiert die Zeiten und Rhythmen seiner Klienten, indem er seine Zeit der ihren anpaßt.

Therapeut: Wie dem auch sei, wir überlassen es Ihnen. Wenn Sie sich entschlossen haben, es zu tun, erklären Sie Davide alles. Wiederholen Sie sich nicht. Wenn er ständig um eine Erklärung bittet, sagen Sie ihm: „Wir haben dir schon gesagt warum." Lassen Sie sich nicht auf Diskussionen ein. Und machen Sie die Aufgabe weiter, die wir Ihnen letztes Mal gegeben haben.

Die Verschreibung ist überaus komplex. Sie basiert hauptsächlich auf den Themen Übereinstimmung zwischen den Eltern, Davides Herauswachsen aus der frühen Kindheit und der Einführung von zeitlichen Sequenzen in einer Familie, in der jegliches Gefühl für Entwicklung fehlt, einer Familie, in der die Zeit sowohl chaotisch ist als auch stillsteht. Die Verschreibung hat vier Teile:

1. Obwohl er ihnen die Freiheit der Wahl läßt, bittet der Therapeut das Paar im voraus, der auszuführenden Aufgabe zuzustimmen.
2. Ihre erste Handlung wirkt als Ritual. Das Paar muß Davide „ein für allemal“ gemeinsam etwas ankündigen und verwendet dafür eine vorher festgelegte Formulierung. Es kann als ein „Übergangsritus“ betrachtet werden, der Davides Entwicklung markiert von einem Alter, in dem er ständig beaufsichtigt werden mußte, zu einem Alter, in dem er auch gelegentlich allein sein kann. Aus diesem Grund enthält die Erklärung viele Hinweise auf das, „was in einem bestimmten Alter normalerweise geschieht“.
3. Der Wortlaut der Verschreibung beinhaltet Verweise auf die Zeit, wie etwa „für jetzt“, „bis jetzt“, „für den Augenblick“, die dazu dienen, den Gedanken des Wandels in einem System einzuführen, in dem die Zeit zu einem Stillstand gekommen ist.
4. Schließlich verwandelt die von den Eltern verlangte Handlungssequenz die Worte des Rituals in Tatsachen und markiert dadurch Davides neue Reife (er ist kein kleines Kind mehr und ist deshalb für sein eigenes Handeln schon bis zu einem gewissen Grad selbst verantwortlich).

In der nächsten Sitzung berichteten die Eltern, daß sie es sich nicht hätten träumen lassen, wie sich die Situation verbessert habe. Tatsächlich traten keine der befürchteten Verhaltensweisen auf, wenn die Mutter auf die Toilette ging und dabei jedesmal besorgt die Tür abschloß. Davide war in der Lage, ihre Abwesenheit zu tolerieren, und hatte nicht den Wunsch gezeigt, sich Zugang zur Toilette zu verschaffen. Zwei Wochen später wagte sie es sogar, zum Einkaufen wegzugehen. Als sie ziemlich beklommen zurückkehrte, war ihr Sohn brav und zufrieden immer noch im Eßzimmer. Sie hatte nun wiederentdeckt, was es bedeutete, frei zu sein, und ging jetzt öfter aus. Auch Davide fühlte sich wahrscheinlich von der Aufgabe befreit, die Erwachsenen ständig unterhalten zu müssen, denn seine Überaktivität hatte beachtlich abgenommen. In der Zwischenzeit verbesserte sich sein Verhalten in der Schule ständig. In der fünften Sitzung, zu der auch Davide eingeladen wurde, um seine Verhaltensänderungen direkt beobachten zu können, schien die Familie von einer große Last befreit zu sein.

Auch der Therapeut bemerkte Davides neues Benehmen sofort. Er saß folgsam neben dem Therapeuten, überaus freundlich, und unterbrach das Gespräch kein einziges Mal. Sein Verhalten war das genaue Gegenteil von dem der ersten Sitzung, als ob er von einer starren symmetrischen Haltung zu einer starren komplementären Haltung übergegangen wäre. Um diesen neuen Beziehungsstil auf die Probe zu stellen, bat ihn der Therapeut, mindestens einmal während der restlichen Sitzung ungehorsam zu sein, und sprach dann weiter mit den Eltern. Nach der Hälfte der Sitzung fragte Davide höflich: „Entschuldigung, könnte ich in das Zimmer mit der Tafel gehen, um ein wenig zu zeichnen?" Der Therapeut gab seine Zustimmung.

Die Sitzung – und die Therapie – wurde mit dem Kommentar des Therapeuten abgeschlossen, der betonte, daß die Veränderung, die sie gesehen hatten, von Dauer sei und daß es keinen Grund gebe, die Therapie fortzusetzen.

Die erleichterten und lächelnden Eltern gingen mit dem Therapeuten ins benachbarte Zimmer, um Davide zu holen, und stellten zu ihrem Schrecken fest, daß er, anstatt auf die Tafel zu zeichnen, den in Tinte getränkten Schwamm benutzt hatte, um die weiße Wand vollzuschmieren. Sichtlich beschämt schaute der Vater den Therapeuten an und meinte, daß ihm das leid täte. Der Therapeut erinnerte sich plötzlich, daß er das Mißgeschick selbst verursacht hatte: Er hatte Davide angewiesen, ungehorsam zu sein, und Davide hatte ihm prompt gehorcht!

9.2 Antonella: Das Mädchen mit den Pullovern

Die aus einer Stadt der Lombardei in Norditalien stammende Familie Viola war von einem Psychiater an unser Zentrum überwiesen worden, der das Mädchen Antonella schon seit drei Jahren behandelt hatte. Die Familie bestand aus dem Vater, einem 54jährigen Handwerker, der Mutter, einer 48jährigen Hausfrau, und ihren drei Kindern. Der Älteste, der 25jährige Giovanni, studierte Ingenieurwesen; die 23jährige Antonella studierte Philosophie; und der jüngste, der 20jährige Gustavo, studierte Volkswirtschaft.

Antonella hatte seit drei Jahren Probleme. Es hatte mit schmerzhaften gastritischen Symptomen wie Sodbrennen, Schwindel, Völlegefühl begonnen. Gleichzeitig hatte sie entschieden, daß sie zu dick sei, und hatte deshalb einen Kampf mit dem Essen angefangen, der typisch für ein anorektisches Syndrom war.

Antonellas Magenbeschwerden klangen nach einer kurzen Krankenhausbehandlung mit ambulanter Weiterbehandlung ab. Daraufhin entwickelte sie neben ihren das Essen und ihr Übergewicht betreffenden Zwangsvorstellung eine Reihe von Phobien, die die Angst umfaßten, eine Reihe unterschiedlicher Krankheiten zu bekommen, die Angst, daß ihr Essen schlecht sei, die Angst, die Kontrolle zu verlieren, und die ständige Angst, daß etwas Schreckliches geschehen könnte. Es quälte sie jedoch am meisten, daß eine Veränderung der Außentemperatur die saprophytischen Bakterien ihrer Schleimhäute veranlassen könnte, bösartig zu werden, und daß die Gefahr bestünde, daß sie sich in ihrem Körper ausbreiten und ihn zerstören könnten. Aus diesem Grund kontrollierte sie ihre Körpertemperatur mit Pullovern – Baumwolle im Sommer, Wolle im Winter –, die sie buchstäblich in Schichten übereinandertrug, einen über dem anderen, und bei der kleinsten Temperaturänderung auszog. Ihre Angst war allmählich so groß geworden, daß sie vor zwei Jahren von der Universität abging und aufhörte, sich mit ihren Freunden zu treffen, um zu Hause zu bleiben: Die Temperatur war dort konstanter und voraussagbarer und dadurch leichter kontrollierbar.

Erste Sitzung

Antonellas seltsame, groteske Erscheinung fiel in der ersten Sitzung sofort auf. Ihr dünner Körper war eingehüllt in große Pullover, so daß sie aussah wie ein amerikanischer Football-Spieler. Als ob dies noch nicht genug wäre, hatte sie noch andere Pullover über ihren rechten Arm gehängt. Ihre Mutter saß, flankiert von ihren beiden Söhnen, in der Mitte des Zimmers. Der Vater saß außen neben dem jüngsten Sohn Gustavo und Antonella auf der anderen Seite neben ihrem älteren Bruder Giovanni.

Als sie gefragt wurden, weshalb die Familie an das Zentrum überwiesen worden sei, sagte die Mutter, daß Antonella an „Anorexia nervosa und Psychose" leide. Offensichtlich erzeugte diese Aussage bei den Anwesenden keine emotionale Reaktionen, was bei chronischen Fällen häufig so ist.

Zu Beginn der Sitzung widmeten wir uns der Beschreibung von Antonellas Ängsten und ihrem bizarren Verhalten. Sie räumte ein, daß ihre Ängste tatsächlich seltsam seien, fügte jedoch hinzu, daß sie nichts dagegen tun könnte". Als sie gefragt wurde, ob sie auch an „der Angst leide, daß es ihr gut gehen könnte", gab sie das zu. Wann immer sie sich ein wenig besser fühlte, befürchtete sie, daß sie für ihr unverdientes Wohlbefinden bald bezahlen müsse.

Die sich in der ersten Sitzung herausschälende Familiengeschichte enthielt ernste Konflikte mit der Herkunftsfamilie des Vaters, deren Beziehungen zur Kernfamilie sehr belastet waren. Die Violas wohnten in einer von drei Wohnungen eines Hauses, das einst den Eltern des Vaters gehört hatte. Die Kinder beschrieben ihre Großmutter und Tante väterlicherseits als überaus neugierige Leute, die jahrelang freien Zugang zur Wohnung der Familie hatten, kamen und gingen, wie es ihnen paßte, ohne anzuklopfen, und ihre Nasen in die Angelegenheiten anderer Leute steckten. Mit der Zeit hatte das zu wachsenden Streitigkeiten zwischen der Mutter (unterstützt von ihren Söhnen) und der Familie des Vaters geführt, dessen Vermittlungsversuche erfolglos geblieben waren. Die Folge war, daß die Eltern nicht gut miteinander auskamen, und Antonella, die sehr darunter gelitten hatte, war durch ihre fruchtlosen Bemühungen, die Eltern einander näher zu bringen, völlig erschöpft.

Einer der Hauptvorwürfe der Mutter und der Söhne gegenüber dem Vater lautete, er sei „schwach und ohne Initiative". Der Vater hatte seiner Familie immer sehr nahe gestanden: Er hatte seinen Handwerksbetrieb von ihnen geerbt und die Familienwerkstatt von seiner Schwester „übernommen", seit einigen Jahren war er allerdings bei einem Handwerksbetrieb angestellt. Obwohl er also die Erwartungen seiner Jugend nicht erfüllt hatte, blieb er dennoch die einzige Einkommensquelle seiner Familie.

Im Verlauf der Sitzung wurde deutlich, daß die Familie in drei Subsysteme unterteilt war: die Mutter und die Söhne (die ihren Vater häufig indirekt kritisierten und sich über ihn lustig machten, während ihre Mutter sie stillschweigend dazu ermutigte); der Vater, ein trauriger, recht wortkarger Mann; und Antonella, die jetzt völlig isoliert war und nur dann lebendig wurde, wenn sie über ihre Probleme sprach, ansonsten aber gelangweilt und abwesend schien.

An einem bestimmten Punkt erkannte der Therapeut, daß der Vater seiner Rolle als Vater entsagt zu haben, schien, und fragte die Familie, wer seinen Platz eingenommen habe. Sowohl die Mutter als auch die Söhne wiesen auf Giovanni, den „schlauen Kopf", an den sich alle anderen als Vaterersatz wandten. Tatsächlich zeigte Giovanni sich besorgter um seine Schwester als die anderen und kündigte an, daß er sie in Zukunft finanziell unterstützen würde und bereit sei, sie bei sich aufzunehmen, wenn er heiraten würde. Gustavo wurde als der „Hübsche" angesehen, als Schoßkind seiner Mutter, während Antonella meinte, sie sehe ihrem Vater ähnlich und sei die „Häßliche" in der Familie, eine, die im Leben immer verliert. Sie sagte, sie würde nie heiraten und Kinder haben und träumte davon, für den Rest ihres Lebens in ein Krankenhaus zu gehen. Diese Aussagen riefen bei den anderen Familienmitgliedern keine große Besorgnis hervor. Sie waren mehr am Streit mit der Familie väterlicherseits und am Kritisieren des Vaters interessiert, der, wie sich herausstellte, in der Vergangenheit wegen einer Depression in einer psychiatrischen Abteilung behandelt worden war. Als ihn der Therapeut darauf ansprach, daß ihn die ganze Familie zu verachten schien, und fragte, ob er jemals daran gedacht habe, „mit allem Schluß zu machen", antwortete er: „Ja, natürlich, ich denke oft an Selbstmord. Vielleicht tue ich es sogar, aber erst wenn alle meine Kinder die Universität hinter sich haben. Erst wenn ich meine Pflicht als Vater erfüllt habe."

Im Verlauf der Sitzung wurde bekannt, daß sich Antonella seit eineinhalb Jahren einer Einzeltherapie unterzog und daß ihre Therapeutin nicht von der Familientherapie informiert worden war. Am Ende der Sitzung vereinbarte der Therapeut einen Termin für den nächsten Monat unter der Bedingung, daß Antonellas Therapeutin ihr Einverständnis zur Weiterführung der Sitzungen gegeben habe.

Zweite Sitzung

Eine Woche vor dem Termin der zweiten Sitzung rief die Mutter an, um dem Therapeuten in gekränktem Tonfall mitzuteilen, daß Antonellas Einzeltherapeutin nicht damit einverstanden sei, daß Einzel- und Familientherapie zur gleichen Zeit stattfanden, und fügte hinzu, für sie selbst sei die erste Sitzung sehr positiv verlaufen, und sie hoffe, die Sitzungen in Zukunft weiterführen zu können. Das Team schloß daraus, daß nur diejenigen Familienmitglieder eine Familientherapie wünschten, die von der Einzeltherapie enttäuscht waren.

Drei Monate später rief die Mutter überraschenderweise wieder an, um mitzuteilen, daß Antonella ihrer Therapeutin „wegen fehlender Resultate" gekündigt habe und um eine weitere Sitzung gebeten hatte, die auf Mitte Juni gelegt wurde.

Als die Familie ankam, bestand der einzige offensichtliche Unterschied darin, daß Antonella anstatt Wollpullover Baumwollpullover trug. Zu Beginn der Sitzung kam der Therapeut wieder auf Antonellas Furcht vor Temperaturveränderungen zu sprechen, indem er eine Metapher verwendete, die die verschiedenen Familienmitglieder miteinander verknüpfte und die medizinische Diagnose ihrer Krankheit ernsthaft in Zweifel zog.

Antonella: Wann immer ich ausgehe, denke ich automatisch daran, ob mir heiß oder kalt sein wird, ob ich einen Pullover an- oder ausziehen sollte, ob es mir gelingt, meine Temperatur konstant zu halten ...
Therapeut: Das ist wohl so etwas wie eine Forschungsarbeit, nicht wahr? Sie sind wohl so etwas Ähnliches wie ein Forscher an der Universität, der die Wirkung der Temperatur auf Körperzellen untersucht, eine sehr systematische Art von Forschung. Wenn Sie zu Hause sind, betreiben Sie Ihre Forschungen alleine oder als Teil eines Teams? Bitten Sie gelegentlich um Hilfe?
Antonella: Ja, nein, in der Regel ja. Ich frage: „Was meinst du, wäre es für mich besser, diesen Pullover anzuziehen oder im Auto zu lassen?" ...
Therapeut: Heißt das, Sie fragen sie nach der Temperatur?
Mutter: Ja, ja, sie fragt ...
Therapeut: Ach so,. Wer in Ihrer Familie ist Ihr treuster Assistent bei Ihrer Forschungsaufgabe?
Antonella: Meiner Meinung nach steht Gustavo meinen Temperaturproblemen am nächsten.
Therapeut: Am nächsten in dem Sinne, daß er im Schätzen der Temperatur besser ist?
Antonella: Ja, vielleicht. Er berät mich häufig. Tatsächlich hat er mich in jüngster Zeit begleitet ...

Therapeut: Und ist Gustavo an dieser Erforschung der Temperatur interessiert?
Antonella: Nein, er hält das für absurd.
Mutter: (lacht)
Antonella: Er sagt, es sei sinnlos.
Therapeut: Aber er tut, was Sie sagen.
Antonella: Nein, gewöhnlich nicht. Er verliert gewöhnlich die Lust.
Therapeut: Diese Forschung könnte etwas Interessantes ergeben. Vielleicht wird eine Konstante gefunden, ja sagen wir eine Konstante ...
Antonella: Ein Durchschnitt.
Therapeut: ... eine Temperatur, die einen Standard darstellt in Bezug auf eine gegebene Konstante; eine Beziehung zwischen, sagen wir: Umgebung, Kleidung, der Anzahl der Pullover, die Sie benötigen, ihrer Dicke ... da könnte eine Konstante sein ...
Mutter: Hm, aber wo hört das auf, jeder Tag ist schließlich ein neuer Tag.
Therapeut: Giovanni studiert Ingenieurwesen. Vielleicht könnte er die Forschungsleitung übernehmen?
Mutter: Jeder Tag ist ein neuer ...
Antonella: Es ist, als ob ich jeden Tag neu geboren würde, als ob der vorhergehende Tag vollkommen nutzlos wäre!
Therapeut: Hat Giovanni an dieser Art von Forschung Interesse?
Antonella: Er gibt mir die meisten Ratschläge. Ich tue es, um das Haus verlassen zu können, denn wenn ich könnte, würde ich immer zu Hause bleiben.
Therapeut: Entschuldigen Sie mich, ich möchte eben mal meine Kollegen hinter dem Spiegel fragen, ob einer von ihnen mit dieser Forschungsart Erfahrung hat. (Geht hinaus)

Die Analyse dieses Gesprächsabschnitts deckt folgende Punkte auf:

1. Der Therapeut verwendet einen metaphorischen Diskurs, um andere mögliche Welten einzuführen: insbesondere eine Welt, in der Antonella nicht mehr als krank oder abweichend gebrandmarkt wird. Die Metapher der „Forschung" stellt nicht nur ihren *Status* als Universitätsstudentin wieder her, sondern impliziert auch Zusammenarbeit mit anderen Familienmitgliedern. Auf die Frage: „Wenn Sie zu Hause sind, betreiben Sie Ihre Forschungen alleine oder als Teil eines Teams?" antwortet Antonella: „Ja, nein, in der Regel ja". Es

scheint, daß die Familie beginnt, die Metapher zu akzeptieren, was den Therapeuten veranlaßt, damit fortzufahren. Es taucht eine andere mögliche „Realität“ auf, das heißt eine andere Interpretation der Ereignisse.

2. Manche Fragen in diesem metaphorischen Gerüst sind Folge der Hypothesen des Therapeuten über Beziehungen innerhalb der Familie. Deshalb wird Giovanni, der Sohn, der den Platz des Vaters eingenommen zu haben scheint, „Chef“-Forscher genannt.

3. An einem bestimmten Punkt legt der Therapeut nahe, daß die Forschung eine „Konstante“ ergeben könnte, eine neue Metapher, die die Immobilität von Antonellas Leben widerspiegelt, ihr Wunsch, einen unveränderlichen, konstanten Zustand zu erreichen. Das Forschen nach einer konstanten Temperatur kann man als den Versuch ansehen, die Zeit zum Stillstand zu bringen.[2]

4. Die Mutter reagiert auf die Metapher der Konstanten mit einer verblüffenden Aussage: „Wo hört das auf, jeder Tag ist schließlich ein neuer Tag.“ Als Echo kommt von Antonella die schöne Analogie: „Es ist, als ob ich jeden Tag neu geboren würde, als ob der vorhergehende Tag vollkommen nutzlos wäre!“, eine Äußerung, die den Stillstand der Zeit in sehr einfachen und dennoch fast poetischen Begriffen beschreibt. Wir haben hier eine zirkuläre Zeit, die sich um sich selbst dreht, die nie zu einem Teil des Lebens wird, nie wie der Zeitpfeil irreversibel wird.

5. Es könnte auch sein, daß Antonella ihre Situation tatsächlich als einen Fall des Nullernens beschreibt. Wenn man sagt, daß „man jeden Tag neu geboren wird“, leugnet man, daß Erfahrung einen Einfluß auf die Zukunft haben kann. Wie Bateson (1972b) sagen würde, gibt es kein Lernen, und deshalb können keine neuen Kontexte konstruiert werden. Wenn man jeden Tag wieder von vorne beginnen muß, kann es keine Entwicklung geben, und das Leben kann niemals Geschichte werden.

6. Dieses Gespräch ist ein gutes Beispiel für die Unterschiede zwischen unserem früheren systemischen Ansatz und der auf konstruktivistischen Prinzipien beruhenden Methode, die wir jetzt verwenden. In der Vergangenheit betrachteten wir den Therapeuten mit seinen Metaphern und Hypothesen als den aktiv Handelnden und

2 Von einem psychoanalytischen Standpunkt aus könnte man dies als Regression in einen intrauterinen Zustand ansehen.

die Klienten als passiv. Im Moment ziehen wir es vor, Hypothesen und Metaphern als Elemente anzusehen, die sich aus der Interaktion zwischen Therapeut und Klient ergeben. Folglich sprechen wir jetzt auch lieber von Kokreation und Koevolution.

7. Es sollte festgehalten werden, daß die Analyse bisher *a posteriori* geleistet wurde, bei der die Autoren als Beobachter den Therapeuten beobachten, der die Familie „beobachtet". Das heißt, die Interaktionen und Annahmen der Beteiligten am Dialog werden durch die Linse der gegenwärtigen theoretischen und praktischen „Vorurteile" der Autoren gesehen.[3]

8. All dies findet in einem klar definierten Rahmen statt, der neben den schon erwähnten Personen alle zukünftigen Leser und Kritiker dieses Buches umfaßt, wie auch seine Lektoren und Verleger. Das Komplexitätsparadigma (Bocchi und Ceruti, 1985) scheint für alle diese Beobachtungspunkte der geeignete Rahmen zu sein.

Therapeut: (kehrt in das Zimmer zurück) Nach Meinung meiner Kollegen ist Ihre Suche nach einer konstanten Temperatur eine Metapher, sie steht also für etwas anderes, für eine tiefergehende Suche, an der Sie beteiligt sind, bisher jedoch noch ohne Ergebnisse. Kennen Sie eine Situation, bei der die Temperatur konstant ist?

Antonella: (überlegt) Hm, ich weiß nicht ...

Therapeut: Der Mutterleib könnte ein Ort sein, an dem die Temperatur immer konstant ist. Sie sind in einer Suche nach einer Art von Sicherheit gefangen, die Sie außerhalb nicht finden. Ihre Suche nach einer Konstanten könnte auch eine Metapher dafür sein, wie Sie zu den anderen stehen. Ich meine: „Wie sieht mich mein Vater, wie sehen mich meine Mutter und meine Brüder?" Meine Kollegen meinen, daß Ihre Brüder Ihre Zweifel über die Temperatur nicht teilen und sie deshalb auch nicht wie Sie Pullover anziehen müssen, weil sie tief im Innern eine klare Vorstellung davon haben, was ihre Rolle in der Familie ist. Und auch nicht nur zur Zeit, sie hatten sie schon immer. Sie dagegen scheinen über Ihre Position immer überaus unsicher gewesen zu sein.

3 Während der Sitzung trifft der Therapeut Entscheidungen, die auf dem Feedback des Klienten und der Zirkularität der Beziehungen beruhen. Zu der Zeit waren ihm all diese Implikationen nicht bewußt. Erst später, in einem neuen Kontext, wurden ihm diese klar.

Nach seiner Beratung mit seinen Kollegen führt der Therapeut zwei neue Metaphern ein: Antonellas Weigerung, mit dem Leben zurechtzukommen, und ihre Rivalität mit ihren Brüdern (die etwas später entwickelt wird). Die Familie scheint von diesen Metaphern beeindruckt zu sein. Sie implizieren, daß Antonella in der Zeit steckengeblieben ist, während ihre Brüder in der Lage waren, sich zu entwikkeln, weil sie sich ihrer Beziehungen zu anderen Mitgliedern der Familie immer sicher waren.[4]

Therapeut: Ist der Gedanke klar? Sie sind wie jemand, der ein Gänseblümchen in der Hand hält und sagt: „Er liebt mich, er liebt mich nicht; meine Mutter liebt mich, meine Mutter liebt mich nicht." Diese Art von Dilemma, na ja, Sie sind eine Philosophin, also wissen Sie Bescheid, nicht wahr? Die Antworten, die Sie auf diese Fragen erhalten, räumen nicht Ihre existentiellen Zweifel aus dem Weg, sie verewigen sie nur. Wenn man auf diese Fragen Antworten erhält, dann klären sie in der Regel die Zweifel über die Temperatur. Einer meiner Kollegen meinte, ich sollte fragen, ob Ihnen diese Idee einleuchtet.

Antonella: (mit einem verwunderten Ausdruck) Ja, vielleicht, weil ich nichts fühle, ich fühle, daß ich nichts bin.

Therapeut: Und Ihnen, Frau Viola, leuchtet Ihnen ein, was meine Kollegen sagen?

Mutter: (in einer klaren, zuversichtlichen Stimme) Ja, absolut, es leuchtet mir durchaus ein.

Vater: Ja, ich stimme zu.

Therapeut: Nehmen wir einmal an, daß es plausibel ist. Wie erklären Sie sich dann, weshalb sich Antonella in diesem Dilemma fühlt, nicht aber ihre Brüder?

Gustavo, Giovanni: (lachen nervös)

Im Verlauf der Sitzung führt der Therapeut zuerst ein Thema ein, das die *Möglichkeit* eines Wandels betont. Die Forschungsmetapher legt

4 Die Übereinstimmung der Familie mit der Hypothese des Therapeuten könnte diesen zu dem Glauben verleiten, daß er dabei ist, die „Wahrheit" zu finden, daß er kurz davor steht, die psychologische Störung zu verstehen, um deren Behandlung man ihn gebeten hatte. Nach unserer Erfahrung sollte der Therapeut hier vorsichtig sein, sich nicht selbst zu täuschen, und sollte nur in Begriffen einer neuen Geschichte denken, die abhängig (allerdings nicht bestimmt) ist von den Einschränkungen der Vergangenheit.

einen Anfang und ein Ende nahe und auch einen positiven Abschluß, die Entdeckung einer „Temperaturkonstanten", wodurch es möglich sein könnte, Antonella aus ihrer statischen Existenz zu befreien. Unmittelbar danach bezieht sich der Therapeut jedoch auf den von Antonella zu Beginn der Sequenz erwähnten Stillstand in der Zeit. Die Metapher des Gänseblümchens legt ein potentiell endloses Schwanken zwischen „man mag mich", „man mag mich nicht" nahe. Verweist die Forschungsmetapher auf den Zeitpfeil, verweist die Metapher des Gänseblümchens auf den Zeitkreis, die ständige, endlose Fluktuation. Schließlich bezieht der Therapeut diese Fluktuation auf das Familiensystem. Antonella beendet ihre Forschung vielleicht niemals, weil niemand aus der Familie ihr eine Antwort zu geben scheint.

Gustavos und Giovannis nervöses Lachen scheint ein Versuch zu sein, sich von dem Dialog zu distanzieren. Womöglich waren sie tief beeindruckt von dem, was sie hörten, und ihr Lachen verdeckt vielleicht ihre Schuldgefühle über ihre Erfolge bei der Manipulation ihrer Eltern, insbesondere der Mutter, auf Kosten ihrer Schwester, die völlig isoliert und verwirrt zu sein scheint. An diesem Punkt scheint die Familie kurz vor einer Veränderung zu stehen. Die Eltern sind sich über die Bedeutung der Metapher einig: Antonella kann ihre Forschung nicht beenden, weil ihr niemand in der Familie die Antworten gibt, die sie braucht. Das beschämte Lachen der Brüder wirft, verglichen mit der Ernsthaftigkeit und Sympathie der Eltern, ein neues Licht auf die Beziehungen in der Familie und zeigt, daß es möglich sein könnte, das Familiensystem neu zu organisieren, gemeinsam eine neue Geschichte zu kreieren.

Antonella: So wie ich war, konnte ich mich niemals akzeptieren. Körperlich habe ich mich selbst angewidert, und auch, weil ich in der Schule nicht gut war, weil ich so hart arbeiten mußte ...
Therapeut: Woher stammt Ihrer Meinung nach diese Vorstellung, daß Sie Sich selbst anwidern?
Antonella: Die Vorstellung, dick zu sein ... Ich wog dreißig Kilo mehr als heute, als ich anfing, mich schlecht zu fühlen.
Therapeut: Aber kam diese Vorstellung des Angewidertseins auch von anderen Leuten?
Antonella: Naja, manchmal ...
Therapeut: Glauben Sie beispielsweise, daß Sie mich jetzt anwidern?

Antonella: Nein, jetzt nicht.
Therapeut: Kommt es manchmal vor, daß Sie glauben, ich fände Sie widerlich?
Antonella: Ich weiß nicht ...
Mutter: Aber sie ist nicht dick. Sie ist nicht dick, also kann sie auch nicht mehr anwidern.
Antonella: Ich bin nicht mehr dick, also bin ich auch nicht mehr widerlich.
Therapeut: Ist Ihre Mutter demnach widerlich? (lacht)
Antonella: Nein, nein.
Therapeut: (der Übergewicht hat) Bin ich auch widerlich?
Mutter: Nein, nein. Aber für Antonella ist es so. Für mich nicht. Vielleicht widere ich sie nicht an.

Die Fragen versuchen eine persönliche Eigenschaft (Dicksein) mit Vorstellungen zu verknüpfen, die sich in der Familie und mit anderen im „Hier und Jetzt" allmählich entwickelt haben: das Dicksein der Mutter und auch des Therapeuten selbst. Die implizierte Botschaft besteht darin, daß Vorstellungen über eine bestimmte persönliche Eigenschaft unterschiedlich sein können und veränderbar sind. Überdies sollte man in diesem kurzen Austausch die Tendenz der Mutter beachten, Antonellas Gedanken zu lesen und an ihrer Stelle zu antworten. Später, in der dritten Sitzung, werden wir die angewiderte Reaktion der Mutter auf Antonellas erneutes Dicksein mit den Reaktionen der anderen Familienmitglieder vergleichen.

Therapeut: Ihr Vater hat an einer bestimmten Stelle gesagt, daß Ihre Brüder in der Vergangenheit ihrer eigenen Wege gingen, während Sie immer zu Hause waren und wußten, was dort vorging.
Antonella: Ja, ja.
Therapeut: Haben Sie darunter gelitten?
Antonella: Ja.
Therapeut: Worunter haben Sie am meisten gelitten?
Antonella: Naja, unter dem Streiten.
Therapeut: Zwischen wem?
Antonella: Mutter und Vater, wegen Vaters Familie. Es hat Zeiten gegeben, da haben sie sich Tag und Nacht gestritten, ohne aufzuhören ... Wir hatten alle genug davon.
Therapeut: Wessen Leiden hat Ihnen am meisten Leid verursacht? Das Leiden Ihres Vaters oder das Leiden Ihrer Mutter?

Antonella: Das meiner Mutter.

Therapeut: Das Ihrer Mutter. Und das Ihres Vaters?

Antonella: Naja, ich sah, daß er schwach war ... Mir kam es seltsam vor, daß er auf diese Art und Weise reagieren mußte. Es sah ihm gar nicht ähnlich, sich so zu verhalten.

Therapeut: Waren Sie während der Auseinandersetzungen Ihrer Eltern anwesend?

Antonella: Ja, ja, immer. Ich kann mich daran erinnern, als ob es heute wäre.

Therapeut: Aber Ihre Brüder sind ihre eigenen Wege gegangen, nicht wahr?

Antonella: Meine Brüder, naja, stimmt, sie waren nicht so oft da. Ich kann mich erinnern, daß sie öfter weggingen. Ich kann mich an Nächte erinnern, an denen wir alle auf waren. Einmal habe ich versucht zu schlafen, weil ich am nächsten Tag eine Lateinarbeit schreiben mußte ... und sie haben unten herumgeschrien ...

Die Analyse dieses Abschnitts läßt uns an die Theorie über psychotische Spiele in der Familie von Selvini Palazzoli und Kollegen denken (1989), die die Psychose schließlich als Ergebnis eines sechsstufigen Spiels ansehen, in dem der psychotisch werdende Sohn oder die psychotisch werdende Tochter das an der „Pattsituation des Paares" beteiligte Kind ist. Würden wir dieses Modell anwenden, hätten wir jetzt nach der Leugnung der Allianz zwischen Eltern und Tochter, nach dem elterlichen „Betrügen", nach „schmutzigen Spielen" und anderen Dingen zu suchen, die Antonellas Verhalten zum logischen Ergebnis des Familienspiels machten. Wir meinen jedoch, daß die Idee, eine einzige Familientypologie könne sowohl die Herkunft als auch die Entwicklung einer Psychose erklären, zu reduktiv ist.

Später fährt der Therapeut fort, die Beziehungen zwischen der Kernfamilie und der erweiterten Familie zu untersuchen. Das wichtigste Element scheint die Position des Vaters zu sein. Giovanni, der häufig als Sprecher der Familie auftritt, berichtet, daß sein Vater seitens seiner Herkunftsfamilie, seiner Frau und seiner Kinder „eine Menge bitterer Pillen schlucken mußte", und fügt hinzu, daß „ihm das recht geschieht, denn er hat es nicht anders haben wollen". Den

5 (zu Seite 328) Der zitierte Artikel faßt auch eine linguistische Analyse dieses Teils der Sitzung ins Auge.

Ausdruck „bittere Pillen" haben wir an anderer Stelle genau wie „Forschung" und „Konstante" als Schlüsselwörter bezeichnet.[5]

Therapeut: (zum Vater) Wer hat wohl den Zucker, um all die bitteren Pillen, die Sie schlucken mußten und immer noch schlucken, zu versüßen?
Vater: Meine Frau.
Therapeut: Aber Sie haben akzeptiert, daß sie Ihnen diesen Zucker niemals mehr geben wird; Sie haben sich mittlerweile an schwarzen Kaffee gewöhnt?
Vater: Ich bin sicher, in der gegenwärtigen Situation ... also, ich muß sagen, es muß auch gesagt werden, daß all diese Dinge, die jetzt herauskommen, von Antonella kommen; eigentlich kommt alles ihretwegen heraus, weil man versucht, es zu ertragen, aber an einem bestimmten Punkt kann man nicht mehr. Sie (zu seinen Söhnen) machen sich davon, aber wir Eltern können nicht einfach aufstehen und gehen. So ist das, und natürlich ist es so, daß das, was raus muß, rauskommt.

Der Vater vermeidet es, die Frage zu beantworten, indem er das Gesprächsthema auf Antonella verlagert. Er tut dies im Verlauf der Sitzung immer wieder, was darauf hinweisen könnte, daß er angesichts der Beschuldigungen, mit denen man ihn überhäuft, versucht, wieder die Position eines untadeligen Vaters einzunehmen, der um seine kranke Tochter besorgt ist. Die Inkohärenz vieler seiner Antworten (wie etwa der letzten) könnte man als ein Beispiel für Kommunikationsabweichung ansehen (Wynne et al. 1958).

Therapeut: (zur Mutter) Erhalten Sie zu Hause von irgendjemand Zucker?
Mutter: (schaut ihre beiden Söhne an) Ja, ja, von meinen Kindern natürlich.
Therapeut: Sagen wir mal, sie geben Ihrem Leben einen Sinn. Aber Ihr Mann scheint jetzt, wie Giovanni auch gesagt hat, in einer Sackgasse zu stecken und all diese bitteren Pillen zu schlucken. Er wartet nur darauf, daß sie kommen und daß ihm alles Mögliche passiert.
Mutter: Ja, er hat sich damit abgefunden, er hat resigniert.
Therapeut: Er hat sich also damit abgefunden zu ertragen. Aber ich glaube, Antonella hat auch etwas resigniert, was ihr Leben, ihre

Zukunft angeht. Was vielen meiner Kollegen auffiel ist, daß sie in der Vergangenheit die Idee hatte, sie sei widerlich.

Mutter: Wenn sie dick ist, ist sie das, ja.

Therapeut: Niemand weiß, woher diese Idee kommt. Wenn aber sich erst einmal eine Idee entwickelt, kommen andere nach. Wenn man widerlich ist, ist man äußerlich nicht akzeptabel. Man fragt sich: „Wer könnte mich jemals haben wollen? Würde ein Mann mich jemals haben wollen?"[6]

Mutter: Ja, ja, es ist eine Gewohnheit.

Therapeut: Sie könnte denken: „Selbst wenn er mich haben wollte, wird er mich verlassen, wenn er feststellt, daß ich widerlich bin." Oder auch: „Wie widerlich, wenn ich ein Kind haben sollte; ich bin widerlich, und wer weiß, wie widerlich dann das Kind wäre!"

Mutter: Ja, das stimmt, manchmal sagt sie das, wenn ich nicht dick wäre, wäre sie es auch nicht.

Während die Brüder dazu tendieren, ihren Vater zu kritisieren und ihre Schwester freundlich betrachten, neigt die Mutter dazu, das Selbstbild ihrer Tochter subtil zu untergraben. Das ist wahrscheinlich einer der Hauptgründe für Antonellas Unsicherheit und Selbsthaß. Der Vater könnte seiner Tochter Unterstützung geben oder sogar eine Allianz mit ihr eingehen, wie das die Mutter mit den Söhnen getan hat, er tut es jedoch nicht, weil er völlig in seiner fatalistischen Resignation gefangen ist.

Therapeut: Also ist es an diesem Punkt besser, zu resignieren, den Entschluß zu fassen, daß man nicht geeignet ist, und sich ein Etikett zu verpassen. Ich meine (zur Mutter), ich glaube Ihre Tochter hat sich schon in einem frühen Alter mit einem Etikett versehen ...

Vater: Sie müssen eben sehen, daß sie sich körperlich niemals akzeptiert hat. Weil, ich weiß nicht, ihre Probleme fingen an, als sie anfing, sich zu entwickeln. „Ich muß diesen Kram verwenden, ich muß immer dieses Zeug haben, warum sollte ich das, dieser Kram ist ..."

Therapeut: Das erinnert mich an etwas, was meine Kollegen gesagt haben. Sie glauben, daß diese Temperatur eine Metapher für die Suche nach etwas ist. Dieses etwas könnte sein: „Bin ich ein Junge

6 Man sollte den Versuch des Therapeuten beachten, hier eine „Ideenökologie" herauszulocken, da dies charakteristisch für systemische Ansätze ist.

oder ein Mädchen? Will ich weiblich oder männlich sein?" Tief im Innern hat sie vielleicht gedacht, daß sie gern ein Junge gewesen wäre, weil sie bemerkt hat, daß die Jungs von der Mutter in dieser Familie mehr Liebe erhalten. Es kann sein, daß Antonella, die nach Giovanni und vor Gustavo geboren wurde, bemerkte, daß sie ihre Mutter glücklich machten, und zu sich selbst sagte: „Wenn ich auch ein Junge wäre ..." Ihre Mutter sagte es vor kurzem: „Sie geben mir Zucker."

Mutter: (beschämt) Aber nicht nur die beiden, alle drei!

Die abwertende Antwort der Mutter, die ihrer vorigen Aussage offen widerspricht, ist bei schwer gestörten Familien weit verbreitet und führt offensichtlich dazu Beziehungsdilemmata anzuheizen: „Will man mich oder nicht? Wollen sie, daß ich ein Junge bin oder ein Mädchen?"

Therapeut: (zu Antonella) Vielleicht haben Sie angefangen zu denken: „Ich bin als Frau widerlich, wenn ich als Mann geboren worden wäre, wäre alles besser." Und es ist sogar noch schlimmer, weiblich und dick zu sein, nicht wahr?

Antonella: (mit einem angewiderten Ausdruck) Oh, Mutter!

Therapeut: Man könnte sich ins Klo fallen lassen und die Spülung ziehen, nicht wahr!

Vater: Nein, denn jetzt, naja, jetzt sollte sie ihren Hormonhaushalt in Ordnung bringen ... sie sollte sich als Person akzeptieren ...

Mutter: Als Frau.

Therapeut: (zu Antonella) Ich nehme an, Sie haben kein Verlangen.

Antonella: Nein.

Therapeut: Haben Sie kein sexuelles Verlangen?

Antonella: Nein.

Therapeut: Sind Sie deswegen erleichtert?

Antonella: Wie bitte?

Therapeut: Würden Sie gerne ein sexuelles Verlangen spüren? Ich nehme an, daß nicht. Hätten Sie nicht gerne erotische Gedanken oder Vorstellungen? Haben Sie niemals erotische Gedanken?

Antonella: Nein.

Therapeut: Macht Sie das zufrieden?

Antonella: Ich weiß nicht, ich weiß nicht.

In diesem zentralen Teil der Sitzung ergeben sich eine Reihe von Hypothesen, die die Vergangenheit und Gegenwart bereichern und zukünftige Möglichkeiten einführen. Mit anderen Worten, der Therapeut ermutigt die Produktion von alternativen Geschichten über Vergangenheit und Gegenwart, durch die ein Schimmer der möglichen zukünftigen Welten sichtbar wird. Später verlagert der Therapeut den zeitlichen Horizont auf die Zukunft.

Therapeut: Bevor ich mit meinen Kollegen rede, möchte ich Ihnen noch eine Frage stellen: Wenn sich Ihre Brüder verheiraten und eigene Familien gründen, bei welcher Familie würden Sie dann gerne leben, falls Sie sich tatsächlich entschließen, bei Ihrer Familie zu bleiben? Bei Giovanni, Ihren Eltern oder Gustavo? Wen würden Sie wählen?
Antonella: Vielleicht bei ihnen beiden.
Therapeut: Was meinen Sie?
Antonella: Meine Brüder. Dann, ich weiß nicht ...
Therapeut: Welcher Bruder? Welche Familie?
Antonella: Es macht keinen Unterschied.
Therapeut: Es macht keinen Unterschied. Denken Sie manchmal über diese Dinge nach? Mögen Sie manchmal den Gedanken, eine dieser alten Jungfern zu werden, wie in den alten Tagen, die niemals heirateten ...
Antonella: Ja, stimmt.
Therapeut: ...die auf ihre Neffen und Nichten aufgepaßt hat ... Denken Sie manchmal darüber nach?
Antonella: Nein. Ich blicke nicht so weit nach vorn. Ich meine, daß für mich nur das Heute wirklich ist.

Wiederum beweist Antonella, wie begrenzt ihr zeitlicher Horizont ist:

1. Sie scheint zu versuchen, in die Kindheit zurückzukehren und das Erwachsensein abzulehnen (orale Regression, in Freudschen Begriffen).
2. Für sie ist „nur das Heute wirklich", aber dieses „Heute" hält sie völlig gefangen, wodurch sich ihre Geschichte nicht entwikkeln kann.

Ihre Annahmen werden ganz klar genährt von dem Feedback, das sie erhält. Es bringt sie in einer Reihe niemals endender Kreise immer wieder zu ihrem Ausgangspunkt zurück. Der Therapeut stellt jetzt die Annahme, daß Zeit statisch ist, offen in Frage. Er stellt eine Reihe von Fragen über die Zukunft, indem er neue Hypothesen anbietet, die sich nicht darauf beziehen, was gewesen ist, sondern auf das, was geschehen könnte. Mit der Beantwortung dieser Fragen öffnet Antonella ihren zeitlichen Horizont (und den ihrer Familie) gegenüber der Zukunft.

Therapeut: Sie denken also: „Vielleicht lebe ich bei ihnen." Bei wem würden Sie lieber leben, wenn Sie wählen könnten?
Antonella: Ich weiß nicht, ich weiß nicht.
Therapeut: Wenn sie die Wahl hätten, welche der drei Familien würde sich für Sie entscheiden, was meinen Sie?
Antonella: (zu ihren Brüdern) Ich glaube, sie nicht, weil ich unerträglich bin.
Therapeut: Ihre Eltern dann?
Antonella: Ja, meine Eltern, sie würden sich für mich entscheiden.
Therapeut: Die würden sich um Sie streiten, nicht wahr?
Antonella: Oh, nein. Nein.
Therapeut: Also würden sie sich nicht um Sie streiten?
Vater: Ja, na komm.
Antonella: Nein, sicher nicht.
Mutter: Naja, vielleicht nicht so sehr.
Antonella: Nein. Ich wäre vor allem eine Last.
Gustavo: Naja, in deinem jetzigen Zustand wäre es ...
Antonella: Ja, naja, ich sehe nicht, daß ich viel anders sein werde als im Moment.
Mutter, Giovanni: (lachen)
Antonella: Ich kann mir nicht vorstellen, in einer anderen Situation zu sein als in der, in der ich jetzt bin.
Therapeut: Sie könnten andere Forschungen durchführen: Fragen Sie Ihre Brüder und Eltern, wie Sie sein sollten, damit Sie für sie akzeptabel sind!
Antonella: Tja, das ist es ja gerade. Vielleicht wie ich vorher war. Vielleicht gerade so, wie ich vor einem Jahr war.
Giovanni: Nein.
Antonella: Wie ich vor vier Jahren war.
Therapeut: Schauen Sie, stellen wir uns einen Augenblick vor, daß Ihre Brüder in ein paar Jahren eigene Familien gründen, und Sie

weiterhin diese Vorstellung von sich selbst haben ... Sie könnten diese Vorstellung ja ändern, an einem bestimmten Punkt könnten Sie sich ja für eine junge Frau wie jede andere auch halten, eine Frau, die eine Familie haben kann, wenn sie das will, oder auch nicht, wenn sie das nicht will. Die ein Leben führt, bei dem sie mit der Außenwelt Kontakt aufnimmt, im Beruf vorankommt, was weiß ich, lebt, wie gewöhnliche Leute leben. Sie könnten sich für einen gewöhnlichen Menschen wie alle anderen auch halten, wie uns hier. Wir sind schließlich gewöhnliche Menschen, nicht wahr?

Die Zukunftsfragen des Therapeuten führen Möglichkeiten für die gesamte Familie ein, ein Zukunftsszenario, in dem die Brüder weggegangen sind, um eigene Familien zu gründen, und die Eltern und Antonella in einer Art Niemandsland zurücklassen. Während sich dieses zukünftige Szenario entwickelt, sieht Antonella keinen Ausweg, keine Möglichkeit der Unabhängigkeit in der Zukunft. Sie sieht nur Stagnation und Abhängigkeit. Ihre Äußerung: „Ich kann mir nicht vorstellen, in einer anderen Situation zu sein als in der, in der ich jetzt bin", zeigt, wie schwer begrenzt ihr zeitlicher Horizont ist. Zwei Interpretationen scheinen möglich zu sein – entweder ihre Pein und Verzweiflung verengen ihren zeitlichen Horizonts oder ihr beschränkter zeitlicher Horizont verursacht ihre Symptome. Wir meinen jedoch, daß diese offensichtliche Dichotomie der Sprache selbst immanent ist: Es wäre „systemischer", hier von einer selbstreflexiven Schleife zu sprechen.

Die Schlußintervention des Therapeuten führt alle möglichen Optionen ein, die Antonella hat: so bleiben, wie sie ist, sich verändern, heiraten, nicht heiraten, eine Karriere beginnen, ein „gewöhnliches" Leben führen, etc. Der Therapeut tut dies, um Antonellas Möglichkeiten zu vermehren und um zu vermeiden, daß er, indem er ihr eine vorgeschriebene Lösung aufzwingt, seine Neutralität verliert.

Therapeut: Stellen wir uns vor, daß Sie diese Idee beibehalten ...
Antonella: Daß ich nicht normal bin.
Therapeut: Daß Sie keine Normalsterbliche sind, sondern eine widerliche Person, die in die Mülltonne gehört. Stellen wir uns vor, Ihre Brüder heiraten und Sie leben bei einem von ihnen. Wie sehen Sie in ein paar Jahren Ihre Eltern, wenn sie für sich sind ...
Antonella: Wie wären die beiden dann?

Therapeut: Ohne Kinder.
Antonella: Ohne Kinder? Oh, das wär' ein einziger großer Streit.
Vater, Mutter, Giovanni: (lachen)
Therapeut: Ein einziger großer Streit?
Antonella: Ja.
Vater: Das würde dir gefallen ...
Therapeut: Könnte es nicht sein, daß Ihre Mutter anfinge, Ihrem Vater ein wenig Zucker zu geben?
Antonella: Vielleicht.
Therapeut: Das könnte doch geschehen, wenn die Kinder nicht mehr da sind, oder?
Antonella: Vielleicht, es könnte geschehen ...
Therapeut: Wahrscheinlich braucht Ihr Vater überhaupt keinen Zukker. Einfach die Geste, ihn zu erhalten.
Antonella: Ich weiß nicht.
Gustavo: Alles, was Vater braucht, ist sein Leiden.

Die Zukunft, die sich der Therapeut hier vorstellt, sieht so aus, daß der Auszug der Kinder dazu führen wird, daß die Eltern zu streiten aufhören und ein neues Verständnis füreinander entwickeln. Antonella scheint diese Aussichten zu akzeptieren, Gustavo jedoch nicht. Der Dialog gibt ihnen die Chance zu entdecken, daß das Verhalten eines jeden mit dem Kontext verknüpft ist, anstatt mit unveränderlichen persönlichen Eigenschaften.

Am Ende der Sitzung geht der Therapeut hinaus, um sich mit dem Team zu beraten. Als er zurückkommt, bietet er diese Schlußfolgerung an.

Therapeut: Meine Kollegen und ich haben alles durchgesprochen, und im Moment sind wir zu dieser Schlußfolgerung gekommen: Um Sie, Herr Viola, sind wir nicht besorgt, weil Sie Ihr ganzes Leben lang daran gewöhnt waren, bittere Pillen zu schlucken. Wir sind auch wegen Antonella nicht so sehr besorgt, weil sie genau weiß, daß es an ihr liegt, sich in Zukunft zu entscheiden, entweder die Idee, daß sie wertlos ist, beizubehalten oder eine neue Idee zu haben, daß sie nämlich genausoviel wert ist wie alle anderen auch. Es ist ihre Entscheidung, deshalb machen wir uns keine Sorgen. Nein, es ist ihre Mutter, um die wir uns Sorgen machen. Nach meinen Kollegen, und ich bin da einer Meinung mit ihnen, ist die Mutter dieser Familie daran gewöhnt, Zucker zu bekommen. Und wenn man sich an etwas gewöhnt, wird man abhängig davon. In naher Zukunft, wenn die Söhne heiraten und andere Frauen ihren Zucker haben wollen, könnte wohl die Zuckerversorgung der Mutter plötzlich reduziert werden. Wir meinen, daß Sie (zur Mutter) nie das erfahren haben, was Ihr Mann in der Vergangenheit erfahren hat. Sie sind noch nicht immun. Ist das, was ich sage, klar?

Mutter: Ja.

Therapeut: Sie sind noch nicht daran gewöhnt, und wir glauben, daß Sie in Zukunft in einer verletzbaren Situation sein werden. Es könnte sein, daß Sie angesichts des vielen Zuckers, den Sie nehmen – ich spreche hier metaphorisch – einen Beziehungsdiabetes bekommen!

Mutter: (stimmt zu) Gefährlich.

Therapeut: Deshalb meinen wir, daß Sie in einer delikaten Situation sind, viel mehr als Ihr Mann. Es ist wohl das beste, wenn die Familie eine Weile darüber nachdenkt. Im Moment sehen wir, daß Antonella auf irgendeine Weise versucht, ihre Mutter daran zu gewöhnen, eine oder zwei bittere Pillen zu schlucken. Wie sehr Sie es auch versuchen, Frau Viola, Sie können Antonella nicht überreden, sich zu ändern, so daß Sie in diesem Sinn bittere Pillen schlucken, zumindest im Moment.[7] Diese bittere Pillen tun Ihnen gut, sie machen Sie stärker, immunisieren Sie so wie Ihren Mann. Immunität kann im Leben auch von Notzeiten kommen. Wir halten es für eine gute Idee, wenn Ihre Söhne Ihnen helfen, indem sie anfangen, Ihnen weniger Zucker zu geben, und Sie daran gewöhnen, mit weniger Zucker zu leben.

Giovanni: (aufgeregt, mit erregter Stimme) Ich glaube nicht, daß das so ist. Für mich ist er völlig zu (weist auf seinen Vater), unfähig, Freundschaften zu schließen, aber (wendet sich an seine Mutter) sie hat keine Probleme.

7 In Selvini-Palazzolis und Viaros Modell (1989) könnte man Antonellas Verhalten als das einer Anorektikerin der „Gruppe B" bezeichnen. In solchen Fällen wird die Lieblingstochter des Vaters anorektisch. Sie „bewundert den Vater, hält ihn gegenüber der Mutter für weit überlegen" und „findet, daß die Art, wie die Mutter ihn gelegentlich behandelt, nicht zu rechtfertigen ist" (1989, S. 8). Wenn das anorektische Symptom erscheint („vierte Stufe"), „halten wir den Entschluß zu hungern von Beginn an für eine Herausforderung der Mutter ... dem Entschluß gehen häufig Verhaltensweisen der Mutter voraus, die den Vater oder die Tochter selbst verletzten. Gleichgültig, wie die Reduzierung des Essens beginnt, sie entwickelt sich rasch in einen stummen Protest gegen die Mutter und in ihre Ablehnung." (S. 9)

Therapeut: Herr Viola, ich kann Ihnen mitteilen, daß Giovanni Ihrer Frau gerade ein weiteres Stück Zucker gibt.
Mutter: (ist lebhaft einverstanden)
Therapeut: Sehen Sie das jetzt? Sehen Sie das jetzt auch, Frau Viola?
Mutter: Ja, ich sehe es, ich sehe es. Giovanni sieht das auch, aber ...
Therapeut: Diese Zuckerstückchen sind das, was wir im Moment sehen. Was Ihr Sohn sagt, ist weder richtig noch falsch. Es bestätigt nur, daß er Ihnen sofort ein Stück Zucker und seinem Vater eine bittere Pille geben wollte. Unsere Idee besteht darin, daß Ihnen Ihre Söhne helfen sollten, indem sie Ihnen in der Zeit vor der nächsten Sitzung ein bißchen weniger Zucker geben.

Alle stehen auf, Mutter und Vater zeigen, daß sie mit dem Therapeuten einverstanden sind; Giovanni scheint eher beschämt als ärgerlich zu sein; Gustavo gleichgültig; Antonella erleichtert.

Im folgenden sollten einige Punkte dieser Intervention hervorgehoben werden.

1. Die Familie kam mit einer Diagnose zur Therapie: Antonella leidet an Anorexie und einer Psychose. Der Therapeut formulierte das Problem neu als ein existentielles und nicht als klinisches Leiden.
2. Die Sorge verlagerte sich von Antonella, für die man verschiedene mögliche positive Zukunftsaussichten sah, wenn sie es will, auf die Mutter, die in Gefahr ist, einen „Beziehungsdiabetes“ zu bekommen.
3. Das Therapieteam wurde durch Giovanni auf die Metapher des „Beziehungsdiabetes“ gebracht, der sagte, sein Vater habe immer „bittere Pillen geschluckt“, und sarkastisch hinzufügte, daß „ihm das recht geschieht“. Die Metapher diente auch dazu, die Familie über die möglichen Gefahren einer Allianz zwischen der Mutter und Giovanni gegen den Vater nachdenken zu lassen.
4. Wegen der positiven Wirkungen, die ihre „bitteren“ Pillen auf ihre Mutter haben können, hat Antonellas Verhalten auch positive Konnotationen angenommen.
5. Nach Giovannis letztem Versuch, sich als Führer der Gruppe zu etablieren, indem er die Intervention kritisierte, wandte sich der Therapeut an den Vater und distanzierte sich dadurch von den Versuchen des ältesten Sohnes, mit der Mutter eine Allianz gegen ihn einzugehen.

Wenn wir die zweite Sitzung kurz als Ganzes betrachten, wird die Wichtigkeit der Zeit sofort offensichtlich. Das Gespräch begann mit der Analyse von Antonellas gegenwärtiger Situation – ihrer existentiellen Pattsituation –, die durch die Beziehungen innerhalb der Familie geschaffen wurde, und der Unsicherheit der Beziehungen außerhalb der Familie. Neben der Verknüpfung verschiedener Bedeutungen innerhalb der Familie erleichtert der häufige Gebrauch von Metaphern in dieser Sitzung die Verbindung von individueller und Familienzeit. Nach einigem Zögern teilte der Rest der Familie schließlich Antonellas „Forschungsmetapher", und Antonella wurde im Hier und Jetzt der Familie als erfahrene „Forscherin" akzeptiert.

Später wurde Antonellas Geschichte in die Gesamtsituation der Familie eingeflochten, einschließlich ihrer Beziehungen mit den Herkunftsfamilien der Eltern. Durch die Lockerung des Würgegriffes der Vergangenheit auf die Gegenwart und der dadurch verursachten Verbreiterung des zeitlichen Horizonts ermöglichten hypothetische Fragen über die Vergangenheit die Vorstellung von alternativen Welten. Zuerst schien Antonella in einem endlosen Kreis gefangen zu sein, in einer statischen zirkulären Zeit, im Verlauf der Sitzung tauchte jedoch die Möglichkeit auf, die Zeit wieder zum Fließen zu bringen. Es war, als ob ein gestauter Fluß wieder zu fließen begonnen hätte.

Dritte Sitzung

Die dritte Sitzung wurde im September nach einer langen Sommerpause abgehalten. Antonella schien glücklich und hatte merklich zugenommen. Während sie früher Essen vermieden hatte, aß sie jetzt ständig. Auf die Frage des Therapeuten, wie der Sommer gewesen sei, antwortete die Mutter: „Nicht sehr gut für sie" (Antonella).

Dagegen berichtete Giovanni, wie sehr viel besser sich seine Schwester fühle, und verwies auf eine *Lebensfreude,* die früher völlig gefehlt hatte. Antonella hatte während des Sommers nicht nur angefangen, wieder auszugehen, sondern war sogar allein ans Meer gefahren und hatte wieder ihre Freunde besucht. Ihre Temperaturphobie war verschwunden, und sie trug ihre Pullover nicht mehr. Sie hatte ihre frühere gute Laune und ihren Sinn für Humor wiedergefunden. Das einzige Problem war ihre Völlerei. Während sich die Familie über die Verbesserung einig war, schien ihre Mutter recht verwundert und lenkte die Aufmerksamkeit auf Antonellas ernsthaften Gewichtsprobleme. Es schien sie anzuwidern, wenn sie ihre Tochter anschaute!

Die Schlußintervention gründete sich auf die Hypothese, daß Antonella einen Weg aus ihrer gegenwärtigen Lage finden würde, wenn es ihr gelingen könnte, ihre Beziehung mit ihrer Mutter neu zu definieren und sich von ihr akzeptiert zu fühlen. Es wurde entschieden, ein Ritual zu verschreiben.

Therapeut: Wir spüren, daß zwischen Antonella und ihrer Mutter und umgekehrt eine starke Bindung besteht, obwohl sie in den letzten Jahren voneinander enttäuscht waren. Wir möchten Sie, Antonella, und Sie, Frau Viola, bitten, einen Tag der Woche, Mittwoch, auszuwählen, um zu versuchen, einander besser zu verstehen. An diesem Tag sollten es die anderen Familienmitglieder vermeiden sich einzumischen, und sie sollten es für sich behalten, wie sie den Tag verbracht haben.

Offensichtlich zielt das Ritual darauf, zwischen Mutter und Tochter eine neue Beziehung zu ermutigen. Die zeitliche Sequenz, die das Mutter-Tochter-Paar durch die Verschreibung der Geheimhaltung vom Rest der Familie trennt, scheint für diesen Zweck gut geeignet zu sein.

Vierte, fünfte und sechste Sitzung

Antonella ging es ständig besser. Stimuliert durch die Rückkehr zum Universitätsstudium, unterzog sie sich einer Nulldiät und nahm das, was sie zugenommen hatte, wieder ab, ohne ihre gute Laune und ihren Sinn für Humor zu verlieren. Die Rückkehr zur Universität nach zwei Jahren war eine große Leistung für sie und steigerte ihr Selbstwertgefühl noch mehr. Es ist bedeutsam, daß Antonella während der letzten beiden Sitzungen zwischen ihren Brüdern saß und daß sie sie nicht mehr als ein armes kleines krankes Mädchen behandelten. Tatsächlich berieten sie sich häufig miteinander und sagten ihren Eltern mehr als einmal, daß „es an der Zeit ist, mit dem Streiten aufzuhören" und herauszufinden, wie man in Zukunft miteinander leben könnte.

Katamnese

Im Januar 1991 – etwas mehr als zwei Jahre nach Abschluß der Therapie – rief der Therapeut die Familie an, um herauszufinden, was die Therapie ergeben hatte. Die Mutter war am Telefon und berichtete, daß sich die Veränderungen fortgesetzt hätten. Interessanterweise hatte sich Antonella im Jahr davor dafür entschieden, ihre wöchentlichen Termine bei ihrer Therapeutin wieder aufzunehmen, um „über ihre persönlichen Probleme zu sprechen".[8]

Die Familienatmosphäre hatte sich deutlich verbessert, wobei die Kinder sich allmählich mehr mit dem Studium und der Außenwelt beschäftigten und die Eltern viel besser miteinander auskamen. Als sie gefragt wurde, was sie von Familientherapie halte, antwortete die Mutter, daß alle Familienmitglieder offen erklärt hatten, daß Familientherapie überaus nützlich sei.

9.3 Aldo: „Die Zeit ist stehengeblieben!"

Wir wollen jetzt über eine Beratung berichten, die 1989 auf Bitte eines jungen Psychiaters abgehalten wurde, der sich um einen jungen ambulanten Patienten namens Aldo kümmerte. Bei Aldo, inzwischen 26 Jahre alt, war fünf Jahre vorher eine Schizophrenie diagnostiziert worden. Die Symptome traten zum ersten Mal während einer Reise nach Tibet auf: ein organisierter Wahn, in dem der Dalai-Lama sein Leben und das der Menschen, mit denen er Kontakt hatte, beherrschte. Er verbrachte einige Zeit in einem psychiatrischen Krankenhaus, hatte aber nach der Entlassung einen Rückfall und mußte wieder eingewiesen werden. Er hatte einige Monate bei seiner Familie gewohnt, verursachte aber ein solches Chaos, daß sein Vater und sein Bruder gesagt hatten, er müsse entweder ausziehen oder ins Krankenhaus zurückgehen.

Bei der Beratung waren Aldo, seine Eltern und der zuständige Psychiater anwesend. Aldos Bruder Giulio, 20 Jahre alt und ein Weberlehrling, konnte nicht kommen, weil er seinen Militärdienst leistete.

8 Bei manchen Familien mit jugendlichen oder jungen erwachsenen Patienten wird nach Beendigung der Familientherapie eine Einzeltherapie aufgenommen oder weitergeführt. Der Grund dafür liegt vielleicht darin, daß Familientherapie durch das Lösen von Familienproblemen den Prozeß der individuation und Separation einzelner Familienmitglieder fördert. Manche werden durch eine Einzeltherapie auch stimuliert, unabhängiger zu werden.

Wir sollten zuerst anmerken, daß unser Berater häufig vom normalen Ablauf abweicht, wenn er zum ersten Mal eine Familie mit einem psychotischen Mitglied sieht. Es wird viel mehr Zeit darauf verwandt, mit dem psychotischen Patienten als mit den anderen Familienmitgliedern zu sprechen. Der Hauptgrund dafür liegt darin, daß Familien in der Regel mit dem Psychiater über das psychotische Mitglied reden, das für unfähig erachtet wird, „normal" logisch zu denken und folglich einen „sinnvollen" Dialog zu führen. Der Psychotiker, der oft widerspenstig ist, eine negative Haltung und merkwürdiges Verhalten an den Tag legt, scheint diesen Glauben oft zu rechtfertigen, so daß der Dialog eingeengt und von den „geistig gesunden" Familienmitgliedern und den psychiatrischen Experten polarisiert wird. Wenn das geschieht, hat der Berater im Endeffekt die „Diagnose" akzeptiert, daß der Patient nicht in der Lage ist, ein Verständnis zu entwickeln oder Willensentscheidungen zu treffen und damit auch logisch zu denken, was dazu führt, daß der Patient ausgeschlossen wird.

Wir dagegen versuchen, einen Dialog mit dem Psychotiker aufzubauen. Er wird nicht mehr für „anders" oder „verrückt" gehalten, und das vermittelt ihm und anderen, daß er normal reden kann, wenn er will. Wenn der Patient etwas Unverständliches sagt, fordert ihn der Berater oder Therapeut heraus: „Ich habe Ihnen eine Frage gestellt, aber Ihre Antwort nicht verstanden. Wahrscheinlich haben Sie Ihre Gründe dafür, so zu antworten, daß ich nicht verstehen kann. Ich werde weiterhin Fragen stellen, Sie aber werden entscheiden, ob und wann Sie wollen, daß Ihre Antworten verstanden werden."

Das ist der erste Schritt, um mit dem psychotischen Patienten eine Verbindung herzustellen. Das wird erfolgreich sein, wenn der Berater oder Therapeut die „Realität" und Logik des Psychotikers genauso akzeptiert wie die „Realität" und Logik „geistig gesunder" Menschen, wobei die Legitimität beider implizit bestätigt und damit eine neutrale Position eingenommen wird. Wenn seine Welt und Logik auf diese Weise akzeptiert wird, kann der Psychotiker seinerseits anfangen, die Welt und die Logik des Beraters zu akzeptieren, der so eine Brücke darstellt zwischen der Welt der „Verrücktheit" und der Welt der „Normalität".

Bei der Beantwortung der ersten Frage des Beraters: „Wie sieht die Situation jetzt aus?", sprach Aldo von der Vergangenheit, seiner Reise nach Tibet vor fünf Jahren, davon, wie die Geister des Dalai-

Lama ihm Erleuchtung gebracht hatten – „eine Idee, ein Ideensystem", die ihm ein wahres Bild der Welt und menschlicher Beziehungen vermitteln würde. Aldos Versuche, seine Familie zu „reformieren", insbesondere seine Mutter, die er als aggressiv und autoritär beschrieb, waren von Bedeutung. Der Berater zeigte sofort Neugier und Interesse an der außergewöhnlichen Geschichte, die Aldo erzählte, und fand unaufdringlich einen Zugang zu seiner Art des Denkens. Allmählich zeigte Aldo, daß er den Berater als einen wichtigen Experten akzeptierte, und bot ihm den Schlüssel zu seiner Welt an. Für ihn war der Berater zu jemanden geworden, „der versteht", einer, der wußte, was mit ihm geschah, und der seine Ideen verstand. Jetzt konnte der Berater auch anfangen, Aldos Sicht der Welt mit seiner eigenen zu vergleichen, wobei er besondere Aufmerksamkeit auf winzige emotionale Signale richtete, die die Grenzen andeuteten, über die Aldo ihn nicht hinausgehen lassen würde. Es wird häufig festgestellt, daß eine „gute" Beziehungsaufnahme zu Beginn dem Berater einen „Kredit" gibt, den er im Verlauf der Sitzung ausgeben kann. Wenn er den Eindruck hat, daß der gesamte Kredit verbraucht ist, muß er sehr vorsichtig vorgehen.

Als im weiteren Verlauf der Sitzung ein guter Kontakt mit Aldo hergestellt worden war, beschloß der Berater, ihn mit einer Realität ohne Wahnvorstellungen zu konfrontieren.

Therapeut: Aldo, warum haben diese Geister des Dalai-Lama – die, wie Sie gesagt haben, so mächtig sind, mächtiger als alle Menschen um Sie herum – Sie dazu gebracht, wie ein Verrückter zu leben, so daß Sie in ein psychiatrisches Krankenhaus eingeliefert werden mußten? Mein Kollege hier ist doch Psychiater, nicht wahr? Sie sind hier nicht bloß zu Besuch, Sie sind hier, um geheilt zu werden, Sie werden medikamentös behandelt: Wieso hat diese Idee dazu geführt, daß Sie lebten wie ein ...

Aldo: Wie ein Verrückter!

Therapeut: Ja, genau.

Aldo: Jetzt stelle ich Ihnen mal eine Frage: Leben wir in der Gegenwart, in der Zukunft oder in der Vergangenheit?

Therapeut: Was meinen Sie?

Aldo: Ich glaube nicht, daß es so etwas wie die Zeit gibt. Das ist ja das Problem.

Therapeut: Nun, Sie müssen gute Gründe dafür haben ...

Aldo: Und ich kann nie verstehen, ob ich in der Vergangenheit, der Gegenwart oder der Zukunft bin. Also werde ich verrückt. Weil ich nicht in aller Ewigkeit hier leben will. Das ist noch ein weiteres Problem.

Wenn er mit den Folgen seiner Wahnvorstellungen auf sein tägliches Leben konfrontiert wird, flüchtet Aldo in eine Zeit, die nicht existiert ,und bittet seinerseits den Berater zu erklären, in welcher Zeit er, Aldo, lebt. Sein sibyllinischer Ausdruck: „Ich werde verrückt. Weil ich nicht in aller Ewigkeit hier leben will", scheint anzudeuten, daß seine Flucht in die Verrücktheit ihn vor dem Schrecken seiner persönlichen Situation bewahren soll, die er tragischerweise als angehaltene, unveränderliche Zeit, als Ewigkeit erlebt. Diese Interpretation deutet auf das zeitliche Gefängnis hin, in dem Aldo zu leben scheint: Es ist ewig, weil es weder Vergangenheit, Gegenwart noch Zukunft gibt. Würde Aldo sein gegenwärtiges Gleichgewicht verlieren und einen akuten Schizophrenieschub erleiden, würde sein Leben wahrscheinlich in ein totales Chaos verfallen, eine Existenz in einer fragmentierten Zeit, in der Vergangenheit, Gegenwart und Zukunft sich auf sonderbare Weise kreuzen und sich die Wahrnehmung von Dauer und Rhythmus enorm verändern.

Der Berater fährt mit der Analyse fort – mit seinen Bemühungen, die Sichtweise (und deren Auswirkungen) eines von einer Psychose überwältigten Mannes zu verstehen.

Therapeut: Ich möchte Ihnen jetzt auch eine Frage stellen. Stellen Sie sich vor, diese Idee, die von Ihnen Besitz ergriffen hat und Sie zwingt, so zu leben ... Stellen Sie sich vor, diese Idee würde verschwinden und Sie wären frei. Was würden Sie tun? Wie würde Ihr Leben aussehen?
Aldo: Es wäre ein Leben ... Es wäre auf jeden Fall viel glücklicher.

Am Anfang legte Aldo ein imposantes und überlegenes Auftreten an den Tag und schien damit zufrieden zu sein, vom Geist des Dalai-Lama „besessen" zu sein. Aber jetzt scheint er zum ersten Mal Zweifel zu hegen, als habe er einen Blick von einer glücklicheren Welt erhascht. Sein Tonfall ist nüchtern, beinahe deprimiert. Die Fragen haben ihn von einer ewigen Gegenwart, in der sich nichts verändert, befreit und ihn in den Fluß der Zeit geworfen, in dem er anfängt, undeutliche künftige Szenarien zu erblicken.

Therapeut: Es wäre auf jeden Fall ein glücklicheres Leben, wie Sie sagen. Und was würden Sie tun, wenn das geschähe? Würden Sie sich zum Beispiel eine Arbeit suchen, und was für eine Arbeit hätten Sie gerne?
Aldo: Das Problem ist, daß ich nicht dumm bin. Ich wäre gern dumm.
Therapeut: Nein, Entschuldigung, würden Sie bitte meine Frage beantworten?
Aldo: Welche Frage war das?
Therapeut: Stellen wir uns vor, diese Idee würde verschwinden, wie sie gekommen ist ...
Aldo: Ich wäre ja dumm.

Das erinnert an Haleys Beschreibung – in seinem klassischen Artikel *The Family of the Schizophrenic: A Model System* (1959) – der Art und Weise, wie Schizophrene Vorstellungen wie Sender, Empfänger, Botschaft und Kontext ignorieren, die die Kommunikation erst ermöglichen. Haley würde sagen, daß Aldo eine Definition seiner Beziehungen zu anderen zu vermeiden versucht.

Manche Antworten Aldos auf die ihm angebotenen Wahlmöglichkeiten drücken Verwirrung und eine Menge Ambivalenz aus, was für psychotische Zustände charakteristisch ist. Es ist bedeutsam, daß Aldo das Wort „dumm" sofort nach dem gebraucht, was eine neue Einsicht zu sein schien: „Es wäre ein Leben ... Es wäre auf jeden Fall viel glücklicher." Die „Dummheit" ist wohl weniger eine Methode, die Vorstellung der Arbeit zu vermeiden, als vielmehr ein Schutz gegen Introspektion als Schutz davor, seine wirkliche Situation anzuerkennen. Sobald Aldo die Möglichkeit eines anderen Lebens erblickt – wahrscheinlich fürchtet er, damit nicht zurechtzukommen –, flüchtet er in die Verdrängung oder, wie er selbst sagt, in die Dummheit. Es wird verständlich, wie der Verkehr mit den Geistern des Dalai-Lama dazu dient, eine befürchtete Schwäche oder Impotenz zu tarnen: In Begriffen der Psychodynamik dient er dazu, eine narzißtische Wunde zu tarnen.

Wir könnten die Hypothese aufstellen, daß Aldo sich in seinem präpsychotischen Leben in einem Zustand der Verlorenheit, der Unsicherheit und der Angst vor der Zukunft befunden hatte. Sein Vater und sein Bruder, die gut miteinander auskamen, waren ihm gegenüber voller Ressentiments und Feindseligkeit und lehnten all seine Bemühungen ab, akzeptiert zu werden. Darüber hinaus war die Beziehung zu seiner Mutter schwer gestört: Sein Wahn hat negative Auswirkungen hauptsächlich auf sie; Aldo hörte nicht auf sie und kränkte sie ständig. Aldos Situation schien durch Isolation und Entfremdung charakterisiert zu sein.

Therapeut: Moment mal. Es hat den Anschein, daß Sie sich in einem gewissen Sinne dumm verhalten, wenn Sie dieser Idee folgen. Diese Idee läßt Sie alles machen, was sie will. Sie sind nicht frei. Sie scheinen wie jemand zu leben, der dumm ist ...

Aldo: Nein, wie ein Verrückter. Man muß die Worte sehr sorgfältig unterscheiden. Denn „dumm" ist etwas ganz anderes als „verrückt".

Therapeut: Aber Sie haben diese Idee gehabt. Nicht Ihr Bruder oder Ihre Mutter. Sie haben sie gehabt. Also könnten wir fragen, warum Sie diese Idee hatten und beispielsweise nicht Ihr Bruder. Haben Sie sich jemals diese Frage gestellt?

Aldo: Weil ich in die geistige Welt eingetreten bin und mein Bruder nicht, obwohl er alle Vorteile dieser Welt hat.

Diese Aussage deutet offensichtlich auf eine große Rivalität zwischen den Brüdern hin, eine so große, daß, wenn der Bruder „in dieser Welt" respektiert wird, Aldo in der geistigen – und somit überlegenen – Welt des Dalai-Lama respektiert wird. Es ist wahrscheinlich, daß die Mutter schon verdeckt angefangen hatte, den Bruder zu bevorzugen, bevor Aldos Symptome auftraten.

Achten Sie darauf, wie der Berater gegen Ende des Wortwechsels mehr riskiert! Am wichtigsten ist, daß er Aldo mittels einer hypothetischen Frage in die Welt der „geistig Gesunden" zurückbringt: „Wenn Sie nie auf diese (wahnsinnige) Idee gekommen wären, wie würden Sie jetzt leben?" Aldo scheint die Hypothese zu akzeptieren, indem er die beiden Welten vergleicht – die Welt der Dummheit und die Welt der Verrücktheit, beide zeitlos. Er zögert, scheint nicht in der Lage zu sein, in die Welt der Realität, der Entwicklung und der Veränderung einzutreten.

Der Berater bedrängt ihn mit einer weiteren Herausforderung noch mehr: Gerade weil er diese Idee hat, scheint Aldo dumm zu sein. Darüber hinaus betont der Berater Dummheit anstatt Verrücktheit, da Dummheit weniger ernst, aber auch herausfordernder ist. So fährt er damit fort, in Aldos (psychotische) Welt einzutreten und sie zu verlassen – rein und raus, raus und rein, in rascher Folge. Er versucht, zu Aldo eine Beziehung zu finden, sich mit ihm zu vergleichen, seine Welt und seine Logik zu akzeptieren, ihm die Möglichkeit zu bieten, die Welt und die Logik des gesunden Menschenverstandes zu betreten. So kann Aldo in einen Diskurs eintreten, der ihn die Existenz unterschiedlicher Realitäten, unterschiedlicher Welten anerkennen läßt. Er kann den anderen als eine ihm ähnliche Person erleben.

Therapeut: Ich will Sie jetzt nochmal fragen: Wenn Sie diese Idee nicht gehabt hätten, die dazu führt, daß Sie sich dumm verhalten oder wie ein Verrückter, wie Sie sagen, in dem Sinne, daß Sie sich nicht davon befreien können, sie hat Sie zu ihrem Sklaven gemacht ... Wenn Sie diese Idee abschütteln könnten, was würden Sie jetzt tun?
Aldo: Ich würde arbeiten.
Therapeut: Was für eine Arbeit würden Sie machen?
Aldo: Ah! Ich wäre immer noch technischer Zeichner.
Therapeut: Sie wären technischer Zeichner. Würden Sie eine Freundin haben ... Wären Sie verheiratet?
Aldo: Ja.
Therapeut: Wann hätten Sie geheiratet?
Aldo: Mit zweiundzwanzig.
Therapeut: Wie ist Ihre Ehe?
Aldo: Ich bin mit einer wirklich intelligenten Frau verheiratet und habe zwei nette Kinder.
Therapeut: Intelligenter als Ihre Mutter?
Aldo: Ruhiger, sie schreit nicht.
Therapeut: Ähnelt diese Frau Ihrer Mutter?
Aldo: Nein.
Therapeut: Unterscheidet sie sich sehr von Ihrer Mutter?
Aldo: Ja, doch. Das Gegenteil.
Therapeut: Also eine ruhige Frau. Ihre Mutter ist aber nicht sehr ruhig?
Aldo: Nein.
Therapeut: Sie ist nicht sehr ruhig in dem Sinne, daß sie sich Ihnen aufdrängt und will, daß man ihr gehorcht?
Aldo: Ja, sicher.
Therapeut: Manchmal befinden Sie sich in einem Dilemma: Sollten Sie der Idee, das heißt dem Dalai-Lama gehorchen oder Ihrer Mutter? Da Ihre Mutter ja auch gesagt hat, daß sie Sie dazu bringen will, ihr zu gehorchen. Befinden Sie sich manchmal auch in einem Dilemma,

wenn Ihre Mutter stärker sein will als Ihre Idee? Haben Sie meine Frage verstanden?
Aldo: Meine Mutter ist nie stärker ...
Therapeut: Aber sie versucht es?
Aldo: Meine Mutter versucht, stärker zu sein als meine Ideen, als meine Idee, aber meine Idee ist stärker als meine Mutter.

An diesem Punkt, da Aldo die Möglichkeit einer Rückkehr zur Welt der Vernunft zu akzeptieren scheint, erzeugen hypothetische Fragen eine andere Realität im Hier und Jetzt, die niemand – bestimmt nicht Aldo und weder seine Eltern noch der Psychiater – für möglich hält, es sei denn in einer fernen Zukunft. Aldo und der Berater konstruieren nun gemeinsam ein Szenario, in dem Aldo arbeitet, heiratet und Kinder bekommt: Er ist jemand, der im Leben weiterkommt. Der Schritt vom Konditionalis zum Indikativ läßt das Szenario wirklicher erscheinen. Nach unserer Erfahrung, besonders mit prächronischen Fällen, kann eine wahrhaft dramatische, sprunghafte Veränderung stattfinden, bei der psychotische Symptome völlig verschwinden. In Fällen, bei denen die Veränderung langsamer vonstatten geht, beinhaltet der Schritt in die „Normalität" oft eine depressive Phase. Es gibt tatsächlich depressive Elemente in Teilen dieses Sitzungsinterviews: Es ist unter solchen Umständen wichtig, daß der Berater eine positive Weltsicht hat.

Aldos Erwiderung zeigt, daß er in diese mögliche Welt eingetreten ist: Sein Ton verändert sich (er ist jetzt weniger träge und affektiert), er scheint bereit zu sein, die Brücke zur realen Welt zu überqueren. Der Berater steht sozusagen auch auf der Brücke, die die Wahnwelt mit der Wirklichkeit verbindet, und wartet darauf, daß Aldo zu ihm kommt.

Es mag gelegentlich den Anschein haben, daß die Sprache des Beraters Druck auf den Klienten ausübt (die Anspielungen darauf, daß Aldo beispielsweise „dumm" oder „verrückt" zu sein scheint), man muß das aber im Kontext der Beziehung als Ganzes sehen. Es ist bekannt, daß im Kontext einer „negativen" Beziehung – bei zwei streitenden Partnern zum Beispiel – der Ausdruck „Ich liebe dich" nichts mit dem eigentlichen Ausdruck zu tun hat. Genauso muß man „Ich hasse dich" im Kontext einer positiven, liebevollen Beziehung ganz anders auffassen[9].

9 Mitte der 70er Jahre schickte das ursprüngliche Mailänder Team (Selvini, Boscolo, Cecchin und Prata) Gregory Bateson einen Brief, in dem er um seine

In der letzten Gesprächsrunde – wir sind inzwischen etwa in der Mitte der Sitzung – stellt der Berater eine Verbindung zwischen der Mutter und Aldos imaginärer Frau her. Jetzt kann die Interaktion der Familie eingehender untersucht werden und die Eltern können am Gespräch beteiligt werden. Vater und Mutter hatten dem verbalen Schlagabtausch zwischen Aldo und dem Berater aufmerksam zugehört und sahen mit Erstaunen, wie ihr Sohn und der Berater einen langen und oft sinnvollen Dialog führten. So etwas öffnet den nahen Verwandten eines Psychotikers oft die Augen. Normalerweise sind Gespräche zwischen Psychotikern, Familienmitgliedern und Außenstehenden entweder von vornherein zum Scheitern verurteilt oder kommen nur mühsam voran, sind fruchtlos und wiederholen sich, weil keine gemeinsamen Bedeutungen hergestellt werden können.

Therapeut: Versucht Ihr Vater auch stärker zu sein als Ihre Ideen?
Aldo: Mein Vater sagt nie etwas.
Therapeut: Aha, er sagt nie etwas ... Wenn Sie sagen, Sie würden eine Frau heiraten, die sich von Ihrer Mutter unterscheidet, das heißt eine ruhigere Frau, eine, die Ihnen nicht sagt, was Sie zu tun haben, die keine Befehle erteilt ...
Aldo: Sagen wir mal, es ist nicht schlimm, Befehle von jemanden erteilt zu kriegen, der es verdient, zu befehlen.
Therapeut: Ach so, also Ihre Mutter ...
Aldo: Die tibetanischen Lamas und ich ...
Therapeut: Lassen wir die Lamas jetzt erstmal da raus. Sie sagen, Sie möchten eine Frau, die sich von Ihrer Mutter völlig unterscheidet ...
Aldo: Es ist komisch, nicht wahr? Viele Leute wollen, daß ihre Frauen so sind wie ihre Mütter. Das ist es, was ich nicht verstehe.
Therapeut: Aber Sie wollen eine Veränderung. Wir werden später sehen, warum; es scheint wichtig zu sein. Also, Sie sagen: „Meine Mutter ist jemand, die dazu neigt, zu befehlen, und mein Bruder und mein Vater gehorchen." Wenn sie nicht gehorchen, wird Ihre Mutter laut, und dann gehorchen sie. Aber Sie nicht, da klappt das nicht, weil Sie, Aldo, jemand anderes haben, dem Sie gehorchen: dem System.

Meinung zu einigen vom Team aufgestellten Schlußinterventionen gebeten wurde, die den Familien vom Therapeuten übermittelt wurden. Nach einiger Zeit kam ein kurzer Brief von Bateson, in dem er eine positive Bemerkung macht aber davon absah, seine Meinung zu den eventuellen Auswirkungen auf den Klienten zum Ausdruck zu bringen, da „ich nicht weiß, in welchem Ton die Botschaften übermittelt wurden."

Sie gehorchen nicht Ihrer Mutter, sondern einer Kraft, einem System, daß Sie all das tun läßt, was Ihrer Mutter nicht paßt. Ich nehme an, Ihre Mutter versucht ... kann ich Ihren Vater fragen?
Aldo: Ja.
Therapeut: Will Ihre Frau, daß man ihr gehorcht? Hat sie damit Erfolg?
Vater: Teilweise. Vielleicht, weil sie sich einem aufdrängt, na ja, nicht aufdrängt, durch Erpressung. Sie sagt: „Schau mal, wenn du das nicht tust ...", und dann macht er es, hält es aber für Erpressung.
Therapeut: Und dann?
Vater: Dann ist alles wieder wie immer, die Geschichte wiederholt sich. Er macht etwas nur, weil er dazu gezwungen wird.
Therapeut: Dann fliegen zwischen ihnen manchmal die Fetzen, ja?
Vater: Ja, manchmal, deswegen habe ich ihm geraten, allein zu wohnen, um das alles zu vermeiden. Es tut mir leid, hauptsächlich deswegen, weil ich nicht so sehr viel Geld habe. Es wird schwer, aber wenn er es schafft, um so besser für ihn ... und für uns.
Therapeut: (zur Frau) Darf ich Sie etwas fragen? Was macht Ihr Mann, wenn es mit Aldo Streit gibt, wenn die Fetzen fliegen?
Mutter: Also, er ist dagegen, er sagt, er kann so nicht leben ... Er sagt, er will keinen Streit mehr hören ...
Aldo: Er will kein Geschrei mehr hören ...
Mutter: Ja, Geschrei. Eine Weile bleibe ich ruhig, bemühe mich, nicht zu schreien, aber wenn ich sehe, daß es nicht OK ist, gebe ich auf ... und fange an zu schreien.
Therapeut: Sie werden also laut?
Mutter: Ja, weil ich manchmal wirklich schreien will, wissen Sie?
Therapeut: Und er (zeigt auf Aldo) wird auch laut?
Aldo: Nein!
Therapeut: (zum Vater) Wenn Ihre Frau laut wird ...
Vater: Er bleibt ruhig.
Therapeut: Ach so, er bleibt ruhig. Er hat die indische Art gelernt.
Mutter: Er hört einfach nicht zu. Es geht in ein Ohr rein und aus dem anderen wieder raus.
Vater: Und dann regt sie sich auf.
Therapeut: Was macht dann Ihr Mann? Versucht er, Sie zu bremsen?
Mutter: Er versucht mich zu bremsen, weil er sagt, es sei sinnlos und führte zu nichts. Und ...
Therapeut: (zu Aldo) Gelingt es Ihrem Vater, Ihre Mutter zu bremsen?

Mutter: Manchmal versuche ich mich selbst zu stoppen, aber Schreien ist einer meiner Fehler.
Therapeut: (zu Aldo) Machen Sie das manchmal, um Ihrem Vater zu helfen? Wenn Sie zum Beispiel sehen, daß Ihr Vater betrübt ist, leidet, weil Ihre Mutter zu viel schreit ...
Aldo: Ja.
Therapeut: Ah, also helfen Sie manchmal Ihrem Vater, wenn Sie ihn leiden sehen. Könnten Sie ihm auch damit helfen, daß Sie Ihrer Mutter gehorchen?
Aldo: Wie, helfen?
Therapeut: Wenn Sie zum Beispiel Ihrer Mutter gehorchen, wird sie ruhig sein, und dann wird sich Ihr Vater wohler fühlen, oder?

Indem er eine Reihe triadischer zirkulärer Fragen stellt, die auf dem Thema der Übereinstimmung zwischen den verschiedenen Familienmitgliedern basieren, stellt der Berater fest, daß es in der Familie ein hohes Maß an Uneinigkeit gibt. An einem anderen Punkt der Sitzung sagt der Vater, daß er befürchtet, der jüngere Sohn Giulio werde seine Absicht in die Tat umsetzen, die Familie zu verlassen. Anscheinend hatte Giulio seit einiger Zeit seinen Eltern mit einem Ultimatum gedroht: „Entweder Aldo oder ich", weil das Familienleben unmöglich geworden war. Diese Anordnung könnte auch so interpretiert werden: „Entweder gehorcht Ihr mir, oder Ihr gehorcht Aldo." Wie wir bald sehen werden, ist es interessant, daß der Vater in Verbindung mit Giulio Aldo loswerden will, aber die Mutter, wie zu erwarten war, nicht einverstanden ist. Aldo möchte einerseits zu Hause bleiben, andererseits ausziehen. Als er gefragt wurde, war sich der Psychiater nicht sicher, ob er die Wünsche des Vaters, der Mutter oder Aldos erfüllen sollte; sein klinisches Urteil schien schwankend zu sein (wie bei vielen Psychiatern, die mit solchen Familien konfrontiert werden), und er hoffte, der Berater würde eine Lösung finden. Das ist eine klassische Situation, in der die „heiße Kartoffel" – das heißt die Entscheidung, was mit dem Patienten zu tun ist – von einem zum anderen weitergereicht wird. Wir werden am Schluß der Sitzung sehen, wie der Berater mit allem zurechtkommt.

Therapeut: (zur Mutter) Ihr Mann hat gesagt, es wäre besser, wenn Aldo alleine irgendwo wohnen würde. Stimmen Sie damit überein?

Mutter: Nein, ich bin nicht einverstanden, daß es besser für ihn wäre, zu Hause auszuziehen. Was er sagt, daß ich ihn nicht liebe, stimmt nicht. Ich würde es immer vorziehen, meinen Sohn zu Hause zu haben. Aber er macht Sachen, die falsch sind, er weigert sich zu arbeiten, er will nur Urlaub machen. Ich habe von ihm nie gehört, daß er etwas *möchte*, daß er dieses oder jenes machen möchte ...
Therapeut: Stimmen Sie mit Ihrem Mann überein, daß Aldo besser ausziehen sollte?
Mutter: (scheint ängstlich, besorgt) Ich weiß es nicht, tut mir leid ... Ich hätte es gern, wenn er bleiben würde ... Es ist nicht so, daß ich ihn wegschicken will, aber ich will, daß er mir gehorcht, zumindest in den kleinen Sachen, um die ich ihn bitte ...
Therapeut: Sie haben es aber schon versucht. Ihr Mann sagt: „Du hast so viel versucht, aber ..." Warum stimmen Sie nicht mit Ihrem Mann überein?
Mutter: Ich verstehe das nicht. Manchmal gebe ich mir große Mühe, nichts zu sagen, um ihn nicht zu ärgern, aber ...
Therapeut: Aber wenn Ihr Mann Ihnen sagt: „Du hast so viel probiert, warum läßt du dich immer wieder täuschen?", warum gehorchen Sie ihm nicht?
Mutter: Das würde bedeuten, zuzulassen, daß er das macht, was er will, nicht mehr darüber sprechen. Ich weiß, er würde zu Hause bleiben und bloß das tun, wozu er Lust hat!
Therapeut: (zu Aldo) Verstehen Sie die Position Ihres Vaters? Wegen dem Familienfrieden wäre es besser, wenn Sie ausziehen würden.
Aldo: Ich bin schon ausgezogen.
Mutter: Ja, vor zwei Tagen!
Therapeut: Ach so, vor zwei Tagen. Aber in der nahen Zukunft, stimmen Sie mit der Vorstellung Ihres Vaters überein, daß Sie ausziehen sollten, oder fühlen Sie sich zu Hause wohler?
Mutter: (scheint beunruhigt bei der Vorstellung, daß die Entscheidung bevorsteht, Aldo wegzuschicken) Nein, er ...
Therapeut: Moment mal, bitte!
Aldo: Woher willst Du das wissen?
Therapeut: Möchten Sie lieber bei ihnen bleiben oder ausziehen?
Aldo: Sagen wir mal, ich würde lieber zu Hause bleiben, da ich aber die Familienatmosphäre da nicht aushalten kann, ziehe ich gerne aus.
Therapeut: Was würden Sie also Ihrem Vater raten? Würden Sie ihm raten, Sie zu Hause zu behalten?

Aldo: Nein.
Therapeut: Schauen Sie, haben Sie zur Zeit eine Arbeit?
Aldo: Nein, ich habe zehn Monate lang als Gärtner gearbeitet.
Therapeut: Aber jetzt arbeiten Sie nicht mehr?
Aldo: Ich habe vor zwei Monaten aufgehört.
Therapeut: Warum haben Sie aufgehört?
Aldo: Weil ich es ernst meine.
Therapeut: Was meinen Sie damit?
Aldo: Ich kann es nicht erklären, ich kann es Ihnen nicht sagen ...
Therapeut: Hat Ihr Ideensystem Ihnen befohlen, aufzuhören?
Aldo: Ich habe beschlossen, aufzuhören. Ich mag es nicht, daß die Zeit nicht vergeht.

Versuchen wir mal, die merkwürdigen, unverständlichen Antworten Aldos bei diesem Wortwechsel zu erklären. Als er gefragt wurde, warum er aufgehört hat, als Gärtner zu arbeiten, hat er gesagt: „Weil ich es ernst meine", und weigerte sich, das zu erklären. Vermutlich ist das nicht die Art Arbeit, die er gerne machen würde, dann könnte „ich meine es ernst" bedeuten, daß er etwas ganz anderes suchen muß. Die Erklärungsverweigerung könnte auf eine Abneigung hindeuten, über seine frustrierten Ambitionen zu reden. Wenn er sagt, er habe beschlossen aufzuhören, weil er es nicht mag, daß die Zeit nicht vergeht, könnte das eine Metapher für die Langeweile bei einer Arbeit sein, die er für sinnlos hält. Langeweile und ein Gefühl der Leere bestimmen und verlangsamen oder lähmen sein Leben. In einer solchen Phase kann die Zeit sich bis zum Stillstand verlangsamen mit einer Wahrnehmung von Zeitlosigkeit, während sie in einer akuten Phase fragmentiert wird. Man könnte eine hypothetische Verbindung zwischen Leere (emptiness) und Zeitlosigkeit (timelessness) herstellen.

Therapeut: Daß die Zeit nicht vergeht. Sie haben das Gefühl, daß die Zeit nicht fließt?
Aldo: Nein, sie fließt nicht.
Therapeut: Ich verstehe. Ich finde das absolut logisch. Sie fließt nicht, weil das System stillsteht. In Ihrem Leben stehen die Systeme still, sind unbeweglich. Nehmen wir das Beispiel eines Kindes. Während es wächst, fließt die Zeit. Wenn es ein Heranwachsender wird, kommt es in das Stadium, in dem es normal ist, das Familiensystem zu verlassen und in ein externes System einzutreten, welches eine

neue Familie, ein Beruf, eine Firma, die Armee sein könnte ... folgen Sie mir? So fließt die Zeit. Aber für Sie, ich verstehe Sie, steht die Zeit still, weil Sie sich immer noch in diesem System befinden (deutet auf die Eltern). Absolut. Ich glaube, das Ideensystem, das Sie aus Tibet mitgebracht haben, zwingt Sie, hier in diesem System zu bleiben, bei dieser Familie, die ...

Achten Sie darauf, wie Aldo in diesem Abschnitt „schizophrenesisch" spricht. Der Berater versucht, eine mögliche Geschichte einzuführen mit einer Logik, die Aldo selbst andeutet. Diese Geschichte, die den Versuch unternimmt, Aldo von den Bergen Tibets auf die Po-Ebene zurückzubringen, läßt Aldo ausweichen und schizophrenesisch sprechen. Es ist interessant zu sehen, wie deutlich fragmentiert die Zeit ist. Der Versuch des Beraters, seine und Aldos Ideen zu einem Rahmen – einer Geschichte – zusammenzufügen, mit einer Bedeutung und einer inneren Konsistenz, die die Wiederherstellung einer temporalen Sequenz ermutigen können, stehen im Gegensatz zu Aldos Erfahrung der fragmentierten Zeit.

Aldo: Die Zeit blieb stehen, als ich aus Indien zurückkam.

Therapeut: Genau. Sie blieb stehen, als Sie diesen Ideen, die Sie entwickelt haben, blind zu gehorchen begannen, diesem Ideensystem, das Sie in Ihrem Kopf haben. In diesem Sinne gehorchen Sie Ihren Ideen, aber nicht Ihren Eltern ...

Aldo: Aber die ganzen Konflikte mit den Gegensätzen ...

Therapeut: Ja, ich verstehe. Tief im Inneren sind Sie eigentlich, sagen wir mal, so ein Mensch, der gerne mit Vater und Mutter auskommt, der gerne Zuneigung erhält und der leidet, weil er das nicht bekommt. Ich nehme an, Sie denken manchmal an den Tod, und Ihre Ideen sagen Ihnen: „Warum machst du nicht Schluß, warum bringst du dich nicht um?" Ich glaube, das könnte sogar ...

Aldo: ... eine Lösung sein.

Als er diesen Teil des Protokolls las, war einer der Autoren – der Berater bei diesem Fall – überrascht vom Wechsel von den positiven Ideen – mit Menschen auszukommen, Zuneigung zu erhalten – zu Themen des Todes und Selbstmords. Die Hypothese lautet, daß er sich in diesem Punkt sehr stark mit Aldos dramatischer existentieller Situation identifizierte: eine völlig aussichtslose Situation im Leben.

Viele werden dies für gefährlich halten, da es Aldos Emotionen wecken und ihn tatsächlich zum Selbstmord treiben könnte. Nach unserer Erfahrung hat jedoch, wie wir anderweitig angedeutet haben, ein Gespräch über Selbstmord eher die Wirkung einer Exorzierung: Der Klient und möglicherweise auch die anderen Familienmitglieder fühlen sich verstanden und somit weniger verzweifelt.

Therapeut: Genau. Eine Lösung, weil die Zeit stehengeblieben ist. Sie blieb stehen, als Sie aus Tibet zurückkamen. Von Natur aus sind Sie wahrscheinlich eine gehorsame Person, jemand, der Zuneigung zeigen könnte usw., wie Ihr Bruder. Ich nehme an, Ihr Bruder würde Ihrer Mutter auch gerne sagen, daß sie ihm auf die Nerven geht, aber er hält sich zurück ... sehen Sie?! Er ist weicher, anpassungsfähiger oder so. Irgendwie sind Sie jetzt von der Idee, der Aufgabe besessen, daß Sie ihnen (den Eltern) zeigen müssen, wo's langgeht. Was die „Gegensätze" anbelangt, so will Aldo Sie (deutet auf den Vater) mehr zum Reden bringen, weil die Mutter es nicht mag, wenn der Vater nichts sagt, wenn er still ist, und die Mutter möchte Sie gerne zum Schweigen bringen. Das bedeutet, Ihr Vater spricht mehr und Ihre Mutter weniger.

Die Zeit steht also seit Jahren still. Sie sind der Chance, eine Arbeit zu finden, Freunde zu haben, sogar eine Frau zu finden und Kinder zu haben, aus dem Wege gegangen ... Die Zeit ist stehengeblieben. Ich verstehe: Die Zeit ist stehengeblieben, weil Sie weiterhin hier in diesem System (deutet auf die Eltern) leben. Oder (zum Psychiater) in diesem System, wo Sie versorgt, gefüttert werden usw.

Aldo: Nein; so ist es ganz und gar nicht.

Therapeut: Sie sagen, so ist es nicht, aber die Zeit steht still. Selbst wenn Ihre Eltern oder Sie von zu Hause fortgingen, würde sich nichts ändern. Selbst wenn Sie tausend Meilen fortgehen, werden Sie nicht damit aufhören können, darüber nachzudenken, wie Sie die beiden verändern könnten. Es ist eine Art Aufgabe geworden, die von Ihnen Besitz ergriffen hat, die Sie daran hindert, die biologischen Bedürfnisse junger Menschen und Heranwachsender zu befriedigen, wenn sie das Familiensystem verlassen und in externe Systeme eintreten. Ihre Familie ist, was sie ist, Ihre Eltern sind, was sie sind, werden sein, was sie sein werden. Wenn Sie nach außen schauen, Ihre Aufmerksamkeit auf Dinge außerhalb der Familie richten, wie ich schon mal gesagt

habe, wird die Zeit wieder anfangen zu fließen, und Sie werden diese ganze Stagnation hinter sich lassen. Sie sind jetzt in einem Zustand der totalen Stagnation, Sie sind absolut unbeweglich. Ist es klar, was ich sagen will?
Aldo: Ja.
Therapeut: Ich würde jetzt gerne mal unterbrechen. Können Sie in zwanzig Minuten wiederkommen?

Der Berater benutzt die während des Gesprächs auftauchenden Themen und Metaphern und räumt, wie wir früher gesehen haben, dem Dialog mit dem Klienten den Vorrang ein, indem er seine Sicht der Realität sowohl akzeptiert als auch in Zweifel zieht. Im Rahmen der Therapie und der Beratung wird das hoffentlich eine konstruktive, kreative Wirkung ausüben, wenn die Wirkung auch in einem anderen Rahmen unterschiedlich, sogar verwirrend oder destruktiv sein kann, je nach Beziehungskontext.

Es lohnt sich hier, auf die zirkuläre Struktur des Dialogs hinzuweisen: Ständig kommen frühere Themen wieder, um Verbindungen herzustellen (auch zeitliche), die die Entstehung einer neuen, befreienden Geschichte ermöglichen. Die Schlußintervention greift Themen auf, die während der Sitzung aufgetaucht waren, insbesondere solche, die durch zukünftige oder hypothetische Fragen aufgeworfen wurden. Der Hauptgrund, warum der Psychiater und die Familie um eine Beratung gebeten hatten – um Aldo zu zeigen, wo es langgeht, ob zu Hause, außer Haus oder im Krankenhaus –, wird in den Hintergrund gestellt, um der Idee Priorität einzuräumen, daß Aldos Zeit stehengeblieben war, was heißt, daß seine Entwicklung stehengeblieben ist, und implizit die des ihn umgebenden Mikrosystems, der Familie.

In der Schlußintervention bringt der Berater die Zukunft in die Gegenwart, indem er Hypothesen über mögliche Welten aufstellt. Er stellt sich eine lineare, deterministische Welt vor, die die gegenwärtige Situation aufrechterhält, neben anderen möglichen Welten, in denen die Zeit wieder anfängt zu fließen und das Leben sich weiterentwickelt.

Therapeut: Ich habe alles mit meinen Kollegen besprochen, und wir sind uns einig, daß Sie, Aldo, vor einigen Jahren die Lebensaufgabe auf sich nahmen, Ihre Familie und insbesondere Ihre Eltern zu verändern. Deshalb ist für Sie die Zeit stehengeblieben. Beim Versuch, Ihre Eltern zu verändern, sie anders sein zu lassen, Ihren Vater, der normalerweise wenig sagt, zum Reden zu bringen, und Ihre Mutter, die normalerweise zuviel spricht, dazu zu bringen, still zu sein, haben Sie sich einen neuen „Geist" zu eigen gemacht – beziehungsweise ein neuer „Geist", der des Dalai-Lama, hat sich Sie zu eigen gemacht. In diesem Sinne ist die Zeit für Sie stehengeblieben, denn, wie wir schon einmal gesagt haben, die Zeit fließt beim Heranwachsenden und im Erwachsenenalter, wenn man das Familiensystem verläßt und in neue Systeme eintritt mit neuen Interessen, einer neuen Arbeit, neuen Freunden, Ehe, Kinder usw. Aber Sie haben vor fünf Jahren aufgehört. Sie beschlossen, rechtzeitig aufzuhören, um Ihre Familie zu reformieren, zu verändern.

Zur Zeit arbeiten Sie in zwei Systemen – im Familiensystem und im System der Psychiatrie. Ich spreche jetzt als Vertreter des Systems der Psychiatrie, das heißt eines Systems von Psychiatern, Psychologen, Krankenschwestern, Psychotherapeuten usw., dessen Aufgabe es ist, für Menschen mit Problemen zu sorgen, bis sie ihr Leben wieder in die eigene Hand nehmen können. Meine Kollegen und ich haben uns über Ihre möglichen Zukünfte Gedanken gemacht. Es kann sein, daß diese Aufgabe, die Sie sich gestellt haben, Ihr ganzes Leben in Anspruch nehmen wird; oder es kann sein, daß Sie irgendwann keine Lust mehr haben, es weiter zu versuchen, oder Sie glauben, daß es irgendwann keinen Grund mehr gibt weiterzumachen. Wenn das geschieht, werden Sie anfangen, an sich selbst zu denken, an Ihr Leben anstatt an Ihre Eltern. Sie werden darüber nachdenken, eine Arbeit und Freunde zu finden usw. Aber das werden Sie nur können, wenn Sie tief im Innern keinen Grund mehr haben, sich dermaßen um Ihre Eltern zu kümmern. Wenn Sie mich fragten: „Herr Doktor, was halten Sie von ihnen?" würde ich antworten, daß sie im Grunde so sein werden, wie sie gewesen sind. Sie können nicht anders sein, als sie sind. Ihr Vater wird dazu neigen, still zu sein, Ihre Mutter redselig.

Aldo: Warum verändern sie sich nicht?
Therapeut: Es ist eine Illusion. Sie werden scheinbar von der Illusion getrieben, daß Sie sie ändern können. Habe ich Ihre Frage beantwortet?
Aldo: Ja, mehr oder weniger.
In der von ihm verwendeten Sprache scheint der Berater die Familie

und ihre Zeit eingefroren zu haben, so daß Aldo die Wahl hat, entweder zeitlich immobil zu bleiben oder sich weiterzuentwickeln. Er zieht eine Verbindung zwischen Aldos Leben und dem seines Bruders und deutet an, daß Giulio wohl dieselben Probleme gehabt, sich aber schließlich für Entwicklung und Veränderung entschieden hatte.

Therapeut: Wahrscheinlich hat Ihr Bruder auch mal daran gedacht, seine Eltern zu verändern, dann gab er auf und akzeptierte sie, wie sie sind. Also, um zum Schluß zu kommen, wir sehen, daß Ihr Leben seit einigen Jahren zum Stillstand gekommen ist, daß Ihr Interesse daran, diese Familie, dieses System zu verändern, Ihre ganze Energie, Ihre ganze Zeit in Anspruch nimmt. Wir erwarten, daß Sie das in nächster Zeit weitermachen werden.

Auf vielfältige Weise widerspiegelt der Berater den Wunsch des Klienten, Veränderung herbeizuführen. So wie der Klient sich sehr bemüht, seine Eltern zu verändern, versucht der Berater, seinen Klienten zu verändern, indem er verschiedene Szenarien vorstellt, die vom Status quo bis zu einer Weiterentwicklung reichen. Es gibt allerdings grundsätzliche Unterschiede. Erstens vermeidet der Berater die Erzeugung einer zeitlichen Symmetrie mit dem Klienten, indem er implizit andeutet, daß sich ihre Beziehung nicht ad infinitum fortsetzen wird, daß er an einem bestimmten Punkt die Szene verlassen wird. Zweitens denkt er nicht in Begriffen von „entweder ... oder", sondern „und ... und". Er bietet mehr als eine Option an.

Therapeut: (zur Familie und zum Psychiater) Der Hauptgrund, warum Sie mich eingeschaltet haben, um nämlich zu erkennen, wo Aldo zur Zeit besser leben sollte – zu Hause, außer Haus oder im Krankenhaus – ist für mich nur von zweitrangiger Bedeutung, wenn es auch wichtig ist. Aldo weiß sehr wohl, wie er sich verhalten muß, wenn er zu Hause akzeptiert werden will oder ins Krankenhaus will, er weiß sehr wohl, welches Verhalten zu welcher Lösung paßt. Genauso, wie er sehr wohl weiß, wie er sich verhalten muß, wenn er von zu Hause weggehen will. Das Wichtigste ist das, was ich vorhin sagte. Erwarten Sie nicht, daß Aldo plötzlich seine Idee, seine Familie zu reformieren, aufgeben wird. Ich nehme an, daß er noch eine ganze Weile so weitermachen wird. Sollte er in Zukunft diese Idee aufgeben, wird er auch das Familiensystem und das psychiatrische System aufgeben und auch sein Ideensystem nicht mehr brauchen. Er wird ein anderes System finden.

Nachuntersuchung

Zwei Jahre später traf der Berater den Psychiater, der sich um Aldo gekümmert hatte, und erfuhr, was seit der Beratung geschehen war. Aldo lebte in einer betreuten Wohngemeinschaft, bekam noch Medikamente und suchte seinen Psychiater seltener auf, arbeitete gelegentlich und lebte ein einigermaßen selbständiges Leben.

10. Die beiden Messiasse

Wir haben uns wegen seiner ungewöhnlichen klinischen Entwicklung, der narrativen Struktur der vorgestellten Geschichten und der wichtigen Veränderungen der subjektiven Zeit des Familienmitglieds, das als schizophren diagnostiziert worden war, für den hier beschriebenen Fall entschieden. Nach einem kurzen Resümee des Falles werden beide Autoren den größten Teil der Abschlußsitzung analysieren und direkt kommentieren.

Die in Mailand lebende Familie Ponzi wurde im Juni 1987 von einer Psychologin an unser Zentrum überwiesen, die insistierte, daß dies ein ganz besonders ernster, ein „spezieller Fall" sei. In den letzten fünf Jahren hatte die Familie entweder ständig mit der psychiatrischen Abteilung des Krankenhauses Kontakt oder mit dem psychosozialen Zentrum, an dem der überweisende Psychologe arbeitete. Die aus Süditalien immigrierten Eltern waren bescheiden und recht alt. Der Vater war bei einer Lebensmittelfirma angestellt, die Mutter war Telefonistin in einer großen Firma. Beide standen kurz vor der Rente. Die Mutter hinkte leicht wegen einer angeborenen Hüftluxation. Vor Ausbruch der Psychose im Jahre 1982 hatte der 32jährige Sohn als Landvermesser bei einer bedeutenden Mailänder Firma gearbeitet.

Die Symptome waren plötzlich aufgetaucht, als er herausfand, daß sein unmittelbarer Vorgesetzter doppelt so viel verdiente wie er, aber nur halb so viel arbeitete. Seine Proteste waren so heftig oder unbesonnen, daß er auf der Stelle entlassen worden war. Anfangs zog sich Fabrizio in ein hartnäckiges, zweiwöchiges Schweigen zurück. In dieser Zeit hatten seine Eltern die Firmenleiter gebeten, ihn wieder einzustellen. Schließlich erhielt er die Chance, wieder für dieselbe Firma zu arbeiten, allerdings in einer anderen Stadt, die 200 Kilometer von seinem Zuhause entfernt war.

Fabrizio lehnte das Angebot ab und begann, paranoide Symptome zu entwickeln. Als Folge davon wurde er bald in einer psychiatrischen Abteilung aufgenommen. Das war der Beginn einer Karriere als chronischer Psychotiker, während der er wegen seines gewalttätigen verbalen und physischen Verhaltens sechsmal zwangshospitalisiert wurde. Häufig beschimpfte er seine Eltern und war gewalttätig gegen sie, bat sie ständig um Geld und kaufte Autos, die er dann entweder zu Schrott fuhr oder wieder verkaufte. In der Zeit zwischen Krisen suchte er Arbeit, fand auch recht schnell welche, aber der Job dauerte in der Regel nur wenige Tage, da er unweigerlich mit allen Leuten Streit anfing und bald wieder entlassen wurde. Zu Hause war er unerträglich; er verhielt sich wie ein Diktator. Er brüllte seine Eltern oft an und schlug sie, mit dem Ergebnis, daß sie oder Nachbarn die Polizei rufen mußten, die ihn zwangsweise ins Krankenhaus überführte.

In der Regel bezeichnete er seine Mutter als „Krüppel" und seinen Vater wegen seines südlichen Akzents als „Terrone" (ein beleidigender Begriff, der von Norditalienern verwendet wird, um Süditaliener zu verspotten). Er weigerte sich, mit dem psychiatrischen Personal zusammenzuarbeiten, und verwarf rasch die ihm vorgeschlagenen Therapieprogramme. Seine Eltern suchten ständig Hilfe bei staatlichen psychosozialen Diensten, in der Hoffnung, ihn für längere Zeit in einem Krankenhaus unterbringen zu können, aber das Gesetz 180 erlaubt in Italien nur kurze Krankenhausaufenthalte, so daß Fabrizio zu einer Art von Tennisball geworden war, der zwischen zu Hause und dem Krankenhaus, das ihn aufnahm, hin- und hersprang. Seine Überweisung an ein privates Zentrum wie das unsere war – so der Überweisende – ein weiterer Versuch, diese quälende chronische Situation zu verändern.

Nur die Eltern kamen zur ersten Sitzung, weil Fabrizio die Therapie ablehnte. Sie beschrieben ihre Schwierigkeiten mit ihrem Sohn und auch mit den staatlichen psychosozialen Diensten, die sie inzwischen verachteten, weil die Familie so häufig alleingelassen und enttäuscht worden war. Insbesondere der Vater meinte, er habe absolut kein Vertrauen in Psychologie und Psychotherapie und glaube nicht, daß sich sein Sohn ändern werde, während die Mutter hoffnungsvoller zu sein schien, daß sich etwas ändern werde; sie meinte, „die Hoffnung stirbt zuletzt". Der Vater brachte seine Feindseligkeit nicht nur gegenüber Krankenhäusern und Kliniken zum

Ausdruck, sondern auch gegenüber seinem Sohn. Dagegen litt die Mutter wegen ihres Sohnes und machte sich Sorgen um seine Zukunft.

Schon in der ersten Sitzung hörten wir eine interessante Geschichte über die Familie der Mutter. Mit 15 Jahren waren sie und ihr sieben Jahre jüngerer Bruder Aldo zu Waisen geworden, und es wurde zu ihrer Lebensaufgabe, sich um ihn zu kümmern. Sie brachte ihn als Mitgift in die Ehe ein, hatte ihn ihrem Ehemann aufgezwungen und ihn gezwungen, zur Schule zu gehen, bis er sein Abschlußzeugnis erhielt. Aldo war bei ihnen geblieben, bis er seinen Militärdienst beendete hatte, worauf ihm sein Schwager des Hauses verwies und sagte: „Er hat unsere Gastfreundschaft viel zu lange ausgenutzt!." Damals war Fabrizio sechs Jahre alt und schien mit seinem Onkel, der ihm „wie ein Bruder" war, gut ausgekommen zu sein. Die Beziehungen zu Aldo, die die Mutter nie abgebrochen hatte, wurden wieder aufgenommen, als Fabrizio krank wurde und die Eltern ihn um Hilfe baten. Fabrizio hat wohl Aldos Hilfe nicht geschätzt, und die Situation schien sich dadurch eher verschlechtert zu haben. Zwei Jahre später wurden die Beziehungen zwischen der Familie Ponzi und Aldos Familie wieder abgebrochen.

In unseren Notizen zur ersten Sitzung schrieben wir, daß die Mutter vor Fabrizios Krankheit wahrscheinlich in ihre „beiden Söhne" verliebt gewesen war und sich ihnen völlig gewidmet hatte, so daß sie ihren Ehemann tatsächlich ausschloß. Folglich wuchs Fabrizio auf, ohne genau zu wissen, welche Rolle er in der Familie einnahm. Versuche, ihn in den ersten Sitzungen in die Therapie einzubeziehen, blieben fruchtlos. Die Eltern kamen bereitwillig zu den Sitzungen, obwohl das ein großes finanzielles Opfer für sie bedeutete. Nach acht Sitzungen bestand jedoch das einzige Ergebnis darin, daß sich Vater und Mutter nähergekommen waren und mehr als Paar zu leben begonnen hatten.

Zum Zeitpunkt der achten Sitzung sah es so aus, als ob nichts mehr weiter getan werden konnte, da der Sohn seine Teilnahme immer noch verweigerte. Der Therapeut sagte das den Eltern deutlich und empfahl ihnen, wieder Kontakt mit dem psychosozialen Zentrum aufzunehmen, „um wenigsten zu vermeiden, daß Sie Geld verschwenden".

Eines Tages im September 1990, mehr als zwei Jahre nach der letzten Sitzung mit den Ponzis überreichte die Sekretärin des Zentrums dem Therapeuten die klinische Akte und verkündete, daß „der Fall Ponzi im Therapiezimmer sitzt". Als der Therapeut mit der Ausbildungsgruppe die Akte diskutierte, erinnerte er sich plötzlich wieder an den Fall und befürchtete, daß etwas Irreparables geschehen sei. Er eilte zum Vorhang, der den Einwegspiegel verdeckte und sah zu seiner Verwunderung drei Leute: die Eltern und, zwischen ihnen sitzend, den Sohn.

Der Therapeut betrat das Therapiezimmer und war überaus neugierig zu erfahren, was geschehen war, seitdem er die Eltern zuletzt gesehen hatte. Die Eltern begrüßten ihn mit einem breiten Lächeln und überraschten ihn mit der Aussage, daß sie ihm zu großem Dank verbunden seien: Er hatte ihnen sehr geholfen, hatte ihnen Hoffnung gegeben, und die Mutter sagte, daß sie seit der letzten Sitzung begonnen habe, ihren Ehemann mit anderen Augen zu betrachten und sich ihm näher zu fühlen. Lachend sagte sie: „Für mich ist er von der zweiten in die erste Liga aufgestiegen", und fügte hinzu, daß sich ihr Sohn entschlossen habe, zum Zentrum zu kommen, nachdem er die Veränderungen seiner Eltern gesehen habe.

Der im Grunde genommen immer noch mürrische Fabrizio, wenn er jetzt auch schwach lächelte, bestätigte, daß er gekommen sei, weil er sich jetzt, wo seine Eltern glücklicher und sich näher waren, noch einsamer fühlte und hoffte, wie sie durch die Kontakte mit dem Therapeuten zu profitieren. Die Sitzung diente vor allem dazu, das vergangene Leben der Familie zu explorieren. Die Wichtigkeit von Onkel Aldo und die dramatischen Ereignisse, die sie nach Ausbruch von Fabrizios Psychose gemeinsam erlebt hatten, traten während der Sitzung deutlich zutage. Es ist interessant, daß Fabrizios Erinnerungen gestört zu sein schienen, als ob es für ihn schwierig wäre, die verschiedenen Ereignisse seiner Geschichte miteinander zu verknüpfen.

Es folgt die wörtliche Wiedergabe des größten Teils der zweiten Sitzung und unserer Kommentare dazu.

Therapeut: Was haben Sie uns heute zu sagen?

Mutter: Nun, sagen wir mal ... daß es eine Verbesserung gegeben hat. Ja, ich würde sagen, daß er im Moment ziemlich ruhig ist.

Fabrizio: Die Lage hat sich etwas abgeflacht.

Therapeut: Abgeflacht?

Fabrizio: Ja, abgeflacht, genau.

Therapeut: Können Sie mir erklären, was abgeflacht bedeutet?
Fabrizio: Ja, kein Auf oder Ab, Stillstand.
Therapeut: Und Sie sind an starke Gefühle in Ihrem Leben gewöhnt, nicht wahr?
Fabrizio: Ja.

***Boscolo:** Es ist interessant, sich die zentrale Rolle der Sprache in der Eröffnungsphase der Sitzung anzusehen und sie auf jüngste Entwicklungen in narrativer und hermeneutischer Forschung zu beziehen. Die Mutter begann mit einem Lächeln und sagte, es habe eine Verbesserung gegeben. Dagegen gab Fabrizio schwach lächelnd seine Zustimmung, meinte jedoch, die Lage habe sich „abgeflacht". Wir haben zwei unterschiedliche Beschreibungen derselben Erfahrung. Der Therapeut führte eine dritte Beschreibung ein: Damit es eine Besserung geben könnte, müssen die starken Emotionen der Vergangenheit (als Fabrizio sehr krank war) an die Oberfläche gebracht werden. Wie in unserem Artikel über Schlüsselwörter (Boscolo et al. 1991) – „brückenschlagende" Wörter, die eine ganze Reihe von Bedeutungen umfassen – liegt hier eine Beschreibung in Konflikt mit zwei anderen Beschreibungen. Dieser Konflikt verändert vielleicht die Sicht der Dinge, erzeugt neue Bedeutungen, neue alternative Geschichten.*
***Bertrando:** Nicht nur das. Ich kann mich erinnern, wie Fabrizio in der vorigen Sitzung eine Menge unzusammenhängender Elemente von Geschichten vorbrachte, die keine chronologische Sequenz hatten. Ich bin neugierig, ob sie in dieser Sitzung zusammengefügt werden, um eine zusammenhängende Geschichte zu bilden. Zuvor schien Fabrizio nur Ideen gehabt zu haben, die in einem Vakuum schwebten.*

Therapeut: Sehen sie die Vergangenheit als flach an oder die Zukunft?
Fabrizio: Die Zukunft.
Therapeut: Sehen sie auch Ihre Vergangenheit als flach an oder nicht?
Fabrizio: Vielleicht fange ich jetzt an, auch die Vergangenheit als flach anzusehen, ich meine, ja, ich fange an, auch die Vergangenheit als flach anzusehen.

***Boscolo:** Beachten Sie, wie der Therapeut erst Gegenwart und Zukunft einführt und dann die dritte Komponente des zeitlichen Horizonts, die Vergangenheit, um zu sehen, ob es Diskrepanzen gibt. Fabrizio beginnt, auch die Vergangenheit als flach anzusehen, was zeigt, daß sich sein* *zeitlicher Horizont verengt. In diesem Stadium können wir sehen, daß deterministische Verbindungen zwischen Vergangenheit, Gegenwart und Zukunft geknüpft werden, die bestätigen, daß eine flache, erfolglose Vergangenheit nur eine erfolglose Gegenwart und Zukunft erzeugen können. Es wird interessant sein zu beobachten, wie der Therapeut diese Verbindungen später zu lockern versucht. Eine Möglichkeit wäre es, Unterschiede einzuführen, eventuell durch die Verwendung von hypothetischen Fragen zu Vergangenheit, Gegenwart und Zukunft.*

Bertrando: *Wir könnten versuchen herauszufinden, weshalb er jetzt, in diesem Moment angefangen hat, die Vergangenheit als flach anzusehen, indem wir ihn fragen, was in seinem Leben geschehen würde, wenn sich seine negativen Ideen änderten, so daß er seine Vergangenheit und Gegenwart anders sehen könnte, usw.*

Boscolo: *Ja, das scheint eine gute Idee zu sein. Die Verbindung zwischen Vergangenheit, Gegenwart und Zukunft erinnert mich hier an Jim, den Australier, dessen Mutter nach dem Tod seines Vaters wieder geheiratet hatte, als er vier Jahre alt war. Während der Konsultation erzählte Jim eine Geschichte über die Vergangenheit, der seine Mutter überhaupt nicht zustimmen konnte. Er sagte, er sei mit fünf Jahren schizophren geworden, ohne daß es bemerkt worden sei, seine Mutter jedoch sagte, er sei bis zum Jahr vorher, als er aus dem Gleichgewicht geriet, ein normales Kind gewesen. Erst dann sei er ihr anders vorgekommen, nicht vorher. Nach dem Ausbruch der Symptome schien er aus seinem konfusen Zustand aufgetaucht zu sein mit einer klaren Vision seiner Vergangenheit, die sich von der aller anderen, auch seiner Eltern und Lehrer, unterschied. Es war, als hätte ihm eine plötzliche psychotische Einsicht eine neue Vision gegeben, die seine Angst vertrieb, ähnlich der Vision von Paulus auf dem Weg nach Damaskus. Er fand eine neue Bedeutung in dem Gedanken, daß er in der Vergangenheit ungerecht behandelt worden sei, und projizierte die Ursache seines Leidens auf andere, insbesondere auf seine Mutter. Indem er dies tat, rekonstruierte er eine Vergangenheit, um der Gegenwart einen Sinn zu geben. Höchstwahrscheinlich fand er, als die Zeit kam, um zu Hause auszuziehen – er war zweiundzwanzig –, daß er dazu nicht in der Lage war und sich dem Leben dort draußen nicht stellen konnte. Er wurde ängstlich und psychotisch und konstruierte eine neue Geschichte, um seine „Krankheit", das Krankenhaus, die Psychiater und seine verhinderte Unabhängigkeit zu rechtfertigen. Seine Gegenwart wurde verknüpft mit einer vergangenen Geschichte, die erklärte, weshalb er sich allein fühlte, impotent, verrückt. Eine Geisteskrankheit, die als körperliche Krankheit erfahren wird, und externe Ereignisse wie der Tod*

seines Vaters und die Wiederverheiratung seiner Mutter - die laut Jim seine Krankheit ausgelöst hat - befreien ihn von aller Verantwortung für seine Gegenwart und Zukunft.
***Bertrando:** Ja, ich erinnere mich, er erwartete eine depressive Zukunft, ein einsames Lebens als Töpfer. Aber hier sagt Fabrizio, daß er die Gegenwart und die Zukunft, und jetzt auch die Vergangenheit, als flach ansieht. In einem gewissen Sinn sagt er uns, daß wir recht haben, wenn wir sagen, daß es eine selbstreflexive Schleife gibt, die die Gegenwart mit der Vergangenheit und der Zukunft verknüpft. Im Grunde genommen sagt er, daß, da seine Gegenwart jetzt so flach ist, so erfolglos ist, sie in Vergangenheit und Zukunft nur dieselbe Wirkung erzeugen kann. Er ist es, der uns sagt, daß es einen Kreis gibt, der die drei Komponenten des zeitlichen Horizonts verbindet.*

Fabrizio: Ich versuche, meine Vergangenheit zu rekonstruieren.
Therapeut: Sie sind Ihr eigener Historiker. Wußten Sie, daß jeder, der versucht, seine Erfahrungen zu beschreiben, eigentlich ein Historiker ist? Geschichte beinhaltet die eigene Vergangenheit ...
Fabrizio: Die Vergangenheit gefällt mir besser als Gegenwart und Zukunft.
Therapeut: Ihre Vergangenheit. Aber wenn Sie sagen: „Ich sehe sie als flach an", was meinen Sie damit?
Fabrizio: Es gibt Tage ...
Therapeut: Ich glaube, als Sie neulich über Ihre Eltern sprachen, sahen Sie ihr Leben auch als flach an, Sie betrachteten sie als flache Menschen. Was meinen Sie jetzt, wenn Sie sagen, daß Ihre Vergangenheit flach sei? Daß Sie Wünsche und Ambitionen hatten, die Sie nicht verwirklichen konnten? Erklären Sie es mir!
Fabrizio: Ich sah die Zukunft nicht als sehr ... Ich sah keine sehr rosige Zukunft, ich meine ... ich kann es nicht erklären.
Mutter: Was?
Fabrizio: Ah ja, ich hatte Ambitionen und kann sie nicht verwirklichen.
Therapeut: Fühlen Sie sich aufgeregt?
Fabrizio: Eher unduldsam als aufgeregt. Unduldsam.
Therapeut: Unduldsam gegenüber was?
Fabrizio: Den meisten Dingen. Ich fühle mich unduldsam.
Therapeut: Haben Sie Schwierigkeiten, Ihre Gedanken miteinander zu verbinden? Können Sie Zeitung lesen?

Fabrizio: Die wichtigsten Dinge kann ich lesen.
Therapeut: Aber Sie finden es schwierig, einen ganzen Artikel zu lesen?
Fabrizio: Ja.
Therapeut: Wie lange geht das schon so?
Fabrizio: Schon fast immer. Ich hatte schon immer Konzentrationsschwierigkeiten.
Therapeut: Sie schienen letztes Mal lebhafter zu sein.
Fabrizio: Ich weiß nicht. Vielleicht.
Mutter: Vielleicht weil er gestern die Moditen-Spritze bekommen hat und er die Wirkung davon spürt. Er ist für zwei oder drei Tage danach immer ein wenig groggy. Er bekommt alle zwei Wochen eine Spritze und nimmt jeden Morgen eine Valium ...
Therapeut: Fühlen Sie sich immer noch ein wenig groggy?
Fabrizio: Ja.
Therapeut: (zum Vater) Wie sehen Sie die Situation?
Vater: Sie erscheint mir recht ruhig. Nachdem wir herkamen, sagte er: „Er hat mich unter Druck gesetzt, ich bin immer ..."
Mutter: ... im Mittelpunkt der Aufmerksamkeit.
Vater: ... im Mittelpunkt der Aufmerksamkeit. Ja, weil er sich ein wenig unter Druck gesetzt fühlte, als wir das erste Mal herkamen.
Therapeut: Könnten Sie mir sagen, Fabrizio, wie Sie sich während des Gesprächs vor einem Monat fühlten?
Fabrizio: Ich fühlte mich ausgefragt, aufgewühlt.
Therapeut: Aber war es gut oder schlecht für Sie, sich innerlich aufgewühlt zu fühlen?
Fabrizio: Vielleicht jetzt, nachdem ich zwischen der ersten und der zweiten Sitzung über die Dinge nachgedacht habe. Ich bin mir nicht sicher, ob es eine gute Sache ist, sich so aufgewühlt zu fühlen. Manche Dinge sollte man vergessen.
Vater: Ja, darin, meint er, liege der Fehler. Es kann schlecht für dich sein, zur Therapie zu gehen. So sieht er das, weil er sagt: „Wenn man zu sehr gräbt, deckt man den Haß zwischen uns auf." Das glaubt er. Das ist mein Eindruck.
Mutter: Das hat er Frau Dr. Bianchi gesagt, seiner Psychiaterin. Er sagte, er habe Angst, all dies auszugraben, in die Vergangenheit zurückzugehen.
Therapeut: Ja, das sagt er jetzt auch.

Boscolo: *An einem bestimmten Punkt sagt Fabrizio: „... Ich bin mir nicht sicher, ob es eine gute Sache ist, sich so aufgewühlt zu fühlen. Manche Dinge sollte man vergessen." Er scheint mit den Warnungen übereinzustimmen, die man jungen Therapeuten gibt, die psychodynamisch mit Psychotikern arbeiten. Diese Warnungen besagen, daß man vermeiden sollte, in das Unbewußte einzudringen, vermeiden, es zu interpretieren, weil die Abwehr des Klienten so schwach ist. Man sollte sie stärken, und die Aufmerksamkeit des Klienten sollte ständig auf Themen gerichtet werden, die sich auf das Ich und sie „Realität" beziehen. Es ist, als ob Fabrizio hier sagen wollte: „Ich muß vergessen, nicht mich erinnern!" Ich glaube, in der Familientherapie wird die Furcht vor dem tiefen Aufwühlen durch den Bezugsrahmen der Realität vermindert, der im Dialog zwischen Therapeut und den verschiedenen Familienmitgliedern erzeugt wird. Dieser Rahmen erlaubt es dem Therapeuten, tief zu graben, um verschüttete Verbindungen zu suchen, verdeckte Geheimnisse aufzuspüren, die unter späteren negativen Erfahrungen begrabenen positiven Erfahrungen aufzudecken, die von ersteren entwertet wurden. All dies ermöglicht die Konstruktion einer neuen Vergangenheit, einer alternativen Geschichte, die Gegenwart und Zukunft erhellen kann.*

Bertrando: *Mir fällt auf, daß der Vater sagt, Fabrizio habe Angst, den Haß zwischen ihnen auszugraben. Der Vater glaubt wohl, daß Fabrizio, wenn etwas ausgegraben wird, aus dem Häuschen geraten und alles verderben könnte. Ich glaube, Fabrizio hat Angst, weil das tiefe Graben in seinem Innern zu der Entdeckung führen könnte, daß er nicht existiert, der Schrekken vor dem Nichts, daß es in ihm eine Leere gibt. Wie Binswanger sagen würde, hat er Angst, daß er entdecken könnte, keinen Lebensplan zu haben, so als ob er nicht existiere, als ob er „nicht in der Welt sei". Das ist eine der am weitesten verbreiteten Ängste von Psychotikern: Die Angst vor dem Nichts.*

Therapeut: Das Graben kann negative Dinge nach oben bringen, aber wenn ich grabe, schaue ich auch nach positiven Dingen in Ihnen, jetzt und in der Vergangenheit. Verstehen Sie, was ich Ihnen sage? Sie haben Angst, negative Dinge zu finden, aber ich sage, daß ich optimistischer bin als Sie, und zwar in dem Sinn, daß ich nicht nur erwarte, über Sie positive Dinge zu finden, sondern über Ihre gesamte Familie. Von dem, was das letzte Mal gesagt wurde, meine ich, daß Sie in der Vergangenheit Ihre Familie abgelehnt haben, daß Sie Ihre Eltern aus irgendeinem Grund zurückgewiesen haben. In diesem Sinne zielte

mein Graben letztes Mal darauf, Ihre Gefühle in der Vergangenheit zu erkunden, die negativen – und ich würde hinzufügen, die positiven – Gefühle, die ein Sohn nun mal über die Menschen, die ihn gezeugt haben, hat. Tief im Innern mußten Sie zwangsläufig ein paar positive Gefühle gegenüber den zwei Menschen gehabt haben, die Sie gezeugt haben, selbst wenn Sie Ihre Beziehung schließlich als etwas Negatives erlebten.
Fabrizio: Vielleicht ist es eine Frage des Standpunkts.
Therapeut: Vielleicht. Letztes Mal haben Sie über Ihre Enttäuschung wegen Ihrer Eltern im Laufe der Jahre gesprochen. Sie sagen, es sei besser, nicht darüber zu sprechen, es sei besser, nichts auszugraben. Aber ich glaube, daß das Graben Ihnen vielleicht die Chance gibt, Ihre positiven Gefühle zu entdecken, mit Gefühlen in Kontakt zu kommen, die Sie als kleines Kind gegenüber den Menschen, die Sie zeugten, hatten.

Boscolo: *Hier stelle ich Fabrizios Annahmen, die von negativen Gefühlen durchdrungen sind, vorsichtig in Frage. Ich sage, daß für mich das Ziel des Grabens nicht nur darin besteht, nach negativen Dingen zu suchen, sondern auch positive Ideen und Erfahrungen zu finden, die er in seinem Leben gehabt haben muß. Hier ist das Vertrauen, das der Therapeut vermittelt, sehr wertvoll, da der Klient sich auf ihn beziehen kann und sich deshalb vielleicht der Möglichkeit öffnet, sein Leben auf eine neue Art und Weise zu „sehen". Ich beginne, indem ich so überzeugt wie möglich vorbringe, daß es in Fabrizios Vergangenheit positive Erlebnisse gegeben haben müsse. Ich beziehe mich hier auf meine eigene Erfahrung und auch auf die Literatur, insbesondere auf Harold Searles' Essays über die Behandlung von Schizophrenie (1965). Ich erinnere mich, daß Searles in einem seiner Essays sagt, Schizophrene tendierten dazu, ihren Analytiker davon zu überzeugen, daß ihre Mütter Monster seien, Destillate negativer Gefühle und Ideen. Er sagt, ein Therapeut, der das glaubt, sei für immer kompromittiert. Der Analytiker sollte in der Mutter und der Beziehung zwischen Mutter und Kind resolut nach positiven Gefühlen Ausschau halten, die unterdrückt worden sind. Das mache ich hier bei der Familie Ponzi. Ich bereite allmählich den Boden für die Rekonstruktion der Vergangenheit, die das gesamte Familiensystem umfassen wird und nicht nur Konflikte erlaubt, sondern auch Zeiten für Zuneigung und Solidarität. Diese Zeiten werden häufig aus Angst vor der Ablehnung oder der Kontrolle seitens der anderen unterdrückt.*

Bertrando: *Wenn du zu ihm sagst: „Sie müssen irgendwann positive Gefühle gehabt haben gegenüber den zwei Menschen, die Sie gezeugt haben", bestätigst du seine wichtigsten und positivsten Wurzeln. Es ist bekannt, daß eine Person seine Familie nicht verlassen kann, es sei denn, sie hätte eine klare Bestätigung ihrer selbst. Die Art, wie er seine Eltern im Laufe der Zeit mißbrauchte – indem er sie schlug, sie als „verwahrlost" bezeichnete oder als „Terrone" und „Krüppel" – zeigt, daß er seine Wurzeln ablehnt. In einem gewissen Sinn deckt das den Narzißmus des Psychotikers auf, der sich, indem er alle seine negativen Gefühle auf seine Eltern projiziert, in Wirklichkeit selbst in den Fuß schießt, denn sie sind schließlich die Menschen, die ihn gezeugt haben. Du erinnerst dich, daß du ihn in der letzten Sitzung ohne Umschweife gefragt hast: „Fabrizio, wie erklären Sie die Tatsache, daß zwei solche verwahrloste, unbedeutende Eltern einen so intelligenten Sohn produziert haben?" Die Frage schien ihn zu verblüffen. Und zwar so sehr, daß er beschämt lachte und meinte: „Mensch, ja, das ist eine intelligente Frage!" Durch das Konstruieren einer positiveren Vergangenheit kann man die Gegenwart beeinflussen, indem man seine Existenz so akzeptabel macht wie die aller anderen und ihn davon befreit, Luftschlösser bauen zu müssen.*
Boscolo: *Aus dem, was wir sagen, läßt sich verstehen, wie oft Psychotiker bei ihrem Schritt von Psychose zu „Normalität" durch eine depressive Phase gehen müssen. Ich kann mich an einen Patienten mit der Diagnose chronische Schizophrenie erinnern, der sagte: „Ich habe Angst davor, normal zu werden, weil mich Normalität langweilt."*

Fabrizio: Ich kann mich nicht mehr daran erinnern.
Mutter: Genau, Doktor, er hat alle positiven Dinge vergessen. Wie oft habe ich ihn an die Dinge zu erinnern versucht, die ein Grund waren fürs Glücklichsein ...
Fabrizio: Ja, aber ich vergesse sie, weil die anderen dazwischengefunkt haben. In meiner Erinnerung gibt es immer eine Verbindung mit anderen Menschen, Menschen, die zwischen die Dinge geraten, die Beziehungen eingegangen sind, etc. Das ... macht mich unduldsam.

Boscolo: *Fabrizio spricht hier über den Dritten, der in die dyadische Beziehung eindringt, was starke Gefühle der Rivalität, des Neids, der Eifersucht und des Hasses auslöst, wie Freud in seiner Diskussion des Ödipuskomplexes ausführt. Melanie Klein, Haley in seiner Analyse des perversen Dreiecks und andere äußern sich ähnlich. Erst wenn der Ödipus-*

komplex oder das perverse Dreieck aufgelöst sind, können positive Gefühle des Dankes, der Liebe und Akzeptanz des Dritten entstehen. Pasolinis Film Teorema gibt ein treffendes Beispiel, wie eine dritte Person in eine Beziehung eindringt. Wenn ich mich richtig erinnere, beginnt er mit einem Reisenden, ein hübscher junger Mann mit unklarer Sexualität, der in ein Dorf kommt, in dem eine Familie der Mittelklasse lebt. Nach und nach verlieben sich alle in ihn, einschließlich der Dienstboten. Alle wollen ihn für sich selbst haben. Er läßt sich herab, mit allen ins Bett zu gehen, und bewahrt seine unerschütterliche Ruhe, während unter seinen Gastgebern ein tödlicher Haß ausbricht, so daß – wenn ich mich richtig erinnere – jemand das Haus in Brand setzt. In dieser Atmosphäre von Tod und Zerstörung sterben einige Familienmitglieder und andere werden verrückt. Mit derselben unerschütterlichen Ruhe verläßt der Reisende langsam die Villa und macht sich auf zu einer anderen, die er in der Ferne sehen kann. Hier endet der Film.

Therapeut: Reden wir ein wenig über das, was Ihre Mutter früher gesagt hat, daß Sie momentan acht Stunden am Tag schlafen.
Fabrizio: Ja.
Therapeut: Können Sie nachts schlafen?
Fabrizio: Ja, ziemlich gut, nicht immer.
Therapeut: Träumen Sie in der Regel nachts, wachen Sie wegen Ihrer Träume auf, haben Sie Alpträume?
Fabrizio: Träume.
Therapeut: Sind sie in der Regel gut oder schlecht?
Fabrizio: Gewöhnlich sind sie gut.
Therapeut: Gewöhnlich sind sie gut.
Fabrizio: Ja ... dann wache ich auf und sehe die Realität, die schlecht ist.
Therapeut: Hatten Sie in jüngster Zeit einen bestimmten Traum?
Fabrizio: Nein. Es hängt vom Tag ab, wie ich ihn verbringe. Wenn es ein Tag ist, an dem ich jemanden Nettes getroffen habe, träume ich in der Nacht über all das, was geschehen sein könnte, aber wenn der Tag negativ war ...
Therapeut: Können Sie mir einen positiven Traum erzählen? Was ist für Sie ein positiver Traum?
Fabrizio: Eine schöne Frau.
Therapeut: Eine schöne Frau, und dann? Eine Nacht mit einer schönen Frau, oder ein Leben mit einer schönen Frau?
Fabrizio: Ein Leben.

Therapeut: Ein Leben. Ist das positiv?
Fabrizio: Ja, das ist positiv, wenn man es haben kann.
Boscolo: *Da die Familienmitglieder Angst hatten, in der Vergangenheit herumzuwühlen, verließ der Therapeut, der vorsichtig war wegen des Timings, das Thema für eine Weile, damit sie sich beruhigen konnten, und lenkte ihre Aufmerksamkeit auf Träume. Wir bitten Klienten in unserer Arbeit ganz selten, uns ihre Träume zu erzählen, obwohl wir es natürlich tun, wenn es die Situation erfordert. Die Inhalte ihrer Träume werden sofort auf die gegenwärtige Realität bezogen.*

Mutter: Da ist noch etwas, was ich erwähnen muß ...
Fabrizio: Ich möchte einen Englischkurs machen, um mich sprachlich zu verbessern ...

Bertrando: *Die Mutter sagt sofort etwas, um die Aufmerksamkeit von der schönen Frau abzulenken, und gibt den „Befehl", über etwas anderes zu reden, vermutlich über Arbeit. Vielleicht ist sie eifersüchtig auf andere Frauen, die ihr ihren Sohn wegnehmen könnten. Symbiotische Mutter-Sohn- Beziehungen sind bei Psychosen weit verbreitet; die Patienten dieser Fälle sind überaus sensibel gegenüber den „Befehlen" der Eltern.*
Boscolo: *Die Mutter sagt: „Rede über etwas anderes!" Das ist auch eine Botschaft an den Therapeuten, über etwas anderes zu reden, vielleicht über die Arbeit. Für den Augenblick gehorcht ihr der Therapeut, da er vermeiden will, daß sich eine symmetrische Beziehung entwickelt.*

Fabrizio: Ich möchte ganz gut Englisch lernen, weil es mir neue Aussichten eröffnen würde.
Therapeut: Arbeitsaussichten?
Fabrizio: Ja.
Therapeut: Diese positiven Träume über schöne Frauen, über die Sie gerade gesprochen haben, haben Sie solche Träume auch in bezug auf die Arbeit?
Fabrizio: Ja, ich wache häufig auf und denke, daß ich eine neue Arbeit in einer idealen Umgebung beginne, ich meine, kurz gesagt, wo die anderen mich nicht nerven. Ich träume, daß das tatsächlich geschieht. Dann finde ich heraus, daß es nicht ...
Therapeut: Vielleicht handelt ein wirklich wichtiger Traum davon, wie Sie eine schöne Frau kennenlernen und ein Firmendirektor sind ...

Fabrizio: Nein, das nicht.
Therapeut: Ein großer Künstler?
Fabrizio: Ein großer Künstler, ja; das habe ich mir vor einer Weile vorgestellt, als ich meinen Freunden aus dem Weg ging und niemanden mehr hatte und völlig allein war. Ich blieb zu Hause und habe gemalt und hoffte, Erfolg zu haben. Dann aber erkannte ich, daß ich dazu nicht in der Lage war.
Therapeut: Wenn Sie über Arbeitsaussichten sprechen, was meinen Sie damit? Was würde Ihnen etwas geben?
Fabrizio: Ich fühle mich nicht sehr ... sehr ... Ich meine, ich hätte gerne einen Job, ich weiß nicht, etwas in einem Architekturbüro, da ich Landvermesser bin, etwas, das eine Verbindung mit dem hat, was ich gelernt habe, aber ich fühle mich mehr ... Im Augenblick sind meine Gedanken nicht so ganz klar, so daß ich vielleicht eine körperliche Arbeit vorziehen würde. Obwohl ich dazu eigentlich zu schade bin, aber ich hätte wenigstens etwas zu tun.
Therapeut: Wenn ich mich recht erinnere, hatten Sie in der Vergangenheit viele verschiedene Jobs, nicht wahr?
Fabrizio: Ja, ich hatte mehrere.
Therapeut: Sie haben keine Probleme, eine Arbeit zu finden?
Mutter: Nein, hat er nicht.
Fabrizio: Habe ich nie gehabt.
Therapeut: Aber es war schwierig, Ihre Jobs zu behalten?
Fabrizio: Sie zu behalten, ja.
Therapeut: Was war dafür Ihrer Meinung nach der Hauptgrund, daß Sie Ihre Jobs niemals behielten?
Fabrizio: Naja, weil ich so kleinlich bin, ich meine, ein Teil von mir kommt mit allen gut aus, ich reagiere auf alle, aber ein anderer Teil von mir will die reine Gerechtigkeit, ich suche immer perfekte Beziehungen, ich strebe immer nach Perfektion, und das gibt es in Beziehungen mit anderen Menschen einfach nicht, insbesondere heutzutage, wo die Menschen aus allem ihren eigenen Vorteil schlagen ...
Therapeut: Sie sind also wählerisch.
Fabrizio: Ja, ich finde es schwierig, Beziehungen mit anderen Menschen zu haben, weil sie immer versuchen, schlau zu sein oder, schlimmer noch, weil sie Kleingeister oder Heuchler sind.
Therapeut: Was geschieht dann?
Fabrizio: Ich bin dann verbittert und bleibe für mich. Deshalb bin ich wohl allein, weil ich niemanden finden kann, mit dem ich offen sein kann.

Therapeut: Sie haben also einen starken Gerechtigkeitssinn?
Fabrizio: Ja, einen starken Gerechtigkeitssinn.
Therapeut: Hatten Sie diesen starken Gerechtigkeitssinn schon immer?
Fabrizio: Seit meiner Militärzeit.

Boscolo: *Fabrizios Obsession mit der Gerechtigkeit und seine Intoleranz gegenüber Ambiguität erinnern uns an jene Theorien, die die Entstehung psychotischer Symptome Beziehungssituationen zuschreiben, die sich auf Nichtbestätigung und kontextuelle Ambiguität gründen; ich könnte hier die Theorie der Doppelbindung zitieren oder die Theorie psychotischer Familienspiele. Fabrizio, der so sehr um Gerechtigkeit und Perfektion bemüht ist, erinnert mich an Ciompis (1983) Theorie, die auf einer biologischen Prädisposition gegenüber Streßauslösern beruht und bei der Entstehung von Schizophrenie die Schwierigkeiten betont, von innen und außen kommende widersprüchliche Informationen zu unterscheiden und zu ordnen. Das bedeutet, im Gegensatz zu anderen Theorien, daß Eltern – in einem bestimmten Ausmaß – für Psychosen nicht verantwortlich sind. Die Psychiatrie hat „Schizophrenie" unterschiedlich interpretiert. Die traditionelle Psychiatrie betrachtet sie als Ergebnis genetischer, biochemischer oder anatomischer Veränderungen im zentralen Nervensystem; die psychodynamische Psychiatrie betrachtet sie vor allem als Ergebnis seelischer Konflikte; die soziale Psychiatrie führt sie auf Beziehungen zurück, und die Antipsychiatrie auf totale Institutionen.*
Bertrando: *Wir könnten sagen, daß jede Hypothese eine Teilhypothese ist, die nur einen Aspekt des Problems behandelt. Keine Hypothese kann für sich alle Aspekte einer Psychose abdecken. Zu Beginn schien die Hypothese über die Zeit ausreichend zu sein, aber jetzt scheint Ciompis Hypothese über Ambiguität eher zuzutreffen. Später tauchen vielleicht noch andere Hypothesen auf.*
Boscolo: *Genau und ich würde Searles' Hypothese, die wir früher erwähnt haben, hinzufügen, später aber könnte ein Aspekt von Selvini Palazzolis Hypothesen über psychotische Spiele besser passen. Es ist wichtig, daß sich Ideen und Hypothesen natürlich aus der Diskussion ergeben, so daß sie nicht zu wahren Hypothesen werden und uns in die Falle eingleisigen Denkens locken. Es ist immer der Klient, der die Bedeutungen, auf die es ankommt, zur Verfügung stellt. Der Klient stellt im Denken des Therapeuten und seinem eigenen vielleicht Ähnlichkeiten fest. Der Therapeut sagt womöglich Dinge, die der Klient schon immer gedacht hat, es ist ihm jedoch niemals gelungen, sie in einer Beschreibung, in einer endgültigen sprachlichen Form zu*

organisieren. Oder der Therapeut sagt vielleicht Dinge, die der Klient schon vermutet hat oder an die er vage denkt, Dinge, die schon in der Luft liegen. Es ist, als ob der Therapeut mit Hilfe des Klienten Entdeckungen macht über den Klienten, die dann zu den Entdeckungen des Klienten werden ...

Bertrando: *Einen Augenblick! Deine Bemühungen, Zirkularität im therapeutischen Dialog zu erklären, scheinen in die Binsen zu gehen. Wenn man dir zuhört, gewinnt man den Eindruck, als ob du den Therapeuten auf eine andere Ebene stellst als den Klienten, daß du zu der Meinung tendierst, der Therapeut wisse, was gut für den Klienten ist. Mit anderen Worten, deine Neutralität ist gefährdet. Ich kann schon die Kommentare von Kollegen hören, die an das therapeutische Gespräch glauben, an das Narrative, an Hermeneutik ...*

Boscolo: *Es ist schwierig, dir darauf zu antworten ... Ich meine, daß dein Eindruck, bzw. der Eindruck, den ich dir vermittle, zum Teil das Ergebnis der Tyrannei der Sprache ist (wie wir alle wissen, ist es schwierig, in der Sprache lineare Sequenzen zu vermeiden) und zum Teil das Ergebnis meiner Vorurteile und der von mir übernommenen Hypothesen. Ich meine, daß es durch eine Unzahl zirkulärer Fragen, wie auch durch eine Unzahl sorgfältig ausgewählter Hypothesen, vermieden wird, daß der Klient weiß, was der Therapeut denkt, und das ist für Klienten gut, denn dann müssen sie schließlich ihre eigenen Entscheidungen treffen. In diesem Sinne muß man Neutralität diachronisch betrachten, weil man nicht neutral sein kann, wenn man sie synchronisch sieht. Man darf auch nicht vergessen, daß der Therapeut oder Berater im Therapie- oder Konsultationskontext eine besondere Art von Wissen hat, die sich auf seine Sachkenntnis stützt: Aus persönlicher Erfahrung und zahlreichen Theorien menschlichen Verhaltens gewonnene Hypothesen – die natürlich auch die wichtige Theorie des gesunden Menschenverstandes umfaßt – sind Bestandteil der Arbeit. Ich muß es aber noch einmal wiederholen, daß Hypothesen nichts als Instrumente sein sollten, sie sollten nie zu einer Wahrheit werden. Ein Klient wird den Gewinn aus den Hypothesen und anderen Aspekten der therapeutischen Beziehung ziehen, den er daraus ziehen will.*

Therapeut: Der Militärdienst hat dies also ausgelöst?

Fabrizio: Ich habe den Militärdienst ein wenig als Strafe angesehen.

Mutter: Weil sie ihn nach Messina geschickt haben, und das ist sehr weit weg von zu Hause.

Therapeut: Zu weit weg von zu Hause? Haben Sie Ihre Familie vermißt, als Sie nach Messina gingen?

Fabrizio: Nein, man hat mir ja alles gegeben, was ich brauchte.
Therapeut: Also haben Sie Ihre Familie nicht vermißt?
Fabrizio: Nein, nein, ich hatte Freunde, denn zufällig waren wir alle aus dem Norden, und in meinem Schlafsaal gab es noch andere Leute aus Mailand, so daß ich Freunde gefunden habe und mich gut eingewöhnte.
Mutter: Wenn er jedoch nicht telefoniert hat, habe ich das Lager angerufen.
Therapeut: Sie wollen sagen, daß Sie beide ihn sehr vermißt haben.
Mutter: Ja, haben wir.
Therapeut: Haben Sie ihn sehr vermißt?
Fabrizio: (zeigt sich neugierig) Habt ihr mich sehr vermißt?
Mutter: Allerdings! Wenn wir konnten, sind wir immer sofort runtergefahren, kannst du dich nicht erinnern?
Fabrizio: Wenn ich mir auch nicht darüber im klaren war, damals habe ich es bestimmt bemerkt. Ich war gerade achtzehn ...
Therapeut: Sie sagten mir, daß Sie diesen ausgeprägten Gerechtigkeitssinn hatten. Macht das Ihr Leben nicht ein wenig kompliziert? Kann es Ihr Leben kompliziert machen?
Fabrizio: Ja, stimmt.
Therapeut: Man kann sich dafür entscheiden, zu Hause zu bleiben, um ungerechte Situationen zu vermeiden. Aber ob man es mag oder nicht, wenn man in die Welt hinausgeht, gibt es immer ungerechte Situationen, selbst wenn man versucht, sie zu vermeiden. Ich frage mich, ob Sie in Ihrem früheren Leben vor Ihrem Militärdienst manchmal das Gefühl hatten, daß eine Situation ungerecht war?
Fabrizio: Es gab eine andere Person, der mir meiner Meinung nach meine Privilegien als einziges Kind gestohlen hat: Ich fühlte mich durch diese Person ein wenig betrogen.
Therapeut: Wer war das?
Fabrizio: Der Bruder meiner Mutter. Er lebte vor Jahren bei uns, und ich hatte das Gefühl, daß er es schaffte ... es schaffte, das von meinen Eltern zu erhalten, wozu ich nie in der Lage war. Er hat mich um meine Eltern gebracht, als sie noch jung waren.

***Boscolo:** Es ist interessant, was geschah, als er über seinen Onkel zu reden begann: Er schaute nach rechts und links, als ob er die Reaktionen seiner Eltern überprüfen wolle. Der Vater schien ein wenig aufgeregt zu sein: Seine Körpersprache zeigte, daß ihm das Thema wichtig war. Vielleicht hatte man an ein Geheimnis gerührt.*

Bertrando: *Es besteht auf jeden Fall eine logische Verbindung. Das Problem der Gerechtigkeit führte zum Problem des Onkels, weil du gefragt hast: „Was ist vor Ihrem Militärdienst geschehen?", und er antwortete: „Es gibt eine Person ..."*

Boscolo: *Ja, es wurde eine Verbindung geschaffen zwischen seinem Militärdienst in Messina und seinem Onkel.*

Bertrando: *Das habe ich gemeint, als ich sagte, er habe keine Geschichte, sondern nur, wie Bruner sagt, ein Thema: Das heißt, ein Thema beherrscht die Erzählung. Er hat ein zeitloses Thema – „Gerechtigkeit/Ungerechtigkeit" – das er endlos konjugiert. Ihn beherrscht der Gedanke, daß ihm ein Unrecht geschehen sei.*

Boscolo: *Ich glaube aber nur sehr vage. Er ist sich dessen nicht besonders bewußt.*

Bertrando: *Ja, es ergibt sich daraus kein diachronischer Bezug. Ihm geschah ein Unrecht, und das wird sofort bezogen auf alle Ungerechtigkeiten der Welt. Er bezieht sich auf ein zeitloses Thema der „Gerechtigkeit/Ungerechtigkeit": Er sieht jedes Ereignis durch die Linse dieses Themas. Das erinnert mich an das, was Prigogine über die Dichotomie zwischen (natürlichem) „Gesetz" und (kontingentem) „Ereignis" sagt: Wenn man in Form von Gesetzen argumentiert, stellt man sich außerhalb der Zeit; wenn man in Form von Ereignissen argumentiert, stellt man sich innerhalb der Zeit und führt Unvorhersehbarkeit und Irreversibilität ein.*

Boscolo: *Man könnte sagen, daß Fabrizio den Kontext verläßt. Dasselbe geschieht, wenn man die Realität durch die Linse eines starken Mythos, eines religiösen Glaubens, einer Täuschung betrachtet.*

Bertrando: *Das stimmt. Als er sich von seiner Firma ungerecht behandelt fühlte, wurde das Thema der „Gerechtigkeit/Ungerechtigkeit" reaktiviert, ohne in einen Kontext gestellt zu werden. Wie bei der Übertragung in der Analyse.*

Boscolo: *Es ist interessant, daß er die Ungerechtigkeit, deren Opfer er war, nicht auf seine Ablehnung seiner Eltern bezieht.*

Bertrando: *Diese Verbindung zwischen der Frage des Militärdienstes und diesem entfernten Akt der Ungerechtigkeit kam durch deine Befragung zutage.*

Boscolo: *Das könnte man als ein Beispiel für die „gespaltene Zeit" im Erleben des Schizophrenen ansehen. Es ist, als wären Erlebnisse ohne Bezug.*

Bertrando: *Minkowski sagt, daß bei Schizophrenen die Zeit stehenbleibt, und wir könnten sagen, daß Fabrizios Erlebnisse zeitlich so verstreut sind, als ob sie völlig voneinander getrennt seien, diskontinuierlich. Er scheint* *nicht in der Lage zu sein, eine diachronische Beschreibung seines Lebens zu geben.*

Boscolo: *Aber Jim (siehe Kapitel 5) scheint nach seinem psychotischen Ausbruch eine neue Geschichte konstruiert zu haben, eine Geschichte, die in einer zusammenhängenden zeitlichen und kausalen Sequenz vom Tod seines Vaters bis in die Gegenwart reicht.*

Bertrando: *Ich kann sagen, daß Jim seine gegenwärtige verzerrte Sicht von sich selbst und seiner eigenen Welt in seine Vergangenheit projiziert hat. Es ist, als ob er eine „psychotische Einsicht" gehabt hätte, die seiner Vergangenheit eine neue Bedeutung gab und Gegenwart und Zukunft mit deterministischen Beschränkungen belegte („Ich bin schizophren"). Schizophrene können die Zeit wohl auf unterschiedliche Weise verzerren. Jim, der Australier, tut dies auf seine Weise; Aldo, der Schweizer, auf eine andere. Er mußte aufhören, sein eigenes Leben zu leben, und warten, bis sich das Dilemma seiner Eltern gelöst hatte, bevor er weitergehen konnte. Zeitliche Bezüge scheinen in unterschiedlichen Stadien des psychotischen Prozesses gelockert oder gefestigt zu werden. Der maximale Bruch scheint in der akuten Phase vorzukommen, aber in den Intervallen zwischen psychotischen Episoden scheinen sich zeitliche Verbindungen wieder zu ergeben.*

Boscolo: *Vor einem Monat hatte ich in einer Konsultation den Fall zweier Eltern und ihres 10jährigen Sohnes mit einer langen Geschichte von selektivem Mutismus. Er sprach nur mit seiner Mutter, selten mit seinem Vater. In der Schule sprach er nur mit dem Lehrer, sonst mit niemandem. In der ersten Sitzung schaute er mich nicht an und sprach kein Wort. Die Geschichte, die sich herauskristallisierte, ergab, daß die Eltern immer noch an ihre Herkunftsfamilien gebunden waren. Gegen Ende der Sitzung sagte ich, daß der Junge deshalb nicht spreche, weil er signalisieren wolle, daß seine Eltern noch nicht verheiratet seien, es schwierig fanden zu heiraten. Er spreche nicht mit seinen Großeltern, weil er darauf warte, daß seine Eltern heirateten. Dann fügte ich hinzu, daß er so lange schweigen würde, bis seine Eltern sich entschieden hätten, eine „wirkliche" Ehe zu beginnen, nicht nur eine formale. Kurz nachdem ich das gesagt hatte, begann er zur Verwunderung seiner Eltern ein wenig mit mir zu sprechen. Ich traf seinen Therapeuten heute in einer Supervisionsgruppe, und er erzählte mir ganz aufgeregt, daß der Junge nach Beendigung der Konsultation nicht mehr aufhörte zu reden: Er versetzte alle in Erstaunen, weil er mit ihnen redete. Bemerkenswert ist, daß dem Therapeuten in einer Sitzung mit den Eltern auffiel, daß diese die Wendung „seit wir verheiratet sind" dreimal verwendeten, als ob die Idee des*

Beraters zu ihrer Realität geworden wäre. Es ist jetzt eine Familie entstanden: Die Eltern sind verheiratet, und das Kind spricht.
Bertrando: *Man könnte dies als einen Übergangsritus ansehen: Sie heirateten während der Sitzung oder vielmehr, als sie während der Sitzung erkannten, daß sie noch nicht verheiratet waren. Die Sitzung funktionierte wie ein Ritus: Eine neue Familie wurde geboren, bei der das „Sprechen" wieder Sinn machte; denn in dem Augenblick, in dem das Kind diesen plötzlichen Zeitsprung wahrgenommen hat, hat auch seine Zeit wieder zu fließen begonnen.*
Boscolo: *Das ist interessant. Indem sie meine Metapher akzeptierten (denn die Idee, daß sie nicht verheiratet seien, war nur eine Metapher), traten sie in eine neue Zeitdimension ein. Sie wurde für beide zu einer neuen Wirklichkeit, so daß in einem gewissen Sinn ihr Zeitrahmen sich änderte. Es ist, als wären sie zu dem Tag zurückgegangen, als sie heirateten und nicht heirateten.*
Bertrando: *Man könnte diese Beratung, was die Zeit betrifft, sowohl vom rituellen als auch vom narrativen Standpunkt aus betrachten. Das Ritual erzeugte eine zeitliche Diskontinuität, die Zeit gewinnt in einer neuen Geschichte jedoch wieder ihre Kontinuität.*

Therapeut: Von wem hat ihr Onkel am meisten erhalten? Vielleicht von Ihrer Mutter, weil er ihr Bruder war?
Fabrizio: Ja.
Therapeut: Können Sie sich daran erinnern, Unrecht erlitten zu haben, waren Sie sich des Unrechts bewußt?
Fabrizio: Ja, ich habe ein bißchen gelitten.
Therapeut: Hat er es in Ihrer Erinnerung geschafft, die Aufmerksamkeit Ihrer Mutter auf sich zu lenken, oder war es Ihre Mutter, die ...
Fabrizio: Nein, nein, ich erinnere mich, daß ...
Therapeut: War sie verliebt in ihn?
Fabrizio: Ich erinnere mich an den Egoismus, den Egoismus dieser Person, dieses Onkels, der es mit seinem Egoismus geschafft hat, alles zu kriegen. Ich war klein ...

Boscolo: *Es ist interessant, wie er sagt: „Dieser Onkel schaffte es, mit seinem Egoismus alles zu kriegen." Nachdem er psychotisch geworden war, war Fabrizio gegenüber seinen Eltern so gewalttätig, daß er all ihre Ersparnisse verschleuderte. Er versucht wahrscheinlich, psychotisch das zu erhalten, was nicht er, sondern sein Onkel damals bekam: Es gibt hier eine Art von Rache, die beispielsweise bei Jugendlichen weit verbreitet ist, die denken, daß* *sie von ihren Eltern oder der Gesellschaft nicht das erhalten haben, was ihnen zusteht.*

Fabrizio: Ich meine, ich habe sowohl verstanden als auch nicht.
Therapeut: Aber Sie haben damals gelitten?
Fabrizio: Ja.
Therapeut: Haben Sie jemals gedacht, daß Sie damals gelitten haben, weil dieser Onkel Ihren Platz eingenommen hat?
Fabrizio: Ja.
Therapeut: Er war ein Onkel, aber er war auch ein Sohn.
Fabrizio: Ja, er war auch ein Sohn.
Therapeut: Für beide Ihrer Eltern, oder hing er eher an Ihrer Mutter?
Fabrizio: Für beide.
Therapeut: Haben Sie sich gefragt: „Liebt meine Mutter mich oder meinen Onkel mehr?"? Haben Sie sich das gefragt?
Fabrizio: Nein, das war für mich kein Problem.
Therapeut: Oder: „Wen hält meine Mutter für besser, intelligenter, mich oder meinen Onkel?"
Fabrizio: (zögert) Nein, in dieser Hinsicht fühlte ich mich gleichwertig.
Therapeut: Was gab Ihnen das Gefühl, daß Ihr Onkel in der Familie Ihre Position usurpiert hat?
Fabrizio: Ja, er war ein Außenstehender, das fühlte ich, er hatte in der Familie, in die ich hineingeboren war, nichts zu suchen.
Therapeut: Sie hatten vielleicht diese Idee. Aber sie belastete nicht nur die Gegenwart dieses Außenstehenden, der Ihren Platz als Sohn eingenommen hatte; vielleicht dachten Sie auch, daß dieser Onkel den Platz Ihres Vaters eingenommen hatte, daß Ihr Vater auch ein wenig in Ihrer Situation war.
Fabrizio: Ja.
Therapeut: Können Sie sich erinnern, daß Sie das gedacht haben?
Fabrizio: Ja, ja, weil er intelligenter war, aktiver, er war ... Er wußte mit den Leuten zu reden, er war ... Er lebte in einer Welt recht reicher Leute, ich meine, es gab fast nichts, was er nicht hatte, er hatte größere finanzielle Möglichkeiten ...
Vater: Das war später, als er ausgezogen war, aber als er bei uns wohnte, mußte ich ihm Geld geben, hier ein bißchen, da ein bißchen. Die Möglichkeiten kamen später.

***Boscolo:** Mein Eindruck ist, daß sich Fabrizio immer fragte: „Liebt meine Mutter mich oder diesen Onkel mehr?", und seine Mutter gab ihm nie eine klare Antwort. Wenn er die Chance gehabt hätte, seinen Vater auf seine Seite zu ziehen, mit ihm gut auszukommen, hätte er vermutlich seine schmerzhaften psychotischen Erfahrungen vermeiden können. Ich glaube, der Vater ist weniger offen und viel widersprüchlicher als die Mutter. Die Mutter ist zumindest klar, sie mochte sie beide. Der Vater war eifersüchtig auf den Sohn und auf den Schwager, der die Gefühle seiner Frau monopolisierte. Aus demselben Grund war er auf seinen Sohn eifersüchtig. Ich habe nie gespürt, daß der Vater Empathie für Fabrizio hat. Insofern fand der sich in einer Situation, in der er fühlte, daß er nichts zählte.*

***Bertrando:** Wir könnten auch die Hypothese aufstellen, daß alle drei Männer um dieselbe Frau konkurrierten, deren Reaktionen vielleicht verwirrend waren. Fabrizio scheint in der schlechtesten Lage gewesen zu sein, vermutlich, weil ein Dreieck schon existierte, bevor er geboren wurde, denn der Bruder seiner Mutter war schon vor ihrer Ehe ungemein wichtig für sie. Metaphorisch war die Mutter schon mit ihrem Bruder „verheiratet", bevor sie ihren derzeitigen Ehemann heiratete.*

***Boscolo:** Und der Vater versuchte immer, den Platz seines Schwagers einzunehmen. Das erinnert mich an die Theorie über psychotische Spiele in Familien (Selvini Palazzoli et al. 1989). Zuerst konnte man eine Allianz zwischen Mutter und Sohn erkennen, die später in dem Sinne fraglich wurde, als niemand wußte, wo die Mutter in bezug auf den Vater und den Onkel stand, so daß der Kontext für die Entwicklung eines psychotischen Verhaltens geschaffen wurde. Der Mißbrauch seiner Eltern, das Geld, das er ihnen mit Gewalt abgenommen hatte, der Abbruch seiner Beziehungen mit Aldo, können als Fabrizios Rache für das ihm angetane Unrecht angesehen werden. Die psychotische Ablehnung seiner Eltern über so viele Jahre scheint seine Reaktion zu sein auf eine Situation, in der er nie verstehen konnte, um was es eigentlich ging.*

***Bertrando:** Das erinnert mich an die Doppelbindungstheorie, die in der Vergangenheit für unseren Ansatz so wichtig war.*

Mutter: Das liegt daran, daß er klein war, weil mein Bruder ging, als er sechs war. Gerade das wundert mich doch, wie bestimmte Dinge so völlig übertrieben dargestellt werden, weil seine Gefühle ...

Therapeut: Fabrizio, als Sie sechs waren, wo ist ihr Onkel hingegangen?

Mutter: Er lebte allein.

Therapeut: Ja, aber in Mailand, wo wart Ihr?
Mutter: In Mailand.
Therapeut: Also haben Sie ihn weiterhin gesehen?
Mutter: Ja, manchmal.
Therapeut: Wie alt war er, als er auszog?
Mutter: Er war vierundzwanzig oder ...
Vater: Ja, vierundzwanzig.
Mutter: Er hatte schon den Militärdienst geleistet.
Therapeut: Er hatte schon den Militärdienst geleistet?
Mutter: Ja.

Bertrando: *Die Mutter sagt, daß Aldo ausgezogen sei, als Fabrizio sechs war; das ist, wie wir alle wissen, ein empfindliches Alter. Mit Jim war es dasselbe: Alles begann, als er sechs war. Von einem psychoanalytischen Standpunkt aus könnten wir sagen, daß in diesem Alter schon alles festgelegt ist.*
Boscolo: *Aber das stimmt überhaupt nicht. Später können ähnliche Ereignisse sehr wichtig sein. Wenn Familienmitglieder endgültig ausziehen, um einen Beruf zu ergreifen oder zu heiraten, werden sie manchmal wichtiger als vorher. Manchmal lieben wir diejenigen am meisten, die uns verlassen, nicht diejenigen, die zu Hause bleiben: Viele Romane und Filme handeln von diesem Thema. Es zieht sich durch alle Filme Antonionis. Es ist wie bei Menschen, die gestorben sind: Sie werden netter, lobenswerter, als sie im Leben waren. Als er auszog, scheint Aldo in den Gedanken und Gefühlen seiner Schwester gegenwärtiger gewesen zu sein, und dies könnte Fabrizios Unsicherheit beträchtlich vergrößert haben. Wenn Aldo wirklich seine Zelte hinter sich abgebrochen hätte und aus ihrem Leben gegangen wäre, wäre Fabrizio schließlich in der Lage gewesen, die Erfahrung eines Lieblingskindes zu machen. Von dem, was später geschieht, wissen wir, daß diese Geschichte immer noch andauert, daß der Onkel noch mächtiger ist als vorher, genau deshalb, weil er nicht zu Hause ist. Das ist in psychotischen Familien eine allgemeine Dynamik.*

Therapeut: Er ist also weggegangen. Wo hat er seinen Militärdienst abgeleistet?
Mutter: In Como.
Therapeut: In Como, also (zu Fabrizio) war er nicht so weit weg von zu Hause wie Sie? Vielleicht haben Sie das als ein wenig ungerecht empfunden. Wie kommt es, daß es Sie nach Messina verschlagen hat,

während Ihr Onkel nach Como kam, das praktisch vor der Haustür liegt?
Fabrizio: Ja, jetzt wo ich Ihrem Argument folge, sehe ich das, aber ich wußte nicht, daß er seinen Militärdienst in Como geleistet hat.
Vater: Kannst du dich nicht erinnern?
Mutter: Wir haben dich mitgenommen, um ihn zu besuchen.
Vater: Wir haben ihn sogar besucht.
Mutter: Wie Sie sehen ... Er hat ungeheuer große Lücken, ich aber erinnere mich an Dinge, als ich ein Kind war ...

Boscolo: *Dies ist ein interessantes Beispiel für eine selektive Erinnerung. Er kann sich nicht erinnern, weil es zu schmerzlich ist. Das Vergessen hat sich als stärker erwiesen als das Erinnern, weil es eine schmerzliche Erfahrung war.*

Therapeut: Sie sagten, Sie hätten vor dem „Ausgraben" ein wenig Angst. Ich mache es langsam. Ich habe den Eindruck, daß Sie von den negativen Dingen so sehr niedergeschmettert wurden, daß Ihnen die positiven Dinge aus der Vergangenheit aus dem Blick gerieten. Ich versuche, vorsichtig zu graben, um herauszufinden, was es ist. (Zu den Eltern) Haben Sie Aldo auf die Schule geschickt?
Mutter: Ja, ich habe für meinen Bruder viel geopfert, weil wir zu Waisen wurden, als ich fünfzehn und er acht war, und die Familie war innig verbunden, wie das früher bei Familien der Fall war, und ich hielt das wenige, was ich von meinen Eltern erhalten hatte, zusammen, so ...
Therapeut: Hatten Sie nur den einen Bruder?
Mutter: Ja, ihn aufzuziehen wurde zu meiner Lebensaufgabe. Ich zahlte dafür, körperlich und finanziell ...
Therapeut: In einem gewissen Sinn mußten ja auch Ihr Sohn und Ihr Ehemann ein Opfer bringen, da auch sie die Person akzeptieren mußten, gegenüber der Sie sich verpflichtet fühlten.
Mutter: Ja.
Therapeut: Wurden sie ein wenig vernachlässigt?
Mutter: Es ist wahr, nein, sie wurden nicht vernachlässigt, mit bestem Gewissen kann ich das sagen, weil mein Sohn immer an erster Stelle kam ...
Bertrando: *Es ist interessant, daß die Mutter erst ja sagt, aber das dann zurücknimmt. Sie scheint ein echtes Problem zu haben, zuzugeben, daß auch sie Fehler gemacht hat, genau wie ihr Ehemann.*

Boscolo: *Ich habe bemerkt, daß die Mutter ihre Hand zum Herzen führt, wenn sie von ihrer Aufgabe spricht, während Fabrizio, der hier recht verwirrt zu sein scheint, sein Kinn berührt und ein wenig geistesabwesend zu sein scheint, weniger lebendig, als ob er es nicht hören wolle, wenn seine Mutter über ihren Bruder und ihre „Aufgabe" spricht.*
Bertrando: *Ja, er scheint sich zurückzuziehen, er folgt dem Gespräch nicht. Manchmal legt er seine Hände über die Augen, um nichts zu sehen, fast ...*

Mutter: (weist auf ihre Mann) Er wurde ein wenig vernachlässigt.
Therapeut: Er wurde vernachlässigt?
Mutter: Ja, das ist wahr.
Therapeut: Er blieb in der zweiten Liga?
Mutter: Ja, er blieb in der zweiten Liga. Im Laufe der Zeit habe ich meine Meinung über ihn geändert, inzwischen schätze ich ihn mehr. Mein Mann ist sehr impulsiv, und ich bin sehr empfindlich: Deshalb fühlte ich mich manchmal verletzt.
Therapeut: Man sollte hoffen, daß Ihr Sohn auch von der zweiten Liga in die ersten Liga aufsteigt, meinen Sie nicht auch?
Mutter: Ja.
Therapeut: Als Aldo auszog, haben Sie ihn oder hat er Sie besucht?
Mutter: Er ist ein bißchen plötzlich ausgezogen, weil mein Mann ... an einem bestimmten Punkt ... Er war ja auf der Universität ... wie mein Sohn richtig bemerkte, ist Aldo ein egoistischer Mensch, und er hat die Situation ein wenig ausgenutzt. Das muß ich zugeben. Also hatte mein Mann genug davon und sagte zu mir ganz richtig: „Wir haben eine Familie, wir haben einen Sohn, und dieser Aldo ist vierundzwanzig: Es ist Zeit, daß er auf eigenen Füßen steht." Er ist ausgezogen, fand eine Arbeit und hat geheiratet.
Fabrizio: (als ob er sein Scheitern vor sich selbst rechtfertigen wolle) Die Zeiten waren damals anders.
Mutter: Ja, das waren damals andere Zeiten.

Boscolo: *Die Verlegenheit der Mutter, als sie von Aldos Auszug spricht, ist interessant. Sie kann es nicht ganz verbergen, daß sie sich ein wenig schuldig fühlt, weil es nicht sie war, die ihn wegschickte. Es ist auch wichtig, daß Fabrizio genau an dem Punkt seine Isolation aufgibt.*
Bertrando: *Er hat das genau getimt, beteiligt sich, um sich zu rechtfertigen, weil er immer das Gefühl hatte, daß sein Onkel besser sei als er.*

Therapeut: (zu Fabrizio) Er hing sehr an Ihrer Mutter, er wollte ihre finanzielle und emotionale Unterstützung, aber es scheint, Ihr Vater hat dem einen Riegel vorgeschoben.
Vater: Vielleicht erinnert er sich nicht, daß ...
Fabrizio: Nein, ich erinnere mich.
Mutter: Du erinnerst dich?
Fabrizio: Ja, ich weiß nicht, ob das mit dem, was wir gerade behandelten, etwas zu tun hat, aber ich sage es trotzdem. Meine Mutter hatte die Aufgabe, sich um ihren Bruder zu kümmern, dann heiratete sie und bekam ein Kind, mich. Ich wurde geboren wie der Heiland, wie ein Messias, ich fühlte mich im Zentrum der Aufmerksamkeit.
Therapeut: Ich frage mich jedoch, ob Sie nicht der Meinung waren, daß es vielleicht zwei Messiasse zu Hause gab: Sie und Ihren Onkel ...

Boscolo: *Wir kommen hier zum wahren Kern der Sache. Psychosen verwirren einen, man kann nicht mehr zwischen zwei oder mehr Alternativen unterscheiden. Fabrizio sagte, er sei als Messias, gekommen, nachdem seine Mutter die Aufgabe gehabt hatte, sich um ihren Bruder zu kümmern. Entweder machte man ihn glauben, er sei der Messias oder er machte sich selbst etwas vor. Entweder er wurde betrogen, oder er betrog sich selbst. Mit seiner Frage zieht der Therapeut in Zweifel, ob Fabrizio der wahre Messias sei, oder vielmehr legt er nahe, daß es keinen Messias gibt.*
Bertrando: *Es sind solche unklaren Situationen, Situationen, die Widersprüche erzeugen, die den Verstand verwirren, denn hätte ihn die Familie einfach abgelehnt und gesagt: „Du bist überhaupt nicht wichtig", wäre die Situation klar gewesen - „Du zählst nicht, es ist dein Onkel, der für uns wichtig ist." Ähnliche Situationen lassen Menschen asozial werden, das Haus ihrer Eltern anzünden und was es sonst noch so gibt. Man sagte ihm: „Du bist der Wichtigste von allen", aber diese verbale Botschaft wurde nonverbal und tatsächlich dadurch entwertet, daß die Mutter den Onkel mit Geld und Zuneigung überhäufte. Es kann sein, daß Fabrizio anfing, sich benachteiligt zu fühlen, als er zur Ableistung seines Militärdienstes nach Messina geschickt wurde, während sein Onkel nach Como ging, das ein Steinwurf von zu Hause weg war.*
Boscolo: *Man muß sehen, wie er in diesen Geschichtenfragmenten sagt: „Aber ich war der Messias." Statt dessen müßte er schon sagen: „Jetzt verstehe ich, daß ich nicht der Messias war", oder er müßte Emotionen zeigen, die ausdrücken, daß er das erkannt hat.*

Bertrando: *Das ist der Punkt: Wie wir schon gesagt haben, sind seine Zeiterfahrungen zersplittert und unzusammenhängend. Er kehrt zu diesen Fragmenten seiner Geschichte zurück, als ob die Vergangenheit der Gegenwart übergestülpt worden wäre.*
Boscolo: *Aber wir sprechen hier, in der Gegenwart, über seine Geschichte, die Rekonstruktion seiner Geschichte bis zu diesem Augenblick. Ich glaube, wenn er die Rekonstruktion akzeptieren könnte, würde er anders zu denken beginnen. Zum Beispiel: „Ich dachte, ich sei der Messias, aber jetzt erkenne ich, daß mein Onkel das wahrscheinlich war; ich habe mich selbst getäuscht oder mir in den Kopf gesetzt, daß ich der Messias sei." Oder: „Messiasse existieren nicht und haben niemals existiert, die Idee, daß meine Mutter Maria und mein Vater Joseph sei, stammt von mir." Und so weiter, je nachdem, für welche Hypothese man sich entscheidet. Das würde ihn dazu bringen, seine Beschreibung zu ändern. Er scheint jedoch noch nicht so weit zu sein. Die Mutter hat uns gerade verraten, daß sie die Aufgabe hatte, sich um ihren verwaisten Bruder zu kümmern, daß ihr Opfer dadurch belohnt wurde, daß sie ihn erfolgreich großzog und in der Lage war, ihn auf die Universität zu schicken, damit er eine gute Stelle finden konnte. Man erwartet eigentlich, daß Fabrizio, nachdem er sagte, er habe nicht das Vergnügen gehabt, der einzige Sohn zu sein (obwohl er es in Wirklichkeit war), sich an die Stirn schlägt und sagt: „Heureka! Ich verstehe!" Wahrscheinlich brauchen wir noch ein paar Sitzungen, aber man kann schon erkennen, daß die Vergangenheit in seinem Innern jetzt in Frage gestellt wird.*
Bertrando: *So wie du über ihn sprichst, sieht es so aus, als ob Fabrizios Einsicht das Sine qua non für einen Wandel sei, wie ein Pschoanalytiker sagen würde. Von einem systemischen Standpunkt aus sollte die Erklärung jedoch auch die anderen Mitglieder der Familie und die Psychiater umfassen ...*
Boscolo: *Natürlich. Während der Therapeut und die Familie bedeutende Beziehungen und Emotionen in Fabrizios Vergangenheit untersuchen und welchen Einfluß die Vergangenheit eventuell auf die Gegenwart hat, wird das gesamte Therapiesystem und auch das Team in eine neue Geschichte geführt. Das geschieht in der Regel ohne besondere Einsicht, insbesondere bei Klienten, ohne diese Art von „Heureka!", die ich gerade erwähnt habe. Es kann allerdings andere Faktoren geben, die die Rekonstruktion einer unterschiedlichen Vergangenheit und die Möglichkeit einer neuen Zukunft behindern: Intensität und Dauer der psychotischen Erlebnisse, Schwierigkeiten, sich nach verlorenen Jahren aufgrund von „seelischer Krankheit" den Herausforderungen der Außenwelt zu stellen, die Gummiwand, die die Familie umgibt, die sich weigert, ein Mitglied gehen zu lassen, etc.*

Fabrizio: Ja (lacht), das ist es, zwei Messiasse zu Hause ...
Therapeut: Ihre Mutter sagte, ihr Sohn stehe an erster Stelle, sie scheint tatsächlich zwei Aufgaben gehabt zu haben, nämlich sich um Aldo und um ihren Sohn zu kümmern ...
Mutter: Das stimmt.
Therapeut: Sie war die Ältere, also hatte sie in einem gewissen Sinn zwei Kinder ...
Fabrizio: Ja, tatsächlich war das so.
Therapeut: Ihre Mutter hatte zwei Aufgaben, wie war das mit Ihrem Vater? Fühlte er sich nicht ausgeschlossen, oder hat er sich nicht selbst ausgeschlossen? Mit ihren zwei Aufgaben muß Ihre Mutter recht beschäftigt gewesen sein, meinen Sie nicht auch?
Fabrizio: Nein, um das abzuschließen, was wir früher gesagt haben, über meine Geburt und all das, naja, hinterher wurde ich nicht wie ein Mann behandelt, wie ich das gerne gehabt hätte. An einem bestimmten Punkt hätte es für mich möglich sein müssen, zu Hause auszuziehen, mein eigenes Leben zu leben, aber das ist nicht geschehen, ich habe mich nicht selbst verwirklicht, ich habe keine eigene Familie gegründet. Er (der Onkel) hat es irgendwie geschafft.
Therapeut: Ich frage mich: Haben Sie sich all die Jahre mit ihm verglichen? Haben Sie gedacht ... wie heißt ihr Onkel?
Fabrizio: Aldo.
Therapeut: Haben Sie manchmal gedacht: „Was macht Aldo jetzt? Welchen Erfolg hat er bei Frauen? Viel? Ein wenig?"
Fabrizio: Ja.
Therapeut: Oder: „Wie viel Geld hat Aldo?"
Fabrizio: Es ist ja nicht so, als ob ich mir wegen Geld Probleme machen würde ...
Therapeut: Aber nach Ihrer Ansicht, wie war ...

***Bertrando:** Mir ist aufgefallen, daß Fabrizio über deinen Kommentar bezüglich des Ausschlusses seines Vaters hinwegging. Ich weiß nicht, ob er das absichtlich ignoriert hat, oder ob es mit seiner Obsession mit Aldo zu tun hat. Man könnte sagen, daß Fabrizio, indem er den Kommentar über seinen Vater überhörte, die geringe Beachtung bestätigt, die der Vater in der Familie hat. Es scheint sich in der Familie eine Hierarchie etabliert zu haben, mit der Mutter an der Spitze, dann Aldo und Fabrizio und zum Schluß der Vater. Wäre es nicht besser gewesen, wenn der Therapeut die Aufmerksamkeit auf den Ausschluß des Vaters gelenkt hätte, um ihn wieder in seiner* *rechtmäßigen Position einzusetzen (wenn er diese jemals innehatte), in die Rolle, die er einnehmen sollte, anstatt über die Beziehung zwischen Mutter, Aldo und Fabrizio zu sprechen? Es besteht hier die Gefahr, die Hierarchie der Familie zu bestätigen.*

Boscolo: *Ja, ich fürchte, du hast recht. Der Therapeut scheint mit seiner eigenen Metapher zufrieden zu sein, der Metapher der beiden Messiasse. Fabrizios Lachen scheint zu zeigen, daß etwas ins Schwarze getroffen hatte, und das nahm den Therapeuten gefangen, hypnotisierte ihn fast, obwohl Fabrizio sofort danach seine frühere Rigidität und Kontrolle wieder zeigte. Das ist wohl ein Beispiel dafür, wie gefährlich es ist, wenn ein Therapeut sich in seine Metapher verliebt.*

Bertrando: *Fabrizio ist eine Stehleiter rauf- und runtergeklettert. Er hat eine seltsame Art, die Dinge in einer Sequenz darzustellen. Beispielsweise sagt er: „Ich wurde nicht wie ein Mann behandelt, deshalb ist es mir nicht gelungen, zu Hause auszuziehen." Tatsächlich ist die gegenteilige Sequenz eher angebracht: „Ich wurde wie ein Kind behandelt, und ich fühlte mich wohl dabei, so daß ich im Laufe der Zeit nichts tat, um mir selbst zu helfen, mich wie ein Mann zu verhalten." Oder: „Ich hatte nie die Chance, auf irgendeine Art und Weise auszuziehen, wie ein Mann." Er bringt die Dinge durcheinander, er hat ernsthafte Probleme, die Dinge in eine Sequenz zu bringen.*

Boscolo: *Wenn er kein Psychotiker wäre, hätte er, als er über die Idee der beiden Messiasse lachte, wahrscheinlich begonnen, mit seiner Vergangenheit klarzukommen, und hätte erkannt, daß er entweder ein Dummkopf oder einfach naiv war, solche Luftschlösser zu bauen. Ein entscheidender Wandel wäre ausgelöst worden, und das hätte rasch zum Abschluß der Therapie geführt. In den meisten Fällen geschieht das nach der fünften oder der sechsten Sitzung, nicht aber bei Psychotikern oder bei chronischer Schizophrenie, wo die Situation komplexer ist.*

Bertrando: *Wie Singer und Wynne (1958) gesagt haben, scheinen solche Familien von einer Gummiwand umgeben zu sein, die alle Erschütterungen absorbiert. Als der Therapeut von den beiden Messiassen spricht, lacht Fabrizio, scheint eine Einsicht zu gewinnen, die den Therapeuten momentan täuscht, dann jedoch nimmt er wieder den ratlosen und ziemlich konfusen Ausdruck von vorher an.*

Boscolo: *Umdeutungsinterventionen, einschließlich der von Selvini Palazzoli und ihren Mitarbeitern verwendeten invarianten Verschreibungen, haben in unserem Zentrum nie zu überzeugenden Resultaten geführt. Mein Eindruck ist, daß komplexe Fälle wie diese komplexe Reaktionen brauchen.*

Die Anwesenheit des Teams ist sehr wichtig, um zu verhindern, daß der Therapeut von der Gummiwand absorbiert wird. In manchen Fällen reicht Psychotherapie – Familien- oder Einzeltherapie – nicht aus und muß durch Gruppen- oder Rehabilitationstherapie ergänzt werden.

Therapeut: Ihr Onkel hat es also im Leben zu etwas gebracht ...
Fabrizio: Naja, jetzt gerade nicht so sehr, er hat im Moment ein paar Probleme ...
Mutter: Er hat große Probleme, wirtschaftliche Probleme, Probleme mit seiner Frau, Probleme mit seinem 15jährigen Sohn, der alles mögliche anstellt ...

Boscolo: *Ich glaube, sie waren beide, Sohn und Bruder, von ihr verzaubert. Aldo muß auch verwirrt gewesen sein: „Ist sie meine Mutter, meine Schwester oder meine Frau?" Deshalb hat seine Ehe nicht wirklich funktioniert, und deshalb steht er jetzt vor einer Trennung. Und er ruft die Schwester weiterhin an! Es gibt ein generationenübergreifendes Muster, das sich hier wiederholt: Jetzt findet sich vielleicht Aldos Sohn in derselben Situation, in der sich Fabrizio in der Vergangenheit befand, in der die Eltern gespalten sind und es zwischen einem Elternteil und einem Kind eine Allianz gibt.*
Bertrando: *Sie müssen alle dafür bezahlen, Fabrizio, Aldo, der Vater – als ein ausgeschlossener Ehemann, als ein Mann der zweiten Liga – und die Mutter, die sich jahrelang mit einem Ehemann abfinden mußte, den sie nicht ausstehen konnte, mit Aldo, der ihr ständig Probleme bereitete, und vor allem mit Fabrizio, der sie jahrelang tyrannisierte und manchmal sogar schlug. Man kann sich fragen, wie ein Verhalten, das so viel Leiden und Frustration erzeugt, sich ständig wiederholen kann. Eine Erklärung könnte sein, daß sie alle zu Opfern und Spielern eines nicht aufzuhaltenden Spiels geworden sind, das in der Lage ist, die Illusion aufrechtzuerhalten, der eine würde über die anderen einen geringfügigen Vorteil erringen.*
Boscolo: *Mir ist jedoch der Vater ein Rätsel. Er scheint berechnend zu sein, jemand, der ein schmutziges Spiel spielt, wie Selvini sagen würde. Die Mutter nicht, sie ist die Heilige, sie hat eine Aufgabe, und die erfüllt sie eben, unermüdlich, sie steigt nie von ihrem Sockel runter. Man könnte die Dinge auch umgekehrt sehen, die Mutter als die Unglückliche, als das Opfer der Umstände, die von anderen auf einen Sockel gestellt wurde, auf dem sie niemals stehen wollte. Ihre beiden Kinder helfen, die Idee aufrechtzuerhalten, was für eine gute und fähige Person sie ist, was für eine Heilige sie ist. Natürlich spielt auch der Ehemann dabei mit.*

Bertrando: *Ja, das ist wahr, aber der Ehemann war nicht so glücklich. Er fängt erst jetzt an, sich zufrieden zu fühlen, seitdem Aldo Probleme hat. Er hat durch die Probleme der beiden Messiasse an Bedeutung gewonnen.*
Boscolo: *Ich glaube, daß er auch vorher recht zufrieden war, heimlich zufrieden, daß seine Frau eines Tages erkennen würde, wie geduldig er war und wieviel er gegeben hat. Paare projizieren die Wiedergutmachung für ihnen angetanes Unrecht oft in die Zukunft, wie verheiratete Paare in der Therapie, bei denen jeder Partner erwartet, daß sein Gutsein und Rechthaben in der Zukunft anerkannt wird.*

Fabrizio: Ich war gereizt, ich meine, wir reden nicht miteinander, nur meine Mutter redet mit ihm.
Therapeut: Wie lange haben Sie nicht miteinander geredet?
Fabrizio: Äh, mehr als drei Jahre.
Therapeut: Also reden weder Ihr Vater noch Sie mit Aldo?
Vater: In der Vergangenheit hat er sofort den Hörer aufgelegt, wenn er am Telefon meine Stimme hörte. Wenn er jetzt meine Stimme hört, spricht er auch mit mir.
Therapeut: (zum Vater) Haben Sie nicht geredet, weil Sie böse auf ihn waren, oder hat er gedacht, Sie seien böse auf ihn?
Vater: Wir waren ein wenig kurz angebunden miteinander, weil es zu einer bestimmten Zeit ...
Fabrizio: (zeigt sich plötzlich interessiert und wendet sich an seinen Vater) Nein, beantworte die Frage richtig. Hast du gedacht, er sei böse auf dich, oder warst du böse auf ihn ...?
Vater: Weil ich auf ihn böse war.
Fabrizio: Ah, du warst böse auf ihn?
Vater: Es gab einen Punkt, an dem ich genug hatte und ich ihm sagte: „Wenn du deine Nase noch einmal in meine Angelegenheiten steckst und mehr Schaden anrichtest als Gutes, dann gehst du lieber, vergiß uns, laß uns in Frieden!"
Therapeut: Was für Probleme hat Aldo im Moment?
Mutter: Finanzielle Probleme und seine Frau. Seine Frau scheint in den Wechseljahren zu sein, daher ist sie ein bißchen daneben. Sie haben auch einen 15- oder 16jährigen Sohn, der sehr intelligent ist und bis letztes Jahr ein guter Schüler war, aber der ist jetzt auch daneben, und er schlägt im Haus alles zusammen. Mein Bruder weiß nicht, wie er reagieren soll ... Er hat gerade neulich angerufen und ...

Fabrizio: Es könnte jetzt zum Beispiel auch mit dem Sohn zu Rivalitäten kommen, weil er es geschafft hat, einen Sohn zu haben, und ich nicht.
Vater: Er ist fünfzig, du bist dreißig.

Boscolo: *Es ist seltsam. Die Mutter sagt, daß in Aldos gesamter Familie ein wildes Durcheinander herrscht: Sie haben finanzielle Schwierigkeiten, die Frau ist daneben, der Sohn schlägt die Wohnung zusammen ... und Fabrizio ist immer noch auf die Vergangenheit fixiert. Er sagt: „Er hat es geschafft, einen Sohn zu haben, ich nicht", und ignoriert damit alles, was die Mutter gesagt hat, was sehr wichtig zu sein scheint. Er scheint eine Denkstörung zu haben ...*
Bertrando: *Mir ist der Kontext nicht ganz klar ...*
Boscolo: *Man könnte sagen, daß er immer über sich selbst nachdenkt, er ist in der Zeit gefangen und kann nicht am Leben teilnehmen, obwohl er sieht, was um ihn herum abläuft.*

Therapeut: Fabrizio, ich glaube, es gibt zwei Knoten in Ihrem Leben. Wenn sie erst einmal gelöst sind, werden Sie wirklich zu verstehen beginnen, wer Sie sind, weil ich den Eindruck gewonnen habe, daß Sie bisher nicht sicher sind, wer Sie sind, oder vielmehr, Sie wissen nicht, wer Sie sind.
Fabrizio: Ich?
Therapeut: Ja, Sie haben Ihre Identität noch nicht gefunden, Sie suchen danach, aber Sie haben sie immer noch nicht gefunden.
Fabrizio: Noch nicht, das stimmt.
Therapeut: Um Pirandello zu paraphrasieren, sind Sie wie eine Figur eines Stückes, die einen Autor sucht. Wissen Sie, wer Pirandello ist?
Fabrizio: Ja, ein wenig.
Therapeut: Die fanden schließlich ihre Identität, Sie aber suchen noch, deshalb ...
Fabrizio: Nach meiner genauen Identität.
Therapeut: Wir sind hier, um zu versuchen, ob diese Identität nicht schließlich doch herauskommen kann, damit Sie verstehen, was Sie sein wollen, was Sie tun wollen, denn ich denke, daß Sie in den letzten Jahren recht verwirrt waren.
Boscolo: *Der Therapeut sagt hier: „Sie suchen eine Identität, und weder Sie noch wir wissen, wie sie aussieht." Das ist, als ob wir ihm sagen würden, daß wir nach etwas suchen müssen, das vorher nicht existierte. Dadurch kann*

man die zeitlichen Determinismen durchbrechen, die seine vergangenen Erfahrungen an die prekäre Gegenwart binden.
***Bertrando:** Das eröffnet eine Zukunft. Es wird gesagt: „Sie haben noch keine Identität gefunden", das unterscheidet sich von der Aussage: „Sie haben keine Identität." Es bedeutet, daß er sucht, und die Chance besteht, daß er sie findet. Das ist, wie ich meine, wichtig. Er hat sie bisher noch nicht gefunden, aber er findet sie vielleicht in Zukunft.*

Therapeut: Sie haben drei Jahre lang nicht mit Aldo geredet?
Vater: Nein, ich ja, jetzt.
Therapeut: Wie kommt es, daß Sie jetzt wieder mit ihm reden?
Mutter: (verteidigt ihren Ehemann) Er kam zu uns, weil er verzweifelt war ...
Vater: Er hat sich oft an uns gewandt, häufig einfach, um sich die Dinge vom Herzen zu reden, weil er jetzt in echten Schwierigkeiten ist. Er war einmal wichtig, vielleicht, aber jetzt hat sich das Blatt gewendet.
Therapeut: (zu Fabrizio) Aber Sie haben drei Jahre nicht mit ihm geredet? Weshalb nicht?
Fabrizio: Weil ich mich in seiner Gegenwart immer unbehaglich gefühlt habe.
Therapeut: Unbehaglich, in welchem Sinne unbehaglich? Sehen Sie sich in einem Spiegel, wenn Sie ihn anschauen?
Mutter: Und dabei sehen sie sich auch noch ähnlich.
Therapeut: Weshalb unbehaglich?
Fabrizio: Unbehaglich, weil ... weil ich mich erinnern kann, daß er mich als Kind schlecht behandelt hat. Als sie mich mit ihm allein ließen ... Ich erinnere mich, daß ich mir einmal den Kopf angeschlagen habe, er hat mich fallenlassen ...

***Boscolo:** Er hat sogar das Pech, ihm ähnlich zu sehen! Kennst du die Theorie vom Doppelgänger? Jeder hat einen Doppelgänger. Die Redewendung des Therapeuten ist interessant und recht seltsam: „Sehen Sie sich in einem Spiegel, wenn Sie ihn anschauen?", als ob sie eineiige Zwillinge wären.*
***Bertrando:** Ja, und immer wenn er Zweifel hat, verstärkt sie sie, verstärkt sie unbewußt mit ihrer bezaubernden Stimme. Ich glaube, das verwirrt ihn noch mehr. Von der Reihenfolge, in der er die Dinge sagt, könnte man fast meinen, er hielte ein Gänseblümchen und sagt: „Sind wir Brüder oder Onkel und Neffe? Oder sind wir Vater und Sohn?"*

Boscolo: *Ja, er muß sich das gefragt haben, oder vielmehr, er hat sich das nicht gefragt: „Zu welcher Familie gehöre ich, wer ist mein Vater?", weil Aldo mehr Aufmerksamkeit geschenkt wurde als seinem biologischen Vater. Ich erinnere mich an eine Konsultation, die ich vor einigen Jahren in Deutschland gab. Es handelte sich um eine vierköpfige Familie, die Eltern waren ungefähr 30 Jahre alt, mit zwei kleinen Kindern. Ein paar Monate vorher hatte der Vater den Wahn entwickelt, daß seine Kinder die Kinder seines Vaters seien, daß seine jüngere Schwester die Tochter seines älteren Bruders sei. Er mußte wegen seines Zustandes ins Krankenhaus eingewiesen werden und war gerade wieder entlassen worden. Während der Konsultation ignorierte er seine Kinder völlig, denn sie seien nicht seine. Er machte einen rätselhaften und aufgewühlten Eindruck. Die vorsichtige Untersuchung seiner Bindungen zu seiner Herkunftsfamilie zeigte, daß sein Delirium eng verknüpft war mit seiner intensiven Beziehung zu seiner Mutter, die ihn immer auf seinen Vater gehetzt hatte, und einem heimlichen Neid auf seinen älteren Bruder, der immer erfolgreicher gewesen war als er. Gegen Ende der Sitzung schien er sichtlich erschüttert zu sein, als ich sagte, daß er aus Loyalität gegenüber seiner Mutter, um sie nicht zu hintergehen, gegen seine Liebe für Frau und Kinder ankämpfte, indem er sie nicht anerkannte. Es ist interessant, daß in diesem Fall eine Konsultation – und zudem nur eine Sitzung – ausreichte, um das Problem zu lösen.*
Bertrando: *Könnte es nicht sein, daß Fabrizio sich vorstellt, als die Mutter die Ähnlichkeit zwischen ihm und Aldo bemerkt und deshalb seinen Vater ausschließt, sein Onkel sei sein Vater: „Wenn ich wie mein Onkel bin und nicht wie mein Vater, und mein Vater nicht zählt, dann bin ich vielleicht das Produkt eines Inzests zwischen Bruder und Schwester." Ein Psychoanalytiker würde sich hier hervorragend amüsieren!*

Fabrizio: Ich meine, ich erinnere mich an diese Dinge aus meiner Kindheit, daß ich gelegentlich mit ihm allein gelassen wurde und er mich behandelt hat, als wäre ich für ihn eine Last.
Therapeut: Hatten Sie den Eindruck, daß er schlauer war, nicht intelligenter, daß er schlauer war als Sie, etwa wenn es darum ging, Ihre Eltern herumzukriegen?
Fabrizio: Ja, in einer neurologischen Untersuchung, die ich einmal hatte, sagte man mir, ich sei eher unfähig als behindert.
Therapeut: Naiv?[1]

1 „Ingenuo" bedeutet im Italienischen „naiv".

Fabrizio: Naiv, ja, aber sie hielten mich für unfähig, das sagten sie jedenfalls.
Boscolo: *Der Therapeut wirft hier ein neues Schlüsselwort ein, „naiv" anstatt „unfähig", um einen positiveren Bezugsrahmen zu bilden.*

Fabrizio: Ich kann nicht mit Situationen umgehen, ich kann nicht ...
Therapeut: Es ist wohl recht schwer, in der Welt Menschen zu finden, die so denken wie Sie, die ein so starkes Gerechtigkeitsgefühl haben. Die meisten Menschen benutzen im Leben ihre Ellbogen, versuchen, auf Kosten anderer einen Platz an der Sonne zu finden.
Fabrizio: Die es vielleicht eher verdienen ...
Therapeut: Wie bitte?
Fabrizio: Die es vielleicht eher verdienen.
Therapeut: Ja, sicherlich, die es vielleicht eher verdienen. In diesem Sinn funktioniert die Außenwelt recht gut. Aber verglichen mit Aldo, fühlten Sie sich ... weniger schlau, mehr naiv? Obwohl Sie vielleicht intelligenter sind?
Fabrizio: Ja, naiver. Da ich eine hohe Meinung von mir hatte, und in bestimmten Momenten trat diese hohe Meinung, die ich von mir hatte, auch nach außen, fühlte ich mich betrogen, da ich mich für intelligenter hielt als ihm. Ich konnte diese Intelligenz nie ausdrükken.
Therapeut: Leiden Sie deshalb so große Qualen?
Fabrizio: Ja.
Therapeut: Halten Sie beispielsweise Ihren Vater für naiv oder schlau, eher für einen naiven oder eher für einen schlauen Menschen?
Fabrizio: Schlau.
Therapeut: Schlau. Und Ihre Mutter?
Fabrizio: Ich glaube nicht, daß sie schlau ist, ich halte sie für ausgefüllter, sie hat sich selbst verwirklicht.

Boscolo: *Er bestätigte die Hypothese, daß der Vater schlau sei. Die Redewendung über die Mutter ist interessant, denn die Erfahrung, die dich deine Mutter auf diese Art und Weise sehen läßt, flößt dir, falls ihre Liebe bedingungslos ist, ein Urvertrauen ein. Wenn das Gegenteil zutrifft, kommt es zur Katastrophe.*
Bertrando: *Der Zusammenhang zwischen dem Ausgefülltsein der Mutter und Aldos Leere ist interessant.*

Therapeut: Wie ist Ihr Vater in Ihrer Sicht, Ihrer Erinnerung nach, mit der Tatsache zurechtgekommen, daß Ihre Mutter so viel Zeit aufgewendet hat, um sich um diesen Bruder und um Sie zu kümmern? Hat er sich ausgeschlossen gefühlt?
Fabrizio: Nein, weil er nicht unfähig ist, er hat sich mit etwas beschäftigt, er ist gut klargekommen, er war kein Opfer.
Therapeut: Ja, aber was, wenn er zurechtkam, weil es keine Alternative gab ...
Fabrizio: Nein, weil er von Natur aus schlau ist.

***Boscolo:** Er sagte: „Mein Vater ist gut klargekommen, weil er von Natur aus schlau ist", so daß hier eine schlaue Person definiert würde entsprechend dem, was wir über Schizophrenie und Ambiguität gesagt haben, als ein Mensch, der Ambiguität akzeptiert, und eine naive Person wäre ein Mensch, der Ambiguität nicht akzeptieren könnte.*
***Bertrando:** Ja, tatsächlich akzeptiert ein schlauer Mensch nicht nur Ambiguität, sondern erzeugt sie auch in den anderen. Ein schlauer Mensch spielt mit Ambiguität.*

Therapeut: (zu Fabrizio) Ich erinnere mich, daß ich in der zweiten Sitzung mit Ihren Eltern vor über einem Jahr gesagt habe, ich würde Ihre Familie als die heilige Familie ansehen: Ihre Mutter als Maria, Sie als Jesus ...
Fabrizio: Christus.
Therapeut: Ja, Christus, den Messias, und Ihren Vater als Joseph.
Fabrizio: Ja, ja (lacht), ich muß einfach lachen. Es ist eine ganz starke Metapher, aber es ist auch ganz nahe an der Wahrheit.
Therapeut: Ihr Vater mußte wie Joseph sein, weil es diese Aufgabe gab, weil die Rolle des wirklichen Joseph auch festgelegt war, es gab Befehle von oben. Die Propheten hatten schon gesagt, daß dieser Jesus kommen würde, geboren von einer Jungfrau, ein Jesus, der ihr sehr nahe war, während Joseph mehr am Rande stand, ausgeschlossen, und die Familie versorgte, indem er Tische und Stühle herstellte. Neulich sagten Ihre Eltern: „Irgendwie fühlen wir uns jetzt näher." Er ist befördert worden, er ist nicht mehr länger Joseph. Ihre Mutter und Ihr Vater sagen, daß sie sich mehr als Paar fühlen. Sie selbst haben das bestätigt. Können Sie sich nicht erinnern, daß Sie sagten: „Ich glaube, meine Mutter und mein Vater sind sich jetzt näher als früher"?
Fabrizio: Ah, ja, jetzt erinnere ich mich.

Therapeut: Ihr Vater ist jetzt befördert worden.
Fabrizio: Ja, sie haben sich verändert, aber meine Persönlichkeit ist stabil geblieben, ich meine, ich bin stehengeblieben, ich fühle mich jetzt festgelegt ...

***Boscolo:** Das ist interessant: der Gedanke, daß seine Eltern sich verändert haben, daß sie in eine Entwicklungsperspektive eingetreten sind, in der die Zeit fließt, während Fabrizios Zeit unbeweglich ist. Diese zeitliche Vorstellung der Pattsituation, in der sich nichts bewegt, ging schon aus Fabrizios Idee der Flachheit hervor. Es scheint, daß er sich entschloß, zur Therapie zu kommen, nachdem er die Veränderung in der Beziehung seiner Eltern gesehen hat, in ihrer Entwicklung, was ihm seine eigene zeitliche Immobilität akut und schmerzhaft bewußt machte. Das erinnert mich an Aldo (siehe voriges Kapitel) der unter dem wahnhaften Einfluß des Geistes des Dalai-Lama die Zeit als unbeweglich ansah, wie eine Ewigkeit, in der Vergangenheit, Gegenwart und Zukunft nicht zu unterscheiden sind. Im religiösen Denken wird Zeitlichkeit, Ewigkeit, auf eine göttliche Figur projiziert, wenn uns das jedoch in unserem gewöhnlichen, sterblichen Leben geschieht, ist das für uns qualvoll. Das erinnert mich an Kierkegaard. Leben ist eins mit dem Vergehen und dem Fluß der Zeit. Ich denke, Fabrizio will Therapie, um seine Zeit wieder fließen zu lassen, damit er sich selbst mit den Zeiten anderer Menschen und den Zeiten der ihn umgebenden Welt koordinieren kann. Mit anderen Worten versucht er, ins Leben zurückzukehren.*

Therapeut: Aber die Situation Ihrer Familie scheint mir komplizierter zu sein. Es gab nicht nur einen Jesus, sondern zwei, zwei Messiasse, eine Familie mit zwei Messiassen (Fabrizio lacht). Bei der wirklichen Heiligen Familie gab es nur einen. Fabrizio, ich glaube, daß Sie sich mit einem anderen Jesus auseinandersetzen mußten, ich denke, es war schwer, herauszufinden, wer der echte und wer der falsche war. „Bin ich der echte Jesus oder ist es der andere?“
Fabrizio: Ja, diese Zweifel hatte ich.
Therapeut: Und zwar ziemlich große.
Vater: Du hast Dinge erfunden, die du nicht hättest erfinden sollen, nutzlose Dinge.
***Boscolo:** Der Vater scheint recht wenig Einfühlungsvermögen in bezug auf Fabrizios Dilemma zu haben.*
***Bertrando:** Der Patient scheint tatsächlich mehr Einsicht zu haben als seine Eltern.*

Boscolo: *Genau. Die Eltern scheinen weniger bereit zu sein, einen Zusammenhang zwischen vergangenen Ereignissen in der Familie und der gegenwärtigen symptomatischen Situation herzustellen. Obwohl sie sich in einem Kontext der Familientherapie befinden, tendieren sie entweder dazu, mögliche Verbindungen zwischen ihrem Verhalten und den Problemen ihres Sohnes, die sie nur als Zeichen einer nervösen Krankheit betrachten, nicht zu „sehen" oder aber zu verleugnen. Es wird wohl geleugnet, daß andere Familienmitglieder vielleicht zu einer Psychose beigetragen haben, weil es schwierig und nicht akzeptierbar ist, sich für solche schweren Symptome verantwortlich zu fühlen. Man ist eher bereit, die medizinische Diagnose einer körperlichen Krankheit zu akzeptieren, als eine auf menschlichen Beziehungen basierende Diagnose. Familien akzeptieren in der Regel bereitwillig Diagnosen, die auf die individuelle, körperliche Herkunft von Psychosen verweisen, weil sie so eine klare und einfache Erklärung einer sehr komplexen Situation erhalten und von der direkten Verantwortung für die Symptome befreit werden.*

Bertrando: *Eine andere Erklärung könnte sein, daß sie dadurch, daß das Paar schon vorher sieben Sitzungen hatte, der Meinung sind, daß die Arbeit mit ihnen schon abgeschlossen sei, daß es jetzt nur noch um das Problem ihres Sohnes gehe.*

Boscolo: *Das ist eine sehr plausible Hypothese. In der ersten Sitzung lautete der Tenor: „Wir haben jetzt unseren Sohn gebracht und hoffen, daß Sie mit ihm den gleichen Erfolg haben, den Sie mit uns hatten."*

Bertrando: *Genau, sie halten sich für o.k. Man könnte sagen, sie hätten schon eine therapeutische Vergangenheit, er jedoch noch nicht. Mich hat sehr verwundert, wie die Familie, insbesondere Fabrizio, auf die Metapher der Heiligen Familie reagiert hat. Du hast sie bei den Eltern in der zweiten der sieben Sitzungen eingesetzt, die du mit ihnen abgehalten hast. Das hat wahrscheinlich viel zur Veränderung ihrer Paarbeziehung beigetragen, mit dem Aufstieg des Ehemannes von der zweiten in die erste Liga und dem Nachlassen des Druckes auf Fabrizio, der, da er sich allein fühlte, zum Zentrum kam, um zu sehen, ob auch er seine Probleme lösen könnte. Ich war sehr beeindruckt von Fabrizios Reaktion, als du über die Heilige Familie, den Messias, Jesus Christus, usw. gesprochen hast. Sein praktisch ausdrucksloses Gesicht veränderte sich. Er strahlte und zeigte, daß die Metapher ins Schwarze getroffen hatte. Manchmal haben Metaphern eine große Wirkung, wenn beispielsweise in der Therapie bestimmte Schlüsselwörter verwendet werden (siehe Boscolo et al 1991). Wenn sie als eine Repräsentation ihrer Realität akzeptiert werden (Fabrizio sagte: „Genau, genau so ist es!"),* *können sie einen diskontinuierlichen Wandel und, wie in diesem Fall, eine unhaltbare, absurde Situation, eine Familie mit zwei Messiassen hervorrufen.*

(Der Therapeut geht hinaus und kehrt nach einer langen Diskussion mit dem Team zurück)

Therapeut: Ich habe mit meinen Kollegen gesprochen, um ein Verständnis für die Situation zu entwickeln, und auch sie meinen, daß Fabrizio in Ihrer Familie in der Vergangenheit durch niemandes Verschulden in eine widersprüchliche Situation gebracht worden sei. Ich sagte, Sie seien wie die Heilige Familie, eine sich sehr nahestehende Familie, jedoch eine Familie, die nicht nur einen, sondern zwei Jesusse, zwei Messiasse hatte. Damit hatten Sie das Problem zu entscheiden, wer der echte sei.
Fabrizio: (zustimmend) Welche Rolle habe ich, welche Rolle habe ich nicht ...
Therapeut: Ja, wer ist der wichtigere Messias, wer der weniger wichtige. Meine Kollegen fanden diese Situation auch sehr bedeutend in dem Sinne, daß sie erklärt, weshalb Sie, Fabrizio, es schwierig fanden, eine klare zeitliche Identität zu entwickeln. Wir suchen alle unsere eigene Identität, wollen wissen, wer wir sind und wer nicht, was wir wollen und was nicht, und Sie waren immer recht verwirrt. Wir sind hier, um herauszufinden, ob diese Zweifel geklärt werden können, damit auch Sie Ihre Identität finden können. Deshalb sind wir hier. Ist das klar oder nicht?
Fabrizio: Ja.
Therapeut: Wir haben auch viel über die Beziehung gesprochen, die Sie alle zu einer wichtigen Figur Ihrer Familie haben, nämlich zu Aldo. Wir haben uns diese Beziehung im Verlauf der Jahre angesehen, in der fernen Vergangenheit und im Verlauf der letzten drei Jahre. Sie, Fabrizio, haben mit ihm in jüngster Zeit nicht geredet, aber Sie, Frau Ponzi, hielten den Kontakt mit Ihrem Bruder immer aufrecht. Sie (zum Vater) reden seit drei Jahren wieder mit ihm. Übrigens habe ich die Antwort zu meiner Frage nicht verstanden: „Wenn Ihr Schwager Ihre Stimme hörte, hat er dann aufgelegt, weil er dachte, Sie seien böse auf ihn oder weil Ihr Schwager ... nein ... Entschuldigung, Schwager ... ich bin etwas verwirrt ...
Mutter: Ja, Schwager!
Therapeut: (lacht ein wenig verlegen) Es ist ein wenig schwierig, sich in dieser Familie zurechtzufinden! Mitten im Satz habe ich mich

plötzlich gefragt: Ist er jetzt der Schwager oder nicht? Als ich es sagte, dachte ich plötzlich, daß er der Bruder sei ... Ich denke, das ist recht bedeutend, Sie nicht auch?
Mutter: Das meine ich auch!
Therapeut: Ich bin verwirrt. Sagen Sie ja nicht, daß ich schizophren werde! Wie dem auch sei, haben Sie den Hörer aufgelegt, weil Sie böse waren ...

Boscolo: *Ich denke, es ist bedeutsam, daß ich in dem Augenblick tatsächlich verwirrt war. Meine Verwirrung hat vielleicht Fabrizios Verwirrung über seine Beziehung zu seiner Familie reflektiert. Die Wendung: „Ich bin verwirrt. Sagen Sie ja nicht, daß ich schizophren werde!" diente als indirekter Angriff gegen das Etikettieren.*
Bertrando: *Du meinst „schizophren" wird zu einem Synonym für „verwirrt".*
Boscolo: *Verwirrt, aber nicht krank.*

Vater: Weil ich ihn schlecht behandelt hatte, sagte ich ihm: „Du brauchst gar nicht anzurufen."
Therapeut: Wie dem auch sei, wir haben jetzt die Situation analysiert, auch angesichts dieser jüngsten ernsthaften Probleme von Aldo, mit seiner Frau, seinem Sohn usw. Er stand Ihnen immer sehr nahe, je nachdem, und Sie standen ihm immer sehr nahe. Ich meine, daß es jetzt sehr wichtig ist, Ihnen eine Aufgabe zu geben, über die Sie natürlich zuerst nachdenken, und die Sie dann, wenn Sie zustimmen, peinlich genau ausführen müssen. Die Aufgabe sieht so aus: Wir meinen, daß es jetzt sehr wichtig ist, daß sich an der Kommunikation mit Aldo und seiner Familie alle drei von Ihnen beteiligen. Wir bitten Sie, einen Tag der Woche auszuwählen – zum Beispiel dienstags –, an dem Sie über Aldo reden, seine Familie und die Beziehung, die Sie zu ihm haben. Bis zu unserer nächsten Sitzung sollten Sie jeden Dienstag eine ein- oder zweistündige Sitzung abhalten, nach dem Mittag- oder Abendessen, in der Sie alle Informationen über Aldo und seine Familie austauschen, die Sie in der vorigen Woche erhalten haben. Diese Informationen sollten in der Familiensitzung besprochen werden, und Sie sollten gemeinsam entscheiden, welche Antworten Sie in den gegebenen Umständen für die besten halten.
Mutter: Gemeinsam.

Therapeut: Gemeinsam. Einer von Ihnen wird beauftragt, um die von Ihnen gemeinsam beschlossene Antwort zu geben. Ist das klar?
Fabrizio: Jeder kann beauftragt werden?
Therapeut: Sie alle müssen entscheiden, wer bestimmt werden soll. Sie können es in der Sitzung besprechen und durch Mehrheitsbeschluß entscheiden, wer an der Reihe ist. Was Sie tun sollten, ist bedeutsam, aber was Sie nicht tun sollten, ist genauso bedeutsam. Was Sie nicht tun sollten, ist das: An allen anderen Tagen der Woche ist es Ihnen verboten, über Aldo und seine Familie zu reden. Sie können natürlich über sie nachdenken, aber es ist Ihnen verboten, über sie zu reden. Wenn einer von Ihnen diese Regel bricht, müssen die anderen dafür sorgen, daß er sie einhält. Sie sollten Ihre Gedanken zu Aldo und seiner Familie nur während der Dienstagssitzung äußern. Selbst Sie, die als Ehemann und Ehefrau auf einer vertraulicheren Stufe stehen, dürfen nicht über Aldo reden. Ist das klar? Sie dürfen über Aldo nur auf der Dienstagssitzung reden. Die Familiensitzung entscheidet, was getan wird: Vielleicht entscheidet sie, die Beziehungen abzubrechen und Aldo zu sagen, er möge seine Probleme selbst lösen, oder sie entscheidet, ihn zu unterstützen, aber es muß eine gemeinsame Entscheidung sein.
Vater: Einstimmig.
Therapeut: Einstimmig, ja, durch allgemeine Zustimmung.
Fabrizio: Wenn er zufällig anrufen sollte ...
Therapeut: Wenn er anruft, sollte derjenige, der den Anruf entgegennimmt, am Dienstag auf der Familiensitzung den Inhalt berichten. Wenn jemand fragt: „Was hat er gesagt?“, sollte die Antwort lauten: „Ich sag's dir am Dienstag.“ Ist das klar?
Fabrizio: Ich verstehe, was wir tun sollen, ich habe aber immer noch nicht ganz verstanden, was wir nicht tun sollten.

Boscolo: *Ich denke, daß es von Bedeutung ist, daß Fabrizio die Aufgabe ungemein interessant findet. Er scheint aufgeweckter zu sein, bittet um Erklärungen und Bestätigungen. Es ist vermutlich das erste Mal, daß er die Chance hatte, die Kommunikation zwischen den Familien zu handhaben und zu kontrollieren, eine Sache, die ihm in der Vergangenheit viel Unsicherheit und Qualen bereitete. Wenn man das Ritual verschreibt, ist es wichtig, daß man darüber präzise Angaben macht, wann und wie es ausgeführt werden sollte, um das Risiko zu vermeiden, daß es scheitern könnte. Sein Ziel ist unter anderem, zwischen den beiden Familien eine klare Grenze zu ziehen.*

Ein solches Ritual kann eine ungeheuer starke Wirkung auf die Organisation des Familienlebens haben und kann manchmal plötzliche und anhaltende Veränderungen hervorrufen. Es würde mich nicht überraschen, wenn Fabrizio seine Pattsituation nach dieser Sitzung überwinden und beginnen würde, unabhängiger zu werden.

Therapeut: Sie sollten unter der Woche nicht miteinander über Aldo und dessen Familie sprechen. Um es zusammenzufassen: Es darf keine Gespräche mit Aldo geben, die nicht auf der Familiensitzung berichtet werden. Das ist von grundlegender Bedeutung. Kein Gespräch zwischen Ihnen dreien über Aldo und seine Familie sollte geheim bleiben. Sie müssen in der Sitzung berichtet werden. Was sich auf den eigentlichen Sitzungen ergibt, sollte zwischen den Sitzungen nicht diskutiert werden. Sie können nur dienstags über Aldo und seine Familie sprechen. Das ist endgültig. Selbst wenn einer von Ihnen unbedingt darüber reden möchte, muß er still sein, weil Sie sonst der Verschreibung nicht gehorchen. Ist das klar?
Mutter: Was, wenn nichts vorgekommen ist, wenn Aldo nicht angerufen hat ...
Therapeut: Sie können die zwei Stunden dienstags verwenden, um über Ereignisse zu reden, die Aldo und seine Familie in der Vergangenheit, Gegenwart oder Zukunft betreffen. Sie können diskutieren, wie Sie über diese Ereignisse denken, oder sich vorstellen, was geschehen wäre, wenn die Geschichte Ihrer beiden Familien anders gewesen wäre, und überlegen, was dann geschehen wäre.

Boscolo: *Ihnen zu sagen, daß sie die zwei Stunden dienstags damit verbringen müssen, selbst dann über Aldo und seine Familie zu reden, wenn nichts vorgekommen ist, bedeutet, daß man anerkennt und akzeptiert, „was das System bringt", daß nämlich Aldo und seine Familie in ihrem Leben einen zentralen Platz einnehmen. Das Ritual verändert die Beziehungsregeln zwischen den beiden Familien: Fabrizios Familie kann über die Familie Aldos nur an einem Tag der Woche reden. Das etabliert eine klare zeitliche Sequenz, die definiert, wann es in Ordnung ist, über Aldo zu reden, und wann nicht. Vorher konnte Fabrizio nicht sicher sein, ob er wirklich existierte; jetzt kann er damit beginnen, an sechs Tagen in der Woche zu existieren.*

Personenverzeichnis

Sachverzeichnis

Literatur

Allwood, J., L.G. Anderson u. O. Dahl (1973): Logik für Linguisten. Halle (Niemeyer) 1977.

Anderson, H., H. Goolishian a. L. Winderman (1986): Problem determined systems: Towards transformation in family therapy. *Journal of Strategic and Systemic Therapy* 5: 1–14.

Anderson, H. a. H. Goolishian (1988): Human systems as linguistic systems: Preliminary and evolving ideas about the implications for clinical theory. *Family Process* 27: 371–393. [dt. (1990): Menschliche Systeme als sprachliche Systeme. Vorläufige und weiterzuentwickelnde Ideen über Folgerungen für die klinische Theorie. *Familiendynamik* 3: 212–243.]

Anderson, T. (1987): The reflecting team: Dialogue and meta-dialogue in clinical work. *Family Process* 24: 259–271.

Andolfi, M. e. C. Angelo (1987): Tempo e mito nella terapia familiare. Torino (Boringhieri).

Aristoteles (1978): Werke, Band I. Aalen (Scientia Verlag).

Ashby, W.H. (1960): Design for a Brain (2nd ed. revised). New York.

Assmann, A. (1991): Cultural and individual construction of time. Relazione presentata a Heidelberg.

Augustinus (1950): Des heiligen Augustinus Bekenntnisse. Freiburg (Herder).

Ausloos, G. (1986): The march of time: Rigid or chaotic transactions, two different ways of living time. *Family Process* 25: 549–557. [dt. (1988): Familien mit rigiden oder chaotischen Transaktionen: Zwei verschiedene Weisen, die Zeit zu (er)leben. *Familiendynamik* 1: 27–39.]

Bagarozzi, D.A. a. S.A. Anderson (1989): Personal, marital and family myths. New York (W.W. Norton).

Balbo, L. (1991): Tempi di vita. Studi e proposte per cambiarli. Milano (Feltrinelli).

Bandler, R. u. J. Grinder (1975): Struktur der Magie. Paderborn (Junfermann) 1981/82.

Bateson, G. (1949): Das Wertsystem in einem Zustand des Fließgleichgewichts. In: Bateson 1972, S. 156–181.

Bateson, G. (1958): Naven. 2nd ed.. Stanford (Stanford University Press).

Bateson, G. (1967): Kybernetische Erklärung. In: Bateson 1972, S. 515–529.

Bateson, G. (1972): Die Kybernetik des „Selbst": Eine Theorie des Alkoholismus. In: Bateson 1972, S. 400–435.

Bateson, G. (1972): Ökologie des Geistes. Frankfurt (Suhrkamp) 1983.

Bateson, G. (1978a): Bateson's Workshop. In: Berger 1978, S. 197–229.

Bateson, G. (1978b): The birth of a matrix or double bind and epistemology. In: Berger 1978, S. 38–64.

Bateson, G. (1979): Geist und Natur: Eine notwendige Einheit. Frankfurt (Suhrkamp) 1982.

Bateson, G. a. M.C. Bateson (1987): Angels fear. Towards an epistemology of the sacred.

Bateson, G., D.D. Jackson, J. Haley u. J.H. Weakland (1956): Minimalforderungen für eine Theorie der Schizophrenie. In: Bateson 1972.

Bateson, M.C. (1984): Mit den Augen einer Tochter. Reinbek bei Hamburg (Rowohlt) 1987.

Benedikt, R. (1934): Patterns of culture. Boston (Houghton Mifflin).

Berger, P. u. T. Luckmann (1966): Die gesellschaftliche Konstruktion der Wirklichkeit. Frankfurt (Fischer) 1992.

Berger, M.M. (ed.) (1978): Beyond the double bind. New York (Brunner/Mazel).

Bergson, Henri (1896): Materie und Gedächtnis. Frankfurt am Main (Fischer) 1964.

Birdwhistell, R.L. (1970): Kinesics and context. Philadelphia (University of Pennsylvania Press).

Bocchi, G. a. M. Ceruti (eds.) (1985): La sfida della complessità. Mailand (Feltrinelli).

Boorstin, D. (1985): The discoverers. New York (Bantam Books).

Borges, J.L. (1947): Nuova confutazione del tempo. In: Borges 1984, S. 1066–1089).

Borges, J.L. (1936): Historia de la eternidad. In: Borges 1984, S. 517–615.

Borges, J.L. (1941): Funes o della memoria. In: Borges 1984, S. 105–715.
Borwick, B. (1990): Circular „questioning" in organizations: Discovering the patterns that connect. (unpubl. Manuscript).
Boscolo, L., G. Cecchin, L. Hoffman u. P. Penn (1987): Das Mailänder Modell. Theorie, Praxis und Konversationen. Dortmund (modernes leben) 1988.
Boscolo, L., P. Bertrando, P.M. Fiocoo, R.M. Palvarini u. J. Pereira (1991): Sprache und Veränderung. *Familiendynamik* 18: 107–124.
Bossard, J.H.S. a. E.S. Boll (1950): Ritual in family living. Philadelphia (University of Pennsylvania Press).
Bowen, M. (1978): Family therapy in clinical practice. New York (Jason Aronson).
Bowlby, J. (1982): Das Glück und die Trauer. Herstellung und Lösung affektiver Bindungen. Stuttgart (Klett-Cotta).
Brown, G.S. (1972): Gesetze der Form. Frankfurt (Suhrkamp) 1992.
Bruner, J. (1986): Actual minds, possible worlds. Cambridge, MA (Harvard University Press).
Brusa, G. (1974): Gli orologi. Cataloghi del Museo Poldi Pezzoli No. 1. Milano (Museo Poldi Pezzoli).
Campbell, D. a. R. Draper (eds.) (1985): Application of systemic family therapy: The Milan approach. London (Grune & Stratton).
Campbell, J. (ed.) (1957): Man and Time. Princeton, PA, (Princeton University Press).
Cannon, W.B. (1932): The wisdom of the body. New York (Norton).
Capra, F. (1975): Das Tao der Physik. München (Scherz) 1983.
Cecchin, G. (1988): Zum gegenwärtigen Stand von Hypothetisieren, Zirkularität und Neutralität: Eine Einladung zur Neugier. *Familiendynamik* 13, 190–203.
Ceruti, M. e. G. Bocchi (1985): La sfida della complessita. Milano (Feltrinelli).
Ceruti, M. (1985): La hybris dell'onniscienza e la sfida della complessita. In: Ceruti/Bocchi 1985, S. 25–48.
Chapple, E.D. (1970): Culture and biological man. New York (Holt, Rinehart & Winston).
Ciompi, L. (1983): How to improve the treatment of schizophrenics: A multicausal illness concept and its therapeutic consequences. In: H. Stierlin, L.C. Wynn a. M. Wirsching (1983): Psychological intervention in schizophrenia. Berlin (Springer), S. 53–63.

Cohen, J. (1967): The time in health and disease. Springfield, IL (Thomas).
Corbin, H. (1957): Cyclical time in masdaism and ismailism. In: Campbell 1957, S. 124–150.
Coser, L.A. a. R.L. Coser (1963): Time perspective and social structure. In: A.W. Gouldner a. M.P. Gouldner (eds.): Modern sociology. New York (Harcourt, Brace and World Inc.), S. 638–650.
Cronen, V.E. a. W.B. Pearce (1985): Towards an explanation of how the ‚Milan Method' works: An invitation to systemic epistemology and evolution of family systems. In: Campbell a. Draper 1985.
Cronen, V.E., K.M. Johnson a. J.W. Lannamann (1982): Paradoxes, double binds and reflexive loops: An alternative theoretical perspective. *Family Process* 21: 91–112. [dt. (1983): Paradox, Doppelbindung und Rückkopplungsschleifen: Eine alternative theoretische Perspektive. *Familiendynamik* 2: 102–138.]
Curi, U. (ed.) (1987): Dimensioni del Tempo. Milano (Franco Angeli).
Dalla Chiara Scabia, L. (1979): Logica. Milano (Mondadori).
Davis A. et al. (1941): Deep South. Chicago (University of Chicago Press).
de Saussure, F. (1922): Grundfragen der allgemeinen Sprachwissenschaft. Berlin (de Gruyter) 1986.
de Shazer, S. (1988): Der Dreh. Überraschende Wendungen und Lösungen in der Kurzzeittherapie. Heidelberg (Carl-Auer-Systeme) 1989.
Deissler, K.G. (1985): Zirkuläres Befragen als rekursive Informationsschöpfung. Marburg (InFaM).
Dell, P. (1981): Some irreverent thoughts on paradox. *Family Process* 20: 37–42.
Dell, P. (1982): Beyond homeostasis: Toward a concept of coherence. *Family Process* 21: 21–41.
Dennes, W.R. (1935): The problem of time. University of California Publications in Philosophy, No. 18.
Diels, H. u. W. Kranz (1966): Die Fragmente der Vorsokratiker. Berlin.
Dossey, L. (1982) Die Medizin vom Raum und Zeit. Ein Gesundheitsmodell. Hamburg (Rowohlt) 1987.
Douglas, M. (1973): Natural symbols. London (Barrie & Jenkins).
Eco, U. (1975): Einführung in die Semiotik. Stuttgart (UTB) 1991.
Edlund, M. (1987) Psychological time and mental illness. New York (Gardner Press).

Einstein, A. (1916): Über die spezielle und die allgemeine Relativitätstheorie. Wiesbaden (Vieweg) 1988.

Eliade, M. (1948): Geschichte der religiösen Ideen. Freiburg (Herder) 1990.

Eliade, M. (1949): Kosmos und Geschichte. Frankfurt am Main (Suhrkamp) 1986.

Eliade, M. (1957): Time and eternity in indian thought. In: Campbell 1957, S. 173–200.

Elias, Norbert (1984): Über die Zeit. Frankfurt / M. (Suhrkamp) 1987.

Elkana, Y. (1984): Relativismo e filosofia della scienza dal baconianesimo vittoriano al giorno d'oggi. In: Piattelli Palmarini 1984, S. 205–233.

Erickson, M. (1954): Pseudo-orientation in time as a hypnotic procedure. *Journal of Clinical and Experimental Hypnosis* 2: 261–283.

Erickson, M. (1980): Collected papers. Ed. by E.L. Rossi. New York (Irvington). (Deutsche Ausgabe in Vorbereitung bei Carl-Auer-Systeme, Heidelberg).

Erickson, E. (1959): Identity and life cycle. New York (International University Press).

Ferreira, A.J. (1963): Family myths and homeostasis. *Archives of General Psychiatry* 9: 457–463.

Firth, R. (1972): Verbal and bodily rituals of greeting and parting. In: J.S. La Fontaine (ed.): The interpretation of ritual: Essay in honour of A.J. Richards. London (Tavistock).

Fleuridas, C. a. T.S. Nelson (1986): The evolution of circular questioning: Training family therapists. *Journal of Marital and Family Therapy* 12 (2): 113–121.

Flood, R. a. M. Lockwood (1986): The nature of time. Oxford (Basil Blackwell).

Foucault, M. (1966): Les mots et les choses. Paris (Gallimard).

Foucault, M. (1975): Überwachen und Strafen. Die Geburt des Gefängnisses. Frankfurt (Suhrkamp) 1976.

Fraisse, P. (1937): Die Psychologie der Zeit. München (Reinhard) 1985.

Fraisse, P. (1974): Psychologie du rythme. Paris (Presses Universitaires de France).

Fraser, J.T. (ed.) (1966): The voices of time. Amherst (The University of Massachusetts Press).

Fraser, J.T. (1966): Toward an integrated understanding of time. In: Fraser.
Fraser, J.T. a. N. Lawrence (eds.) (1975): The study of time. Vol. 2. Berlin (Springer).
Fraser, J.T. (1989): Time and Mind. New York (International University Press).
Gardner, H. (1985): Dem Denken auf der Spur. Der Weg der Kognitionswissenschaft. Stuttgart (Klett-Cotta) 1989.
Geertz, Clifford, (1973): Dichte Beschreibung. Frankfurt (Suhrkamp) 1983.
Giannantoni, G. (ed.) (1969): I presocratici. Testimonianze e frammenti. Bari (Laterza).
Giorello, G. (1990): Ma Platone preferiva il Lete. *Corriere della sera*. 11.11.90.
Giovannelli, G. e. G. Mucciarelli (1979): Lo studio psicologico del tempo. Firenze (Cappelli).
Gluckman, M. (ed.) (1962): Essays of the ritual of social relations. Manchester (Manchester University Press).
Goffman, E. (1961): Asyle. Frankfurt (Suhrkamp) 1974.
Goodman, N. (1978): Weisen der Welterzeugung. Frankfurt (Suhrkamp) 1984.
Gould, Stephen J. (1988): Die Entdeckung der Tiefenzeit. München/Wien (Carl Hanser) 1990.
Gregorio Magno (1981): La regola di San Benedetto. In: Vita di San Benedetto e la regola. (Edizioni di Comunita Roma).
Groupe, M. (1977): Rhétorique de la poésie. Bruxelles (Editions Complexe).
Gurvitch, G. (1963): La vocation actuelle de la sociologie. Paris (P.U.F).
Halberg, F. (1979): Les rythmes biologiques et leurs mécanismes: Base du dé-veloppement de la chronopsychologie et de la chronoéthologie. In: AA.VV. (1979): Du temps biologique au temps psychologique. Paris (Presses Universitaires de France).
Haley, J. (1959): The family of the schizophrenic: A model system. *Journal of Nervous and Mental Disease* 129: 357–364.
Haley, J. (Hrsg.) (1967): Die Psychotherapie Milton H. Ericksons. München (Pfeiffer) 1991.
Haley, J. (1963): Gemeinsamer Nenner Interaktion. Strategien der Psychotherapie. München (Pfeiffer) 1987.

Hampshire, S. (1965): Thought and Action. London (Chatto & Windus).
Hawking, S.W. (1988): Eine kurze Geschichte der Zeit. Die Suche nach der Urkraft des Universums. Reinbek bei Hamburg (Rowohlt).
Heidegger, M. (1927): Sein und Zeit. Halle (Niemeyer).
Heinemann, G. (1987): L'ordine del tempo. Nota in margine ad Anassimandro. In: Curi 1987 S. 19–28.
Heinemann, K. u. P. Ludes (1978): Zeitbewußtsein und Kontrolle der Zeit. In: K. Mammerick u. M. Klein (Hrsg): Materialien zur Soziologie des Alltags. *Kölner Zeitschrift für Soziologie und Sozialpsychologie,* Sonderheft 20.
Heisenberg, W. (1962): Physik und Philosophie. Stuttgart (Hirzel) 1990.
Hoffman, L. (1988): A constructivist position for family therapy. In: Radical Constructivism, Autopoiesis and Psychotherapy. A Special Issue of the *Irish Journal of Psychology* 9 (1): 110–129.
Hoffman, L. (1971): Deviation-amplifying processes in natural groups. In: J. Haley (ed.): Changing families. A family therapy reader. New York (Grune & Stratton).
Hoffman, L. (1981): Grundlagen der Familientherapie. Hamburg (Isko Press) 1988.
Hume, David (1978): Ein Traktat über die menschliche Natur. Buch II u. III: Über die Affekte. Über Moral. Hamburg (Felix Meiner).
Husserl, E. (1966): Texte zur Phänomenologie des inneren Zeitbewußtseins, 1893–1917. Hamburg (Meiner) 1985.
Imber-Black, E., J. Roberts u. R. Whiting (1988): Rituale. Rituale in Familien und Familientherapie. Heidelberg (Carl-Auer-Systeme). 2. Aufl. 1993.
Jackson, D.D. (1957): The question of family homeostasis. *Psychiatry Quarterly,* Suppl. 31: 79–90.
Jaques, E. (1982): The form of time. New York (Crane, Russak & Co.)
Jauch, J.M. (1973): Are quanta real? A Galilean dialogue. (Indiana University Press).
Jaynes, J. (1976): Der Ursprung des Bewußtseins durch den Zusammenbruch der bikameralen Psyche. Hamburg (Rowohlt) 1988.
Jervis, G. (1988): Kritisches Handbuch der Psychiatrie. Königstein/ Ts. (Athenäum).
Kamper, D. (1987): Sacrificio del tempo: Dal calendario perpetuo alla quotidianita delle scadenze. In: Curi 1987 S. 143–147.

Kant, I. (1781): Kritik der reinen Vernunft. Hamburg (Meiner) 1990.

Keeney, B.P. (1983): Ästhetik des Wandels. Hamburg (Isko Press) 1987.

Kermode, F. (1967): The sense of an ending. Oxford (Oxford University Press).

Kluckholn, F. (1949-50): Dominant and substitute profiles of cultural orientations. *Social Forces* 17: 383.

Kluckholn, F.R. a. J.P. Spiegel (1954): Integration and conflict in family behavior. Family Committee, Group for Progress in Psychiatry, Report 27, Topek.

Kluckholn, F.R. a. F.L. Stodtbeck (1965): Variations in value orientations. Evanston (Row Peterson).

Koffka, K. (1935): Prinzipien der Gestaltpsychologie. Wiesbaden (Westdeutscher Verlag) 1993.

Kuhn, T. (1962): Die Struktur menschlicher Revolutionen. Frankfurt/M. (Suhrkamp) 1973.

Lander, H. (1987): L'entreprise polycellulaire. Paris (Editions ESF).

Landes, D.S. (1983): Revolution in time. Harvard (Harvard University Press).

Lane, G. a. T. Russell (1986): Eliciting change in couples violence. A second order systemic approach. Paper presented to the 9th Family Therapy Network Symposium, Washington D.C. (March 1986).

Leff, J.P. a. C.E. Vaughn (1985): Expressed emotion in families. New York (The Guilford Press).

Levi, P. (1947): Ist das ein Mensch? München (Hanser) 1991.

Lévi-Strauß, C. (1958): Strukturale Anthropologie. Frankfurt/M. (Suhrkamp) 1975.

Lévi-Strauß, C. (1962): Das Ende des Totemismus. Frankfurt/M. (Suhrkamp) 1972.

Lévi-Strauß, C. (1973): Strukturale Anthropologie II. Frankfurt/M. (Suhrkamp) 1977.

Lewis, O. (1966): La cultura della poverta e altri saggi di antropologia. Bologna (Il Mulino) 1973.

Loriedo, C. u. G. Vella (1989): Il paradosso e il sistema familiare. Torino (Bollati Boringhieri).

Luce, G.G. (1971): Biological rhythms in human and animal physiology. New York (Dover Publications).

Luhmann, N. (1975): Die Knappheit der Zeit und die Vordringlichkeit der Befristeten. *Politische Planung* 2: 143–165.

Luria, A.R. (1972): Der Mann, dessen Welt in Scherben ging. Hamburg (Rowohlt) 1991.
Luria, A.R. (1968): The Mind of a menmonist. Cambridge, MA (Harvard University Press) 1987.
Marsh, J. (1952) The fullness of time. London (Nisbet & Co.)
Maruyama, M. (1968): The second cybernetics: Deviation-amlifying mutual causal processes. In: W. Buckley (ed.): Modern systems research for the behavioral scientist. Chicago (Aldine), S. 491.
Massignon, L. (1957): Time in Islamic Thought. In: Campbell 1957: S. 108–114.
Maturana, H.R. (1988): Persönliche Mitteilung.
Maturana, H. u. F. Varela (1974): Autopoiesis and cognition. Boston (D. Reidel) 1980.
Maturana, H. u. F. Varela (1987): Der Baum der Erkenntnis: Die biologischen Wurzeln des menschlichen Erkennens. München (Goldmann) 1991.
Mc Taggart, J.M.E. (1927): The nature of existence. Cambridge (Cambridge University Press).
Merleau-Ponty, M. (1945): Phänomenologie der Wahrnehmung. Berlin (de Gruyter) 1966.
Merton, R.J. (1984): Socially expected duration: A case study of concept formation in sociology. In: W.W. Powell a. R. Robins (eds.): Conflict and Consensus: A Festschrift for Lewis A. Coser. New York (The Free Press), S. 262–283.
Merton, R.J. (1957): Social theory and social structure. New York (The Free Press of Glencoe).
Michon, J.A. (1979): Le traitement de l'information temporelle. In: AA. VV.: Du temps biologique au temps psychologique. Paris (Presses Universitaire de France).
Miller, G.A. (1956): The magic number seven, plus or minus two: Some limits on our capacity for processing information. *Psychological Review* 63: 81–97.
Mince, J. (1991): Persönliche Mitteilung.
Minkowski, E. (1933): Le temps vécu. Paris.
Minsky, M. (1985): The society of mind. New York (Simon & Schuster).
Minuchin, S. et al. (1969): Families of the slums. New York (Basic Books).
Minuchin, S. (1974): Familie und Familientherapie. Theorie und Praxis struktureller Familientherapie. Freiburg (Lambertus) 1992.

Morgan, G. (1986): Images of organization. Beverly Hills, CA (Sage Publications).
Morin, E. (1985): Le vie della compessita. In: G. Bocchi e. M. Ceruti 1985, S. 49–60.
Newton, I. (1687): Mathematische Grundlagen der Naturphilosophie. Hamburg (Meiner) 1988.
Nilsson, M.P. (1920): Primitive Time Reckoning. Lund.
Orme, J.E. (1969): Time, Experience and Behaviour. London (Iliffe Books).
Ornstein, R.E. (1969): On the Experience of Time. Hammondsworth (Penguin).
Ornstein, R.E. (1975): The Psychology of Consciousness. Hammondsworth (Pelican Books).
Parry, A. (1991): A universe of stories. *Family Process* 30: 37–54.
Pearce, W.B. (1989): Communication and the Human Condition. Carbondale & Edwardsville (Southern Illinois University Press).
Penn, P. (1982): Zirkuläres Fragen. *Familiendynamik* 8 (1983), 198-220.
Penn, P. (1985): „Feed-Forward" – Vorwärts-Koppelung: Zukunftsfragen, Zukunftspläne. Familiendynamik (1986) 11: 206–232.
Piaget, Jean, (1946): Die Bildung des Zeitbegriffs beim Kinde. Frankfurt (Suhrkamp) 1974.
Piaget, Jean, (1937): Der Aufbau der Wirklichkeit beim Kinde. Stuttgart (Klett-Cotta) 1974.
Piattelli Palmarini, M. (1984): Livelli di realta. Milano (Feltrinelli).
Piattelli Palmarini, M. (1984): Mappe della realta e mappe della ragione. In: *Piattelli Palmarini* (1984) S. 15–34.
Pieron, H. (1923): Les problémes psychophysiologiques de la perception du temps. *Année Psychologiques* 24.
Platon (1959): Sämtliche Werke. Bd. 5: Politikos. Philebos. Timaios. Kritias. Hamburg (Rowohlt).
Plotin (1905): Enneaden. In Auswahl übersetzt. Bd. 1. Jena / Leipzig (Eugen Diedrichs).
Poincaré, Henri (1913): Dernières Pensées.
Popper, K. (1976): Unended quest. London (Fontana / Collins).
Prigogine, I. u. I. Stengers (1979): La nouvelle alliance. Metamorphose de la science. Paris (Gallimard).
Prigogine, I. a.. I. Stengers (1984): Order out of chaos. New York (Bantam Books).

Prigogine, I. (1988): La nascita del tempo. Rom (Theoria).
Puech, H.C. (1957): Gnosis and time. In: Campbell (1957), S. 38–84.
Quispel, G. (1957): Time and history in patristic christianity. In: Campbell 1957,
Reale, P. (1982): La psicologia del tempo. Torino (Boringhieri).
Reinberg, A. (1979): Le temps, une dimension biologicale et medicale. In: L'homme malade a du temps. Paris (Pernond et Stock).
Reiss, D. (1981): The family construction of reality.Cambridge, MA (Harvard University Press).
Reiss, D. (1988): Theoretical versus factical inference or how to do family therapy research without dying of boredom. In: Wynne (ed.) The state of the art in family therapy research: Controversies and recommendations. New York (Family Process Press), 33–45.
Ricoeur, P. (1985): Temps et récit. III: Le temps racontée. Paris (Editions du Seuil).
Roger, J. (1962): Préface à G.L. Buffon : Les epoques de la nature. Mémoires du Musée National d'Histoire Naturelle, Série C, Sciences de la Terre X. Paris.
Rorty, A. (1976): A literary postscript: Characters, persons, selves, individuals. In: A.O. Rorty (ed.) The identities of persons. Berkeley (University of California Press).
Rossi, P. (1979): I segni del tempo: Storia della terra e storia delle nazioni da Hooke a Vico. Milano (Feltrinelli).
Ruesch, J. a. G. Bateson (1951): Communication. The social matrix of psychiatry. New York (W.W. Norton). (deutsche Ausgabe in Vorbereiatung bei Carl-Auer-Systeme, Heidelberg).
Rumelhart, D.E. (1975): Notes on a schema for stories. In: D.G. Bobrow a. A.M. Collins (eds.): Representation and Understanding. New York (Academic Press).
Russell, B. (1948): Philosophie des Abendlandes. Ihr Zusammenhang mit der politischen und sozialen Entwicklung. Wien (Europa Verlag) 1992.
Sabbadini, A. (1979): Il tempo in psicanalisi. Milano (Feltrinelli).
Sacks, O. (1972): Vorwort zu Luria 1972.
Schafer, R. (1983): The analytic attitude. New York (Basic Books).
Schein, E.H. (1987): Process Consultation Vol. II. Lessons for managers and consultants. Reading, MA (Addison-Wesley).
Selvini Palazzoli, M. (1980): Why a long interval between sessions. In:

M. Andolfi a. I. Zwerling (eds.): Dimensions of family therapy. New York (Guilford).

Selvini Palazzoli, M., L. Boscolo, G. Cecchin u. G. Prata (1975a): Die Behandlung der Kinder durch die Kurzzeittherapie ihrer Eltern. In: Selvini, (1992).

Selvini Palazzoli, M., L. Boscolo, G. Cecchin u. G. Prata (1975b): Paradoxon und Gegenparadoxon. Stuttgart (Klett-Cotta) 1981.

Selvini Palazzoli, M., L. Boscolo, G. Cecchin u. G. Prata (1977): Gerade und ungerade Tage. *Familiendynamik 4 (1979):* 138-147. [auch in: Selvini 1992].

Selvini Palazzoli, M., L. Boscolo, G. Cecchin u. G. Prata (1980a): Das Problem des Zuweisenden. *Z. f. System. Therapie* I (1983): 11-20. [auch in: Selvini 1992].

Selvini Palazzoli, M., L. Boscolo, G. Cecchin u. G. Prata (1980b): Hypothetisieren, Zirkularität, Neutralität: Drei Richtlinien für den Leiter der Sitzung. *Familiendynamik* 6 (1983): 123–139. [auch in: Selvini 1992].

Selvini Palazzoli, M., S. Cirillo, M. Selvini u. A.M. Sorrentino (1988): Die psychotischen Spiele in der Familie. Stuttgart (Klett-Cotta) 1992.

Selvini, M. (Hrsg.) (1992): Mara Selvinis Revolutionen. Die Entstehung des Mailänder Modells. Heidelberg (Carl-Auer-Systeme).

Sini, C. (1987): La fine del tempo pubblico e il problema del tempo-immagine. In: Curi 1987.

Sluzki, C. a. D. Ransom (eds.) (1976): Double bind: The foundation of the communicational approach to the family. New York (Grune & Stratton).

Sluzki, C. (1991): La trasformazione terapeutica delle trame narrative. *Terapia Familiare* 36: 5–19.

Smith, M.W. (1952): Different cultural concept of the past, present and future. *Psychiatry* 13: 395–400.

Sonnemann, V. (1987): Il tempo é una forma di ascolto. Sulla nature e le consequenze di un disconoscimento kantiano dell'orecchio. In: Curi.

Sorokin, P.A. a. R.K. Merton (1937): Social time: A methodological and functional analysis. *The American Journal of Sociology* 42 (5): 615–619.

Sorokin, P.A. (1934): Sociocultural causality, space and time. Durham (Duke University Press).

Steiner, G. (1978): Martin Heidegger. Eine Einführung. München/ Wien (Carl Hanser) 1989.

Stierlin, H., G. Weber, G. Schmidt a. F.B. Simon (1986): Features of families with major affective disorders. *Family Process* 25: 267–282.

Stroud, J.M. (1956): The fine structure of psychological time. In: H. Quastler (ed.): Information theory and psychology. New York (Free Press).

Tabboni, S. (1987): Tempo e societa. Milano (Franco Angeli).

Tanizaki, J. (1988): L'amore di uno sciocco. In: Opere. Milano (Bompiani).

Telfener, U. (1987): Heinz von Foerster: Construttivismo e psicoterapia. In: H. von Foerster (ed.): Sistemi Che Osservano. Roma (Astrolabio), S. 27–38.

Thom, R. (1972): Stabilité structurelle et morphogenése. Paris.

Thompson, E.P. (1967) Time, work, discipline and industrial capitalism. *Past and Present* 38: 56–97.

Tomm, K. (1985): Circular interviewing: A multifaceted clinical tool. In: D. Campbell a. R. Draper (1985). [auch in: Tomm 1994].

Tomm, K. (1984): Der familientherapeutische Ansatz des Mailänder Teams. 2. Teil: Sitzungsstruktur, Interviewmethodik und Interventionen. *Partnerberatung* 4: 145-165. [auch in: Tomm 1994].

Tomm, K. (1987a): Das systemische Interview als Intervention. Teil I: Strategisches Vorgehen als vierte Richtlinie für den Therapeuten. *System Familie* 1: 145–159. [auch in: Tomm 1994].

Tomm, K. (1987b): Das systemische Interview als Intervention. Teil II: Reflexive Fragen als Mittel zur Selbstheilung. *System Familie* 1: 220–243. [auch in: Tomm 1994].

Tomm, K. (1988): Das systemische Interview als Intervention. Teil III: Lineale, zirkuläre, strategische oder reflexive Fragen. *System Familie* 2: 21–40. [auch in: Tomm 1994].

Toraldo di Francia, G. (1979): Presentazione a I. Prigogine: La nuova alleanza. Milano (Longanesi), S. V–XII.

Toraldo di Francia, G. (1990): Un universo troppo semplice. Milano (Feltrinelli).

VV.AA. (1978): The study of time, Vol. 3. Berlin (Springer).

Van der Hart, O. (1983): Rituals and psychotherapy. Transition and continuity. New York (Irvington).

Van der Leeuw, J. (1957): Primordial time and final time. In: Campbell 1957, S. 124–150.
van Gennep, A. (1909): Übergangsriten. Frankfurt /M. (Campus) 1986.
Vicario, G. (1973): Tempo psicologico ed eventi. Firenze (Giunti Barbera).
von Bertalanffy, L. (1968): General systems theory. Foundation, development, applications. New York (Braziller).
von Foerster, H. (1981): Observing systems. Seaside, CA (Intersystems).
von Foerster, H. (1985): Cibernetica ed epistemologia: Storia e prospettive. In: Bocchi e. Ceruti 1985, S. 112–140.
von Glasersfeld, E. (1987): The construction of knowledge. Seaside, CA (Intersystems).
Watzlawick, Paul (1981): Die erfundene Wirklichkeit. Wie wissen wir, was wir zu wissen glauben? München (Piper).
Watzlawick, P., D.D. Jackson u. J. Beavin (1967): Menschliche Kommunikation. Bern (Huber) 1985.
Watzlawick, P., J.H. Weakland u. R. Fisch (1974): Lösungen. Zur Theorie und Praxis menschlichen Wandels. Bern (Huber) 1988.
White, H. (1981): The value of narrativity in the representation of reality. In: W.J.T. Mitchell (ed.): On Narrative. Chicago (University of Chicago Press).
White, M. u. D. Epston (1989): Die Zähmung der Monster. Literarische Mittel zu therapeutischen Zwecken. Heidelberg (Carl-Auer-Systeme) 1990.
White, M. (1984): Pseudo-encopresis: From avalanche to victory, from vicious to virtuous cycles. *Family Systems Medicine* 2: 2.
Whitehead, A.N. (1920): Der Begriff der Natur. UCH Acta Humaniora, 1990.
Whitrow, G.I. (1972): Die Erfindung der Zeit. Hamburg (Junius) 1991.
Whorf, B.L. (1956): Sprache, Denken, Wirklichkeit. Hamburg (Rowohlt) 1984.
Wiener, N. (1948): Kybernetik. Düsseldorf (Econ) 1965.
Williams, D.C. (1951): The fight for tomorrow. In: ID.: Principles of empirical realism. (1966): Springfield, IL (Charles Thomas).
Wittgenstein, L. (1958– 1964): Das Blaue Buch. Eine philosophische Betrachtung (Das Braune Buch). Frankfurt / M. (Suhrkamp) 1989.
Wynne, L.C. a. M.T. Singer (1958): Thought disorder and family relations of schizophrenics Vol. I. Research strategy. *Archives of General Psychiatry* 9: 191–198.

Wynne, L., S.H. Mcdaniel a. T.T. Weber (1986): Systems consultation. A new perspective for family therapy. New York (The Guilford Press).
Zerubavel, E. (1981): Hidden rhythms. Schedules and calendars in social life. Chicago (University of Chicago Press).
Zohar, D. (1982): Through the time barrier. London (Heinemann).

Bücher von Carl-Auer-Systeme

Erickson in Europa
Europäische Ansätze
der Ericksonschen Hypnose
Burkhard Peter/
Gunther Schmidt (Hrsg.)
1992, 405 Seiten, Kt., DM 58.-
ISBN 3-927809-15-2
Best.-Nr. 14

Die Zähmung der Monster
Literarische Mittel zu
therapeutischen Zwecken
Michael White/David Epston
2. Auflage 1994
219 Seiten, Kt., DM 38.–
ISBN 3-927809-01-2
Best.-Nr. 3

Die Behandlung psychotischen Verhaltens
Psychoedukative Ansätze
versus systemische Ansätze
Arnold Retzer (Hrsg.)
1991, 269 Seiten, Kt., DM 48.–
ISBN 3-927809-06-3
Best.-Nr. 6

Liebe und Spiel
Die vergessenen Grundlagen
des Menschseins
Humberto R. Maturana/
Gerda Verden-Zöller
2. Auflage 1994
201 Seiten, Kt., Farbabb., DM 48.-
ISBN 3-927809-18-7
Best.-Nr. 19

Die Pupille des Bettnässers
Hypnotherapeutische Arbeit
mit Kindern und Jugendlichen
Siegfried Mrochen/Karl-Ludwig Holtz/
Bernhard Trenkle
1993, 368 Seiten, Kt., DM 52.-
ISBN 3-927809-20-9
Best.-Nr. 21

Der Dreh
Überraschende Wendungen und
Lösungen in der Kurzzeittherapie
Steve de Shazer
3. Auflage 1993
213 Seiten, Kt., DM 38.-
ISBN 3-927809-00-4
Best.-Nr. 1

Nietzsche, Hölderlin und das Verrückte
Systemische Exkurse
Helm Stierlin
1992, 182 Seiten, Kt., DM 36.-
ISBN 3-927809-10-1
Best.-Nr. 12

Familien und größere Systeme
Im Gestrüpp der Institutionen
Evan Imber-Black
3. Auflage 1994
290 Seiten, Kt., DM 39.80
ISBN 3-927809-03-9
Best.-Nr. 4

Rituale
Rituale in Familien und Familientherapie
E. Imber-Black/J. Roberts/R. Whiting
1993, 432 Seiten, Kt., DM 58.–
ISBN 3-927809-13-6
Best.-Nr. 18

Kurzzeittherapie bei Alkoholproblemen
Ein lösungsorientierter Ansatz
Insoo Kim Berg/Scott D. Miller
1993, 258 Seiten, Kt., DM 42,80
ISBN 3-927809-23-3
Best.-Nr. 24

Meine Psychose, mein Fahrrad und ich
Zur Selbstorganisation der Verrücktheit
Fritz B. Simon
4. Auflage 1993
295 Seiten, Kt., DM 39.80
ISBN 3-927809-04-7
Best.-Nr. 2

Die Fragen des Beobachters

Karl Tomm

Schritte zu einer Kybernetik zweiter Ordnung in der systemischen Therapie

264 Seiten, Kt.,
DM 44,–/öS 344,–/sFr 45,–
ISBN 3-927809-22-5
Best.-Nr. 23

Last but not least sind seine in diesem Band enthaltenen Beiträge zu den Grundlagen und zur Praxis des systemischen Interviewens („zirkuläres Fragen") **bis heute unübertroffen anregende Basistexte für den klinischen Alltag systemischer Therapeuten/innen**

Dieser Band enthält alle wichtigen Aufsätze Karl Tomms zur systemischen Therapie.

Die Beiträge repräsentieren und veranschaulichen nicht nur die Entwicklungen der Familientherapie von den strukturellen und strategischen Ansätzen zum systemischen Modell und von der Fokussierung auf das Klientensystem (Kybernetik *beobachteter* Systeme) zur systemischen Therapie zweiter Ordnung (Kybernetik *beobachtender* Systeme). Karl Tomm ist wohl auch der Therapeut, der sich am intensivsten mit den Folgerungen der Ideen des radikalen Konstruktivismus und den Arbeiten Humerto Maturanas für die therapeutische Praxis beschäftigt hat.

Leseprobe:

Es sind zwei allgemeine Intentionen, die einen systemischen Therapeuten dazu führen, unterschiedliche Frageformen zu gebrauchen. Zum einen will er das System verstehen und zum anderen eine therapeutische Veränderung ermöglichen. Die entsprechenden Fragen sind deskriptive *zirkuläre Fragen und* reflexive *zirkuläre Fragen. Stellt der Therapeut eine Frage, um Informationen hervorzulocken, die sein Verständnis der systemischen Zusammenhänge generieren oder modifizieren, handelt sich um eine deskriptive Frage. Stellt er eine Frage mit dem Ziel, in dem untersuchten System eine Veränderung auszulösen, ist es eine reflexive Frage. Ich habe die letzteren „reflexiv" genannt, weil ihre Effektivität (falls sie erkannt wird) durch die Reflexivität in einer hypothetischen Bedeutungshierachie vermittelt zu werden scheint, die die menschliche Interaktion organisiert (Cronen et al. 1985). Demnach können seine Fragen je nach augenblicklicher Absicht deskriptiv, reflexiv oder beides sein. Die Intentionen schließen sich gegenseitig nicht aus. Allerdings ist die Unterscheidung nützlich, da sie hilft, bei der Unbeständigkeit der Neutralität eine klare Linie beizubehalten.*

Mara Selvinis Revolutionen

Matteo Selvini (Hrsg.)

Die Entstehung des Mailänder Modells

1992, 301 Seiten
Kt., DM 42,80
ISBN 3-927809-11-X
Best.-Nr. 11

Das Werk über systemische Therapie schlechthin – sozusagen ein „Muß".

Dieses Buch enthält alle grundlegenden Artikel des Mailänder Teams über systemische Therapie.

In diesem Buch sind die wichtigsten Artikel und Aufsätze der Mailänder Psychotherapeuten-Gruppe um Mara Selvini-Palazzoli (Gianfranco Cecchin/Luigi Boscolo/Giuliana Prata) zusammengefaßt. Nur wenige davon sind bislang, in verschiedenen Fachzeitschriften verstreut, auf Deutsch publiziert. Hier sind sie in ihren historischen Zusammenhang gestellt und durch ausführliche Falldarstellungen und Diskussionen ergänzt.

Doch dieses Buch ist mehr als eine Ausgabe gesammelter Werke: Es ist eine Falldarstellung. Der Herausgeber, Matteo Selvini, Sohn Mara Selvini-Palazzolis und jetzt Mitarbeiter ihres neuen Teams, kommentiert die professionelle Entwicklung seiner Mutter und des Mailänder Modells in Theorie und Praxis.

Ihr Weg, immer wieder durch radikales Umdenken unterbrochen, ist beispielhaft für eine wissenschaftliche Grundhaltung, die auch den eigenen „Wahrheiten" gegenüber kritisch bleibt und die Theorie an der Praxis mißt. Der Leser gewinnt die Möglichkeit, den Weg Mara Selvinis nachzuvollziehen. In ihren Aufsätzen spiegelt sich ihr Denken, und in den Kommentaren des Sohnes wird überprüft, ob die Theorie der Praxis gerecht wird und wo die praktischen Erfahrungen zu revolutionären Wandlungen führten.

Für jeden Familientherapeuten gehört dieses Buch zur unverzichtbaren Basisliteratur.

C A R L AUER